Claus-Peter Lieckfeld

Anwalt der Hexen

Pater Spee…

… und der Mann, der ihn zweimal traf

Claus-Peter Lieckfeld

Anwalt der Hexen

Pater Spee …
… und der Mann, der ihn zweimal traf

**Eine Reise in den
Dreißigjährigen Krieg**

Roman

ISBN 978-3939356233

Vedra Verlag München

www.vedra.com

Für Gertrud vom Steinberg

5. Auflage 2013
Copyright Vedra Verlag München
Lektorat: Astrid Becker
Umschlaggestaltung: Vogel-Vision, Walpertskirchen
grafik@vogelvision
Layout: Hanspeter Ludwig, Gießen
www.imaginary-world.de
ludwig@imaginary-world.de
Herstellung: Klaus Dahlkamp
Druck und Bindung: Friedrich Pustet KG,
Regensburg
ISBN 9783939356233

Inhalt

Prolog...
mit einem wohlgesetzten Lied, dessen Bedeutung sich erst aus dem Fortgang der Handlung erschließt

Die Löschkette war lang, gut dreihundert Mal die Spannweite eines Mannes. Alle Hände hatten nach den Lederbügeln der Eimer gefasst, selbst die von Gicht verkrümmten. Doch die allgemeine Erregung war zu groß; nur halbvolle Kübel mit Weserwasser erreichten den Glutherd. Der Rote Hahn reckte sich feurig fett gegen den Nachthimmel, krähte und schüttelte die Wasserspritzer aus seinem Gefieder.

Und dann waren hundert Stimmen zu einem einzigen Schrei geworden. Das Dach der Eberstein Burg – so hieß mit einiger Übertreibung der Wohnsitz Derer zu Eberstein – fiel in sich zusammen. Eine Feuerlohe stob in die Nacht, leckte über die Milchstraße und den sehr bleichen Mond, ehe sie sich bückte und am Boden fraß, was übrig war.

Es war, als atmete der Leibhaftige aus. Ein paar bange Minuten wollte es den Menschen sogar scheinen, als fange der Himmel über dem nahen Kloster Corvey Feuer. Aber der Himmel ist unbrennbar wie ein Gedanke.

Einige würden später bei ihrem Seelenheil schwören, sie hätten Gesichter in den Flammen gesehen. Aufsteigende Seelen. Oder waren es absteigende? Seelen auf Höllenfahrt? Da wollte sich niemand genau festlegen.

Das Wasser aus den Ledereimern konnte nichts bewirken. Wie denn auch? Keine echte Feuersbrunst verlässt nur halb gesättigt den Tisch. Nur an den Brandrändern hatte es ein wenig gezischelt: So als räuspere sich ein Drache, den die Angreifer in all ihrer Dürftigkeit eher beleidigen als bedrängen.

Schließlich, als das Wappenportal mit dem Halbrelief des springenden

Ebers brennend vornüber klappte, stand ein Kinderschrei in der Luft, hell wie der Ton der kleinsten Orgelpfeife der Klosterkirche: »Da, da, ein Schwein auf dem Feuer!« Eine Mutter hielt dem Schreihals die Hand aufs Maul.

Das Knistern und Wummern nahm an Lautstärke noch zu, bis es die Schreie der Menschen gänzlich übertönte. Die Blätter der Eschen, die der Urahn des Gero zu Eberstein gepflanzt hatte, rollten sich ein, so als käme ein heißer Herbst im Juli. Die Nacht war voller Zeichen. Aus den Weiden unten am Fluss polterten Graureiher in die Nacht, mit kehligen Entsetzensschreien und ohne Orientierung.

Drei Feuerwehrmänner drängten mit feuchten Lederschurzen behängt gegen die Flammen vor. Sie waren nicht die ersten. Das Lumpengesindel aus den Wäldern hatte sich schon kurz zuvor in die Hitze vorgewagt. Brandblasen als Vorkasse für erhofften Raub hatten sie einkalkuliert.

Einen, der schon wegen Viehdiebstahls zwei Jahre im Roten Turm in Eisen gelegen hatte, fanden die drei Feuermänner gleich hinter dem ausgeglühten Eingangstor. Er lag auf dem Flusskiesel-Mosaik mit dem abgestürzten absonderlichen Wappentier: ein Eber, der über einen Stein springt, das Zeichen Derer zu Eberstein. Das Wappen war von Ruß übermalt, ja, fast geschwärzt.

Zwei qualmende Balken kreuzten die Brust des Toten. In dessen Gesicht lag – gänzlich unangemessen – so etwas wie Freude, vielleicht über den vergoldeten Kerzenständer, den seine Faust umspannte. Das Feuer hatte die bloßen Füße des Plünderers verkohlt, sich aber nicht die Zeit genommen, seinen Leib anzufressen. Der Brand hatte offenbar Wichtigeres zu tun, war gegen das Haupthaus vorgegangen, wo es mehr Holz zu fressen gab als in den Gesinderäumen.

Die drei Feuerwehrmänner hatten nur knappe Seitenblicke für den Toten unter dem Balkenkreuz: ein toller Hund, den der HERR auf frischer Tat abgestraft und niedergeschlagen hatte. Geschmeiß. Einer, den das Höllenfeuer, das Seinesgleichen versprochen ist, schon zu Lebzeiten ereilt hatte.

Als die Feuerwehrmänner – ein Töpfer, sein Geselle und ein Korbflechter von Corvey – das Schlafgemach des Herren zu Eberstein betraten (geblieben war davon nur ein Geviert aus hartgebackenem Lehm und schwarzem Weidengeflecht), fuhr ihnen das Grauen in die Kehlen. Der Korbflechter schlug die Hände vor die Augen und stolperte davon, schreiend. Später würde er sagen, er habe nicht geschrien, ES habe aus ihm geschrien.

Die anderen zwei – der Töpfer und sein Gesell – hielten stand, aber wohl nur deshalb, weil sie einander in gegenläufiger Fluchtbewegung auf der Stelle festrammten.

Mitten im ausgeglühten Geviert der ehemaligen Schlafkammer stand das Bett des Herren zu Eberstein, ein Bett, das mindestens dem Vernehmen nach jeder in Höxter und Corvey kannte, sollte es doch vor ein paar hundert Jahren einem Vogt des Großen Karl gehört haben: schwere, schwarze Mooreiche, reich verzierte Pfosten, Jagd- und Ernteszenen. Als Baldachin breitete ein geschnitzter, weiß getünchter Schwan seine Flügel aus. Die Eiche hatte dem Feuer wunderbarerweise getrotzt, doch aus dem weißen Schwan war ein schwarzer geworden. Ein Zeichen zweifellos. Noch eines.

An dem Bettpfosten, der dem ehemaligen Kammereingang am nächsten war, hing, aufrecht gefesselt, die halb verbrannte Gestalt des Herrn von Eberstein. Zwischen den Zähnen, gänzlich von den verbrannten Lippen entblößt, steckte ein Lumpen. Die Haare, die einmal lang und weiß waren, hatte die Glut bis auf den geschwärzten Schädel niedergesengt. Der Bart dagegen – nach französischer Mode an den Enden gezwirbelt – war zwar verkohlt, aber unbegreiflicherweise nicht abgefallen. Die Nase fehlte. Wo einmal die Augen waren, dampften zwei rotschwarze Löcher. Aus einem rann eine kochende, helle Flüssigkeit. Hirn.

Die Feuerwehrmänner, mehr schlecht als recht durch ihre dicken Lederschurze gegen die Glut geschützt, mühten sich die Eisenfesseln zu lösen, nachdem sie ihr Entsetzen nieder gekämpft hatten. Doch das Metall war heiß wie Schlacke in der Esse. Ein böser Geruch von verbranntem Fleisch sprang sie an. Und als sich einer ermannte, die Leiche mit einem feuchten, eigens herangezerrten Grobleinentuch zu bedecken, gab es Gezische und beißenden Rauch. Der Leichnam machte eine Bewegung, krümmte sich ein Stück tiefer in die Fesseln.

Ein fahrender Sänger, der sich Fidibus nannte, sang ein Lied davon. Er tat es am Tag nach dem Brand, als die Hitze in den Trümmern noch so groß war, dass man sich kaum auf zehn Mannslängen dem Brandherd nähern konnte. Des Sängers Lied war nicht von der rohen, kunstarmen Art der Stehgreiflieder, wie sie auf den Marktplätzen auf Zuruf der Menge hervortrieben wie Giersch nach einem warmen Regen. Es war wohlgesetzt. Man hätte sich also fragen müssen, ob es nicht bereits *vor* dem Brand erdacht und zusammengefügt worden war, was nur hätte heißen können, dass sein Dichter von den Schrecken dieser Nacht wusste, noch ehe sie geschehen waren.

Aber dieser bemerkenswerte und durchaus bemerkbare Umstand fiel im allgemeinen Gewimmer nicht auf. Erst als der Sänger mit der roten Feder und das Weib, das ihn begleitete, am darauf folgenden Abend verschwunden waren und man noch zwei andere Tote – gebunden und ertränkt im Sumpf vor der Stadt – gefunden hatte, dazu ein seltsames Eisenkreuz an ihrer Richtstätte, erst da stellte einer jene Frage, die lange nachhallte: Wie kann denn ein Sänger ohne jeden Zeitverzug ein Feuer besingen, das noch nicht einmal vollends gelöscht war, als die Verse zum ersten Mal erklangen? Und wie konnte sein Lied zwei Ertränkte beim Namen nennen, die, als ihre Namen gesungen wurden, noch nicht gefunden waren?

> WEH WEH! VITA BREVIS! UND GOTT BALLT DIE FAUST.
> NEIGET DIE HÄUPTER, OB REIN, OB VERLAUST.
> BEUGET DIE KNIE – OB MIT KOT SIE VERSCHMIERET
> ODER VON SALOMONS SEIDE GEZIERET.
> KEIN FEUER WAR JEMALS ZUVOR UND KEIN SCHEIN
> WIE DAS FEUER AM LEIB DES ZU EBERSTEIN.
> UND WER FALSCH ZEUGNIS SCHWÖRT UND SPRICHT,
> DEM WIRD DER FLUSS ZUM HALSGERICHT:
> SCHMIED GRELL ERTRÄNKT AN EINEM STEIN
> UND AUCH DIE WITTEP WINTERLEIN

Das Lied prägte sich ein, und jeder sang es oder sprach im Geiste die Worte mit, wenn die Melodie erklang.

Nur wenige wagten indes auch den Kehrreim zu singen. Einer, der es gleichwohl tat (einer von kindlichem Gemüt, den sie im Ort den Greiner nannten), erging es übel. Man steckte ihn ins Loch bei fauligem Wasser und schimmligem Brot. Was der arme Tölpel in aller Unschuld gegrölt hatte, das hatten alle auf der Zunge, hüteten sich indes, es durch die Zähne entweichen zu lassen:

DAS FEUER FRASS DEN EBERSTEIN,
GERECHTE STRAF KANN BITTER SEIN.

I

Wie Friedrich Spee von Langenfeld beinahe vor der Zeit sein Leben beendigte, dieweil er voll guter Gedanken gen Woltorf ritt.

Der 29. April des Jahres 1629 hätte eigentlich der Todestag des Dichters, Geistlichen, Philosophen, Juristen und Humanisten Friedrich Spee von Langenfeld sein müssen. Aber er war es nicht.

Der Reiter, der noch vor Sonnenaufgang von Peine nach Woltorf aufgebrochen war, folgte zwei Leitsternen: Jesus von Nazareth, dem Begründer des Christentums, und Ignatius von Loyola, dem Begründer des Jesuitenordens.

Manche, die sich um Spee forschend bemüht haben, fanden es erwähnenswert, dass der gebürtige Rheinländer 100 Jahre nach dem Spanier Loyola zur Welt kam. Dass Spee davon gewusst hat, ist wahrscheinlich; dass er es bedeutsam fand, eher nicht. Zahlenmystik war ihm fast so zuwider wie falsch Zeugnis gegen Wehrlose und wie die Folter.

Friedrich Spee war Jesuit. Und es wird in jenen Tagen in dem vom Krieg zerfleischten Europa niemanden gegeben haben, der es aus tieferem Herzen war.

Als der erste Sonnenstrahl das Zaumzeug traf, beschleunigte Spees Schimmel den Schritt, so als hätte er das Lichtzeichen verstanden. Ein zufälliges Zusammentreffen war das, aber ein schönes.

Spee liebte solche Koinzidenzen. Das Kind, das er gestern in der Hauptkirche zu Peine mit geweihtem Wasser besprenkelt hatte, begann just in dem Moment zu lächeln, als er das »Lasset die Kindlein zu mir kommen« sprach. Ein Zufall? Spee nahm's als Geschenk des Augenblicks.

Und als ein Geschenk wollte es ihm gleichfalls erscheinen, dass sein Ross justament das Versmaß auf den Boden stampfte, das zu dem Gedicht passte. Zu jenem Gedicht, das ihn – allerdings erst Jahre später – überall im Reich berühmt machen sollte:

TRUTZ NACHTIGALL
DAS REINE AUG VON MORGENRÖTE
WAR NIE SO MILD UMFLOSSEN;
DER FRÜHLING NACH DER WINTERÖDE
WAR NIE SO AUSGEGOSSEN;
DIE WEISSE BRUST, DAS SCHWANENKLEID
WAR NIE SO STRAHLEND WEISS;
DER SONNENPFEIL WAR LANGE ZEIT
NICHT MEHR SO GLÄNZEND HEISS.

Jetzt müsste nur noch Frau Nachtigall selbst singen, dachte Spee; die Stunde würde passen, die Jahreszeit allerdings nicht. Es war noch zu kühl an diesem Aprilmorgen. Reiher erhoben sich aus den Flutmulden, zu denen der Woltorfer Bach aufgestaut war. Die Fischer, die hier bei Sonnenaufgang ihre Reusen ziehen, werden sie aufgescheucht haben, dachte Spee.

Über einen Fischer hatte er am vergangenen Sonntag gepredigt, über den Heiligen Petrus, den Jesus zum Menschenfischer bestellt hatte. Die kleine Gemeinde von Woltorf bei Peine hatte ergriffen gelauscht. Einen Fisch und denjenigen, der ihn fängt, kann sich das Volk leicht vorstellen. Der Gottessohn hatte einen von ganz unten in seine Dienste genommen, ihn gar später den Fels genannt, auf dem er seine Kirchen bauen wollte. Einen Fischer! Keinen Kaiser, keinen Fürsten, keinen Kriegsherrn, keinen Tilly, keinen Manstein. Nein, einen aus dem Volk! Einen von ihnen. *Ergo*: Auf sein Volk, auf jene, die an ihn glauben, ist die Kirche gestellt.

Für die heutige Predigt fehlte Spee noch die Erleuchtung. Vielleicht würde sie ja mit der Sonnenscheibe kommen, die jetzt hinter Peines Stadtwald aufglühte. Immerhin, das Thema stand fest:

Dum spiro spero – solange ich atme, hoffe ich.

Kein Bibelwort zwar, aber ein gutes, eines das Spee in den Werken des Cicero gefunden hatte. Ein Wort, das ihm eine Predigt wert schien, besonders in diesen Tagen, in denen es wenig zu hoffen gab, in denen die Kriegsfurie blutige Striemen übers ganze Land riss. Hoffnung predigen und darin nicht nachlassen bis zum letzten Atemzug. Das war seine Bestimmung. *Dum spiro spero* – und sein Ross nickte dazu.

Er würde sich des Themas noch einmal in besonderer Weise annehmen – sicher nicht für diese Predigt vor schlichten Seelen, aber für später, für angenehme Stunden nach getanen Pflichten.

Dum spiro spero … Oh, wie wunderbar diese lateinische Kürze; sie ließ sich in der teutschen Sprache nicht nachbilden; auch war kein Stabreim greifbar, wie dieses gedoppelt hervorbrechende »sp«:

SP-IRO … SP-ERO.
… ODER DOCH?
VIELLEICHT SO? EIN STABREIM MIT GEHAUCHTEM »H«?
HOFFEN HEISS MICH HERR HIENIEDEN
SOLANG ICH ATEM SCHÖPFEN KANN.
HOFFNUNG SEI DER WELT BESCHIEDEN
DEM TRAUTEN WEIB, DEM TREUEN MANN.

Spee hob den Blick; es gibt Morgen, die durchsichtig sind, Morgen, durch die man auf den Grund schauen kann, auf das Wesentliche. Spee gab die Zügel frei, das Ross beschleunigte den Schritt und zeigte dabei eine gewisse Unruhe, die seinem Reiter nicht auffiel, war er doch bemüht, sich den Vers einzuprägen, der ihm gerade in den Sinn gekommen war. Ja… das könnte die formende Idee sein: … *sp-iro* … *sp-ero* … den lateinischen »sp«-Stabreim durch eine vierfachen »h«-Reihung nachempfinden: Hoffen heiß mich Herr hienieden. Und klang nicht ein vierfach gestoßenes »h« wie H-offnungsseufzer? Wie H-errlichkeit?

… Dank Dir, Schöpfer, für diese Eingebung!

Das Schnauben des Rosses wurde lauter. Als Spee bemerkte, dass es nicht *sein* Pferd war, das schnaubte, war sein Leben fast schon verwirkt. Ein Mann auf einem lehmfarbenen Pferd, in ein seltsames Tuch gehüllt, war von spitz hinter ihm auf Pferdelänge aufgeritten. Spee dreht sich um und schaute in die Mündung einer Pistole.

»Stirb ob deiner Schändlichkeit, Papist!«, hörte er, dann krachte ein Schuss.

Spee spürte einen Stoß und gleich darauf einen Schmerz an seinem linken Oberarm. Und während er versuchte, seinen Schimmel zu wenden, zog der Angreifer einen Degen.

Der Streich traf Spee am Hinterkopf, aber gemildert durch überhängendes Gezweig, durch das die Waffe fahren musste, eh sie zubeißen konnte. Spees Barett fiel ins Laub. »Halt ein, Gottloser!«, brüllte Spee als ein zweiter Degenhieb die Kruppe seines Pferdes traf.

Spees Pferd jagte davon, der Gottesmann fiel vornüber und klammert sich am Hals fest, fast besinnungslos, blutüberströmt, Gebetsfetzen stammelnd.

Das Ross kannte den Weg nach Woltorf. Panik, Schmerz und angeborener Fluchtdrang machten den Trotter zum Jagdpferd.

Vor dem Gotteshaus ließ sich Spee aus dem Sattel fallen und wankte durchs Kirchentor. Er schöpfte etwas Wasser aus dem Taufbecken, verdünnte damit den Blutstrom, der durch sein schwarzes Haar zur Nasenwurzel drängte, zwang sich zu einem aufrechten Gang.

Als die Gemeinde ihn erkannte, wurden Schreie laut. Spee drängte eine Frau zur Seite, die sich ihm mit hoch erhobenen Armen im Gang zwischen den Sitzreihen in den Weg stellte, so als wolle sie ihn auffangen. Mit dem unverletzten Arm zog er sich die Wendeltreppe zur Kanzel empor. *Dum spiro spero ... dum spiro spero ... dum spiro ...*

Die Gemeinde bekreuzigte sich unentwegt. Ein Gemurmel von tonlosen Ave Marias und lutherischen »Sei bei mir, oh Gott« ging wie ein Windstoß durchs Kirchenschiff; nur die Frau, die ihn hatte aufhalten wollen, stieß laute Jammerschreie hervor und wurde schließlich vom Küster aus der Kirche gedrängt.

»Wir hören heute aus dem Evangelium vom Guten Hirten, der sein Leben gibt für die Schafe ...«, hörte Spee sich sagen.

Unter ihm war es still. Fast still. Ab und an unterbrach ein leises Wimmern seine Predigt. » ... also hat Gott die Welt geliebt, dass er seinen Sohn zum Zeichen und zum Opfer gab!«

Dum spiro spero ... dum spiro spero ... dum spiro ...

»Wir singen das Lied des Tonmeisters Ulenberg ›Nun lobet Gott im hohen Thron‹ ...«

Während die Gemeinde sang, mit brüchigen Stimmen und angstgequält, verlor Spee das Bewusstsein.

Das geschah um die neunte Stunde des 29. April im Jahre des HERRN 1629.

2 Wie Spee trotz arger Schmerzen an eine Begebenheit aus seiner Knabenzeit denken musste

Als Spee am Morgen des 1. Mai 1629 die Augen öffnete, hörte er die Worte: »Gelobt sei Jesus Christus!« Die Stimme war ihm vertraut. Vor ihm stand Bruder Valerius – rund, gütig, glücklich.

Doch das Bild des Valerius zitterte, verschwamm an den Rändern wie in einem halbblinden Spiegel; und als Spee versuchte, in dem vertrauten Gesicht zu lesen, spürte er einen starken Schmerz, der von seinem Kopf abwärts in seinen Leib sprang. Während er versuchte, dem Schmerz auszuweichen, indem er die Augen schloss, hörte er die gute Stimme des Bruder Valerius: »Nein, Bruder Fredericus! Nicht das Haupt bewegen, es hat so Arges hinnehmen müssen!«

Erst jetzt bemerkte Spee, dass sein Kopf ausstaffiert war wie nach der Sitte muselmanischer Turbanträger. Er betastete den Aufbau aus Leinen und spürte unverzüglich die Hand von Valerius auf seiner; und wieder war da dessen angenehme Stimme: »Noli tangere! Die Wunde ist verschorft. Schlaf du nur, geliebter Bruder, du bist in sicherer Obhut. Der Herr hat ein Wunder an dir gewirkt, ein großes, wahres Wunder; und er wird dir alsbald die alte Kraft zurückschenken. Schlaf du nur!«

»Was ist mit Tacitus?«

»Tacitus?«

»Mein Ross … «

Spee hörte die Antwort nicht mehr. Wie in einem sanften Fall durch sommerwarmes Wasser war er hinabgeglitten in die Schmerzfreiheit, zurück auch in eine Welt, die hinter ihm lag, zurück in die Rheinwiesen von Kaiserwerth des Jahres 1601. Eine vergangene Welt des Friedens war das, in der Rauch über den Wäldern nichts anderes bezeichnete als

Köhlerfeuer, nicht brennende Dörfer und marodierende Soldateska. Spee war zehn Jahre alt und die Sommerwärme machte ein vertrautes Geräusch, sie atmete.

... er spürte die warmen Nüstern des Schecken, und er hörte sich selbst leise die Worte flüstern. »Sei unbesorgt, gutes Tier. Der Fürstbischof Gebhard wird sich besinnen, er wird dir kein Leid antun!« Und das riesengroße Pferd, das in dem Maße groß war wie ein zehnjähriger Knabe klein, schnaubte, als hätte es verstanden.

Der Schecke hatte seinen Reiter, den Fürstbischof, abgeworfen, als der zur Jagd aufbrechen wollte; und das Pferd hatte recht daran getan, befand der Knabe Friedrich. Seine Fürstlichen Gnaden waren bekannt als schlechter Reiter, der sich im Sattel nicht anders zu behelfen wusste als durch blindwütiges Gestocher mit Sporen und durch Reißen am Zaum. Als er es wieder einmal allzu brutal getrieben hatte, entledigte sich der Schecke mit einem einzigen Bocksprung des Quälgeistes auf seinem Rücken.

Der Hochwürdigste Herr, jäh erniedrigt – und das auch noch vor honoriger Gesellschaft – hatte getobt, als hätte er eine Verschwörung gegen sich aufgedeckt, und dem Pferd, noch während er gestikulierend am Boden lag, den Metzger angedroht. Schon für den folgenden Tag.

Jung Friedrich hatte alles aus der Nähe erlebt, denn erstmals durfte er seinen Vater, den Burgvogt Peter Spee, zum Marstall des adeligen Kirchenmannes begleiten, von wo aus die Jagdgesellschaften ihren Anfang nahmen. Friedrich erschrak, als er das Todesurteil gegen das Pferd vernahm. Er erschrak umso mehr als er fest davon überzeugt war, dass ein verständiges Tier begreifen würde, was sein Schicksal sein sollte.

Der Knabe Friedrich hatte sich sodann, nach Ende der Jagd, in den fürstbischöflichen Stall gestohlen. Er fand den Schecken kurz geleint wie einen Verbrecher, verfiel bei diesem Anblick erst in heftiges Weinen und flüsterte dem Pferd dann tröstende Worte zu. »Sie werden kein braves Pferd erschlagen. Nicht du hast gefehlt. Seine Hochfürstliche Gnaden reitet so wie er die Leute kujoniert. Er hat eine zu harte Hand für die Menschen, sagt Vater, und für die Tiere auch. «

Doch als er am Morgen darauf die Stallbucht des Schecken leer fand, lief er schreiend die Gasse hinab, stürzte, fiel mit dem Gesicht in dampfende Pferdeäpfel: Das war das Letzte, was der Schecke des Fürstbischofs zurückgelassen hatte. Und er schrie: »Haltet ein, das Pferd ist unschuldig ...«

» ... aber gewiss doch Bruder Fredericus, unschuldig, völlig unschuldig. Schlaf nur weiter. Schlaf heilt. Der HERR hat gewollt, dass du lebst!« Valerius sprengte geweihtes Wasser auf Spees Krankenlager und murmelte das Heil- und Fürsorgegebet des Heiligen Augustus: »Pater in coelis ... gib milden Segen uns hienieden ...« Als ihm Spee ruhiger Atem verriet, dass er in die Gefilde der Schmerzfreiheit zurück geglitten war, ließ Valerius seinen schweren Leib in ein Sitzmöbel fallen und seufzte. »Oh Vater im Himmel, mach aus einem halben Wunder ein ganzes!« Er rieb sich die geröteten Augen und fixierte das Kreuz an der Stirnseite des Raumes. Der Christus – geschnitzt aus einem Rosenstock, der im Winter zur Christgeburt geblüht hatte – hing unbewegt. Nichts anderes hatte Valerius erwartet ... oder doch vielleicht eine wundersam leichte Wendung des Hauptes, ein verständiges Lächeln?

Um die Stunde des ersten Abendläutens trat Bruder Ambrosius neben Valerius an Spees Krankenlager und flüsterte: »Du hast fast zwölf Stunden an seinem Lager gewacht, Bruder Valerius. Gib mir die Ehre, die nächsten Stunden den Schlaf des Bruder Friedrich zu bewachen.«

Valerius nickte, schlug noch einmal das Kreuz über dem schlafenden Spee, neigte sein Haupt vor dem Rosenholz-Christus über Spees Lagerstatt und wandte sich zum Gehen. Doch schon im Kreuzgang des Josephinums zu Hildesheim kehrte er um, winkte Ambrosius zu sich heran und flüsterte ihm zu: »Kein Wort über den Tod seines Rosses. Und wenn er fragt: Sein Tacitus ist wohlauf. In diesem Fall ist die Unwahrheit keine Lüge, sondern ein Gebot der Nächstenliebe!«

3

Wie der lutherische Pastor Kern — genannt der »Tolle Kern zu Peine« — seine Haut rettete, indem er seinen Arsch für sich Zeugnis ablegen ließ

Der gefesselte Mann richtete sich auf, soweit es die Stricke, die seinen Leib vielfach kreuzten, zuließen. Und als er anhob zu sprechen, hätte es jeden, der den Kern nicht kannte, verwundert, wie aus einem so schmächtigen Leib eine derart mächtige Stimme tönen konnte: »Ha, Ich kenne eure Lügengespinste! Wenn eine Elster einem Papisten aufs Haupt scheißt, war es eine lutherische Elster und muss deshalb gerupft werden. Die Lüge ist euer liebstes Kind. Und eure Münder sind Hinterteile, denn heraus kommt nur Afterrede.«

»Mäßige deine Zunge, Kern. Dieser Tage werden Zungen bei geringeren Anlässen aus dem Mund geschnitten.«

»Ich habe ein reines Gewissen. Und ich sage, was zu sagen ist. SO WAHR MIR GOTT HELFE!«

»Ob Gott dir helfen wird, wirst nicht du entscheiden.«

Der kleine, weißhaarige Mann, dem ein grober Kerl die Arme höchst unkomfortabel auf den Rücken gebunden hatte, riss die Augen weit auf und starrte seinem Inquisitor ins Gesicht.

Der lächelte. Es war ein fein ziseliertes Lächeln, das Lächeln eines Geistes, der sich in unzähligen Disputationen ertüchtigt hatte, ein Lächeln, das sich ebenmäßig und in vielen kleinen Linien auf ein altersschönes Gesicht legte: »In der *Societas Jesu* lernen wir genau zuzuhören, besonders denen, die wir mit geistigen Waffen zu schlagen gedenken.«

»Geistige Waffen, hö! Mich habt Ihr binden lassen wie einen Schlachthammel? Geistige Waffen nennt Ihr das?«

»Ich kenne niemanden in Peine und im ganzen Hildesheimer Land, der verwerflichere Reden gegen das Wiederaufrichten des wahren Glaubens geführt hat als Ihr. Und gegen den hochwürdigen Pater Spee habt Ihr in besonderer Weise mit Worten gewütet, ganz im Geiste des Grobians zu Wittenberg. Du kannst von Glück sagen ...« (der Wechsel von respektvoller Anrede zu abfälliger Direktheit kam jäh) »...dass dir deine Worte nicht mit einem brennenden Lumpen zurück ins Maul gestopft worden sind.«

»Bravo! Jetzt passt es besser. Zurück ins Maul stecken ... So recht nach Art der katholischen Liga. So spricht Tilly, der katholische Höllenhund und Städteverwüster! Der Frauenschänder und Kinderschlächter von Minden an der Weser! Nur weiter so!«

»Tillys Winterquartier in Peine war ohne Frage das rücksichtsvollste, das dieser böse Krieg bisher gesehen hat. Gewütet haben hier die Dänen, die Tilly mit Hilfe des Allerhöchsten ausgehoben hat. Graf Tilly hat seine Soldaten vergattert, kein Fremdeigentum zu berühren, ja er hat den Zuwiderhandlern mit dem Galgen gedroht. Und er hat es nicht mit dem Drohen bewenden lassen. Selbst euer Kaplan, der Jordan Unverzagt, dann der Rektor Bartholomäus Zillichius, ein evangelischer Eiferer deines Schlages, und schließlich auch der Konrektor Wehrmann, ein Irrgläubiger, jedoch im Gegensatz zu dir ein sehr besonnener Mann_ diese Drei haben öffentlich bekannt, dass Tilly sie in all den Monaten, die er hier Quartier hatte, in Glaubensdingen nicht bedrängt hat.«

»Ich weiß von anderen Dingen.«

»Was immer du weißt oder vermeinst zu wissen, du solltest zuvörderst wissen, dass es gut für dich ist, uns deine Unschuld zu beweisen oder deine Schuld zu bekennen.«

»Was immer ich vorbringe, ihr wollt und ihr werdet mich töten. Ich weiß, dass eurem Kurfürst Ferdinand – der bekanntlich meint, noch sein Speichel und sein Leibwasser seien das reinste Weihwasser – ich weiß, dass diesem Grobian das Ausbrennen von Luthers Lehre hier in Peine zu langsam geschieht. Und so verlangt er Exempel, dieser entlaufene Bayer, der seinen breiten Hintern lieber auf seinem Lieblingsthron in Köln belassen hätte als das Braunschweigerland zu malträtieren.«

»Du bist nicht des Todes, wenn du deine Unschuld beweisen kannst, Kern.«

»Wer hat mich verdächtigt?«

»Du selbst hast dich verdächtig gemacht. Du hast den hochwürdigen

Fredericus Spee, den wunderbarsten, mildesten Diener des HERRN, öffentlich *Otterngezücht* genannt und einen *Hetzer mit gespaltener Zunge.*«

»Und ich würde es wieder tun.«

Der Inquisitor strich mit sehr langen, weißen Fingern über sein Gewand. Als er abermals zu sprechen anhob, klirrte Eis in seiner Stimme: »So höre mir zu, Kern! Ich beabsichtige nicht, mit einem Vertreter lutherischer Irrlehren und Ketzerei einen Disput zu führen. Sag mir, wo du am Morgen des jüngst vergangenen Sonntages warst, und nenne mir Zeugen! Katholische Zeugen.«

»Ich spreche nur als freier Mann. Lasst mir die Fesseln abnehmen.«

Der Inquisitor machte einen Wink mit den Augen, ein grober Kerl trat aus dem Halbdunkel der Arrestzelle und nahm dem kleinen Mann die Fesseln ab, er tat es mit ungeschlachten Bewegungen, so dass der Kälberstrick hässlich in die Haut des Gefangenen schnitt.

Der Gefangene senkte die Stimme. Hatte sie eben noch nach prasselndem Feuer geklungen, klang sie jetzt wie ruhiger Sprechgesang: »Fredericus Spee, den Ihr einen milden Diener Gottes zu nennen beliebt, hat nach der Übernahme Peines durch die Papist ... durch Euch Katholische darauf hingewirkt, dass alle, die nicht abschwören, Haus und Besitz verkaufen müssen. Ihr wisst das sehr wohl. Und da ihr ... ihr Vertreter der einzig wahren Lehre ... so gern zitiert, sage ich es mit den Worten eures milden Fredericus Spee, so wie er sie zu Papier gebracht hat:

»DIE ANWEISUNG, IHRE GÜTER ABZUTRETEN, WIRD DIE LUTHE-RISCHEN IN SCHRECKEN VERSETZEN. ENTWEDER WIRD IHR WILLE GEBROCHEN UND SIE BEKEHRT ODER NICHT. WIRD DER WILLE JEDOCH NICHT GEBROCHEN, SO IST IHRE HARTNÄCKIGKEIT BEWIESEN, DENN SONST HÄTTE EIN SOLCHER SCHLAG SIE WEICH GEMACHT. SOLCHE LEUTE SIND EINER MILDEN HAND NICHT WÜRDIG. IHRE BESITZUNGEN DÜRFEN NUR AN RECHTGLÄUBIGE VERÄUSSERT WERDEN. ALL DAS GESCHEHE NON SINE SALUBRI TERRORE – NICHT OHNE HEILSAMEN TERROR.«

Wie nanntet Ihr doch diesen Euren Spee? ... einen milden Diener Gottes?«

»Immerhin, du hast Spees Worte auswendig gelernt. Vielleicht sollte ich das als ersten Schritt zur Einsicht werten?«

»Ich kann auch die Worte auswendig, die der Satan dem Gottessohn in der Wüste sagte, als er ihn versuchen wollte. Oder die Worte des Pontius Pilatus, mit denen er den Erlöser seinen Henkern überantwortete. Euer sauberer Spee hat dazu aufgerufen, brave Menschen, Christen allzumal, auszutreiben wie Vieh aus den Ställen.«

»Dir wird vielleicht bekannt sein, dass ihr Lutherischen, überall wo ihr die Oberhand habt, das härteste Vorgehen gegen die Calvinischen exerzieren lasst, obgleich die doch eure Verbündeten gegen den wahren Glauben sind. Ihr Lutherischen habt die Calvinischen aus Oldenburg verjagt. Und das geschah – doch sehr im Gegensatz zu eurer jetzigen Lage in Peine – zur Gänze ohne die Möglichkeit für die Vertriebenen, vorher Hab und Gut zu veräußern. Eine arge Rohheit, zumal wenn man bedenkt, dass die Calvinischen ihren Wohlstand als direkten Gnadenerweis Gottes erachten.«

»Durch dererlei Fingerzeige – sie mögen wahr sein oder nicht – verringert ihr eure Schuld hier in Peine um kein Jota. Euer Fürstbischof Ferdinand von Bayern mag eine Zierde des Hildesheimer Bischofsstuhls sein, uns rechtschaffenen Leuten aber hat er wenig Gutes beschert. Und sein schärfster Hund, euer Spee, verlangte zwar nicht unser Leben, aber er nimmt uns das, was ein Leben braucht, um wachsen zu können. Ein festes Haus.«

»Und um dich zu rächen, hast du dir ein Pferd geborgt, hast dir Degen und Pistole besorgt, um ihn zu morden. Was Gott verhindert hat.«

»Ich bin ein Mann des Wortes. Ich töte niemanden. Auch nicht den Mann, der mich von der Kanzel gestoßen hat, von der Kanzel, auf die mich Gott gestellt hat.«

»Wo also warst du vergangenen Sonntag in den frühen Morgenstunden?«

»In dem Haus, in dem die Kerns seit vier Generationen leben, in dem Haus, das bis vor wenigen Wochen das meine war, und das – nicht zum Wenigsten durch Spees heftige Rede – zu einem schändlichen Preis zwangsverkauft wurde. An den allerkatholischsten Stellmacher nördlich von Rom, der indes barmherzig genug war, mich und die meinen noch auf kurze Frist wohnen zu lassen.«

»In deinem Fall eine unverdiente Barmherzigkeit, will mir scheinen. Wir haben im Übrigen den Stellmacher befragt. Er kann dir kein Zeugnis geben. Er weilte nicht in der Stadt. als nach Spees Leben gegriffen wurde. Wer also kann bezeugen, dass du dem Pater Spee nicht aufgelauert hast, um ihn zu meucheln? Einen Zeugen, Kern, nenne einen Zeugen!«

»Mein Arsch ist mein Zeuge.«

Der Inquisitor verzog das Gesicht als hätte ihn aus heiterem Himmel ein April-Hagelkorn getroffen; dann nickte er dem groben Kerl zu, der sogleich den Kälberstrick packte.

»Haltet ein! Wie sagtet ihr Jesuiten noch gleich: In der Societas Jesu lernt ihr genau zuzuhören. Lernt ihr auch genau hinzuschauen? So schaue denn hin, Hoch...wür...den!«

Der kleine Mann, den die Evangelischen respektvoll und die Katholischen verächtlich den »Tollen Kern zu Peine« nannten, begann sein Beinkleid herab zu ziehen. Dann drehte er dem Inquisitor seine Kehrseite zu.

»Wenn Ihr meint, dass ein Mensch mit diesem Furunculus auf einem Pferd sitzen kann, ohne vor Schmerz in einem fort zu schreien, dann sagt es mir!«

Der Inquisitor hüstelte und schlug ein sehr flüchtiges Kreuz, dann schnaufte er mehr als dass er sprach: »Dies scheint mir eine angemessene Strafe für die Verbreitung lutherischer Irrlehren zu sein. Andererseits sprechen diese blutigen Zeichen in der Tat für dich. Auch ein mit Irrtum geschlagenes, faulendes Fleisch ist nicht unempfindlich gegen Schmerz. Geh mir aus den Augen!«

4 Wie der Tolle Kern, dessen Unerschrockenheit weithin gerühmt wurde, einmal sehr erschrak

»>Fürchtet euch nicht, denn siehe ich bin bei euch alle Tage, bis an der Welt Ende< So spricht unser Herr Jesus, der große Erbarmer. Schaut her, schaut auf mich!«

Pastor Gotthelf Kern reckte beide Arme gegen die rauchschwarze Bohlendecke; und voller Wohlgefallen bemerkte er, dass die Angst in den Gesichtern seiner Zuhörer einer gespannten Aufmerksamkeit gewichen war.

»Seht ihr die Male an meinen Handgelenken? Sie haben mich gebunden wie Vieh. Sie wollten mich brechen. Ich aber habe mich an die Worte des Doktor Martinus erinnert, der in Worms den Papisten standgehalten hat und die Wahrheit nicht widerrufen hat.« (Die näheren Umstände seiner Beweisführung verschwieg Kern aus didaktischen Gründen.) »Gott liebt die Wahrheit. Und weil er die Lüge verabscheut, wird der Stern der Papisten sinken. Vom Himmel über Peine, über Hildesheimer, über Braunschweiger Land und dem ganzen Reich.

Ein neuer Stern wird aufgehen. Ich habe die Nachricht aus verlässlicher Quelle geschöpft. Ein Stern Bethlehems aus dem Norden, heller als die Sonne. Und alles römische Geräucher von Weihrauch und Lüge wird diesen Stern nicht verdunkeln können.

So spricht der HERR: Wehe denen, die nicht hören wollen, sie werden's bitter bereuen! Und ich sage euch, das Schwert ist schon geschmiedet, das Schwert, das die Lügenbrut niedermähen wird. Es steckt in der Scheide des großen Königs von Schweden ... «

Die Gemeinde, die sich im Dachgeschoß des alten Tuchspeichers der Rothmanns versammelt hatte, hob die Köpfe. Da lag ein Versprechen in der Luft, etwas, von dem hie und da geraunt, aber wenig gewusst wurde. Aber ihr Verbindungsmann zu Gott, der Tolle Kern, schien Genaueres zu wissen.

»Sie haben uns unsere Häuser genommen, sie haben uns eine Frist gesetzt, innerhalb derer wir Peine verlassen müssen. Unsere Toten sind in dieser Erde begraben. Mein braves Weib, das mir drei Töchter gebar, liegt auf dem Gottesacker vor der Kirche, die unsere Kirche ist. Und auch eure lieben Toten ruhen in dieser Erde. Magda! … dein Sohn, der sich heimschleppte vom Schlachtfeld, den Tod im Leib, aber voll des Glückes, für die gerechte Sache des Herrn gestritten zu haben, und der in deinen Armen starb …« Ein lautes Aufschluchzen stand im Raum. Kern fuhr fort: »Hermann und Gertrude! Eure Tochter liegt hier, die sanfte Christina …«

Der Prediger machte eine Pause und ließ seine Blicke wandern, jedem vierten oder fünften Gemeindeglied nickte er zu – wissenden Blickes.

»Wir sollen sie zurücklassen, unsere Toten, auf dass die Papisten über unseren heiligen Gräbern ihr Wasser abschlagen oder schlimmer, ihre gottfernen Rituale vollziehen, mitgetragene Bilder anbeten, mit Weihrauchnebel den Blick zu Gott verhängen, zu Menschen beten, statt zur Heiligen Dreieinigkeit? … Weswegen gerät uns all das zu solch fürchterlicher Bedrängnis?« Kern ließ die Frage wie ein erhobenes Richtschwert eine Weile in der Luft stehen, ehe er die Antwort herabsausen ließ: »Weil wir nicht zum falschen Kreuz kriechen, nicht zu dem Kreuz, das der Mann in Händen hält, der frech behauptet, Gottes Stellvertreter auf Erden zu sein. Der Teufel mit der Tiara. Dieser gotteslästerlichen, fetten Krone, durch die doch nur die göttliche Dreifaltigkeit verhöhnt wird. Welch blutiger Witz! Weiß doch ein jeder, dass sich die Huren im Vatikan die Türklinken in die Hand geben! Pfeifen es doch die Ratten aus den Löchern, dass von dem Geld und Gut, das in unserem geschundenen Vaterland zusammengeraubt wird, der Löwenanteil nach Rom gekarrt wird? Wo es verprasst und verschleudert wird. Die Hure Babylon haust nicht am Euphrat, sie haust am Tiber!«

»Fluch den Papisten! Gott stärke den rechten Glauben!« erklang es aus der Mitte der zusammengedrängten Gestalten. »Nieder mit Rom!«

»Dämpft eure Stimmen, Brüder und Schwestern! Wir dürfen ihnen keine Vorwände liefern. Denkt daran, wenn ihr dies Haus verlasst: Nicht mehr als drei zurzeit. Seid voller Hoffnung. Rom ist schon einmal untergegangen, und es wird erneut untergehen. Und ein Stern wird aufgehen gen Mitternacht.

Uns haben die Papisten aus unseren Kirchen vertrieben; und doch werden sie nicht siegen, das walte der Ewige im Himmel. In Bamberg folgte dem Anschlag der Papisten auf unsere heilige Sache die Pest. Das sollte Zeichen genug sein. Der alte Hinrich sah auch hier im Februar Pestvögel mit ihren tückischen Seidenschwänzen südwärts fliegen.

Seid also unverzagt, denn die Wahrheit ist unbesiegbar. Und wenn unsere Lippen dereinst erkalten, werden unsere Kinder und Kindeskinder sie weitersagen.«

Gotthelf Kern strich mit einer milden Geste über die Kinderköpfe in der ersten Reihe, ehe er fortfuhr: »Schaut in den Mai! Die Knospen sind prall, keiner kann es hindern, dass junge Blätter hervorbrechen. Und nun nehmt Gottes Segen. Wir treffen uns wieder an geheimem Ort, der euch am Tage zuvor bekannt gegeben wird.

Und der Friede Gottes, welcher höher ist denn alle Vernunft, bewahre eure Herzen und Sinne in Christus Jesus. Gehet hin im Frieden des HERRN!«

Der Raum leerte sich langsam. Jeder, der sich zum Gehen schickte, wurde von Kern umarmt, alle küsste er, und weil sich fast ein jeder herabbeugen musste, um die kleine Gestalt zu küssen, endete die Andacht mit zwei Dutzend Verbeugungen.

Schließlich war Kern allein. Erst in diesem Augenblick spürte er eine aufkommende Schwäche. Er ließ sie zu. Es war die Art von Schwäche, die einen Menschen erst dann ergreift, wenn er zuvor eine Weile über seine Kräfte hinaus Mut gezeigt hat.

Waren nicht die meisten Ratsherren – ach, diese Recken des gereinigten Glaubens, diese unerschütterlich Evangelischen! – schon abgezogen? Viele von ihnen ins sichere Braunschweig, nach Wolfenbüttel oder nach Celle? Und, schlimmer noch, hatten sich nicht viele, ach so viele, wieder den Papisten zugewandt? Ernsthaft oder nur zum Schein – wie manche dem Kern mit verhuschten Blicken versichert hatten.

Sicherlich, da war das großartige »Nein« gewesen, als Hunderte und Aberhunderte sich weigerten, unter Weihrauch zu beten und die Gotteshäuser mieden. Allerdings als sie mit Schwert und Pike in die römische Messe getrieben wurden, waren sie zu Kreuze gekrochen. Zum falschen Kreuz. Ach ... man konnte von seiner Herde nichts erwarten, was auch ein Glaubensriese nur unter Anspannung äußerster Kräfte zu tun imstande war.

Als Gotthelf Kern aufschaute, war der Dachboden leer ... fast. Einer war hocken geblieben. Als der sich nicht bewegte, richtete Kern das Wort an ihn: »Sohn meines liebsten Freundes unter den Sterblichen, du magst nicht gehen? Was bedrückt dich?«

»Ich habe gefehlt.«

Kern schaute in das Gesicht eines jungen Mannes, das von einem weizenblonden Bart und gleichfarbigem Haupthaar ebenmäßig umrahmt war. Er kannte dies Gesicht schon, als dessen Zahnleiste noch keinen Milchzahn trug. Eine Nacht hatte er am Bett des Knaben gebetet, als der Würgehusten den Vierjährigen zu ersticken drohte. Vor einigen Jahren noch sah er das erste Flaumhaar über dessen Lippe sprießen, als er ihn zur Konfirmation segnete. Später hatte er dem Vater des Jünglings, dem Tuchhändler Tobias Rothmann, gut zugeredet, den Siebzehnjährigen für ein, zwei Lehrjahre nach Genua zu schicken, dorthin, wo das beste Tuch aus aller Welt zu weiterem Verkauf angelandet wird. Schon vor vielen Wintern hatte er Erika Rothmann, die Frau des Tobias Rothmann, beerdigt. Und das späte Kind aus dieser Ehe, die minderjährige Meta, hatte er einer verlässlichen Amme anvertraut, nachdem die Mutter gegangen war. Es gab wenige Gesichter, die ihm gleichermaßen lieb und vertraut waren wie die der Rothmanns. Doch nun lag etwas Verstörtes auf dem Antlitz des Sohnes.

»Du hast gefehlt ...? Aber du weißt doch, dass bei uns kein papistisches Beichtmöbel herumsteht, in dem lateinischer Hokuspokus gelispelt wird. Gott selbst ist unser Beichtvater. Mach es mit IHM im Gebet aus. ER wird dich erleichtern!«

»Ich habe gefehlt. Wenn auch nur knapp.«

Kern erschrak und zog den jungen Mann in den hintersten Winkel des Dachbodens: »Du hast ... was ...?«

Der junge Mann nickte, schwieg eine Weile, und als Kern noch immer nach Worten rang, sagte er: »Vater Kern, du sagtest uns doch, die Worte dieses vermaledeiten Spee spritzten Gift in die heiligen Wundmale unseres HERRN Jesu, und unser Herr Jesus selbst habe – der Christenheit zum Zeichen und zum immerwährenden Beispiel – der Giftschlange den Kopf zertreten.«

»Still, die Wände könnten Ohren haben. Nicht hier … wir treffen uns … «

Kern presste seine Lippen ans Ohr des Mannes, den er vor 19 Jahren in der Taufe dem HERRN anbefohlen hatte. Und dabei spürte er den eigenen Pulsschlag in seinen Lippen: »Ab jetzt kein Wort außer in mein Ohr!«

5

Wie Spee wieder zu Kräften kam und in wohlgesetzten Worten einen geistlichen Bruder seiner Wohlbeleibtheit zieh

Spee war seit zwei Tagen ohne Schmerzen. Erstmals seit Wochen hatte er dieses Gefühl ausgekostet, als er sich, ohne sogleich warnendes Pochen unter dem Schädel zu spüren, zu den Pfingstrosen im Klosterbeet niederbeugte.

Vielleicht ein neues Gedicht?

> SCHAUT AN DEN MAI,
> DIE KNOSPEN PRALL SIND AUFGESPRUNGEN.
> LOBT GOTT, WOHL TAUSENDFACH GESUNGEN:
> ES SCHLÄGT DAS HERZ SO HOCH, SO FREI,
> TRUTZ NACHTIGALL, WELCH SÜSSER SCHALL
> DRINGT MIR HERÜBER ALLZUMAL,
> ALS OB'S EIN EWIG SOMMER SEY.

In diesen späten Maitagen Anno Domini 1629, den Tagen seiner Wiedergeburt, wehten Spee unentwegt Reimpaare an, ohne dass er sie suchen musste; sie rieselten aus dem jungen Blattgrün, wurden von gelben Faltern von Blüte zu Blüte getragen, spiegelten sich im Teich vor dem Refektorium, das ein umsichtiger jesuitischer Bruder Baumeister als Notwasser und Löschteich für den Fall einer Feuersbrunst hatte anlegen lassen. Seidige Tage waren das, Tage der Auferstehung.

Wenn Spee den weißen Wolken nachschaute – und er tat es oft, gern und lange während seiner Rekonvaleszenz – schien ihm unwirklich, dass dieselben Wolken auch über Schlachtfelder zogen, über Siechenlager von Pestkranken, über brennende Scheiterhaufen, besteckt mit gemarterten Seelen. Kann denn der Himmel über so viel Schauerliches den

Vorhang ziehen – mit weißem Wolkentuch? War nicht dieser Krieg, in dem noch jeder Mordbrenner beteuerte, Gott selbst trage seinem Heer die Streitfahne voran, war nicht das Hauen und Stechen ein einziger Beweis der Gottesferne?

Spee schüttelte sich.

Gottesferne auch nur zu denken, war infam. Er spürte SEINE Nähe mit jedem Atemzug. Gleichzeitig aber auch die Macht des Bösen. Konnte es sein, dass Gott dem Teufel sehr lange Leine gab, um die Guten zu prüfen? War die Kriegsfurie, die seit dem Achtzehnerjahr brüllend übers Land zog, eine Prüfung? Und falls ja, wie lange durfte solche Prüfung währen? Zehn Jahre? Zwanzig? Dreißig gar? Dreißig Jahre Krieg ... das würde die biblischen Plagen klein erscheinen lassen. Was könnte dann noch Gerechtigkeit gelten, wenn so viele Unschuldige mit ihrem Leben für Ungerechtigkeiten zahlen, an denen sie nicht schuld sind?

Er war nur mehr zwei Jahre von seinem Vierzigsten entfernt. Und eine Winzigkeit, ein Zweig, der das niedersausende Mördereisen bremste, hatte bewirkt, dass er, Fredericus Spee, nicht schon in seinem achtunddreißigsten Jahr diese Welt hatte verlassen müssen. Ein Zweiglein nur. Ein Zweiglein ist ein gutes Bild...

> SIND WIR NICHT ZWEIGE IM GEBÄUME,
> VOM WIND GAR HEFTIGLICHST BEWEGT?
> SIND WIR NICHT NICHT...

Ein Reim auf »Gebäume« lag nahe: »Träume«; aber wie sollte er die Träume benennen? Es war wichtig, sie als vom Schöpfer gesandte Träume vorzustellen. Blies doch zu viel abergläubisches Gewese dieser Tage die Backen und die Därme auf, um aus Träumen, die wohl eher aus einem Magen mit faulem Kohl aufstiegen, allerhand höhere Bedeutsamkeit entweichen zu sehen. Träume, so hatte er erfahren müssen, hatten sogar Beweiskraft in den schändlichen Hexenprozessen landauf, landab ... gegen unschuldige Frauen und Männer.

Als Spee, nur noch zwei Schritte vom nächsten Reim entfernt, den Blick hob, stand Frater Valerius vor ihm. Er lachte mit den Augen. Spee lachte zurück: »Ich sehe, du bist guter Dinge, mein Valerius.«

»Ja, Bruder, keine größere Freude unter der Sonne, als dich gesunden zu sehen.«

»Es ist seltsam, wenn der Mensch dem Tod sehr nahe war, ist ihm das Leben wieder sehr viel näher.«

»Als du dem Tod sehr nahe warst ... hast du da etwas gesehen ... etwas von der anderen Welt?«

»Ja.«

»Darf ich es wissen?«

»Ich habe ein Licht gesehen, wie es auf Erden keines gibt.«

»So ist Gott ... Licht?«

»Ich denke, dass ich das Licht gesehen habe, das IHN umgibt. ER selbst blieb unsichtbar.«

»Ich beneide dich.«

»Würdest du auch meine Schmerzen in Kauf nehmen, um einen Blick ...?«

»Jeden vorstellbaren Schmerz, jeden!«

»Vorsicht Bruder, der Allmächtige könnte dich beim Wort nehmen.«

Nachdem die beiden Jesuiten eine Weile schweigend Runde um Runde um den Kloster-Feuerlöschteich gezogen hatten, nahm Valerius das Gespräch wieder auf: »Es ist nichts gefunden worden. Gegen den Tollen Kern gibt es keine Handhabe.«

»Ich selbst hätte ihn nie und nimmer verdächtigt. Er hasst mit Worten, nicht mit Taten.«

»Aber dem Hass der Taten gehen stets Worte voran.«

Spee nickte. Dem Nicken war indes nicht zu entnehmen, ob es Nachdenklichkeit oder Zustimmung bedeuten sollte.

Valerius hakte nach: »So weißt du auch sicher schon dieses: Es ist darauf verzichtet worden, den Kern ... peinlich zu befragen.«

»Bei Gott, das ist wohlgetan. Du weißt, was ich von Geständnissen halte, die unter der Folter erzwungen werden. Bei allen Heiligen: Von den armen Frauen, die ich in Würzburg und Köln als Beichtiger zum Scheiterhaufen führen musste, deuchte mich keine schuldiger als du und ich es sind. Keine einzige, und es waren viele ... viele ... ach, bei Gott, es waren so viele!«

Spee presste die Hände an die Schläfen und schloss die Augen, neigte das Haupt, verweilte ein paar Herzschläge lang, ehe er sich zurückwandte: »Schau ins Wasser, dort ... gleich vorn neben den Rohrkolben! Siehst du den Karpfen mit dem weißen Schimmel des Alters auf dem Rücken? Unter der Folter schwüre auch er, er habe nie im Leben seine Schnauze in Schlamm und Kot gesteckt.«

Valerius stierte auf den offenbar bedeutsamen Fisch – eine Fastenspeise, die ihm nicht behagte. Das Tier schien die Blicke zu spüren, jedenfalls wandte es sich mit trägem Flossenschlag der tieferen Teichmitte zu.

»Übrigens, Bruder Valerius. ... hab ich dir schon erzählt, dass mir eine große Erweiterung meines ›Trutz Nachtigall-Zyklus‹ vorschwebt?«

Valerius warf in komischer Verzweiflung die Hände in die Luft: »Ha! Das ist Bruder Spee, wie er leibt und lebt. Sein Mörder läuft frei herum, und er denkt an nichts anderes als an .... Poeterey.«

»Schlösse die Allgegenwart von Mord die Möglichkeit von Poeterey aus, wäre nie auch nur eine Zeile gedichtet worden.«

Valerius nickte, blieb stehen, angestrengt auf eine Entgegnung sinnend; doch als er meinte, sie gefunden zu haben, schnitt ihm Spee das Wort ab: »Schau, die Wolken über uns, Valerius! Sie lächeln uns zu, doch wer weiß: Zum Abend hin, bevor die Nacht sie auflösen wird, überfliegt dies unschuldige Weiß vielleicht ein Schlachtfeld. Sollte mich das daran hindern, ihr Weiß jetzt und hier zu loben?

> WER WEISS, WOHIN DIE WOLKEN REISEN,
> WAS WEISS IHR WEISS VON ALL DEN WAISEN,
> DIE NIEDERWIRFT EIN HARTER STOSS?
> BEI GOTT: DIES WEISS IST AHNUNGSLOS.

Sie gingen eine Weile schweigend, und als sie abermals die Stelle erreichten, von der aus der bedeutsame Karpfen verschwunden war, sagte Valerius: »Du hast Recht, Fredericus. Die Poesie muss unbefleckt bleiben, unbeschmutzt durch die Zeitenläufe. Du hast ja Recht. Aber warum schaust du mich so an ... stimmt etwas nicht mit meinem Gewand?«

»Dein Gewand ist nach der vorgeschriebenen Art; jedoch dein Leib darunter wölbt sich zu stark. Wenn Gott uns nach seinem Bilde geschaffen hat – und das hat er doch ohne Zweifel getan – dann kann er nicht gewollt haben, dass wir fett werden wie die Gänse auf Martini.«

»Du meinst …?«

»Ich meine, es ist kein besonders gottgefälliges Exemplum, wenn das Volk vor verbrannter Ernte verhungert und die Geistlichkeit derweil vor vollen Tellern …«

»Ich weiß es, Bruder Fredericus, ich weiß es. Aber Fasten ist die härteste Prüfung.«

»Eben wolltest du noch jeden Schmerz ertragen, um das Licht Gottes in der anderen Welt zu sehen, und jetzt schreckt dich schon die Aussicht auf einen Teller, der nicht gefüllt ist? Aber ich will dich nicht tadeln, guter Valerius. Ich will dir nur zu deinem Besten raten. Wer mit zu schwerem Leib einhergeht, ist sich selbst eine Last.«

Valerius faltete die Hände vor dem Bauch und zog ein schmerzvolles Gesicht. Just da rief die Glocke zur Vesper. Spee lächelte: »Ecce! Die Versuchung meldet sich per Glockenschlag, Valerius!« Als er das verdutzte Gesicht seines Bruders im Herrn sah, musste er lachen. Die dadurch entstehende Erschütterung erzeugte einen kleinen Restschmerz im hinteren Teil seines Kopfes.

6

*Wie Kern seiner Gemeinde
ein sicheres Geleit an die Weser
versprach und das wunderbare
Lied des Josua Stegmann als
einen tonlosen Gesang rezitierte*

Gotthelf Kern wusste, dass es nur einen Weg gab, um den Furchtsamen die Furcht zu nehmen: Selbst keine Furcht zu zeigen.

Er wusste es von einem, der sich darauf verstand, Pferde zu ertüchtigen. Scheut ein Pferd vor einem Hindernis – einem wehenden Tuch oder prasselnden Feuer –, dann muss der Halter es fest am Zügel packen und auf den Gegenstand, der es ängstigt, unerschrocken zugehen. Auf diese Weise wächst das Pferdeherz am Mut seines Reiters.

So würde es auch mit seiner Peiner Gemeinde sein. Manches Mal, wenn Kern in langen, wachen Nachtstunden der Zweifel beschlich, richtete er seinen inneren Blick auf ein großes Beispiel: Der Mut, den Luther predigte, war gelebter Mut; er wäre wohl nie durchgedrungen, hätte ihn der Reiniger des Glaubens nicht vorgelebt.

Kern hatte lange über die Furcht nachgedacht. Da gab es die gute Furcht, die Gottesfurcht. Und es gab die lähmende Furcht, die Angst vor der Hölle, eine Furcht, die auch den Reformator quälte und von der Luther sagte:

>›Dem Teufel ich gefangen lag / im Tod war ich verloren, / mein Sünd mich quälte Tag und Nacht / darin ich war geboren. / Ich fiel auch immer tiefer drein, / es war kein Guts am Leben mein, / die Sünd hat mich besessen. /

>Mein' gute Werk, die galten nicht / es war mit ihn' verdorben / der frei Will hasste Gotts Gericht / er war zum Guten erstorben, / die Angst mich zu verzweifeln trieb / dass nichts denn Sterben bei mir blieb / zur Höllen musst ich sinken.‹

Luther hatte die Angst nicht nur erlebt und beschrieben, er hatte sie überwunden; sein Schlüssel zur Furchtlosigkeit trug die Gravur: Nicht gute Werke, sondern Gottes Gnade macht frei. Für diese Wahrheit, für die Gnadenlehre des braven Mannes aus Wittenberg, wurden Menschen dieser Tage von den Truppen der Papisten gejagt. Ach Luther! Manchmal wünschte sich Kern, er könnte Luther als Fürbitter bei Gott anrufen, so wie es die Katholiken mit ihren Heiligen halten ... Heiliger Martin, bitt Du für mich!

... hätt wohl auch nicht gefruchtet. War es doch der Doktor Martinus gewesen, der verkündigt hatte, es bräuchte keine Fürbitter zwischen den Menschen und Gott. ... Aber was würde Luther sagen zu all den Wirren?

Luther musste zu seiner Zeit fürchterliche Gemetzel gesehen haben. Aber er hatte nichts gesehen, was diesem Krieg an Grausamkeit gleichkam. Luther hatte die Vorhöfe der Hölle gesehen, aber nicht die Hölle auf Erden, so wie sie sich jetzt – knapp hundert Jahre nach seinem Tod – in den deutschen Landen auftat. Und doch galt es, daran hielt Kern fest, in der Nachfolge des Reformators den Seinen fast übermenschlichen Menschenmut vorzuleben. Das wusste Kern. Dennoch zitterten ihm die Knie, wenn er sich anschickte, dem Entschluss Taten folgen zu lassen.

Denn mehr als die eigene Furcht drückte Kern die große Furcht seiner Herde den Brustkorb zusammen. Furcht presst die Leiber nieder. Ängstliche krümmen sich zur Erde, ihr Gang wird zögernd. Und so wie die braun gefleckte Apfelschale das faule Innere sichtbar werden lässt, so wie der Durstschrei eines Veilchens offenbar wird, wenn es sich welk vornüberbeugt, so zeigt das Äußere des Menschen, wie es um sein Innerstes bestellt ist.

Es war bitterlich schwer, gegen so viel Angst und Verzweiflung aufzustehen. Dennoch – es musste versucht werden, immer wieder versucht. Also straffte Kern seinen schmalen, fast winzigen Leib und bemühte sich um eine Schrittlänge, die seinen kurzen Beinen nicht so recht angemessen war. Haltung und Schritt verfehlten nicht ihre Wirkung, zumal noch seine Stimme hinzukam. Und die konnte zwischen Peine und Hildesheim alle römisch -katholischen Weihwasserkessel klirren lassen: »Wir fürchten Gott, liebe Brüder und Schwestern, sonst fürchten wir nichts! Tod und Teufel mögen sich grämen, und die Hölle soll sich schämen. Halleluja!«

Kern schaute in Gesichter, in denen die Angst seit Wochen Quartier genommen hatte. In einigen hatte sie übel gehaust, in anderen nur flüchtig ihr Lager aufgeschlagen. Nur in wenigen hatte sie keinen Halt gefunden. Gar zu gerne hätte Kern in den Gesichtern der Frömmsten und der Eifrigsten im Gebet gelesen, dass gerade sie es seien, die sich im Elend am furchtlosesten zeigten. Aber so war es nicht.

Kern ließ seine Blicke wandern, jedes Gemeindeglied trug Wunden, sichtbar oder versteckt. Ein Mann Gottes ist ein Wundarzt des HERRN, ein Arzt für Geist und Seele, so hatte man es auf dem Predigerseminar gelehrt. Und, weiß Gott, Kern kannte alle Wunden der Seinigen, die leichten und gut vernarbten und die grässlichen, die zwar zu bluten aufhören, aber nie ganz verheilen.

Schließlich versammelte Kern seine Stimme zu einem mittleren Gewitterwind: »Die Papisten, die nun in unsere Häuser drängen, wollen uns keinen Aufschub gewähren. Bis zur Sonnenwende müssen wir Peine verlassen haben. Der Herr wird sie für ihr schändliches Tun strafen. Uns bleibt vorerst nichts als das demütige Gebet.«

Kern wusste, dass die Minuten schwärzester Mutlosigkeit – so wie die dunkelste Stunde der Nacht – exakt der rechte Zeitpunkt sind, um ein Licht aufzustecken: »Geliebte Gemeinde: Der HERR hat meine Gebete erhört. Frohlocket! Mein Schreiben an den hochwohllöblichen Herrn zu Eberstein zu Höxter – ein Licht des evangelischen Glaubens, ein reiner Quell der Menschenliebe – fand Gnade vor seinen Augen. Der zu Eberstein will uns Peiner, uns Gepeinigte, so lange Wohnrecht und Gastfreiheit in Höxter geben, bis wir in unsere angestammten Häuser zurückkehren können. Er nennt keinerlei Bedingung noch Befristung. Er schrieb: »Unsere Herzen und Häuser stehen euch Glaubensbrüdern offen«.

Ich weiß, viele von euch halten den um vieles kürzeren Weg nach Braunschweig oder Celle für den besseren. Aber dorthin sind schon sehr viele gezogen, so dass sich allenthalben Widerstand gegen Neuankömmlinge regt. Der zu Eberstein indes wird uns willkommen heißen.

So lasst uns denn frohlocken und Gott danken. Unser Jordan ist der Weserfluss, unser neues Jerusalem ist Höxter. Und ich sage es für euch mit den Worten unseres geliebten Doktor Martin Luther: »*Da jammert*

Gott in Ewigkeit / mein Elend übermaßen / Er dacht an sein Barmherzigkeit / er wollt mir helfen lassen.«

Ja. Brüder und Schwestern, der HERR wird uns helfen! Er selbst führte dem Schreiber des Eberstein die Hand, so dass dieser erlösende Brief zu uns gelangen konnte.«

Kern schwenkte den Brief aus Höxter wie eine kleine Siegesfahne, doch als sich keine sichtbare Seelenerhebung einstellen wollte, ließ er ihn wieder sinken. Er hatte sich zwar kein großes, aber doch ein spürbares Zeichen der Freude erhofft, war doch bekannt, dass Landgraf Wilhelm von Hessen-Kassel die Stadt Höxter der Katholischen Liga entrissen und in der Stadt eine lutherische Obrigkeit eingesetzt hatte.

Kern erinnerte die Seinen daran, dass in eben diesem Höxter »wieder der freie Geist Luthers« wehte; aber auch dieses Mal wartete er vergeblich auf Zustimmung. Sie blieb aus. Es entstand eine zehrende Stille. Und in dieses Schweigen fielen schließlich die Worte: »Ich bleibe! Sie werden mich totschlagen müssen, ehe sie mich fortschaffen.« Die alte Frau, die das gesprochen hatte, war aufgestanden und hatte sich fast drohend vor Kern aufgebaut. Sie war recht groß, hager und überragte den Geistlichen um fast eineinhalb Haupteslängen.

»Wem nützt du, wenn du tot bist, Anna? Du bist gesund und bei Kräften, wir werden deine Stärke brauchen. Und du trägst Verantwortung für eine Waise! Und wenn wir dereinst von Höxter nach Peine zurückkehren werden, um unsere Häuser wieder in Besitz zu nehmen, dann rechnen wir auf dich. Gib dein Leben nicht leichtfertig weg, Anna! Es kann Umstände geben, in denen Gott von uns verlangt, für seine Sache zu sterben. Als Luther gen Worms zog vor die versammelten, feindseligen Papisten, da war er bereit, für seine Sache zu sterben. Aber es ist gottlos, sein Leben ohne Not wegzugeben. Hörst du? Gottlos!«

Die Alte trat einen Schritt zurück, offenbar unschlüssig, ob sie bei ihrem Vorsatz bleiben sollte oder nicht. Kern nutzte das Zögern und umarmte sie: »Wahrlich, wahrlich ich frage euch: Warum fürchten uns die Papisten? Weil wir Löwinnen wie die starke Anna in unserer Mitte haben!«

Die Alte lächelte, das machte ihr Gesicht durchscheinend, so dass unter ihren Zügen die schöne Frau erschien, die sie einst war.

Ein paar Herzschläge lang meinte Kern gewonnen zu haben, doch schnell wurde er eines anderen belehrt: »Wie sollen wir nach Höxter gelangen? Der Deisterische Wald ist eine einzige Räuberhöhle. Auf dem Heerweg zur Weser ziehen die Marodeure. Sie werden uns ausrauben und in Stücke reißen. Die Wölfe, Füchse und Raben werden unser Fleisch fressen … « schallte es dem Hirten aus der Herdenmitte entgegen.

Mehr als der neuerlich aufkommende Zweifel schmerzte Kern, *wer* ihn äußerte. Jetzt, um Gottes Willen, einen ruhigen, zuversichtlichen Ton halten: »Du sagst es, mein geliebter, guter Rothmann, du sagst es. Wenn wir ungeschützt gen Höxter zögen, wären wir ausgeplündert, kaum dass Peine unseren Blicken entschwunden wäre.«

»Wer sollte uns Schutz geben? Wer? Unsere Heere sind ausgeblutet, und wenn wir den Tillyschen Horden in die Hände fallen, täten wir besser daran, uns vorher gegenseitig selbst zu massakrieren. Du liebe Anna, viel geliebte Pflegemuhme meiner Tochter, du hast recht gesprochen: Dann lieber hier daheim beraubt und in Armut leben als den Marodeuren oder den Tillyschen in die Hände fallen.«

Kern machte eine große, langsame Bewegung mit den geöffneten Händen, so als breite er alle Argumente vor sich aus, um sie glatt zu streichen: »Wie immer wir's auch wenden; Knechtschaft und Verrat an seinem Glauben ist keine gute Wahl. Als Moses das Volk Israel aufrief, mit ihm aus Ägypten ins Gelobte Land zu ziehen, gab es viele, die lieber die Not am Nil weiter ertragen wollten, als eine ungewisse Freiheit zu wagen. Moses schalt sie für ihren kleinen Glauben.

Ich bin kein Moses, ich kann euch kein Gelobtes Land an der Weser versprechen. Aber Höxter ist eine feste Stadt, lutherisch bis tief in seine Fundamente und – wiewohl kleiner als Peine – weit besser befestigt. Wir werden dort ausharren können, bis über unserem geliebten Peine wieder die helle Sonne des Evangeliums leuchtet. Gott der Herr heißt uns hoffen. Und Der zu Eberstein bürgt für unsere Sicherheit.«

Der nächste Einwand kam, wie Kern hoffnungsfroh bemerkte, nicht mehr wie mit der Peitsche geschlagen: »Für unsere Sicherheit im fernen Höxter bürgt Der zu Eberstein? Nun gut. Aber wie sollen wir mit heiler Haut bis dorthin kommen?« Rothmann, dem die Jesuiten in Amtsgewalt der neuen katholischen Obrigkeit Haus und Lagerbestände abgenommen hatten – viel Tuch hatten sie an Bedürftige verteilt – schwankte, war aber noch nicht umgestimmt. Rothmanns Zweifel wogen schwer; schwankte er – dessen war sich Kern sicher – würden die anderen fallen.

Kern schaute in die Gesichter; sie hatten sich erneut verfinstert. Aus einer unbestimmbaren Mitte der Gemeinde drang Schluchzen. Kern zwang seine Stimme in eine hohe Lage, so als wollte er das Kyrie anstimmen: »Gott hat mir Gewissheit gegeben, dass die meisten von uns eines Tages wieder unter ihren angestammten Dächern wohnen werden. Peine, unser geliebtes Peine, wird wieder lutherisch werden. Ich sehe ein Ostern, an dem wir die Auferstehung des Herrn mit der Wiederaufrichtung des wahren Glaubens feiern können. Uns ist ein heller Stern aus dem Norden versprochen. Adolf der Schwede wird kommen und die Kaiserlichen, die Habsburger und die Papisten, zum Teufel jagen. Und wir, geliebte Brüder und Schwestern, wir werden …«

Kern zögerte. Es war nicht ausgeschlossen, dass auch in dieser von Not zusammengepressten Gemeinde ein falsches Ohr lauschte, ein Zuträger der Papisten. Einer, den die nackte Not zu Judasdiensten getrieben hatte. Er hielt inne, schloss die Augen als erwarte er eine rettende Eingebung, öffnete sie wieder, starrte an die Decke, die jedoch keine bedeutsamen Zeichen zeigte. Das Schluchzen erklang jetzt dreistimmig.

Schließlich sah der Pastor Kern keine andere Möglichkeit, als das wenige an Trost zu benennen, das absehbar war: »Wir werden Geleitschutz haben bis Höxter.«

Die gesenkten Köpfe hoben sich, Oberkörper strafften sich. Kern hob die Arme: »Ich kann und darf keine Namen nennen. Die Wände. … die Wände haben Ohren. Aber so viel ist sicher: Wir werden unter schützenden Waffen reisen. Bei Gott, wir werden. Und wir werden nicht nur zwei, sondern vier Wagen für unser wichtigstes Gut haben. Vier Wagen. Aber jede Familie darf nicht mehr mitnehmen, als drei Flechttruhen von je zwei Ellen Länge fassen können, und keine Truhe darf schwerer sein als ein Mann allein heben kann.

Kern glaubte so etwas wie leise erwachende Zuversicht zu spüren: »Zum guten Beschlusse spreche ich euch ein Lied, und ihr denkt euch die wohl bekannte Weise des Melchior Vulpius dazu, deren lautes freies Singen uns verboten ist. Es sind die Worte unseres großen Bruders und Dichters Josua Stegmann, der am freien Weserfluss in Rinteln die lutherische Fahne hoch hält.« Kern flüsterte die Worte:

> »ACH BLEIB MIT DEINER GNADE
> BEI UNS HERR JESU CHRIST,
>
> DASS UNS HINFORT NICHT SCHADE
> DES BÖSEN FEINDES LIST.
>
> ACH BLEIB MIT DEINER TREUE
> BEI UNS MEIN HERR UND GOTT,
> BESTÄNDIGKEIT VERLEIHE,
> HILF UNS AUS ALLER NOT.
> AMEN! «

Auf Kerns Zeichen leerte sich der Keller unter dem ausgedienten Pulverturm, der den Kernschen schon verschiedentlich als geheimer Treffpunkt gedient hatte. Doch auch dieses Mal blieb, wie schon beim vorigen geheimen Treffen, jemand hocken. Dieses Mal war es der Vater des Sohnes. Kern legte ihm seine kleine Hand auf die Schulter: »Liebster Freund Tobias, ich habe dich, ausgerechnet dich, nicht überzeugen können?«

Der Tuchhändler Rothmann schüttelte den Kopf: »Mich plagt noch anderes als die Frage, wie sicher die Heerstraße ist. Mein Weib fraß die Pest. Zwei meiner Töchter sind sicher im Oldenburgischen. Gottlob! Um meine Jüngste, die Meta, kümmert sich die starke Anna, sie ist mehr als nur eine Muhme, sie ist eine Mutter an Mutters statt. Aber mein Sohn Till ist fort.«

»Ich weiß es.«

»Du weißt?«

»Ich selbst habe ihn ermutigt. Er will sich zu den Schwedischen durchschlagen. Er sagte, er wolle ein Schwert des wahren Glaubens werden.«

»Nach … Schweden?«

»Pst … nicht so laut. Es ist so gut wie gewiss, dass Gustav Adolf mit großem Heer über die Ostsee kommen wird. Aber hat dir dein Sohn Till nicht gesagt, dass die Jesuiten … ?«

»… was sollte er mir gesagt haben?«

»… dass die Jesuiten ihn suchen lassen? Es ist an alle Klöster, an alle Priester im weiten Umkreis Befehl ergangen, ihn zu suchen. Es wurde allerdings kein Name genannt, auch fehlt jegliche Beschreibung. Der Till … du kennst sein heißes Blut … war jüngst in eine Affäre verwickelt, in der er Entschlossenheit, aber wenig Umsicht bewiesen hat.«

»Davon weiß ich nichts. War es eine Affäre … gegen die Papisten?«

Kern nickte fast unmerklich, und die Knappheit der Geste vergrößerte die Bedeutung der Antwort; dann fügte er im Flüsterton hinzu: »Es ist keineswegs bekannt, wer auf den Spee geschossen hat. Aber durch seinen eiligen Abschied hat Till sich hinlänglich verdächtig gemacht. Frage jetzt nicht weiter, ich bitte dich! Wovon einer nicht weiß, kann er auch unter Folter nicht sprechen.«

»So will ich mich damit begnügen. Du bist mein geistlicher Bruder und mein Freund, du bist Tills wahrer, du bist sein geistlicher Vater, ich nur sein leiblicher. Du wirst mir keine billige Lüge auftischen. Das darf ich um Christi Willen glauben … darf ich?«

Kern nickte abermals, dieses Mal kräftig.

Eine Weile standen sie in stummem Einverständnis, dann umarmte Rothmann den feingliedrigen, kleinen Mann und sagte: »Ich bin nur ein Tuchhändler, aber ein Tuchhändler ist mindestens so geübt wie ein Gottesmann, wenn es darum geht, etwas unter der Decke zu halten«.

»Das walte Gott im Himmel!«

Tobias Rothmanns Augen lachten, eine Last schien von ihm genommen. »Gelobt sei der Herr, seine Wege sind wunderbar!«, sagte er und zog sich zurück.

Kern stand noch eine Weile unbewegt im Fastdunkel. Es roch nach gammelnden Säcken, irgendwo tropfte Wasser auf Stein. Im hinteren Teil des Pulverturmkellers begannen die Ratten wieder ihr Treiben, die sich während der Versammlung angemessen still verhalten hatten. Als

er allein war, sprach Kern – nur für sich, aber mit fester Stimme – seine
Lieblingsstrophe des Stegmann-Liedes:

ACH BLEIB MIT DEINEM SCHUTZE
BEI UNS DU STARKER HELD
DASS UNS DER FEIND NICHT TRUTZE
NOCH FÄLL' DIE BÖSE WELT.

Ach, die Welt und ihre Bosheit! Die Verderbtheit der Menschen gehörte
zu den größten unter den großen Plagen. Da waren allerdings auch kleine
Plagen, die sich trotz ihrer Kleinheit nicht abweisen ließen. Sich selbst
konnte er es ja eingestehen: Auch er fürchtete sich vor der Reise an die
Weser. Weniger wegen der Marodeure. Mehr wegen Naheliegendem:
Er würde sitzen müssen. Lange sitzen. Auf hartem Holz, auf schwan-
kendem, rüttelndem Wagen. Das hieß, er würde schon bald in Blut und
Eiter sitzen. Denn dass Kern nur stehend, gehend oder allenfalls auf dem
Bauch liegend zu sehen war, hatte einen tiefen, einen hosenbodentiefen
Grund.

7

Wie die Lutherischen im Dämmerlicht voll Kümmernis, doch nicht ganz ohne Hoffnung, die Stadt Peine verließen

Es hatte zweierlei Meinungen darüber gegeben, wie Peine zu verlassen sei. Die einen waren – unter der Wortführerschaft Rothmanns – dafür, die Stadt am helllichten Mittag und für alle sichtbar hoch erhobenen Hauptes zu verlassen. Die anderen meinten, es sei angezeigt, Peine noch im Schutz der Nacht den Rücken zu kehren. Sie fürchteten, die einen oder anderen könnten den Anblick der Geschlagenen zu allerhand erniedrigenden Reden, zu Spott und Hohn nutzen. Es könnte Übergriffe geben, wie es sie schon bei ähnlichen Anlässen gegeben hatte.

»Wir gehen nicht wie Diebe in der Nacht!«, hatte Rothmann gesagt.

»Wir geben ihnen kein Ziel, wenn sie auf uns spucken wollen, wir gehen bei Nacht!«, setzte Roland, der Bierbrauer dagegen.

Als Kern schließlich anordnete, im Morgengrauen zu gehen, wirkte das auf einige wie Ausweichen in den Mittelweg: weder Nacht noch Tag. Aber die meisten lobten die Weisheit seines Entschlusses.

Die vier Lastenwagen, jeweils von zwei Doppelgespannen gezogen, hatten die Kernschen mit groben Eisenspangen verstärken lassen, damit sie nicht unter den Lasten einknickten. Die Davongejagten nahmen es als Zeichen, dass der Stellmacher – ein Katholik, der einmal Lutheraner gewesen war – aus der Not derer, die gehen mussten, keinen Wuchergewinn gezogen hatte. Sein Preis war nicht überhöht, und er hatte schnell und gut gearbeitet. Es gab sie noch, Menschen, die den Wucher verabscheuten, einerlei gegen wen er sich richtete.

Es gab auch andere. Ein Doppelgespann, das Kerns Leute hinzukaufen mussten, hatte – um das zu bemerken, musste man kein Kundiger sein – ein Heidengeld gekostet. Der Pferdehändler vom Unteren Graben weigerte sich zunächst mit heftigen, unflätigen Worten, an »hundsföttische, lästerliche Kirchenfeinde« zu verkaufen. Und dann knickte auch noch eines der Pferde mit jedem Schritt auf der linken Hinterhand leicht ein; eine solche Schindmähre als Zugpferd zu verkaufen, war Betrug. Aber Lutherische zu betrügen, galt in diesen Tagen in Peine nicht als unrühmliche Tat.

»Es ist, als wären wir Juden, die verjagt werden, weil sie den Heiland gemordet haben oder weil sie mit falschen Gewichten gewogen haben. Und sind wir doch Gotteskinder, getauft und unter dem Heiligen Kreuz aufgewachsen!«, jammerte der alte Wernicke. Und alle hatten sie Zustimmung geheult.

Die Bitte, am Abend vor dem Auszug noch einen Abschiedsgottesdienst in der Marktkirche halten zu dürfen, war ihnen abgeschlagen worden. Ein Jesuitenpater hatte mit todernstem Gesicht doziert: »Wir haben zehn Kübel geweihten Wassers benötigt, um die Kirche vom sündigen Odem eurer falschen Predigt zu reinigen. Wer lässt schon ein gerade gesäubertes Haus wieder beschmutzen?«

Kern hatte eine scharfe Widerrede auf der Zunge gelegen, aber er hatte sie heruntergeschluckt. Eine Abschiedsstunde *vor* dem großen Portal des Gotteshauses war ihnen dann doch zugestanden worden.

Die Menschen, die sich um die vier Wagen sammelten, sagten kein einziges Wort. Einige weinten. Frauen legten schlafende Kinder in weiche Tücher. Am Rande der Menschenmenge drückten sich winselnde Hunde, die wohl ahnten, dass diejenigen, die ihnen bisher Brocken zugeworfen hatten, nun fehlen würden.

Die Nachtfackeln am inneren Tor waren bereits gelöscht, als der Zug mit vier großen Lastenwagen, einer Handvoll kleiner Kutschen und Pritschenwagen die Markstraße hinabtrieb. Im Osten bereitete der Himmel den Auftritt der Sonne vor; ein blasses Rot wie das der Herbstäpfel im späten Sommer bezeichnete die Stelle, an welcher der Tag beginnen würde.

Welch ein Tag. ....

In den alten Legenden, die Kern vertraut waren, wölbte sich der Himmel gern finster und unheilvoll über den Menschen, wenn ihnen ein schlimmer Tag bevorstand. Dies war ganz ohne jeden Zweifel ein schlimmer Tag. Aber der Himmel versprach einen seidigen Morgen. Es würde wohl, dachte sich Kern, viele Katholiken geben, die heute meinten, den Himmel lachen zu sehen, wenn so viele Lutherische aus der Stadt zogen. Kern schüttelte sich und zog sein Wams am Hals fest. Welch ein Tag!

Einmal glaubte er, von fern die gekrächzte Melodie des Spottliedes zu hören, das dieser Tage auf die Religion des reinen Wortes gesungen wurde:

> » ... DIE LUTHERSCHEN MIT MANN UND MAUS / DIE JAGEN WIR ZUR STADT HINAUS. / HEI, SEHT WIE ES DEM SÜNDER GEHT, / DER FRECH DES HERREN WORT VERDREHT ... HEIDIDELDUMDEI ... «

Am weißen Stein, dort, wo sich der Weg verengte, bevor er sich zur Trockenwiese der Weißwäscherinnen öffnete, versperrten zwei unförmige Haufen den Weg. Als der Zug näher kam, erhoben sich dahinter zwei Männer. Kaum hatte er sie erkannt, atmete Kern erleichtert auf.

Der ältere der beiden machte eine unbeholfene Bewegung, so als wolle er etwas überreichen: »Der Wolter, welcher ist mein Herr, schenkt euch dieses hier. Felle von bester Qualität. Er lässt sagen, keiner solle frieren, nur weil er noch nicht zur Heiligen Jungfrau gefunden habe.« Die Männer luden zwei große Bündel gegerbter Felle auf; Kern und die Seinen bedankten sich und zogen weiter.

Als sie die äußere Zugbrücke erreichten, fanden sie die schweren Planken schon herabgelassen. Die Wachen taten, als ob sie schliefen; vielleicht wollten sie zu verstehen geben, dass ihnen der Zug keines Blickes würdig war, vielleicht wollten sie auch nur vermeiden, den einen oder anderen Abschiedsgruß mit den Augen erwidern zu müssen. Auf dem Schindeldach über dem Wachhaus knickste ein Rotschwanz und ließ sein zischelndes Lied hören.

Unter dem Stadtwappen war in der Art der italienischen Freskomalerei die Fahne der Jesuiten abgebildet; das Zeichen war vor wenigen Wochen in grellen Farben auf den Stein gesetzt worden. Im Frühlicht schrien die Farben noch nicht. Kern wandte den Kopf zur

Seite. Viele folgten seinem Beispiel. Einer spuckte aus, aber leise und fast unmerklich.

Nur wenige Dutzend Schritte, nachdem der Letzte das äußere Stadttor passiert hatte, ließ Kern halten. Er machte ein Zeichen, alle stiegen von den Wagen und Kutschen, ein paar Kinder erwachten durch das Gedränge, weinten und wurden getröstet.

»Brüder und Schwestern. Wir haben darum gestritten, wann die rechte Stunde ist, zu der wir Peine verlassen. Ich habe *diese* Stunde gewählt. Schaut hinter euch! Schaut auf das Kreuz!«

Ein paar hundert Köpfe wandten sich der Stadt zu. Genau über dem Kreuz der Hauptkirche stand der Morgenstern.

»Was sagt uns der Morgenstern über dem Zeichen unseres Glaubens? Unserem Glauben wird, gereinigt von allem papistischen Spuk, ein neuer Tag beschieden sein. Das sagt uns dieser Stern. Wenn ihr weint in der Nacht und in der Fremde, behaltet dies Bild vor eurem inneren Auge. Der Morgenstern, der Stern des HERRN über unserer Kirche. Das Singverbot, Brüder und Schwestern, gilt nur für Peine. Hier vor der Mauer ist freies Land. Also singt mit mir voll Zuversicht das Lied unseres großen Glaubensbruders Philipp Nicolai, der in Hamburg eine hohe Feste unseres Glaubens aufgerichtet hat:

> WIE SCHÖN LEUCHT' UNS DER MORGENSTERN
> VOLL GNAD UND WAHRHEIT VON DEM HERRN,
> DIE SÜSSE WURZEL JESSE.
> DU SOHN DAVIDS AUS JACOBS STAMM,
> MEIN KÖNIG UND MEIN BRÄUTIGAM,
> HAST MIR MEIN HERZ BESESSEN.
> LIEBLICH, FREUNDLICH, SCHÖN UND HERRLICH
> GROSS UND EHRLICH, REICH AN GABEN,
> HOCH UND SEHR PRÄCHTIG ERHABEN.<

Der Gesang, zögernd begonnen, wurde rasch lauter. Die Wächter zogen die Fallbrücke hoch, so als ließe sich der Gesang aussperren.

Als nach sieben Strophen mit den Worten: » ... bleib nicht lange, deiner wart ich mit Verlangen« der Nicolai-Kanon endete, streckte

Kern den rechten Arm aus: »Und jetzt schaut nach vorne, dorthin, auf die Kuppe! Unsere Beschützer!«

Die Frauen und Männer taten, wie ihnen geheißen und erblickten einen Reitertrupp.

Kern hatte sich verhaltenen Jubel erhofft, aber es blieb still. Und in diese Stille fiel die Stimme der großen Anna: »Sind es auch wirklich Unsrige?«

»Ja, Unsrige!«, sagte Kern und bemühte sich um große Festigkeit in seiner Stimme.

Aus der Stadt hörte man den Hahnenschrei, und jemand an Kerns Seite flüsterte: »Ehe der Hahn dreimal kräht, sind wir verraten. So erging es auch dem HERRN Christ.«

»Schweig!«, zischte Kern.

8

*Wie Spee ein weiteres Mal
erfuhr, dass man der Schärfe
seiner Gedanken auswich,
so man ihr nicht begegnen konnte*

»Du schreibst Zeichen in den Sand, Bruder?«

»Ja, Bruder Valerius, das habe ich als Knabe am Rheinufer getan, das habe ich am Weserufer bei Corvey getan. Und ich tue es hier.«

»Ich erkenne einen Vogel. Einen Hahn?«

»Ja. Ein Hahn. Das Wappen der Spees seit alters her.«

»Was bedeutet dir der Hahn?«

»Der Hahn ist der Vogel der Wachsamkeit. Und der Umkehr.«

»Der Umkehr …?«

»Wir Menschen geraten immer wieder auf Wege, die von Gott fortführen. Keiner ist davor gefeit. Du fragst, was mir unser Spee-Wappen bedeutet? Wohlan, ich bin ein Mahner zur Umkehr. Ein geistlicher Hahn bin ich. Ja, das bin ich. Ein Mahner dafür, so geduldig wie möglich und so entschieden wie nötig zu handeln. Wir müssen die Lutherischen zur Umkehr rufen. Und nur wenn sie taub und verstockt sind, dürfen wir …«

Spee löschte die Umrisse des Hahns, die er in den Sand gezogen hatte, mit dem Fuß aus und fuhr mit erhobener Stimme fort: »Ach, Valerius, es ist so viel Blut geflossen. Zu viel, zu viel. Irgendjemand hat einmal gesagt, Blut vertrockne nicht. Die Erde sauge es auf und spucke es wieder aus. Das ist nichts als heidnisches Geschwätz, und doch ist darin eine Wahrheit verborgen. Töten gebiert Töten.«

»Unsere Waffen, Bruder Fredericus, aber unsere Waffen tragen den Segen der heiligen …«

»Ich denke nicht nur an unsere Waffen im Kampf für den Glauben. Die Kirche, heißt es, dürfe kein Blut vergießen. Hexen würden verbrannt, auf dass ihr Blut verdampfe und nicht zu Boden fließe. Welch eine Logik! Welch ein Logik!«

»Du glaubst nicht, dass Hexerei ...«

»Ich glaube, dass Satan große Macht hat. Aber ich glaube auch, dass sich Satans schändliche Werke mehr in den Taten derer zeigen, die sich Hexenrichter nennen als in den jämmerlich erpressten Geständnissen ihrer Opfer. Nein, das *glaube* ich nicht. Ich *weiß* es.«

Spee hatte die letzten drei Worte laut und wie gehämmert gesprochen, und er bemerkte das Erschrecken seines Gegenübers.

»Bruder Spee, die Brüder stürzt solches Reden in großen Zwiespalt.«»Die Brüder. ... sagtest du *die* Brüder? Plural? Mir sind alleBrüder gleich lieb, aber ich finde nicht bei allen gleich viel Verstand. Mich tröstet jedoch: Nicht alle Brüder verschließen gleichermaßen die Augen. In Köln sprach ich vor nunmehr zwei Jahren mit einem Nuntius aus Rom über die Folterpfähle überall im Land, an die arme Seelen gebunden und verbrannt werden. Ich sagte ihm: Exzellenz, mein liebes Teutschland gebiert Hexen in der Nacht und verbrennt Menschen am Tage. Da nahm er mich in den Arm und sagte, auch der Heilige Vater verabscheue das Gefuchtel mit glühenden Zangen und Feuer.«

»Auch ich bin kein Freund von all dem Geräucher, aber ist es denn nicht unsere Bestimmung ...«

»Jüngst ist ein Traktat, das ich in Paderborn gegen die wüste Hexenbrennerei geschrieben habe, öffentlich ins Feuer geworfen worden, im Beisein zweier unserer Brüder. In Unna haben sie eine alte Frau verbrannt und das Feuer mit herausgerissenen Seiten meines Paderborner Traktates angezündet. Die Dominikaner nennen mich den Hexengesalbten. Wahrlich, ich kann mich nicht über einen Mangel an Interesse und geistlicher Zuwendung beklagen.«

»Ich denke, Bruder Fredericus, dein Interesse, dein Fleiß und dein Eifer sollten sich auf Größeres richten als auf Bauern, die Bauern verbrennen und dabei ein übles Geschrei hören lassen. Viele erwarten sich ein scharfes Buch von dir gegen die Calvinischen.«

Spee erwog ein paar zustimmende Worte, denn in der Tat wäre es nötig, die *Prädestinationslehre* der Calvinischen – jedem Menschen ist vorbestimmt, ob sein Weg in den Himmel oder in die Hölle führt –

erneut gebührend zurückzuweisen. Aber ihn trieb anderes um; und er verspürte ein seltsames Verlangen danach, einen guten Menschen, wie den Valerius, zum Mitwisser zu machen: »In der Universitätsdruckerei zu Rinteln liegt ein Manuskriptum von mir. Es trägt meine Gedanken, aber nicht meinen Namen, weil ich will, dass es gelesen wird, ohne dass meine Feinde etwas dagegen setzen können, etwas, das nur aus Kenntnis oder aus Verleumdung meiner Person erwächst. Wenn alles gut geht, wird es im nächsten Jahr gedruckt sein.«

Valerius seufzte: »So lass mich denn raten: Es steht zu befürchten, dass du deine Klinge nicht gegen Lutherische und Calvinische führst, sondern weiterhin versuchen wirst, brennende Scheiterhaufen auszutreten. Wenn dem aber so ist, geliebter Bruder, dann muss ...«

Valerius brach mitten im Satz ab und nickte mit dem Kopf in Richtung Refektorium. Die große Gestalt des Abtes kam mit wehender Kutte vor dem Wind hangabwärts gesegelt. Schon als er noch zwanzig Schritt entfernt war, rief er: »Gute Kunde, Brüder! Der Kern und die Hartleibigsten aus seiner Schar haben Peine verlassen. Kein Zwist mehr in der Stadt und kein Krieg der Seelen. Hosianna! Welch ein Sieg!«

Spee schaute erst dem Bruder Valerius, dann dem Abt in die Augen: »Ein Sieg, Euer Ehrwürden? Ein Sieg wäre es gewesen, wenn alle reuig vor dem großen Altar der Marktkirche ihren Irrtum bekannt und mit friedvollem Herzen mit uns das Sakrament des Altars entgegengenommen hätten. *Das* wäre ein Sieg gewesen!«

»Du verlangst zu viel, Bruder Spee. Wie stets: zu viel!« Im Gesicht des Abtes richtete sich eine kleine Zornesfalte auf. Er war es nicht gewohnt, dass gezweifelt wurde, wenn er Freude anordnete.

Gleichwohl, es war gut, dass dieser große Rekonvaleszente, zu dessen Predigten die Menschen in Scharen strömten, wieder zu Kräften kam. Andererseits wäre es ihm, dem Abt des Josephinums zu Hildesheim, mehr als nur recht gewesen, wenn er die Speeschen Schriften von Fall zu Fall hätte in Augenschein nehmen können, bevor sie in die Welt hinaus flatterten.

Der Abt betrachtete mit gespielter Verwunderung den kleinen runden Verband auf Spees Hinterkopf und versuchte es dann mit einem Scherz: »Nun trägst du also die Kippa wie ein verstockter Jud. Geht das nicht etwas zu weit, Bruder?«

»Solange der Kopf unterm Hut weiß, dass er sich unter das Kreuz zu beugen hat und nicht unter die Torarollen, ist nichts verloren, Herr Abt.«

Der Abt nickte und fuhr, den heiteren Ton haltend, fort: »So dürfen wir uns gemeinsam mit dir auf den Dankgottesdienst zum Auszug der missgeleiteten Kinder freuen, Bruder Spee?«

»Gewiss, Herr Abt, gewiss. Worüber wird gepredigt werden?«

Der Abt hob sein scharfkantiges Altersgesicht einige Fingerbreit über die Häupter seiner Brüder im Herrn: »Labia sacerdotis custodiat scientiam.«

Spee hob die Augenbrauen: »Welch schönes Wort: ›Des Predigers Lippen sollen die Lehre bewahren!‹ Ihr wisst, von wem diese Sentenz stammt?«

Der Abt zog nun seinerseits die Augenbrauen hoch, die Frage hatte etwas Anmaßendes: »Da bedanke ich mich doch recht schön, für das kleine Colloquium, das du mit mir veranstaltest, Bruder Spee! Die Sentenz steht in unserem Stundenbuch, Seite 51, Kapitelüberschrift: ›Zu den Pflichten der Verkündigung‹.«

»So ist es, Herr Abt. Aber ursprünglich stammt sie aus den Anweisungen für Prediger von Philipp Nicolai.«

»Von *dem* ... Nicolai? Male dictum! Vom vormaligen lutherischen Hauptpastor zu Hamburg? Der Herr hab ihn unselig!«

»Und damit nicht genug: Aus seiner Feder stammen auch die wunderbaren Verse des Liedes ... ›Wie schön leuchtet der Morgenstern‹. Wie, verehrter Abt, erklären wir uns das? Und wie erklären wir es unserer Gemeinde? So viel Schönheit, so viel Poesie, so viel Wahrheit aus dem Munde eines Mannes, für den Zeit seines Lebens Rom ein Sündenpfuhl und der Heilige Vater der Oberteufel war. Und er war es auch, der in seinen jüngeren Jahren in Köln lutherischen Aufruhr angezettelt hat, im Untergrund; und Gott muss es gefallen haben, dass man seiner nicht habhaft wurde. Noch dieses lasst mich hinzufügen: Von Nicolai stammt auch das wohl schönste gesungene Gotteslob teutscher Zunge: ›Wachet auf, ruft uns die Stimme‹. Wie viel Richtiges und Schönes kann im Falschen sein?«

Der Abt machte eine scharfe Wendung, die zugleich eine Wende des

Disputes bedeutete. Im Gehen sagte er: »*Veritas vincit omnia!* – Die Wahrheit besiegt alles. Ich denke, wir werden überall die Spreu vom Weizen trennen müssen; und auch dort, wo Weizenkörner unter die Dornen gefallen sind, werden wir die Frucht mit Sorgfalt bergen.«

Spee nickte und lächelte. Und so leise, dass es nur Valerius, nicht aber der Abt hören konnte, sagte er: »Und beim Bergen werden wir uns sehr tief bücken müssen.«

9 Das Silber der guten Böttcher-Witwe und die Wunderdinge, die sich der Tolle Kern davon versprach

Als sich die Reiter in zwei Haufen vor und hinter den Peiner Zug gesetzt hatten, ging ein Flüstern durch die Reihen: »Die Augstecher … es sind die Augstecher … Gott steh uns bei, die Augstecher …«

Nach drei Stunden drohte das Flüstern in Murmeln und schließlich in ein Brausen überzugehen; da hob Kern den Arm und rief: »Haaaaaalt. Auf ein Wort, Gemeinde!«

Er stellte sich auf den vorderen Wagen, so dass er trotz seiner zierlichen Gestalt die Menge überragte. Die Reiter lehnten sich schläfrig in ihren Sätteln zurück und schauten auf den schmalen Mann, von dem das eine oder andere bis zu ihnen in die Deisterwälder gedrungen war.

»Liebe Brüder und Schwestern. Ihr habt es wohl bemerkt. Es sind starke Hände, in deren Schutz wir uns begeben haben. Schaut auf Willm, auf den dort mit der gelben Feder! Die Papisten hassen ihn, hat er doch im Heer der Braunschweiger die Fahne des rechten Glaubens hochgehalten.«

»Nicht nur die Fahne, Kern, nicht nur die Fahne!« Der Mann mit der gelben Feder am Lederhut ließ ein tiefes Rülpsen hören und spuckte aus: »Am liebsten halte ich das hier hoch und lass es dann furzdröhnend und schädelspaltend niedersausen. So!« Er ließ ein schweres englisches Breitschwert durch die Luft sausen und spaltete einen imaginären Schädel.

Zwei Kinder schrien. Kern schluckte trocken und sagte dann mit verhaltener Stimme: »Diese feste Schlaghand steht zu unserem Schutz bereit, Brüder und Schwestern. Dessen bin ich froh!«

❧

Schon zu Beginn des Trecks hatte Kern die Flüsterparole ausgegeben, alle jüngeren Frauen hätten unter die Planen der vier Lastenwagen zu verschwinden. Zu seinem Ärger und zu seiner Besorgnis wurde seiner Anweisung nicht ruhig, sondern hektisch, fast panisch Folge geleistet. Das erzeugte Unruhe, die den ganzen Zug erfasste. Aus einem der Wagen drang Schluchzen; Kern erteilte daraufhin den geheimen Befehl, jedwedes Geweine zu unterbinden. Falls nötig mit einem Knebel. Doch zum Glück war es nicht nötig, denn das laute Schluchzen war in leises Wimmern übergegangen, das allerdings ein Echo in den anderen Wagen fand.

Als die Mittagssonne ihren Zenit überschritten hatte, trieb Willm – jener Willm, der im Hildesheimischen und weit darüber hinaus als der Augstecher Willm bekannt war – sein Pferd an den Kutschbock, auf dem Kern hockte, seinen wunden Hintern auf einem dicken roten Kissen im Gleichgewicht haltend.

»Es wird heiß, Kern. Noch im März schneite es grimmiglich und ohne Unterlass, und nun diese viehische Hitze schon im Juni. Gott und der Teufel wissen nicht mehr, was sie wollen, uns mit Pest- und mit Frostbeulen schlagen oder uns den Hitzschlag schicken. Oh … furztrockner Schiss, wie ist mir heiß. Ich erwäge, meine Kleider von mir zu werfen und in einem der Wagen ein wenig Schatten zu suchen. Vielleicht finde ich dabei auch ein wenig festes Fleisch, um mein Haupt darauf zu betten.«

»Unser Kontrakt sagt, sicheres Geleit bis Höxter, sicher für alle.«

»Zweifelst du daran?«

»Nein, aber auch die Starken werden manchmal schwach. Das sagt nicht der Argwohn, das sagt die Erfahrung.«

Willm, der Augstecher, spuckte aus, etwas Großes, Grünes, Grässliches blieb an Kerns Wagen hängen. Das Schluchzen unter der Plane hinter ihm war verstummt.

»Schade, das Wimmern hat mir gefallen.« Willm riss sein Pferd grob herum und trabte wieder an die Spitze des Zuges. Kern wischte sich den Schweiß von der Stirn; die Hitze war ihm recht, denn so blieb verborgen, dass es Angstschweiß war, der auf seiner Stirn perlte.

Es war die hagere Anna, die wenig später ihren Kopf unter der Plane hervorsteckte: »Was hättest du getan, wenn er zu den Weibern in den Wagen gekrochen wäre, Kern?«

»Er hat es nicht gewagt, Anna. Er hat es nicht gewagt.«

»Er hat gut daran getan, er hätte es nicht überlebt.«

»Still, Wahnsinnige. Kein Wort mehr!«

Nach diesem Zwischenfall blieb es ruhig. Doch mit den Staubfahnen zog ein scharfer Geruch, Ausdünstungen von Lederwämsen, in die sich seit Monaten Schweiß und Dreck gesenkt hatten. Allerdings war es nicht der Männerschweiß, der Angst verbreitete. Es war der Gestank der Gemeinheit, der Furcht einflößte.

Dass sich einige einen Spaß daraus machten, ihr Gemächt freizulegen und aus dem Sattel herabzupissen, war nicht das Schlimmste. Nein, das passte ins Bild. Schlimm war das Grinsen, mit dem Willm zur Zugspitze zurückgeritten war. So grinst der Teufel, wenn er eine flüchtige Seele ein paar Pferdelängen davon hüpfen lässt, weil er sich ihrer sicher ist.

Kern wusste, dass sein Handel heikel gewesen war. Silber gegen Waffenschutz. Aber seine Hoffnung gründete nicht darauf, dass der Haufen der Augstecher besser war als ihr Ruf. Das Lumpengesindel wollte Silber, mehr Silber als es sonst in einem halben Jahr zusammenraffen konnte. Der Schutzschild vertriebener Christenmenschen bestand sozusagen aus getriebenem Silber.

Als die Beschwernis der vergangenen Stunden und Tage ein wenig nachließ, fiel Kern auf seinem Kutschbock in einen wenig erquickenden Halbschlaf, in den sein wundes Gesäß böse Stiche entsandte.. ...

Dörte, die gute, die reiche Böttcherwitwe, hatte das Silber gegeben. Auf ihrem Sterbebett hatte sie es in seine Hände gelegt.

Kern hatte sich tief zu ihren Lippen herabbeugen müssen, um die Worte zu verstehen. Eigentlich hätte das Böttcher-Silber für den Bronzeguss der neuen Glocke sein sollen. Aber lutherisches Silber für eine Glocke, die dann zur papistischen Messe rief? Der Gedanke hinderte die Alte daran, ruhig einzuschlafen. Der HERR Jesus habe ihr im Traum offenbart, so hatte Dörte geflüstert, ihr Silber werde gebraucht werde, um daraus eine Brücke zu bauen ... eine silberne Brücke.

Die Worte waren rätselhaft, waren von der Art, wie sie Kern häufig aus dem Mund Sterbender gehört hatte ... verwehte Botschaften schon aus einer anderen Welt. Erst als sie Dörte in die Erde senkten – unter den Augen der Jesuiten, die darüber wachten, dass »ketzerische Exerzitien«, wie sie das lutherische Begräbnis nannten, nur diskret und unauffällig geschehen konnten – erst am offenen Grab der Böttcherwitwe stieg eine Ahnung in Kern auf. Und als der Auszug aus Peine unabwendbar wurde, fügte sich ein Sinn zu den letzten Worten, die er aus Dörtes Mund vernommen hatte. Silberne Brücke ... der Schatz könnte den Weg freikaufen in sicheres Land, er könnte zur Brücke über einen Abgrund werden.

Kern erwachte von einem Schrei. Einer der Reiter hatte ein kreischendes Bündel Mensch vor sich auf den Sattel geworfen.

»Gott Vater, steh uns bei!«, stammelte Kern und wurde im selben Augenblick fast vom Bock gestoßen. Eine große Frau bahnte sich einen Weg aus dem dunklen Wageninneren, den Pastor fast vom Bock stürzend, und rannte mit wehenden Röcken über den Acker: »Wag es, Kanaille!«

Und obwohl viele Augen gesehen hatten, wie es der großen Anna erging, war lange kein verlässlicher Bericht von den Ereignissen zu bekommen. Das Volk neigt dazu, Geschehenes auszuschmücken, im Schönen wie im Schrecklichen.

Von einem Mann aus Peine, der, als dies geschah, durch das sandige Brandenburg der Insel Usedom entgegenfloh, (und etliche Monate später als der Sänger Fidibus eine gewisse Berühmtheit erlangte), stammt ein Lied, das lange verschollen war und eher zufällig Jahrzehnte nach dem großen Krieg in einer Handschriftensammlung gefunden wurde:

>ALS EIN BRÜNSTIG REITERSMANN
AUS DER AUGENSTECHERBANDE
SICH ERGRIFF EIN MÄGDELEIN,
WURDE ER GAR BALD ZU SCHANDE.
IHN TRAF IN SEINEN GEILEN LEIB
DAS MESSER EINES ALTEN WEIB.
HEI, DA SPRANG SEIN ROTER SAFT,
LIEF HERAB AN ROSS UND SCHAFT.

DOCH DER GESTOCHENE SCHUFT GAR NUN
NAHM DEM MUT´GEN WEIB EIN AUG,
SO WIE`S DIE AUGENSTECHER TUN.
MERKT AUF DEN PREIS: EIN'S AUGES GLANZ
FÜR EINES MÄGDLEINS JUNGFERNKRANZ.<

10 Wie Spee ein Zeichen löschte, das ihm aus tiefster Seele missfiel und eine Blutpredigt hielt

Es waren nicht nur die verbliebenen Protestanten sondern auch Katholiken, die dieser Tage auf den Plätzen und in den Straßen der Stadt Peine ein Spottlied sangen, das sich großer Beliebtheit erfreute:

>EIN PATER KAM NACH PEINE,
O PEIN, O PEIN, O PEIN!
BALD WERDEN OCHS UND SCHWEINE
AUCH GUT KATHOLISCH SEIN.<

Der Spott, auch wenn er in hüpfenden Versen daher kam, hatte eine feste Gründung in dem, was die Menschen wussten: Die vertriebenen Kernschen gehörten keineswegs zu den leicht verzichtbaren Bewohnern der Stadt. Kein braver Mann, der nicht den Tucher Rothmann als einen hochherzigen, generösen Bewohner der Stadt kannte. Und hieß es nicht sogar vom Tollen Kern, er hätte in jungen Jahren ohne Ansehen der Religion Pestkranke gepflegt, Juden wie Katholische,, Lutherische wie Calvinische, Soldaten, Frauen, Kinder, Alte? Und so einer sollte nun plötzlich eine »üble Pest im Talar« sein?

Es fiel den Rechtgläubigen schwer zu glauben, dass von den Falschgläubigen eine Gefahr ausgehen sollte. Eine schlimme noch dazu. Die Klügeren der Brüder, allen voran Valerius, sahen dieses Problem durchaus: Das Volk glaubt nur schwer, wenn es noch anderes sieht als das, was man ihnen vorlegt, damit es geglaubt werde. Und Spee, an dessen Lippen das Volk immer noch hing, wäre ohne Zweifel das hellste Licht gewesen zum Ausleuchten immer noch vorhandener lutherischer Dunkelecken. Aber Spee hatte sich entschlossen, Peine zu verlassen. Er hatte zwar in aller

Klarheit und mit großer Schärfe gefordert, dass die Lutherischen zu gehen hätten, aber ihm – da waren sich seine Brüder im Geiste einig – wären auch die rechten Worte zuzutrauen, um wieder Seelenfrieden zu schaffen. Doch Spee wollte fort. Und befremdlicher noch als sein Entschluss deuchte die Brüder seine Weigerung, über seine Gründe und sein Reiseziel zu sprechen. Zur Weser wollte er, hatte man gehört, zur Weser. Mehr nicht.

Spee hatte indes nicht vor, ohne Abschied zu gehen. Am Tag vor Sonnenwend ging er gen Woltorf. Es schien ihm angemessen, hier, und nicht in der großen Marktkirche zu Peine, seine Abschiedspredigt zu halten, hier, wo er dem Tod so knapp entgangen war.

Als er am Vorabend der Predigt die Kanzel betrat, erschrak er. Auf der breiten Brüstung der Kanzel fand er einen schwarzen Fleck, etwa in der Form eines Halbmondes, dessen Ränder mit Silberbronze ummalt waren.

Er ließ sich seine Verärgerung nicht anmerken. Doch als er am folgenden Tage seine Predigt nach der einleitenden Liturgie begann, indem er einen Meißel ansetzte und mit einem Hammer darauf schlug, ging heftige Bewegung durch die dicht gefüllten Bankreihen.

»Ihr fragt was ich hier tue? Ich lösche ein Zeichen, das man wohl in guter Absicht bewahren wollte, aber das doch unweigerlich in die Irre führte, ließe man es bestehen. Der dunkle Fleck ist von meinem Blut, das auf dieses Holz fiel, als ich schrecklich verwundet hier meine letzte Predigt vor euch hielt. Und der Messdiener Vorbeck meinte ein gutes Werk zu tun, indem er den Blutfleck mit Silberbronze umrahmte.«

Spee tat zwei Hammerschläge, so dass Holzspäne auf die Fliesen unter der Kanzel fielen.

»Dies Zeichen sei nun gelöscht. Ich bin kein Heiliger, von dem Reliquien bewahrt werden müssen. Ich bin nicht der Erlöser, dessen blutgetränktes Marterholz wundertätig ist. Ich bin euer Spee. Und als der möchte ich in euren Herzen bleiben, wenn ich nun einen Weg gehe, den der HERR mir befohlen hat.

Doch lasset euch von dieser Stelle gesagt sein: Mit Blut darf man nicht leichtfertig Zeichen malen. Und wer Blut vergießt, wird dafür wohl nur aller seltenst eine himmlische Erlaubnis vorweisen können. Und darum schmerzt es mich, wenn Männer Gottes im Namen der Kirche sagen, Hexen seien zu verbrennen. Verbrennen? Ja verbrennen«! Weil die Kirche kein Blut vergießen darf. Ja, darf die Kirche denn Blut kochen?«

Spee ließ seinen Blick quälend langsam durch die Gemeinde schweifen, er wusste was er tat: Er mutete zu. Ja, es war eine Zumutung, den Menschen von Marter und Blut zu erzählen, wenn sie milde Abschiedsworte erwarteten.

» Ich lese es in euren Gesichtern: Ihr fragt euch, was mich reitet, dass ich von diesem meinen getrockneten Blut die Rede fortführe zu jenem Blut, das vergossen wird, weil wir von Hexen und Zauberern umringt ...« Spee stockte einen Moment und korrigierte sich: » ... angeblich umringt sind. So will ich es euch denn sagen: Als ich heute Morgen den Weg zur Kirche nahm, fand ich ein Zeichen an die Zehntscheune gemalt, ein Zeichen, das wohl ein Abwehrzeichen gegen Hexerei sein soll. Was soll der Spuk, Brüder und Schwestern? Ich mag mein Woltorf nicht verlassen mit der Ahnung, hier, wo ich ein Licht aufstecken wollte, könnte schon bald ein Scheiterhaufen glühen. Für wie blöd hält man den Satan? Meint ihr denn, der Fürst der Finsternis sei ein so erbärmlicher Wicht, dass er in die Gestalt von Menschen kriechen müsste, um üble Werke zu verrichten?

Schaut auf diesen Meißel, Brüder und Schwestern! Wenn ich ihn nun nähme, um seine Schneide in lebendiges Fleisch zu treiben und nicht in Holz, was würdet ihr dann wohl hören? Die Wahrheit? Oder nur ein erbärmliches Geschrei? Wer meint, unter der Folter etwas anderes zu hören als den Schrei gepeinigten Fleisches, der kennt weder Menschennatur noch die Gebote des Herrn. Geständnisse unter Feuer, mit Strick oder Wasser erpresst, sind ein großer Lug und ein schrecklicher Trug.

Ich möchte, dass dieses Zeichen an der Zehntscheune gelöscht ist, noch bevor ich euch verlasse. Ihr habt meinen Segen nicht eher, als bis ihr dies Schandzeichen gelöscht habt, gelöscht von der Wand und aus euren Herzen.«

Als Spee sich nach der Predigt seinen Weg bahnte und geduldig alle Berührungen und Küsse geschehen ließ, stand plötzlich Bruder Valerius vor ihm, der trotz seiner Beleibtheit den Weg von Peine bis Woltorf unter seine Sandalen genommen hatte. Spee umarmte ihn, und die beiden standen wie zwei gegeneinander gewachsene Weidenstämme, lange und unbeweglich.

II

Wie Till Rothmann auf seinem Weg nach Norden seine Lust hatte und eine gute Geschichte dazubekam

Der flüchtige Till Rothmann war noch fünf scharfe oder sechs gemächliche Tagesmärsche von Stralsund entfernt, als sein Hunger unerträglich wurde. Er begann, ihn zu schwächen. Doch es war nicht jener Hunger, dem man günstigenfalls mit gefüllten Tellern oder üblenfalls mit gekauter Baumrinde begegnen kann. Der Hunger saß zwei Handbreit tiefer. Beherzte Griffe unter seinen Rock halfen für Stunden, aber dann kehrte der Hunger nur umso brüllender zurück.

Till zählte im Geiste sein Geld und teilte es ein: Ein wenig fürs Essen, ein paar Groschen für die Strohlager – fünf Übernachtungen bis Stralsund sollten reichen – dann ein paar Gulden für die Überfahrt von Stralsund nach Schweden. Es könnte knapp werden, aber dieser besondere Hunger zerriss ihm den Gedankenfluss, noch ehe er eine vernünftige Antwort finden konnte. Wenn es denn sein musste, warum nicht hier?

Die Schänke »Zum Dachsbau« glich den ungezählten, die der junge Flüchtling aus Peine hinter sich gelassen hatte. Die Fassade war gehübscht; man hatte ein Weniges an offenbar minderwertiger Farbe auf dem tragenden Fachwerke verrieben. Hier war es blaue Farbe; die Schänke einen Tagesmarsch südlich war gelb gewesen, die davor rot. Über der Eingangstür hing der grob geschnitzte Kopf eines Dachses, dem ein Spaßvogel eine Kopfbedeckung verpasst hatte, die stark an einen Bischofshut erinnerte. In seinem verknautschten Dachsmaul hing eine Laterne, die wie ein Weihwasserkessel aussah. Spott auf die Papisten, also eine gut lutherische Schänke, dachte Till.

Auf dem Dach zählte Till drei Storchennester, in zweien hockten

Junge. Störche waren die Vögel der Fruchtbarkeit. Bei dem Gedanken fasste er sich erneut an die Lenden, seufzte und trat ein.

Es herrschte das übliche Dämmerdunkel, doch es war nicht so dunkel, dass Till nicht hätte die Tische inspizieren können; sie waren blank poliert. Blanke Tische! Das war das erste, das wichtigste Zeichen, auf das er achtete. Tische mit den schlammigen Flecken vorausgegangener Mahlzeiten versprachen nichts Gutes, man musste dann unweigerlich auch mit verwanzten Lagerstätten und stinkenden Abtritten rechnen.

Als er sich auf die Eckbank gegenüber der Eingangstür fallen ließ, spürte er die Summe der Meilen, die er hinter sich gebracht hatte. Dazu den Stich eines Dorns, der sein Schuhwerk durchstoßen hatte. Niemand hatte ihn mitfahren lassen, das war der Preis für sein zerlumptes Äußeres. Aber der Preis war kalkuliert. Zerlumpte raubt kaum jemals jemand aus.

»Habt ihr auch das Bier, das sie einen Tag südlich von hier in der ›Mergel Schänke‹ verkaufen?«, rief er einem Schatten im Hintergrund zu.

»Besseres. Aber habt ihr auch das Geld, das man hierzulande dafür zahlt?«

Till kannte die Frage, er klopfte sich Staub aus seinen Lumpen und legte laut hörbar eine Münze auf den Tisch.

Eine noch nicht sehr alte, von der Körpermitte an aufwärts stark verkrümmte Frau kam auf ihn zugeschlurft, einen gefüllten Bierkrug in der Hand; sie grinste und entblößte dabei einen nur mehr zur Hälfte zahnbestückten Oberkiefer: »Ein guter Schluck spült die Not fort«, lispelte sie.

»Wenn das hülfe, brauchten wir die Ostsee voller Bier!«, grummelte einer am Nebentisch, der schon vor drei leeren Krügen saß, und prostete Till zu. »Aber wenn der nächste Winter auch wieder im September beginnt, dann gnade uns Gott! Letztes Jahr standen die Wölfe zur Heiligen Nacht vor der Malchiner Kirche, aber wahrlich nicht, um die Weihnachtsgeschichte zu hören. Das walte Gott in seiner Höh'!«

Till war nicht nach Geplauder zumute. Als die verkrümmte Frau den Bierkrug absetzte, hielt er ihr seine rechte Hand unter die Nase und machte das Feigenzeichen, die Daumenspitze eingeklemmt zwischen Zeige- und Mittelfinger.

Die Alte nickte: »Jetzt gleich?«

»Ich trinke erst.«

»Wohl bekomm's«, und tonlos fügte sie hinzu: » Der Anbau an der Pferdescheune, mit dem neuen Strohdach. Man wird dich erwarten.«

Till trank, ignorierte einen weiteren Versuch seines Nachbarn, mit ihm über die harten Winter der letzten Jahre ins Gespräch zu kommen, stand unvermittelt auf und überquerte den Hof.

Der Pferdestall stand offen. Unter dem großen Kragendach stand, unbespannt, eine breiträdrige Kutsche polnischer Bauart. Auf dem Bock hockte eine seltsame Erscheinung; sie übte sich in der hohen Kunst aller Kutscher dieser Welt, in fast jeder Sitz- oder Hockhaltung zu schlafen. Dieser hatte sogar seine Peitsche untergeklemmt, die im Rhythmus seines Atems zitterte. Verdammt … eine Kutsche hätte seinen Füßen gut getan, der Weg zur Küste wollte kein Ende nehmen. Zwar verhießen schon seit drei Tagen Möwen am Himmel das nahe Meer, aber es lag noch kein Geruch davon in der Luft.

Als er nur noch vier Schritt vom seitlichen Anbau des Stalles entfernt war, wurde die Tür von innen aufgestoßen.

Till hatte sich vorgenommen, mit allem zufrieden zu sein, notfalls die Augen zu schließen oder sich die Nase zuzuhalten. Umso erstaunter war er, eine junge Frau zu sehen, wie sie auch in seines Vaters Tuchladen hätte eintreten können, wenig Schminke, kein schreiendes Rot auf Wangen und Lippen, kein brüllendes Rot im Kleid; das Tuch auf ihrem Leib – einem Leib, der weder von unmäßigem Fraße zu stark aufgetrieben noch von Hunger ausgezehrt schien – war von gedeckter Farbe: sanftgelb, wie die Felder hinter Peine im Juli. Auch die Stimme klang angenehm: »Setz dich. Woher kommst du?«

Till machte ein Zeichen: »Von dort.«

»So muss ich nach dem Wohin nicht fragen. Nach dort, nehme ich an!«

»Richtig, Stralsund. Und dann auf Schweden zu.«

»Wie heißt du?«

Till hatte, als er sich noch einige Tagesmärsche von Peine entfernt befand, falsche Namen genannt. Hier schien ihm solche Vorsicht nicht nötig zu sein und schon gar nicht vor einer Hure.

»Till Rothmann.«

»Till … die Zeiten sind nicht danach, dass man blind vertraut.«

»Du meinst, einer der Lumpen trägt, kann nicht zahlen? Dann schau her!«

Till zog sich die löchrige Jacke vom Leib und ließ seine zerschlissene Hose zu Boden fallen.

Die Frau stieß einen wohl geformten kleinen Schrei aus und schlug die Hände vor die Augen. »Ein Edelmann als Bettler verkleidet. Was für ein Tuch … ist das Seide?«

Till überlegte drei, vier Herzschläge lang, wie unklug es wohl wäre, sich einer Frau zu offenbaren, bei der allerlei Volk ein- und ausging. Aber Peine war weit.

»Dies ist belgisches Leinen, verwebt mit chinesischer Seide, mit Hirschleder abgesetzt, das Wams ist provenzalische Brokatstickerei. Die Hose ist von Tuch aus der Lombardei.«

»So bist du … reich?«

»Mach dir keine Hoffnung, ich bin nur der Sohn eines Tuchhändlers, der sich bisweilen aus Vaters Lager nehmen durfte, was aus der Mode gefallen war.«

»Aber warum dieser … Mummenschanz?«

»Wenn ein zerlumpter Kerl die Straße herabkommt und den Straßenräubern seine schmutzige hohle Bettlerhand hinhält, dann ist zweierlei sicher wie das Amen in der Kirche: Erstens, er bekommt nichts zugeworfen und zweitens, er bekommt nichts abgenommen.«

»Oh, wie klug«, gurrte sie und strich über das seidige Tuch langsam abwärts.

Etliche Monate und Frostbeulen später schrieb Till Rothmann ein Singspiel, in dem die achte Strophe seines Liedes »Auf dem Weg zu Gustav Adolph, dem Löwen aus Mitternacht« folgendermaßen lautete (eine Strophe, die – vermutlich wegen des frivol französelnden Tones – aus der Sammlung seiner Lieder entfernt wurde und nur in einer zeitgenössischen Liedersammlung unklarer Herkunft erhalten blieb):

›Dort, wo ein kühles Bier mir floss,
Oh Wunder, tat es mir geschehn,
dass mir lacht ein Weiberschoss
so herzig rosig anzusehen.

Denn nit der grosse Held kann streiten,
fällt der kleine schwach zur Seiten.
So war's auf dem Weg nach Schweden,
ja, so war's auf dem Weg nach Nord.‹

»Habe ich nun meinen Gulden verdient, mein flachsblonder Bettelfürst?«

»War es denn schwere Arbeit?«

»Die Arbeit, die man gelernt hat zu tun, geht selten schwer von der Hand.«

Till streckte sich aus und schaute in eine von unzähligen Spinnen verwebte Decke. »Stimmt. Ich denke, keine Spinne würde sich übers Weben beklagen. Ohne Netz keine Fliege. Ohne gelupften Rock keine Groschen, Kreuzer, Gulden.«

»Wie klug du redest! Aber was willst du in Schweden?«

»Ich will das Schiffbauen lernen.«

»Der Sohn eines Tuchhändlers will Schiffszimmermann werden? Du lügst. Und du lügst schlecht. Du willst zu den Soldaten. Es heißt ja, die Schweden zahlen derzeit guten Sold.«

»Bin ich so leicht zu durchschauen?«

»So leicht wie alle Soldaten.«

»So machst du keinen Unterschied, wo und für was einer Soldat ist?«

»Ich bin von Mansfeldschen, von Tillyschen und von den Dänischen blau und wund gestoßen worden. Ich habe keinen Unterschied bemerkt.«

»So bist du mit den Heeren gezogen?«

Die Frau schaute zur Seite und schwieg.

Eine Weile schien es, als wäre der Handel für sie abgeschlossen. Sie knöpfte alles demonstrativ wieder zu und schnürte ein, was eben noch ausgebreitet auf erstaunlich sauberen Linnen gelegen hatte. Doch dann warf sie den Gulden in die Luft und fing ihn in der wieder frisch eingespannten, gewölbten Furche zwischen ihren Brüsten auf.

»Kein schlechtes Kunststück«, sagte Till.

»Ich habe es von meiner Mutter gelernt, und zwar als ich noch nichts hatte, um eine geworfene Münze ohne Hände aufzufangen. Meine Mutter sang und spielte ... auch in besseren Häusern. Das ging mal für gutes Geld, als im Rheinland noch nicht so viel geblutet wurde, aber oft ging es sehr schlecht und nur für Essensreste.«

Die junge Frau verzog das Gesicht (ein wundersam unverletztes Gesicht war das, in Anbetracht all dessen, was es gesehen haben musste) so als schmecke sie noch ranziges Fett und schimmlige Grütze.

»Meine Mutter stand, als ich fünfzehn war, vor einer bösen Frage. Wen von ihren sieben Kindern verkaufen, damit sie die restlichen ernähren konnte? Denn mein Vater, der die Drehleier zu unseren Liedern und Sprüngen spielte, starb vor Würzburg ... an Auszehrung. Und für sein christliches Begräbnis hätten wir die Leier versetzen müssen. Aber ohne Leier keine Musik, ohne Musik kein Bettelgeld. Also wen statt der Leier verkaufen?«

»Dich?« sagte Till; sie nickte und fuhr fort: »Ja, die Wahl fiel auf mich. Ich wurde Hausmagd und Bedienerin bei einem, der so ähnliches Zeug am Leib trug wie du. Ein Ratsherr zu Würzburg. Stadtschreiber und Besitzer des besten Weinbergs auf Würzburgs Gemarkung.

Er hielt sich exakt so viele junge Bedienerinnen und Mägde, wie er Töchter hatte. Sechs an der Zahl. Das hatte mich erst verwundert. Eines Tages wusste ich, was denn sein Sinnen und Trachten war, bei diesem großen Aufgebot an Bedienerinnen, an Putzhilfen, Köchinnen und dergleichen. Als die Kaiserlichen in Würzburg Quartier nahmen, mussten sechs junge Gesindemägde fein geputzt in der Stube sitzen, in den Kleidern der Stadtschreiber-Töchter. Die wurden derweil unterm Dachboden des Hauses weggesperrt. Und als die Soldaten einrückten, bekamen sie, was sie suchten: Frischfleisch, gut gewaschen und abgetupft mit Riechwässern und in anständiger Umhüllung.«

»Eine böse Geschichte.«

»Du hast den bösen Schluss noch nicht gehört. Als ich der zweitjüngsten Stadtschreiber-Tochter, der zarten Friederike, ihr Kleid zurückgab, stimmte sie ein Geschrei an: ‚Vater, Vater, mein Kleid hat einen Fleck, einen hässlichen Fleck und einen Riss noch dazu!'

Der Schaden war entstanden, weil es dem habsburgischen Dragoner, der mich zu reiten bekam, nicht schnell genug gehen konnte. Doch der Herr des Hauses ließ mir – ob meiner garstigen Ungeschicklichkeit, so sagte er – vier grobe Backenstreiche austeilen. Und der Arbeitslohn für eine Kunstnäherin wurde mir abgezogen – abgezogen vom Teller, denn Geld bekamen wir nicht. Damals hab ich mir geschworen, wenn ich mich denn schon beflecken lassen muss, dann künftig nur für gutes Geld.«

»Für gutes Geld, sagst du? Und nun hockst du hier im mageren Norden, wo wenig gutes Geld unterwegs ist.«

»Ja, aber seit Wallenstein fort ist, auch wenig Soldatenpack, das dich in den Dreck wirft und danach nicht bezahlt.«

Till wandte sich zum Gehen. Im Türrahmen blieb er stehen und kramte in seiner Lumpenjacke, die ihn wieder in einen Habenichts zurück verwandelt hatte: »Zwei Groschen extra für deine Geschichte. Sie hat mir gefallen. Ob sie nun wahr ist oder nicht. Wie heißt du?«

»Denk dir einen Namen aus!«

Till lächelte. Da wandte sie den Kopf zur Seite und sagte: »Ich habe einen Namen, auf den ich getauft bin. Den halte ich sauber wie ein Sonntagskleid. Und ich habe einen Namen für die Schmutzarbeit. Welchen willst du hören?«

»Beide.«

»Elisabeth ... und Rosella«

»Gute Nacht, Elisabeth!«

I2 Wie Till vornehm und bequem gen Stralsund kutschieret ward

Als Till am nächsten Morgen nach einer leidlich flohfreien Nacht und einer Zwei-Groschen-Portion gesüßter Gerstengrütze aus der Schanktür trat, stand dort quer wie eine Straßensperre die polnische Kutsche.

»Steig ein, Lumpenhund, bunter!«

Till schaute zum Kutscher auf, der, so schien es, auf ihn gewartet hatte.

»Ich kann mir keine Fahrt leisten.«

»Wer zu liederlichen Weibern geht, wird doch wohl noch einen Gulden übrig haben.«

»Hab ich nicht.«

»Dann zahle mit ein paar guten Geschichten. Ich will mich nicht bis Stralsund langweilen.«

»Du fährst auf Stralsund zu?«

»Wenn ich es doch sage. Sitz auf, ehe ich es mir anders überlege.«

Till zog sich mit einem hastigen Schwung auf den Bock; der Dornstich in seinem rechten Fuß hatte in der Nacht leicht zu eitern begonnen, und da war das unverhoffte Angebot des fremden Kutschers ein Himmelsgeschenk.

Der Mann mit der Peitsche sprach ein Singsang-Deutsch, wie es Till noch nie gehört hatte, und der Kutscher ließ seinen Fahrgast nicht lange raten, wo sich diese Sprachmelodie geformt hatte: »Ich bin ein Kaschube. Für die Teutschen bin ich ein Pole, für die Polen ein Teutscher und für die da vor uns, für die Lotte, die mit dem dickeren Arsch, bin ich wahrscheinlich der Liebe Gott, weil aus meiner Hand Heu und Hafer kommt!«

»Ich bin aus Peine im Braunschweigischen, Till Rothmann.«

»Lass mich raten, du willst zum Schweden, um dich unter schwedischer Fahne für die Lutherischen zu schlagen.«

»Ja, zum Teufel! Steht mir das auf die Stirn geschrieben? Du bist hier der zweite, der mir das auf den Kopf zusagt.«

»Ich will ehrlich sein, Tuchhändlerssohn. Die Rosella hat es mir in der Früh verraten. Und sie hat gesagt, um einen wie dich sei es ewig schade, dass er schon bald ein Fressen für die Schnecken und Würmer ist.«

»So … das hat sie gesagt?«

Der Kutscher, der sich Josta nannte, setzte das Gefährt mit einem Schnalzer in Bewegung. Am Knarren der Achsen konnte man die Schwere des Wagens ermessen.

»Es ist mir wohl, dass ich in Gesellschaft fahre, Till aus Peine. Sonst rede ich nur mit den Gäulen; sie antworten nie und furzen viel. Das heißt nein, die Lotte versteht ein wenig Kaschuben-Deutsch: Entbiete dem Herren neben mir einen Guten Tag, Lotte!« Josta gab dem Pferd einen kleinen Schlag mit der Leine; der Gaul ließ ein lautes, feuchtes Schnauben hören und nickte heftig mit dem Kopf.

»Das war eine sehr herzliche Begrüßung, Till aus Peine; so herzlich werden sonst nur Fürsten, Exzellenzen und Durchlauchtige begrüßt. Lotte weiß, was sich schickt. Ich habe dererlei hohe Herren übrigens schon oft gefahren. Viele wollen lieber einen starken Wagen wie diesen als einen leichten, französischen, mit dem man wohl sanft über alle Schlechtwege dahinschweben kann, der aber nach 500 Meilen seine Zipperlein bekommt wie ein Hungerleider, den der kleinste Wind umweht. Nein, Josta ist für das Solide. Solider Wagen mit Eisen verstärkt, starke Pferde und starker Tobak. Rauchst du? Dieses Kraut kommt aus Sonderborg in Dänemark. Es gibt kein Besseres. Nimm!«

Till lehnte dankend ab. Der Singsang des Kaschuben plätscherte angenehm an ihm vorbei, und er bemerkte mit Genugtuung, dass er nicht zum Erzählen, sondern zum Zuhören eingeladen war. Der Kaschube brauchte einen Menschen, an den er hinreden konnte so wie ein katholisches Schaf das Holz des Beichtstuhls braucht, um selbstgesprächig zu werden. Doch nach einer guten Stunde, in der Till nur ab und an nicken, gelegentlich interessiert die Augenbrauen hochziehen und zwei oder drei Mal ein »Hört, hört!« ausstoßen musste, fühlte er sich doch bemüßigt, nun seinerseits eine Frage zu stellen: »Warum fährst du leer nach Stralsund, wenn sich doch die Exzellenzen darum reißen, in deiner starken Kutsche zu fahren?«

Der Kaschube zog die Zügel straff, die beiden Rösser standen fast auf der Stelle: »Da rührst du an ein Geheimnis, Till aus Peine, und wärest du nicht der ehrliche Kerl, der du mir zu sein scheinst, ich ließe mich lieber bei lebendigem Leib vierteilen als ein Sterbenswort preiszugeben. Das schwöre ich.

Wir Kaschuben sind Männer, bei denen der Handschlag mehr gilt als ein geschriebener Vertrag. Und wir sind verschwiegen. Unsere Lippen sind versiegelt, wenn es sein muss. Das ist selten geworden dieser Tage, wo eine Lüge wohlfeiler ist als altbackenes Brot. Aber wir Kaschuben sind treu. Wir stehen zu unserem Wort, immer, auch wenn es den Kopf kostet. Das weiß auch der Schwede, der hat uns kaschubische Kutscher auf Treu und Glauben verpflichtet.«

Jostas Pferde mussten es gewohnt sein, dass ihr Ernährer mit den Zügeln in der Hand temperamentvoll fuchtelte, jedenfalls zeigten sie keine Reaktion. »Der Schwede hat haufenweise starke Kutschen an die Küste bestellt und alle im Voraus bezahlt. Es müssen immer deren fünf bis zehn im Stralsunder Hafen präsent liegen und dieselbe Menge am Stralsunder Kirchplatz, damit Boten, wenn sie von den einlaufenden schwedischen Schiffen springen, sogleich Beförderung haben. Meist fahren wir bis Magdeburg, bisweilen gar bis Braunschweig oder gar bis Osnabrück. Manchmal haben die Boten schwere Last dabei. Und immer ist es geheim. Manchmal reisen sie auch nur mit geschriebener Botschaft.«

Josta kniff die Augen zu Schlitzen zusammen und senkte die Stimme in eine raunende Verschwörertonlage: »Sie tragen die Botschaft auf den Leib gebunden, aber das weiß keiner außer mir. Und ich weiß auch, dass die Botschaft, die sie auf den Leib gebunden tragen, falsch und nichtig ist; sie soll den Feind in die Irre führen, wenn er die Boten ergreift und die Schrift liest. Die echte Botschaft tragen sie eingenäht in ihrem Wams. All das weiß ich. Nun weißt auch du es. Und immer eilig sind die Herren. Immer eilig ist es mit ihnen. Mein Schwager, der Jolan, hat seinen Wagen zu Schaden gefahren, aber mein Schwager ist ein Dummkopf. Ich sage es ungern, aber ein Dummkopf ist er.«

Nachdem diese und ein paar zusätzliche Geheimnisse verraten waren, wurden die Pferde wieder auf Trab gebracht. Till wollte sich wieder in seine bequeme Zuhörerhaltung zurückfallen lassen, als der Kaschube überraschend die Rollenverteilung änderte: »Und nun sag du, wer du bist! Warum reist einer von Peine bis Schweden, nur um sich totstechen zu lassen, wenn er sich das mit dem Totgeschlagen werden auch daheim besorgen lassen kann?«

Till überlegte kurz, ob er es mit einer knappen, unverbindlichen Geschichte bewenden lassen könnte. Aber dann schien es ihm, dass eine lange Geschichte angemessener wäre und ihm möglicherweise Ruhe für den Rest der Reise verschaffen würde. Und Geschichten waren ja das ausgemachte Fahrgeld.

»Hör zu Josta, ich erzähle dir die wichtigste Geschichte meines Lebens. Ich habe sie noch niemandem erzählt, und – wer weiß – vielleicht werde ich sie nie wieder erzählen. Aber da ich eben bemerken konnte, wie wunderbar fest verschnürt bei dir die Geheimnisse der schwedischen Krone aufgehoben sind, habe ich keine Zweifel, dass auch meine Geschichte bei dir gut verwahrt bleibt. Mindestens bis zum nächsten Fahrgast.

Stell dir einen Hausaltar vor! Ein wunderbar geschnitzter Himmel mit Engeln, die Posaunen blasen und ein Tuch entrollen, auf dem steht ›GLORIA IN EXCELSIS DEO‹. Und davor schwebt mit wunderbarem Lächeln und aus feinster Lärche geschnitzt der Besieger des Todes, der Herr Jesus, und er zeigt dabei seine Wundmale.

Der Raum ist festlich erleuchtet, hinter den Kerzen stehen Spiegel in Ebenholzrahmen, über die Wände sind Samttücher drapiert, Brokat schimmert im Kerzenlicht, aus einem der hinteren Zimmer weht der Geruch von Zimt und Bratäpfeln herüber. Seltene Köstlichkeiten, wie du weißt, zumal in diesen Zeiten, in denen Hunger und Pest, Krieg und Frost um die Vorherrschaft ringen.

Es ist der 29. März, die Winterkälte ist erstmals gebrochen, in den Teichen steht Tauwasser auf dem Eise, die Frösche und allerlei Getier erwachen wieder zum Leben. Hoffnung keimt. Es ist ein Tag des

HERRN. Ganz besonders für uns Rothmanns, die wir uns vorm Hausaltar versammelt haben. Ja, für uns ist es ein besonderer Tag – und ein ganz, ganz besonderer für mich.

Wir haben unseren Geistlichen bestellt, einen frommen, wortmächtigen Mann von kleiner Gestalt und gewaltiger Stimme. Und dieser Gottesmann, ein helles Licht in der Nachfolge Christi und Luthers, steht nun vor unserm Hausaltar und hebt seine kurzen Arme Segen spendend empor. So! Und alle im Raum sind friedvoll gestimmt und glücklich. Glücklich, obwohl doch Krieg und Verwüstung ist, und wenn man nur das Fenster öffnet, weht die Not herein, oder – was schlimmer ist – das Parfüm des Papisten, Weihrauch aus Tiegeln und Kesseln.

Und unser Gottesmann sagt: >Ich bin hier in eurer Mitte, um den HERRN um seinen Segen zu bitten. Denn dem großherzigen, gütigen Tuchhändler Rothmann, dem Freund meiner Seele, dem Erquicker der Armen, hat es gefallen, seinem einzigen Sohn Till sein blühendes Gewerbe zur Wahrung und Mehrung zu übergeben. Er tut dies in schwerer Zeit, und er tut es schweren Herzens, aber er tut es in der Zuversicht, dass es wohlgetan ist. Denn besser man gibt den Seinen mit warmer Hand und noch bei guten Kräften, als dass über dem Grab des Gebers Streit ausbricht.<

Und dann liest uns unser guter Hirte noch aus den Psalmen Davids und danach güldene Worte aus dem Christlichen Erbauungsbuch des großen Johann Arndt. Und die Worte sind so wunderbar, dass allen Freudentränen in den Augen glitzern. Besonders als das Gebet auch meine verewigte Mutter einschließt. Die ward vier Jahre zuvor von der Pest dahingerafft und musste eine achtjährige Tochter, meine Schwester Meta, zurücklassen. Die ist nunmehr in der Obhut einer guten Frau, so hoffe ich von ganzem Herzen.

So schön, so wundermild war es bei uns in Peine. So war es im März; aber mir ist es, als sei es schon Jahre her.

Und als wir uns gerade vom Gebet erheben wollen, wird hart an das Haustor geschlagen. Es ist eines dieser Geräusche, die böse klingen, auch wenn man ihren Urheber noch nicht weiß.

Wir lassen öffnen, und herein rauscht ein Jesuit im vollen Ornat, gefolgt von einem Soldaten im vollen Wichs. Und wir wissen sofort, wen von beiden wir mehr zu fürchten haben.

Der Jesuit schaut auf den Altar und die brennenden Kerzen und beginnt sofort und ohne jeden Gruß: >Unser Argwohn hat also nicht getrogen. All hier findet eine ketzerische Zusammenrottung statt, wie sie ausdrücklich und in aller gehörigen Schärfe vom neuen Rat der Stadt verboten wurde. Nicht genug damit, dass die Rothmanns der Aufforderung, die Heilige Messe zu besuchen, nicht nachkommen, es wird Insurrektion betrieben.<

Unser Geistlicher fällt ihm ins Wort: >Dies hier ist eine Familienfeier zur Geschäftsübergabe vom Vater auf den Sohn. Und dazu wird, wie es guter Christenbrauch ist, der Segen des Höchsten erbeten. Wo steht geschrieben, dass dererlei Sünde ist?<

>Segen ist kein Segen, sofern er ohne den Segen der Kirche erteilt wird. Und, höre gut zu, Rothmann, die Übergabe deiner Tücher, Leinen, Ballen und Stoffe kann an keinen geschehen, der deinen Irrglauben teilt. Uns ist nichts davon bekannt, dass sich dein Sohn zum allein selig machenden Glauben bekannt hätte. Das Dekret besagt, dass aller Besitz derer, die sich nicht vor Gott und den Heiligen zum katholischen Glauben bekennen, an rechtgläubige Bürger zu veräußern sei. Davon wisst ihr. Und so kann diese Zusammenrottung im Namen des falschen Priesters Luther nur als Insurrektion und Unbotmäßigkeit gegen die Obrigkeit angerechnet werden. Seid also letztmalig verwarnt!<

Mein Vater tritt vor, dem Jesuiten direkt unter die Augen, und sagt: >Was ist das für ein wahrer Glaube, in dessen Namen Christenmenschen ausgeraubt werden?<

Der Jesuit wird nun vollends scharf: >Keiner raubt euch aus. Die Lutherischen, als das Kriegsglück noch auf ihrer Seite war, haben wohl durchaus nach Einnahme von Städten den Besitz Rechtgläubiger an sich gerafft. Wir aber zahlen nicht mit gleicher Münze heim. Wir lassen euch eine gute Weile, um zu verkaufen. Aber ihr solltet unsere Großzügigkeit nicht als Schwäche ansehen. Das sei Euch letztmalig im Guten geraten.<

Da springe ich vor und schreie: >Wer unser Tuch will, muss uns töten!<

Der Jesuit, dessen Wort in jenen Tagen gewaltig viel gilt in Peine, gibt dem Soldaten einen Wink, und der stößt mir mit der stumpfen Seite seiner Hellebarde vor die Brust, dass ich hintüber falle.

Sodann spricht der Jesuit mit trügerisch sanfter Stimme: ›Du solltest es mit dem Töten und Getötet werden sachte angehen lassen, junger Mann. Es geht hier nur um ein Lager voll mit Tuchen, nicht um das heilige Grabtuch des Herrn!‹ Darauf wendet er sich um und verschwindet wie ein böser Spuk.«

Der Kutscher schwieg eine kleine Weile, dann griff er unter den Bock und holte eine flache Flasche hervor. »Trink, Tuchhändlerssohn, dein Mund wird staubig geworden sein. Kaschubischer Kirschenbrand. Es gibt keinen besseren.«

»Danke.«

»Und jetzt holst du dir ein schwedisches Schwert, springst mit Gustav Adolf zurück ins Braunschweigische, um dann in Peine munter den unrechtmäßigen Besitzer deines Tuches fortzuprügeln?«

»Mir geht es nicht nur um Tuch. Ja, schon auch um unseren Besitz, der redlich erworben ist... Aber mehr noch geht es mir um ein Knebeltuch. Damit will ich denen das Maul stopfen, die Gottes Wort durch ihren faulen Atem beleidigen.«

»Hohoho, markig, markig! Aber ich habe das Gefühl, du hast mir die Geschichte nicht ganz zu Ende erzählt ... oder täusche ich mich?«

»Alle wahren Geschichten enden mit dem Tod, aber soweit ist es noch nicht. Manchmal ist ein Zweig stark genug, um ihn aufzuhalten, den Tod.«

13

Wie Der zu Eberstein auf Höxter vierzig Hirsche, einundachtzig Rehe, neunzehn wilde Schweine und eine Unmenge an Flügelgetier zur Strecke bringen ließ und trotzdem nicht recht froh wurde

Der zu Eberstein spuckte Sehnen und Knorpel auf den Tisch und wandte sich dann an einen jungen blassen Mann, der neben ihm mehr kauerte als saß.

»Sag mir, Bodo, mein wackerer Prediger, wer ist in unserem lutherisch reformierten Himmel für das Jagdglück zuständig? Sollen wir Gott danken, oder ist für diesen Segen die gute alte, ewig junge Diana zuständig? Weißt du Bodo, mein liebes Gottesmännchen, ich stelle sie mir gern lebendig vor, auch wenn sie eine ganz und gar heidnische Götzin ist.

Komm her, ja du da, mit dem gelben Kleid! Komm zu mir! Gib uns die Diana! Nimm den Bogen, nimm ihn von der Wand. Ja, so ist's richtig, schönes Kind. Nun entblöße deine Brust, nicht die, die andere. Diana zieht die Sehne mit der rechten Hand, also die rechte Brust entblößen, damit sich der Pfeil nicht im Tuch verfängt. Ja … wohl getan! Wonniglich!

Was meint Ihr dazu, Bodo, mein blasses Gottesmännchen? Ist das nicht ein Brüstchen, für das Ihr jede gesottene Wachtelbrust gern fahren lasst? Und nun setz dich auf meinen Schoß, Diana! So ist's recht.

Musik! Die Spielleute sollen wieder spielen, aber nicht so laut, dass alles Gespräch erstirbt. Die Trommel lasst fort, sie dröhnt mir sonst die munteren Worte zu. Spielt das Lied vom Braunen Hirsch und der Weißen Jungfrau. Ja, so ist's recht. Hussa, Horrido!

Habt ihr alle genug Wein? Ich sehe leere Pokale, und das sehe ich nicht gern. Sing mit, singt mit mir:

>Beim Eberstein schenkt voll man ein,
ja ja, so ist's beim Eberstein!
Kommt, lasst uns leeren Krug auf Krug.
Zum Sterben bleibt noch Zeit genug.
Manstein, Tilly, Wallenstein
Fahrt nur in die Hölle ein!
Luther steig aus deinem Grab!
Bring die Papistenschar auf Trab!
Beim Eberstein schenkt voll man ein.
Ja, ja so ist's beim Eberstein.<

Ja, beim neunschwänzigen Teufel und seiner sechsbrüstigen Großmutter, bin denn ich der einzige, der hier singen kann? Hach ... wenn ihr nicht singen wollt, dann sauft wenigstens! Trinkt mit mir, trinkt auf die wackeren Hunde, die uns das edle Wild vor die Schießprügel getrieben haben! Es lebe die Hatz!«

Gero zu Eberstein hatte seiner Diana – einer galizischen Marketenderin, die in Höxter hängengeblieben war, als sie mit einer Rotte von Landsknechten durch die Stadt zog – das Kleid bis auf die Hüften heruntergerissen, übergoss sie mit Wein und schlürfte ihn mit großen, fleischigen Lippen von ihren Brüsten. Dabei versuchte er den Takt der Musik einzuhalten. Die Tischnachbarn lachten pflichtschuldigst. Der junge Geistliche hatte die Hingabe, mit der Eberstein schleckte, genutzt, um sich zurückzuziehen. Wer Sünde ohne Widerspruch geschehen lässt, wird Teil derselben.

Die Brunst, mit der sich Eberstein schließlich am Fleisch der Diana festsaugte, hinderte ihn daran zu bemerken, dass sich seine Saufkumpane nach und nach vom Tisch entfernt hatten. Als er schließlich doch aufschaute, denn auch die Musik war zunächst aus dem Takt geraten und dann verstummt, stand die ganze Jagd- und Feiergesellschaft am großen Portalfenster der Ebersteinburg.

Eberstein zog seine Hand unter den gelben Röcken hervor, ließ den Mittelfinger schnüffelnd unter seiner Nase entlanggleiten und stieß Diana dann von seinem Schoß.

»Was ist da? Was starrt ihr? Rücken Soldaten ein?«

Eberstein wuchtete seinen schweren Leib hoch, zerteilte mit harten

Ruderschlägen seiner Arme die Menge vor dem Fenster und starrte dann lange in den Schlosshof hinab. Wein troff aus seinem Bart und färbte das Hemd rot ein. Eine Spieluhr, die in der allgemeinen Unruhe zu Boden gestoßen worden war, zirpte eine Trinklied-Melodie, deren Text wohlbekannt war:

>WARUM TRINKT DER TOD NIE AUS?
WEIN LÄUFT IHM ZU DEN RIPPEN RAUS.
DAS MAG GEVATTER TOD NIT SEHR
DRUM TRINKT ER KEINEN BECHER LEER ...<

Unten standen, nur schwach von vier großen Hoffackeln erhellt, lebende Tote. Bleiche Gestalten in Lumpen gehüllt. Hundert, zweihundert, vielleicht mehr. Alle starrten sie zum großen Fenster des Festsaals hinauf. Die Menge drinnen begann zu schreien. Bodo, Ebersteins Leibprediger – mit vollem Namen Bodo zu Felde – krächzte ein »Hilf Gott, Allmächtiger«. Die draußen blieben stumm.

In vorderster Reihe setzten zwei eine Trage ab, auf der eine kleine, reglose Männergestalt im Gewand eines lutherischen Pastors lag. Aber es war keine Gestalt mehr. Der Kopf fehlte.

14 Einschiffung und hoffnungsvolle Erwartung bei aufziehender Nacht

Till war eingeschlafen, und der kaschubische Vielredner war so feinfühlig, ihn schlafen zu lassen. Zwar hatte er bemerkt, dass sein Reisegefährte von Träumen unguter Art geschüttelt wurde, aber solche Träume waren üblich in diesen Jahren. Wer hatte sie nicht?

… Till sah sich auf einem Pferd, dem Feind entgegenreitend. Er zog seine Pistole, die schwer in der Hand lag und schoss auf den Feind. Ein seltsamer Feind war das. Er schaute nicht böse drein, sondern fromm und reckte ein Kruzifix gen Himmel, wobei er in lateinischer Sprache psalmodierte. Der Schuss ging fehl. Und als Till mit dem Schwert dreinschlagen wollte, nahm ihm eine unsichtbare Macht das Eisen aus der Hand. Der, den er zersäbeln wollte, ritt davon. Glocken läuteten. Irgendjemand lachte.

Tills Pferd scheute und warf ihn zu Boden. Auf dem er indes nicht landete, sondern auf dem kleinen Leib des Pastors Kern. Als er sich aufrappelte, bemerkte er, dass er durch sein Gewicht und die Gewalt des Sturzes den Kopf des Gotthelf Kern zerschmettert hatte. Da weinte er und wachte auf…

»Du wachst zur rechten Zeit auf, Till aus Peine. Da vorn! Das ist der Mastenwald im Hafen von Stralsund. Und dort drüben, schau! Es hängen Fahnen vom großen Kirchturm herab, es muss einen Grund zur Freude geben. Möchtest du einen Schluck zum Aufwachen, Tuchhändlerssohn?«

Till rieb sich die Augen, griff, noch geistesabwesend, nach der Flasche. Der scharfe Brand weckte ihn vollends. »Es wird schon bald dunkel. Wir müssen lange gefahren sein.«

»So ist es. Ich werde erwartet.«

Till sah weißen Schaum auf den Pferderücken. Es musste scharf gefahren worden sein, während er schlief.

Es war das zweite Mal, dass er das Meer sah. Zwei Jahre zuvor hatte er, auf Kosten des Vaters und nach eindringlicher Fürsprache des Pastors Kern, zwei Sommer und einen Winter in Genua verbracht, dort wo die Tuchhändler aus dem Braunschweigischen ihr weitgereistes Tuch anlanden und es bis zum Weitertransport über die Alpen einlagern.

Es war eine schöne, eine leichte Zeit. Kein Pulverdampf war über die Alpen geweht. Es gab zwar Gerüchte von Pest in nicht allzu weiter Ferne, aber keinen ernstlichen Grund zur Besorgnis. Angenehme Gespräche plätscherten bis in die Nacht, von großer Kenntnis durchdrungen die meisten. Viel wurde über alles Tuch der Welt geredet. Köstliche, wohlfeile Speise gab es. Wein der besseren Art, so billig wie hierzulande Sauerwein. Zwar Katholische ringsum, aber kaum jemand, der sich am lutherischen Bekenntnis gestört hätte. Ja, es gab sogar eine kleine Kirche am Fischmarkt – Petrus, dem Menschenfischer geweiht -, in der Messen und Andachten aller nur denkbaren Bekenntnisse zugelassen waren, mit Ausnahme an hohen katholischen Feiertagen. Wundersam!

Till lernte in seinem zweiten Genueser Sommer einen Scholaren aus Hildesheim kennen, einen Katholischen, der ihm – in großer Freundlichkeit – »den Luther austreiben« wollte. Das misslang. Aber der Versuch verdarb nicht die abendliche Zweisamkeit am Hafen. Till lernte ein wenig Latein von dem Hildesheimer, und er zahlte dafür in der Hafenkaschemme *Da Philippo* üppige Rechnungen für Wein, Brot und allerlei Meeresgetier. Der Hildesheimer war ein guter Esser wie so viele Geistliche und ungemein trinkfest dazu.

Till liebte den Hafen. Und der Hafen sang. Fast zu jeder Tageszeit sang jemand, sei es in der Takelage eines Lastenseglers oder in einer der stets offenen Tavernen, sei es auf dem Balkon eines Patrizierhauses oder in den Gassen, die eng und verwinkelt vom Gebirgsfuß zum Meer hinab verliefen. Die Stiegen waren Tag für Tag beflaggt mit Unterkleidern und

Windeln. Straßenmusikanten, Gaukler, Schauspieler waren nicht nur zu offiziellen Festen auf dem Plan; noch die einfachsten Gemüter, die Marktweiber und Lastenträger, schienen sich täglich nach Kunst und Spiel zu verzehren. Ach, Genua! Hier hatte er sich erstmals dichtend an einem Lied versucht (… etwas dünne, profane Zeilen – das lässt sich nicht leugnen – aber sie standen ja auch am Anfang seines Oeuvres):

> … Oh Genua! Abendhauch vom Meer
> umfange mich mit Küssen;
> und wird mir doch das Herze schwer:
> Ich werd dich lassen müssen … <

Eine milde, sanfte Zeit war das. An Genua musste Till Rothmann denken, als er den Mastenwald des Stralsunder Hafens sah.

Nun ließ sich beim besten Willen nicht sagen, dass der Stralsunder Hafen große Ähnlichkeit mit dem von Genua gehabt hätte. Die weißen Vögel noch am ehesten, die am Spülsaum des Meeres Patrouille flogen. Sonst schien alles rauer, aber auch kräftiger und klarer.

Am vorderen Hafenbecken stauten sich viele Lastenwagen, etliche von noch weit kräftigerer Bauart als Jostas Kutsche. »Salztransporte aus Lüneburg für dänischen und schwedischen Hering!«, sagte der Kaschube, der Tills fragenden Blick bemerkt hatte. »Wenn du dir das mit dem Totgeschlagen werden in schwedischen Diensten noch mal überlegen und vielleicht doch lieber reich werden willst, dann lass das Tuchgeschäft und handle mit Salz. Salz ist wie Gold. Wäre ich jünger, ich ginge ins Salzgeschäft. In Danzig ist der reichste Mann der Stadt Salzhändler, ihm gehören drei Straßen, Haus für Haus. Also überleg es Dir, Till aus Peine: Salz!«

»Später vielleicht. Wer weiß. Aber wo liegen die Schiffe, die nach Stockholm gehen?«

»Zum Beispiel die Kogge, gleich hier vorn, die mit dem schwedischen Königswimpel am Besanmast, ich denke, die wird schon morgen in See stechen. Schau selbst: Die Salzfässer sind bis aufs Vorderdeck vertäut. Aber sei gewarnt, nicht alle Kapitäne nehmen Reisende mit. Vor einigen Wochen wurde eine Kogge versenkt, die vollgestopft war mit Leuten wie dir, die alle unbedingt unter schwedische Fahne wollten. Keiner weiß, wer das Schiff versenkt hat. Die meisten meinen, es sei ein Russe gewesen. Späte Rache dafür, dass Adolf dem Zar so sehr aufs Haupt geschlagen hat. Aber niemand weiß Genaues. Jedenfalls sind die Salzkapitäne seither vorsichtig. Sie nehmen nur selten Fremde an Bord.«

»Wie viel soll ich bieten für eine Überfahrt?«

»Wie viel kannst du bieten?«

»Wenig genug!«

Josta machte ein bedenkliches Gesicht, doch dann galt seine Aufmerksamkeit ganz plötzlich dem eigenen Geschäft. Ein hochgewachsener Mann mittleren Alters kam hutschwenkend auf die Kutsche zu.

»Auf die Minute pünktlich!«, rief er Josta über zwanzig Köpfe hinweg zu. Er tat es mit einem Zungenschlag, den Till, ohne es zu wissen, für Schwedisch hielt.

Der Kutscher feixte: »Jawohl, das ist mein Zeichen; ich bin eben mehr ein teutscher Kaschube als ein polnischer! Pünktlich wie die wilden Gänse im Herbst.«

Als der Hutschwenker, in dem Till einen Kurier vermutete, neben der Kutsche stand, machte Josta einen scharfen Ruck mit dem Kopf: »Der da neben mir will unter schwedische Fahne. Aber sein Beutel ist leer. Gibt es einen wohlfeilen Rat, welches Schiff er nehmen könnte?«

Der Kurier fixierte Till mit den Augen, so als gälte es, eine militärische Musterung vorzunehmen. Schließlich sagte er: »Komm mit mir, Kerl!«

Till sprang eilig vom Bock herab, entbot dem Kaschuben einen herzlichen Dank und folgte dem Schweden durchs Menschengewühl. Am unteren Hafen wurde Salz über Fisch geschüttet, ein würziger Geruch stieg auf. Wenige Schritte weiter hatte sich ein Schmied ausgebreitet. Seine Gerätschaft war auf einen Wagen montiert, der von ähnlicher Bauart war wie die Kutsche von Josta. Das Feuer blakte in einer eisengefassten Tonwanne, die über der hinteren Achse befestigt war. Eine bewegliche Schmiede! Dergleichen hatte Till nicht einmal in Genua gesehen.

Der Schwede durchmaß mit weitausholenden Schritten die engen Hafengassen und sprang schließlich auf einen schmalen Steg, der von der Hafenmauer gut fünf Schiffslängen ins Wasser ragte. Am äußeren Ende war ein Rüganer Sturmboot vertäut, gerade sechs Mannslängen groß. Der Kurier rief etwas in schwedischer Sprache, worauf sich unter einer Abdeckplane eine Gestalt regte. Nach kurzem Wortwechsel wurde Till von einer breitschultrigen Gestalt – so viel war im schwindenden Licht zu erkennen – an Bord gewunken.

Alles ging wie von selbst, so als hätte der HERR sich die Mühe gemacht, ihm, dem flüchtigen Tuchhändlerssohn, dem künftigen Landsknecht Gottes, den Weg zu bereiten.

Als das letzte Tageslicht irgendwo zwischen Himmelsrand und Meer verblichen war, fühlte Till das dringende Bedürfnis, ein Dankgebet zu sprechen. So wie es ihn Kern vor Jahren gelehrt hatte, als er noch der kleine Till war und aufrecht unter Tischen hindurchgehen konnte:

> ›HERR JESU CHRIST,
> DU HÖCHSTES GUT,
> DU BRUNNQUELL ALLER GNADEN …‹

15

Wie der junge Gottesmann Bodo in Höxter an der Weser eine schlimme Beichte zu hören bekam

Bodo zu Felde hieß der junge Geistliche in Diensten des Gero zu Eberstein. Bodo war ein weicher Mann, an dem etwas Kindliches hängengeblieben war, ein knäbischer Zug um den Mund, dazu frauliche Lippen, Flaumhaar, das keinen Bart bildete und Hände, die kaum mehr als ein aufgeschlagenes Buch halten konnten.

Es war Bodo zugefallen, dem verstörten Kernschen Haufen Trost zuzusprechen.

Die Flüchtlinge aufzunehmen sei »Christenpflicht«, ließ Eberstein durch Bodos Mund mitteilen; und jeder, der ein großes Haus besitze, bekäme seinen hochherrschaftlichen, donnermäßigen Unwillen zu spüren, sofern er sich weigere, einer Peiner Familie Unterschlupf zu gewähren. Eberstein selbst ließ den Marstall räumen – Pferde, Geschirr, Wagen und Futter wurden in umliegende Ställe ausgelagert – und beauftragte die Zimmerleute der Stadt, leichte Trennwände zu ziehen.

All das geschah, bevor der Ebersteiner erfuhr, dass der versprochene Silberschatz verloren war.

Bodo war aufgetragen worden, sich ein Bild der Ereignisse zu machen, die der Ankunft der Peiner vorausgegangen waren. Und Bodo fürchtete sich – völlig zu Recht, wie sich bald erwies. Ihm graute vor den schlaflosen Nächten, vor den Albträumen, die ihm die Berichte der Peiner unweigerlich bescheren würden. Aber es half nichts, Eberstein wollte einen lückenlosen Bericht.

Bodo hielt sich mit seinen Fragen an den alten Rothmann, der offenbar der wichtigste Mann war. Und nachdem sich der junge Geistliche umständlich zu dem vorgewurstelt hatte, was zu erforschen er beauftragt war, wagte er endlich zu fragen: »So hat der Augstecher Willm dem Pastor Kern das Haupt ... abgeschlagen?«

Tobias Rothmann schüttelte den Kopf und erwiderte mühsam, als habe ihm das Grauen die Kehle zugeschnürt: »Nicht abgeschlagen. Abgeschnitten. So wie wohl ein ungeübter Metzger einem Kalb das Haupt heruntersäbelt.«

» ... aber warum, beim allmächtigen Gott, warum?«

»Die Augstecher wollten das Silber, den Lohn für den Geleitschutz, im Voraus, nicht erst hier vor den Toren von Höxter.«

»Und das hat ihnen Pastor Kern verweigert.«

»Ja. Wusste er doch, dass die Bande vertragsbrüchig davongaloppieren würde, hätte sie erst das Silber.«

»Und dann ... «

»Der Augstecher ließ unseren guten, starken Kern vor unser aller Augen auspeitschen, auf dass er das Versteck des Silbers verrate. Während Willm Augstecher selbst beidarmig die Peitsche auf Kern schlug, hielten seine Spießgesellen ihre Pistolen auf uns gerichtet, auf dass wir ihm nicht zur Hülfe kämen. Dem Wagner, der die Plage nicht ertragen konnte, und der dem Augstecher Willm in den Arm fallen wollte, haben sie das Gesicht weggeschossen.«

»Gott im Himmel! Oh welche Teufelei ... «

»Kern verriet nichts. Aber irgendwann schrie er Gebete zum Himmel. Sie klingen mir noch jetzt in den Ohren:

> ... Oh Vater, wend die Augen dein,
> hernieder, sieh der Erde Pein!
> Hör unsere stummen Fragen,
> gib Kraft, die Not zu tragen!<

Das machte den Augstecher Willm nur noch rasender. Kern solle das Gewinsel lassen und endlich das Versteck preisgeben. Aber Kern sagte ... und er sagte es trotz aller Schmerzen laut und deutlich: >Wenn wir die Stadtmauer von Höxter sähen, sei ihnen der Silberlohn gewiss.<«

Bodo reichte Rothmann von dem Wein, der von Ebersteins Gelage fässerweise übriggeblieben war; doch Rothmann winkte müde ab und fuhr fort:

»Die Kinder, ach, die Kinder mussten das Martyrium mit ansehen. Es war ein gewaltiges Geschrei. Dazwischen das Klatschen der Peitsche auf Kerns Rücken. Der war bald nicht mehr weiß, sondern rot. Ich denke, so haben sie den Heiland gepeinigt … ja, den Heiland.«

Eine Weile schien es, als wäre der alte Rothmann außerstande, seinen Bericht fortzusetzen, und Bodo, der zu schluchzen begonnen hatte, war ihm keine rechte Stütze. Schließlich reckte der Alte das Kinn vor, fixierte irgendeinen Punkt in der Ferne und fuhr fort:

»Als der Augstecher endlich einsehen musste, dass Kern nicht von seinem Vorsatz lassen würde, erst nach erfolgreichem Geleit bis vor eure Tore das Silber auszuzahlen, zog der Meuchler ein Messer und nahm Kern ein Auge.

Es war ein markerschütterndes Geschrei … die Lumpenhunde schossen mit Pistolen vor unsere Füße, auf dass wir dem Kern nicht zur Hülfe kämen. Dann nahm Willm dem Kern auch das andere Auge. Schließlich schrie dieser Teufel: ›Es geht auch anders, du verstockter Esel, wir werden jeden von euch bis auf die Haut durchsuchen, und wenn da nichts zu finden ist, werden wir unter der Haut nachschauen. Wir werden jede Elle des Wagenholzes und eure Habe durchsuchen, und das Feuer wird uns suchen helfen.‹«

Bodo hatte die Fingernägel über seiner Oberlippe ins Fleisch gekrallt, so als gälte es einen Schrei zu unterdrücken. Die geschlossenen Augenlider vermochten den Tränenfluss nicht zurückzuhalten. Rothmann fuhr fort: »Dann setzte er dem Kern ein Messer an den Hals und tat einen Schnitt. Kern zuckte, sein Leib bäumte sich auf. Dann kniete sich der Augstecher auf seinen Rücken, mitten hinein ins rohe Fleisch, und begann unter entsetzlichem Gegröle den Kopf abzuschneiden. Was dem Messer an Schärfe fehlte, das tat er mit roher Kraft.

Ich wollte, ich hätte das Versteck gewusst! Ich hätte alles verraten, nur um dem Schrecklichsten zu wehren! Ich hätte alles gesagt. Aber ich kannte das Versteck nicht. Keiner kannte es.«

Bodo tastete, immer noch mit geschlossenen Augen, nach dem Ärmel des alten Rothmann, schüttelte den Kopf, als wolle er sagen: Es ist genug.

Aber Rothmann, der noch immer einen Punkt in der Unendlichkeit fixierte, fuhr fort:

»Als Kern ausgeblutet war und reglos dalag, setzten sie Feuer an die Wagen und an unsere Habseligkeiten. Als das Feuer die Deichseln verbrannte, trat das eingeschmolzene Silber zu Tage. Sie hatten ihr Silber, und Kern war ganz vergeblich verblutet.«

»Nein, nein, nein, nicht vergeblich!«, schluchzte Bodo, »Sein Beispiel wird aufgehoben sein als leuchtendes Exemplum der Glaubensstärke ... oh Gott, oh Gott, ich fasse es nicht ... warum prüfst du die Deinen so grausig!«

Bodo war, als habe sich der Boden unter ihm bewegt; es musste der Teufel selbst sein, der durch die Erde fahren wollte, um den Rest der Geschichte nicht zu verpassen. Als der Teufel indes nicht durch die Erde brach und das Schwanken nachließ, umfasste Bodo den alten Mann und küsste ihn, so wie man einen geliebten Menschen küsst. Er schmeckte Rauch auf den Lippen. Und erkannte, dass Rothmanns Augen – immer noch in große Ferne gerichtete – nun erloschen waren, fast wie die eines Toten.

Bodo wusste, dass es nun an ihm war, etwas zu sagen. Das hatte man ihm im Predigerseminar gesagt: »Kein Trost ist, wenn die Tröster trostlos sind.« »Kerns Mut soll in euch, soll in uns allen weiterleben. Hier seid ihr sicher. Nach allem Leid endlich sicher. Graf Gero lässt die Schlosskapelle richten, für ein großes Bittgebet ... und zur Beisetzung des Kern.«

Rothmann, der sich, während er die Geschehnisse schilderte, von einem leichten Schwanken abgesehen nicht bewegt hatte, löste den Blick von dem imaginären Punkt am Horizont und wandte sich dem jungen Geistlichen zu: »Sagt, Pastor, ist der Sitz der Seele der Kopf oder das Herz?«

»Warum fragst du ... ? Die Seele bewohnt den ganzen Körper.«

»So ist es gut. Willm hat den Kopf mit sich genommen. Aber wir dürfen glauben, dass genug von ihm vor uns liegt, um seine Seele Gott zu befehlen. Ist es so?«

»Ja! In Gottes Namen, ja!«

Bodo zitterte, aber er zitterte auch aus Angst, es könnte ihm misslingen, all das in gehöriger und geforderter Vollständigkeit dem Eberstein zu vermelden.

16 Wie Till Rothmann, der schwedischen Küste ansichtig, des elterlichen Hauses in Peine gedachte

Der Bootsführer hieß Rudolph; das war, abgesehen von kurz geknurrten Befehlen, das einzige, was die vier Ostseefahrer von ihm erfuhren. Zu Anfang hatte er so etwas wie eine Rede in der knurrigen Art ungeübter Redner gehalten: »Ich bin Fischer. Doch dies Boot fährt für den Schweden, der Männer sucht, die er dem Kaiser in den Rachen stopfen kann. Trotzdem bin ich immer noch Fischer. Und es wäre gut für uns alle, wenn ihr stumm bleibt wie die Fische. Die Überfahrt kann rau sein. Der Sommer war nass, und der Herbst lauert schon. Wer die Seekrankheit im Magen verspürt, speie über die Reling. Wer ins Boot speit, den werfe ich ins Meer. Ihr könnt mir die Überfahrt sogleich zahlen, dann geht ihr als freie Männer von Bord. Wer nicht zahlt, für den zahlt der Schwede. Dann aber seid ihr schon jetzt dem Adolfheer verpflichtet. Wer zwei Gulden extra zahlt, darf sich auf die Strohsäcke unter den Bugplanken legen. Wer auf die Säcke speit, pisst oder scheißt, dem spalte ich den Schädel.«

»Amen, gelobt sei Jesus Christus!«, sagte einer, der sich wenig später als lutherischer Prediger aus Hamburg vorstellte. Dem Fischer und Behelfstransporteur von Söldnern für die schwedische Soldateska schien der gallige Witz des Gottesmannes nicht aufzugehen; er antwortete sehr ernsthaft: »Gelobt sei Jesus Christus!«

Als das Boot die äußere Zunge der Stralsunder Hafenmole erreicht hatte – Rudolph verstand es, das Steuerruder durch leichte Schläge zum Vortrieb zu nutzen –, zog er das Hauptsegel auf, ein derbes mehrfach geflicktes Tuch, das an einer eisenbeschlagenen Gaffel hing. Das Boot krängte leicht, wurde aber nur so weit gegen die Mole zurück gedrängt, dass es ohne sie zu berühren frei und in den Wind kam.

Till hatte das Manöver beobachtet. Die Ruhe, mit der Rudolph und sein junger Segelgehilfe – sein Sohn, wie sich später herausstellte – zu Werke gingen, flößte ihm Vertrauen ein. Während seines Aufenthaltes bei den Genueser Tuchhändlern war er einmal unter Lateinersegel von Genua zur Tibermündung gesegelt, wo Tuch für das reiche Rom ausgeladen und edle Keramik für die Rückreise nach Genua verstaut wurde. Seither wusste er das Nötigste darüber, wie richtig mit Wind und Wellen umzugehen war. Diese Zwei taten die notwendigen Handgriffe so sicher, dass zur Unbequemlichkeit nicht auch noch übermäßig viel Sorge um Leib und Leben kam.

Die Stralsunder Kirche reckte ihren Turm wie einen reich verzierten Ringfinger gen Himmel; rotes und gelbes Tuch, die Farben der Stadt, bauschten sich in langen Bahnen im Wind.

»Sie feiern eine Woche lang ihren Sieg von vor einem Jahr, als der Wallenstein ihre Stadt nicht nehmen konnte«, sagte der Prediger aus Hamburg, der Hein von der Hööp hieß und streng roch, so als kenne er Wasser nur als eine Flüssigkeit zum Taufen und zum Verdünnen des Messweines, nicht aber zum Waschen des eigenen Leibes.

Ein schwarzer Hüne, der Till wegen seiner platzzehrenden Körperlichkeit aufgefallen war, ergänzte den Prediger: »Wallenstein hat ablassen *müssen*. Er brauchte seine Kräfte für Wismar und Rostock. Hätte er den Angriff zeitig abgeblasen, hätte ich noch zwei Hände.« Er reckte einen Stumpf empor, den er zuvor, auf der Seite liegend, verborgen hatte.

»Und mit der einen Hand willst du beim Schweden einschlagen?«, fragte einer, der sich Ölmütz nannte und das weiche Deutsch der Polendeutschen sprach.

»Gib mir deine Hand, Schwätzer, naseweiser!«

Der Hüne griff sie sich beängstigend schnell, und Ölmütz schrie auf.

»Das ist meine Antwort. Die gleiche Antwort habe ich für die schwedischen Rekrutierer, falls sie bezweifeln, dass ich mit der Linken einen Spieß fest genug fassen und damit stechen kann … gegen die Papisten oder gegen wen auch immer.« Ölmütz hielt sich noch eine Weile wimmernd die Hand und machte dann Übungen, um ihre Beweglichkeit wiederherzustellen.

Als das Schiff das Wasser zwischen Rügen und den kleinen sandigen Inseln verließ und in eine langwellige Dünung geriet, verstummten die Gespräche.

Till spürte als erster einen leichten Schwindel, gefolgt von einem Rumoren, das im Magen begann und sich dann in den Unterleib verzog.

Alles an Bord roch nach Fisch und Teer und Stunden später auch nach Erbrochenem, das in den Bärten der Männer hängen geblieben war. Einer nach dem anderen hatten sie über Bord gespien, die Drohung des Fischers war deutlich genug.

Die Strohsäcke in den Schapps, in denen sich sonst gefangener Hering zu Tode zappelte, waren unberührt geblieben, als klar geworden war, dass die Zahlmeister und Rekrutierer des Schwedenkönigs derlei Zusatzkosten nicht übernahmen.

Als Till – der Fischer hatte den Kurs härter an den Wind gelegt – erneut zu speien begann ließ sich der Fischer noch einmal vernehmen. »Mit dem Wind speien, leewärts, ihr verschissenen Ärsche!«

Von da an schwieg Rudolph und auch sein Sohn sagte an den vier Tagen und fünf Nächten der Überfahrt kein Sterbenswort mehr, bis die Schären der schwedischen Küste in Sicht kamen.

Der Prediger, den die Seekrankheit so gut wie verschont ließ, hatte zwischendurch versucht, das Schweigen zu brechen, indem er aus dem Stehgreif eine Kurzpredigt über den von Jesus zur Ruhe befohlenen Sturm hielt. Aber seine Zuhörer hatten nur grüngesichtig genickt und aufs Meer geschaut.

Als die schwedische Küste nach endlos scheinenden Tag- und Nachtstunden endlich Gestalt annahm, begann der Prediger Hein mit erstaunlich frischer Stimme zu singen:

>Von Norden kommt das Licht hervor,
Ihr Schläfer flieht die Betten:
Der Schwedenkönig pocht ans Tor,
den Glauben uns zu retten.
Es kömmt der Löw' von Mitternacht,
tritt in den Staub des Kaisers Macht
Halleluja, halleluja!
Des zittern die Papisten,
des freu'n sich wahre Christen.<

Als Hein geendet hatte, traf ihn der Schiss einer tiefliegenden Möwe am linken Ohr. Ölmütz grinste schief und sagte in seinem weichen Deutsch: »Auf uns Soldaten ist geschissen, mein lieber Pastor. Ich bin hier, weil ich nicht mit knurrendem Magen unter die Erde will. Denn unter die Erde müssen wir alle. Mit oder ohne Gesang.«

Till, der das alles ohne rechte Anteilnahme mit angehört hatte, sah nur die schwebende Wolke aus weißen Vögeln, die sich über den Felsinseln zusammendrängte und wieder entflocht. Als er die Augen schloss, wurden die Möwen zu Tauben und ließen sich auf dem Giebel des Rothmannhauses zu Peine nieder, in dessen Stirnbalken groß und grob stilisierte Stoffballen geschnitzt waren: Das Zeichen der Rothmannschen Tuchhändlersippe zu Peine … seit vielen Generationen.

Das Gefühl im Augenblick der Ankunft drängte Till, etwas Bedeutendes zu sagen – und sei es nur zu sich selbst. Also sagte er: »Ich komme wieder, Peine … nur noch diesen Umweg über Schweden!«

17 Wie Spee im Hörsaal zu Paderborn ein Feuer entfachte, das bis zum Dekan drang

Kaum waren die Schlagwunden verheilt, folgte Spee dem Ruf an die geistliche Lehranstalt zu Paderborn. Ein Lehrer sein zu dürfen, gehörte zu seinen wirklich großen Freuden. Nicht nur, weil er weitergeben durfte; ihm ging es auch ums Empfangen. Die Fragen wissbegieriger junger Männer zwangen den Antwortenden zu äußerster Klarheit. Spee wollte sich nicht – wie es unter gelehrten Ordensbrüdern üblich und beliebt war – bei tiefgründigen Fragen mit ein paar lateinischen Floskeln aus der Affäre ziehen.

Im Disput mit einem Ebenbürtigen war es verhältnismäßig einfach, den anderen mit ein paar gut gesetzten Zitaten in die Enge zu drängen; bei erwachenden jungen Geistern indes verboten sich solche Spiele.

Spee freute sich auf offene Gesichter. Ganz so wie er sich als Beichtiger der Frauen in seinen Kölner Jahren auf deren ehrliche Herzen gefreut hatte.

Jetzt also Paderborn! Abermals Paderborn. Es sollte, so beschloss er, endlich einmal eine gute Zeit für ihn sein.

Anfangs musste er noch befürchten, die von Zeit zu Zeit wiederkehrenden Kopfschmerzen könnten ihn hindern, die neue Aufgabe wahrzunehmen. Aber wunderbar: An dem Tag, an dem er den Paderbornern seine bindende Zusage gab, war jeder Schmerz verflogen.

Wäre nicht die allgemeine bedrückende Bekümmernis gewesen, die von außen kam, hätte Spee gelegentlich laut gesungen- auf der Suche nach Melodien für seine Gedichte und Kantaten.

Doch alle Gespräche, die er führte, einerlei ob in oder außerhalb der geistlichen Anstalt, waren nicht danach: Spee war im Spätsommer des

Jahres 1629 keinem Manne von Geist begegnet, der ihn nicht früher oder später auf »den« Schweden angesprochen hätte. Gerüchte aller Arten lagerten sich auf öffentlichen Plätzen, auf den Tischen von Kaschemmen und in den Gassen in stetig dicker werdenden Schichten ab. Es stank zum Himmel: Gustav Adolf, hieß es, rüste zum Sprung über die Ostsee. Er schicke sich an, mit einem Riesenheer die Erfolge der Katholischen Liga rückgängig zu machen. Schlimm genug, den rechten Glauben mit Waffen verteidigen zu müssen; noch übler war es, den bereits niedergeworfenen Ketzern abermals Soldaten entgegenwerfen zu müssen. War denn kein Ende der Prüfungen in Sicht?

Anfänglich hatte sich Spee den Gerüchteköchen in großer Ruhe entgegengestellt und ihnen erklärt, was jedem denkenden Menschen einleuchten musste: Gustav Adolf komme in keinem Fall im Winter. Falls er es überhaupt wage, könne er erst im zeitigen Frühjahr anlanden und aufmarschieren.

Spee erkannte bald, dass es den Schwätzern und Marktplatzrednern nicht darum ging, Nachrichten zu verbreiten. Das Gerede vom »Löw aus Mitternacht« war Hoffnungsfutter für jene, die dem lutherischen Glauben nur scheinbar abgeschworen hatten, für die Rechtgläubigen indessen war es ein Schreckensbild. In jedem Fall war Gustav Adolf einer, über den sich jammern oder jubeln ließ. Beides Laute, die dem Volke gut ins Maul passten.

Ungezählt viele Endzeit-Prediger hatten Zulauf wie selten. Die meisten waren klug genug, sich bei keinem Vergehen wider Rom erwischen zu lassen; es gab also keine Handhabe gegen sie. Diese falschen Propheten brauchten nur den Namen Gustav Adolf zu schreien und schon konnten sie sich mindestens einer mittleren Zuhörerschar sicher sein.

Spee verachtete die windigen, falschen Brüder, die mit Bibelworten jonglierten, als seien es bunte Stoffbälle, wie sie auf Jahrmärkten geworfen werden, um das Volk zu belustigen. Hohl! Geistlos! Gewissenlos. Sie zitierten aus der Offenbarung des Johannes, so als wären dessen Worte nichts als Asche, die man gegen die Eisglätte ausstreut; Ohne Trost und ohne Liebe. Sie missbrauchten die Bibel als Zauberbuch für ihre wollüstigen Marktschreiereien. Schandbar!

Einen, der es besonders arg trieb, hatte Spee mit wohlgezielten verbalen Hieben vom mitgeführten Podest gefegt. Als er Stunden später abermals an die nämliche Stelle kam, standen derer Zwei dort und warfen sich gegenseitig ihre Stichworte zu: Gustav Adolf ... Gott schickt Strafgewitter übers Meer ... in Verden gab es ein Zeichen, da war die Aller so rot, wie zuletzt vom Blut der Sachsenhäuptlinge, die der große Karl einstmals in Verden erschlagen ließ ... wehe wehe ... im Lüneburgischen hatte der Mond einen feurigen Rand ... beneidet die Toten, denn sie erreicht kein Leid! ... So ging es fort in endloser Litanei.

Spee fühlte sich wenig erschreckt. Vielleicht war es so: Es gab zu viel Schreckliches in diesen Tage, als dass in seinem Herzen noch Platz für die Vorhersage kommender Schrecken gewesen wäre. Das Böse musste nicht erst von weit her anreisen, es musste auch keine schwedische Dreikronenfahne schwenken und deutsche Stadtmauern zerschießen. Das Böse nistete grinsend unter den Dächern braver Menschen. Es sprang von den Lippen glaubenstreuer Hausmütter, die eher die Namen ihrer Kinder vergessen würden als den Namenstag der Muttergottes. Das Giftböse floss in die Milch der Ammen, und die Neugeborenen sogen es ein. Die Niedertracht wisperte mit der gespaltenen Zunge unbescholtener Bürger...

Warum ließ der Herr dem Satan so viel freies Kettenspiel? Das Böse war flüssiger als Wasser, es konnte noch durch die schmalsten Ritzen dringen.

Dies alles und einiges mehr dachte Fredericus Spee, als er auf das Hauptgebäude der Alma Mater zuschritt. Vor dem Brunnen mit Genoveva und dem Reh wurde er aufgehalten: »Geliebter Bruder Spee, Du wirst uns ein Colleg über Satans Macht halten ...?«

Spee schaute Rungbert, der ihm mit angedeutetem Ringkuss in den Weg gefallen war, in die Augen. Dann betrachtete er das ganze, fast noch kindliche Gesicht; und er sah ein Flackern im Blick des künftigen Bruders. Ein Feuer, aber kein heiliges. Diese Bürschchen, das spürte Spee so sicher als ob er es wüsste, freute sich auf eine Disputation über den Satan. Der Höllenfürst sorgte stets dafür, dass Funken stoben. Die Jungen hatten ihre Lust an diesem Funkenflug. Das Böse entwickelte gewaltige Zugkraft. Und die Wissbegier Rungberts, der das Zeug zu einem passablen Geistlichen hatte, erstreckte sich vermutlich nur vordergründig auf die alte, ewig junge Frage: Warum lässt Gott dem Fürsten der Finsternis so viel freie Hand für seine Gräuel? Darauf eine Antwort zu geben, hieße ... Spee brach seinen Gedankengang ab.

»Ein Colleg ...? Ja und nein«, sagte er und machte Anstalten, Rungbert mit zwei schnellen Schritten zu enteilen.Der aber setzte ihm nach.

»Ja und nein? Das heißt, Ihr überlasst die *conclusio* über Satans Macht uns ... dem Auditorium?«

»Ja, ich überlasse euch die *conclusio*. Aber ich hoffe inbrünstig, dass ihr zu einem Beschlusse kommen werdet, der nicht platter Billigkeit folgt, sondern zu einem, der von der Wahrheit getragen ist. Wahrheit ist mehr als Richtigkeit, Wertigkeit ist mehr als Wichtigkeit.«

»Das ist groß. Bei Gott, das ist groß!«, jauchzte Rungbert, das Gotteskind, schürzte seine Röcke und hüpfte davon.

Spee schaute ihm nach, lächelte und dachte bei sich: Warum denkt alle Welt bei Feuer nur an die Hölle? Da ist doch auch noch das Feuer der Liebe, das Feuer der Jugend.

Er richtete den Blick auf das große Portal, fuhr mit der Linken unter seine samtene Kopfbedeckung und durch sein Haar, wobei er die breite Narbe ertastete. »Wunderbar, sie schmerzt nicht mehr ... wenn sich doch die Wunden dieses teutschen Krieges endlich gleichermaßen schlössen ... Himmel, nun fang ich auch mit dem Lamentieren an!«

Als er wenig später auf dem Katheder stand, durchfuhr ihn ein Gefühl des Stolzes -» ... Wehe dir, Spee, ist nicht Stolz der erste Schritt zur Hoffart?« Es hatte in Paderborn schon bald nach seiner Ankunft ein vielhundertstimmiges Gewisper gegeben: Der Spee spricht, hört ihr? ... Viele würden sich unter seine Kanzel drängen, auch solche, die zur selben Stunde anderen Lehrern hätten lauschen sollten. Denen würde der Andrang zu seinen *lectiones* mehr versetzen als nur einen kleinen Stich. Schon mehrfach hatte Spee erleben müssen, was geschieht, wenn kleine Lichter bemerken, dass ihre Leuchtkraft überstrahlt wird.

Spee täuschte sich nicht. Die meisten Zuhörer, kamen wohl nicht, um über göttliches und menschliches Recht belehrt zu werden. Selbst Antworten auf Fragen, woher der Antichrist seine Macht habe und weswegen der Ewige sie dulde, könnten den großen Saal nicht mit Menschen füllen.

Nein, in die alten, wurmstichigen Holzreihen würden sich viele drängen, die nur kamen, weil »dieser Spee mit der Feuerzunge« an Dinge rührte, an die seine *collegae* nicht zu rühren wagten. Es gab in Überzahl – Spee hatte das in stummen Gebeten oft beklagt – *collegae*, die sich nur soweit zum Allerbarmer vorwagten, wie ihnen die Kommentatoren der Kirchen den Boden festgestampft hatten, keinen Schritt weiter. Beherzte Kühnheit galt ihnen als zersetzender, gotteslästerlicher Größenwahn. Jeden Scherz, der dem gemeinen Volk die Angst hätte nehmen können, bedrohten sie mit Kerkerhaft.

So besehen war sein Erfolg bei den Jungen nur die Kehrseite des Ungenügens vieler anderer Lehrer. Viele *studiosi,* die »zum Spee« drängten, das wusste niemand besser als er selbst, waren nur auf der Flucht vor der Langeweile, die wie zäher Haferschleim aus den Mündern der allzu Botmäßigen rann.

Gewiss, einige im Auditorium … vielleicht zählte auch der Rungbert zu jenen … liebten die Wahrheit aufrichtig, waren von Herzen Philosophen: Liebhaber der Weisheit. Aber nicht wenige hatten sich im Hörsaal versammelt, weil sie – mehr als die Wissenschaft, die Theologie und die Wahrheit – den Funkenschlag liebten, das Schlaglicht.

Spee wusste, was ihn erwartete, trotzdem erschrak er, als er den Saal betrat; er erschrak viel zu sehr, um es hätte verbergen können. In der ersten Reihe wogte es, als sei eine Schlachtenreihe unter dem Ansturm feindlicher Kavallerie dabei sich aufzulösen: Von hinten drängten Zuspätkommer nach, obwohl der große Hörsaal längst überfüllt war. Einige gebärdeten sich wie Mägde bei Marktschluss, wenn die Händler ihre verderbliche Ware zu Schleuderpreisen abgaben.

Spee erkannte die Gefahr. Längeres Zuwarten würde die Unruhe womöglich bis an einen gefährlichen Punkt steigern. Gefährlich für die Menge im Saal, gefährlich für ihn. Nur allzu schnell hätte er den Vorwurf der Unruhestiftung am Hals. Also verzichtete er auf das stille Gebet, das ihm sonst zur Konzentration und Vorbereitung diente.

»Ich beginne die *ectio* mit dem Verlesen des Gebotes, welches uns mahnt, kein falsch Zeugnis zu geben, ein Gebot, das unser Herr dem

Moses auf dem Berg Sinai gab, auf dass es unser Tun leite in kleinen wie in großen Dingen …«

Spee bemerkte verwundert, dass er spontan von der vorgesehenen Frage nach Satans Freiheiten gegenüber der Menschheit abgewichen war. Doch war ihm nicht klar, *was* ihn hatte abweichen lassen. Ähnlich war es ihm jedoch schon früher ergangen.

Aus den Augenwinkeln erkannte Spee in der oberen Loge zwei ältere Brüder, derer sich der Dekan gern als Protokollanten bediente. Er nickte ihnen freundlich zu – allerdings mit einer kleinen, ironischen Verzögerung –, woraufhin die Zwei sich tief über ihr Papier beugten. Spee hoffte, dass die aufmerksameren unter seinen Zuhörern diesen Gruß in Richtung der zwei Spione bemerkt und richtig gedeutet hatten.

»Das Gebot, nicht falsch Zeugnis wider unseren Nächsten zu reden, gab uns der Herr, weil er wusste und weiß, wie sehr wir, seine Geschöpfe, der Sünde der Falschaussage anhängen.

Erlaubt, dass ich – in gebotener Demut und Kürze – kurz von mir spreche. Als mir jemand vor nun bald fünf Monaten mit Schwert und Pistole das Leben nehmen wollte, bin ich, kaum dass ich wieder einen klaren Gedanken fassen konnte, gedrängt worden, einen Mann zu beschuldigen, bei dem einige meinten, es gäbe Anlass, in ihm den gescheiterten Mörder zu sehen.

Ich kannte den beschuldigten Mann. Fürwahr: toll und hitzig genug für mancherlei unbesonnene Tat, aber, bei Gott, kein Mörder. Auch war ich sicher, dass der Mann, der mich niedermachen wollte, von junger, kräftiger Gestalt sein musste. Der Beschuldigte dagegen war klein und keinesfalls jung.

Ihr fragt, wer denn der wahre Täter war? Dem Herrn hat es gefallen, ihn davonkommen zu lassen. So muss er denn nach seinem Tod die Tat vor Gott verantworten. Aber in Peine wollte man, dass des Henkers Schwert etwas zu beißen bekäme. Sie hatten einen gefangen, von dem man mir sagte, er sei von ketzerischer, aufrührerischer Gesinnung. Seine Worte hätten womöglich zur Bluttat gegen mich aufgestachelt. Also hieß es: Ist nicht auch der Mordhetzer ein Mörder? Haben nicht auch diejenigen, die ›Kreuziget ihn!‹ riefen, Jesus gekreuzigt? Sind nicht auch sie MÖRDER?«

Spee ließ das Wort »Mörder« verhallen, und in der Pause, die er kunstvoll zu setzen wusste, wanderte sein Blick über die vielen jungen, glatten Gesichter.

»Ich frage euch, meine Brüder: Hätte ich dem Drängen nachgeben sollen? Hätte ich sagen sollen: ›Jawohl! Der da war es! Unters Schwert mit ihm!‹. ….. Ihr schweigt! …Warum schweigt ihr?

So sage ich denn *meine* Antwort. Hätte ich diesem Drängen – und es war ein Drängen von oben, ein Drängen durch meine Brüder im Geiste – hätte ich diesem Drängen nachgegeben, dann wäre ich nicht besser als der Halunke, der mir den Garaus machen wollte. Falsch Zeugnis reden ist Sünde. Falls sie den Tod eines nur mäßig Schuldigen bedeutet, so ist falsch Zeugnis reden … Mord.«

Spee ließ auch das Wort »Mord« verhallen. Die gute Akustik des großen Hörsaales tat wieder hervorragende Dienste! Und noch einmal schrie er das Wort in die Stille hinein – »Mord!« – so dass es klirrend von den Wänden zurück sprang.

»Kann denn etwas schlimmer sein als Mord? Gibt es Tödlicheres als Todsünde? Lasst mich, Brüder, eine zweite Geschichte erzählen. Ich tue es, weil ich hoffe, dass euch dadurch die Antwort leichter fällt.

Vor zehn Tagen sind im nahen Lemgo nacheinander eine junge Frau und ein alter Mann verbrannt worden – beide der Hexerei, des Schadzaubers und im Falle der Frau auch der Buhlschaft mit dem Teufel … überführt. Sagte ich ›überführt‹? Überführt nach peinlicher Befragung mit glühenden Zangen und Stricken an Hals und Händen.«

Es war nun absolut still im Saal, nur das Kratzen zweier Schreibfedern war zu hören. Als Spee milde nach oben zur Loge emporlächelte, verstummte auch dieses Geräusch.

»Was ist schlimmer als Hexerei, liebe Brüder? Schlimmer als Hexerei ist es, einen Menschen fälschlich der Hexerei zu bezichtigen. Diese beiden, eine Jungfrau und ihr Oheim, waren unbescholtene, gute Menschen.

Zu dem Zeitpunkt, zu dem das Mädchen Milch in Blut verwandelt haben sollte, weilte es nicht einmal in der Nähe des Stalles, in dem die ruchlose Tat begangen worden sein soll. Sie war eine halbe Tagesreise entfernt in einem benachbarten Dorf, um der Ehefrau ihres Bruders bei der Geburt beizustehen. Das haben mehrere Menschen unabhängig voneinander bezeugt. Aber gehört wurde nur die eine Zeugin, deren Aussage den Schuldspruch begründete. Der Oheim soll die Beschuldigte in die Kunst des Behexens eingewiesen haben. Auch dafür gab es nur eine einzige Zeugin. Die nämliche. Ich bete für ihre Seele.

Du sollst nicht falsch Zeugnis reden wider deinen Nächsten, sagt der HERR. Ich bete für die Seelen derer, die falsch Zeugnis gaben. Möge ihnen nach ihrem Tod die Qualen des Brennens erspart bleiben, die sie Unschuldigen bereitet haben.«

Spee senkte den Blick, und seinen Zuhörern schien es, als schaue er vom Katheder aus in jene Unterwelt, in der das Fegefeuer wütet. Erst als die lange Pause, die Spee setzte, von Gewisper angefressen wurde, fuhr er fort: »Ja, ist denn die Hexerei keine Gefahr, fragt ihr mich. Tun denn die Richter und Geistlichen nicht ein gutes Wächteramt … wider die Hexerei? Ich sage euch: Jeder Fall, jeder Fall für sich, bedarf der allersorgsamsten Prüfung.

Die Richter, die den zweifachen Feuertod zu Lemgo befahlen, und auch ein Fürstbischof, der das Urteil gut und gerecht hieß, diese gelehrten Herren also sagten, die beiden Beschuldigten hätten gestanden. Punkt für Punkt ge-stan-den.«

Spee ließ seinen Blick durch die Reihen schweifen und flüsterte, indem er die Silben quälend langsam reihte, das eine Wort: *gestanden.* Dann fuhr er mit kräftiger Stimme fort: »Gestanden? Dass sie gestanden haben, daran habe ich keinen Zweifel. Das Geständnis wird mit Blut vermischt über ihre Lippen gekommen sein. Wer unter euch glaubt denn, unter der schlimmsten Folter standhalten zu können? Wer das glaubt, der möge aufstehen; denn es drängt mich sehr, einen solchen Wundermann zu sehen.«

Niemand erhob sich, viele duckten sich.

»Abermals: Gott sagt uns, wir sollen nicht falsch Zeugnis reden wider unsere Nächsten …« Spee hob den Blick und sah, dass die Protokollanten des Dekan erregt die Köpfe zusammensteckten »… und meinen beiden geistlichen Brüdern Nepomuk und Balthasar oben in der Loge rufe ich zu: Schreibt ihr nur ruhig, schreibt fleißig und genau, auf dass nicht auch noch falsch Zeugnis entstehe durch Unachtsamkeit und schlechtes Zitieren.«

Ein Lachen ging durch den Hörsaal, das erst wie ein Luftzug, klein und flatterhaft begann, dann aber den ganzen Raum füllte. Und Spee lachte mit. Sehr fein und nur mit den Augen

18

Das Regenwurm-Paradigma, und wie den Bruder Fabricius ob des Spee eine große Fürsorglichkeit ergriff

Im Gesicht des Fabricius, eines Schülers am Theologischen Seminar zu Paderborn, stand eine kleine, komische Verzweiflung geschrieben, eine Verzweiflung, die seinen Lehrer, Friedrich Spee, amüsierte.

»Was ist dir, Bruder, was bedrückt dich?«

»Mich bedrückt eine … unschickliche Frage?«

»Eine unschickliche oder eine ungeschickte?«

»Beides, so muss ich befürchten …«

»Heraus damit! Ich bin Beichtiger, ich habe viel Unschickliches und viel Ungeschicktes erfahren. Ich glaube nicht, dass du mich erschrecken kannst.«

Fabricius ballte die Fäuste und zog sie sogleich in die weiten Kuttenärmel, um sie zu verbergen; denn er wollte nicht, dass Spee seinen Versuch bemerkte, sich mit Gesten Mut zu machen. Doch Spee las im Gesicht des Bruders wie in einem offenen Buch. »Nun, kleiner Bruder, es muss etwas Grabsteinschweres sein, das dich bedrückt?«

»Mich bedrückt … die Sorge um … dich, Bruder Spee. Ist es denn wahr, dass du nicht an die Existenz von Hexen glaubst? Entgegen allem, was die Kirche lehrt? Es geht die Kunde: Der Spee behaupte, Hexen existierten nicht … nicht realiter, sie seien nicht Ausgeburten der Hölle, sondern des Aberglaubens …«

Spee schritt weiter, keine Regung seines Gesichts verriet, dass ihn die Frage erreicht hatte. Sein Blick war geradeaus ins Unendliche gerichtet wie meistens, wenn er nach Art der griechischen Peripathetiker ausschritt.

Fabricius, der sich mühte, einen halben Schritt hinter Spee zu gehen und gleichwohl Augenkontakt zu halten, zog die Hände wieder hervor und wedelte zwei große, verzweiflungsvolle Luftschläge über seinen noch nicht tonsierten Schädel: »Oh, verzeih' Bruder ... ich habe es geahnt. Die Frage hat Euch verletzt!«

Fabricius war unversehens in die Ergebenheitsform gefallen, die Spee ablehnte; unter Brüdern, auch unter Brüdern sehr unterschiedlichen Ranges, galt fast immer das Du.

Spee blieb stehen, bückte sich und trieb seine flache Hand wie eine Schaufel in die weiche, schwarze Erde, die entlang des Weges aufgelockert war. Dann hob er einen kleinen Haufen Humus auf, zerteilte ihn mit Zeige- und Mittelfinger der anderen Hand und hielt Fabricius die Probe unter die Nase.

»Was ist das?«

»Erde, schwarze Erde, von der Bruder Gärtner sagt, dass sie die beste ist ... und ein Wurm.«

»Richtig. Die Bauern nennen ihn den Guten Wurm oder auch den Regenwurm. Wo er ist, ist die Erde nahrhaft und sehr gebärfähig. Wie viele dieser Würmer hast du schon gesehen, Fabricius?«

Fabricius kannte Spee zur Genüge aus dessen *lectiones*; darum hielt er sich nicht damit auf, sich lange über die Frage zu verwundern.

»Einige hundert, vielleicht gar Tausende. Als Knabe habe ich meiner Mutter bei der Gartenarbeit geholfen. Manchmal habe ich diese Würmer gesammelt und sie den Hühnern vorgeworfen.«

»Brav. Brav.« Spee schloss die Hand über Erde und Wurm und sagte: »Welche Farbe haben Regenwürmer?«

Fabricius stutzte für die Dauer eines Lidschlages, ehe er antwortete. »Rot, nein ... eher rötlich. ... Manche auch blass wie Menschenhaut.«

»Einigen wir uns auf rot?«

»Ja, rot! Ich sage also: Die Erdwürmer sind rot.«

Fabricius' Spannung wuchs. Dies war offenbar wieder eine der Spee'schen Volten, die bei den Scholaren und den jungen Brüdern so beliebt war. Und er, der kleine Bruder Fabricius, würde sogleich – alles deutete daraufhin – eine weitere Probe davon bekommen. Und dazu noch privatim!

»So ist deine Antwort: Alle Erdwürmer sind rot? Ja…?« Fabricius nickte.

»Eine unsaubere Antwort, Bruder Fabricius. Sauber wäre: Alle Regenwürmer, *die ich gesehen habe*, waren rot…. Und nun noch einmal zu deiner Frage!«

Fabricius beobachtete, wie Spee den Wurm wieder vorsichtig, fast liebevoll zu Boden setzte und mit der Hand etwas Erde über ihn häufelte. »An der Sonne trocknen sie aus. So wie wir das Element Luft brauchen, brauchen sie das Element Erde … Repetitio! Deine Frage von vorhin, Bruder!«

»Äh … mit gefälliger Erlaubnis … ich fragte … ich erlaubte mir die Frage, ob denn … gütige Verzeihung Bruder … ob denn das Gerücht, das von Eurer … von dir umgeht, das Gerücht, du leugnest die Existenz von Hexen. …«

Fabricius brach ab, als könne er eine schwierige lateinische Sentenz nicht zu Ende bringen. Spee hielt den Blick noch immer auf die Stelle gerichtet, an der er den Erdwurm dem Erdreich zurückgegeben hatte.

»Mein kleiner Bruder in Christo, ich behaupte nicht, dass ich viel von den letzten Dingen weiß. Was ich zum Casus der Hexerei gesagt habe, ist dies: Über all die, die als Geschmeiß und Gewürm und als Geschiss des Teufels beschuldigt worden sind,und die ich selbst sah, in Kerkern, auf dem Weg zur peinlichen Befragung, auf dem Henkerskarren und in den Flammen des Feuers, über all diese habe ich gesprochen. Ich habe nicht gesagt, alle Hexen sind real oder unreal, sind rot oder nicht rot. Ich sprach von denen, DIE ICH SAH.«

»So sagt ihr, die Beschuldigten, die ihr mit eigenen Augen saht und die ihr als Beichtiger befragt habt, all diese waren … keine Hexer und Hexen?«

Spee war weitergegangen. Und Fabricius spürte, dass es nicht gut wäre, ihm weitere Privatlektionen abzutrotzen. Während er noch da stand und Spees Worten nachschmeckte, tat sich ein neuer Quell der Beunruhigung auf: Hatte Spee nicht soeben – wenn auch mit Bezug auf niedere Erdwürmer – von den ELEMENTEN Erde und Luft gesprochen? Waren es nicht die Illuminati, die Feinde des Glaubens, der Kirche und der Societas Jesu im Besonderen, die von den Ur-Elementen Erde, Wasser,

Feuer, Luft sprachen und die damit dem göttlichen Schöpfungszeugnis widersprachen? War Spee gar ein Illum ...

Ausgeschlossen! Dieser Mann war Geist und Liebe. Gottesliebe.

Fabricius bekreuzigte sich und wandte seine Schritte dem Refektorium zu. Der junge Bruder hatte soeben eine Laus namens Zweifel erschlagen; aber diese Laus hatte zuvor ein paar Nissen abgesetzt, die in Hautfalten und Haar heranwachsen würden.

19

Wie Fredericus Spee nächtens zu einem Gespräch zitieret wurde und eine ergreifende Geschichte zu erzählen wusste

Es war die ungewohnte Stunde, die Spee sogleich befürchten ließ, dass Ungutes gegen ihn im Schwange sei: Wann jemals zuvor hatte Rektor Christian Lennep zur zweiundzwanzigsten Stunde einen Lehrer und Seelsorger des Collegs zu sich zitiert?

Als Spee die Marmorwendeltreppe zum Amtszimmer emporschritt, gewahrte er, wie seine Eile einen Luftzug entstehen ließ, der die Kerzen in den Fackelhaltern blaken ließ.

»Sind wir nicht allzumal Kerzen im Wind? Wer Licht geben will, muss sich selbst verzehren wie eine Kerze … ich sollte das in gute Reime bringen … aber zuvörderst sollte ich dem Bruder Rektor widerstehen.«

Vor der großen reich mit Schnitzereien verzierten Walnusstür blieb er stehen. Das Kerzenlicht, das die Vorhalle erhellte, in der zu allen hohen Festen die Fürbitten verlesen wurden, fiel schräg von hinten ein, so dass das Relief tief verschattet war.

Das Schnitzbild der Brüder Kain und Abel – schon einige Male hatte er vor dieser Tür gestanden und es betrachtet – gewann durch das Kerzenlicht an Tiefe und Dramatik. Der geschnitzte Rauch faszinierte Spee. Seine Behandlung durch den Künstler war von täuschender Perfektion; der Rauch von Abels Feuer stieg gottgefällig zu den Wolken auf und wurde im oberen Teil der Bildtafel gewissermaßen zum tragenden Chorgestühl des Himmelsthrones; der Rauch des Brudermörders Kain dagegen kroch über den Boden und sackte in eine Art Höllenspalte, die von zwei vielschwänzigen Teufelsgestalten bewacht wurde. Welch tiefe Bedeutung, dachte Spee: Gott will nur Opfer, die in reiner Absicht gegeben werden. Er will kein Blut. Menschenopfer sind verboten. Hatte

Gott nicht Abraham das Schlachtmesser aus der Hand genommen, als der Erzvater des Erwählten Volkes seinen Sohn opfern wollte und das Feuer schon glomm? Bei Gott! – dachte Spee, ich kann nicht mehr an Feuer denken, ohne brennendes Menschenfleisch zu riechen.

Spee schloss kurz die Augen, bat Jesus, er möge die rechten Worte zur rechten Zeit in seinen Mund legen und er tat es mit den Worten des Moses: So wolle Du mit meinem Munde sein und mich lehren, was ich sagen soll. Dann bediente er den Türklopfer, eine schmiedeeiserne Lilie, ein etwas schwer geratenes Symbol der Unschuld, wie Spee deuchte.

»Die Tür ist nur angelehnt, Bruder Spee. Tritt ein!«

Spee fand das Zimmer des Rektors ohne aufgestelltes Licht vor, nicht einmal die verspiegelte Leselampe brannte. Die hieß in Paderborn »das ewige Licht«, womit auf Rektor Lenneps immerwährendes Studium angespielt wurde. Lennep saß vor dem halb vergitterten Kamin, das Feuer hinter ihm zeichnete seine hagere Gestalt als Schattenriss, sein Gesicht war nicht zu erkennen.

»Der Herr sei mit dir! Setz dich Bruder! Ich will dir sogleich deine Frage beantworten, obzwar du sie nicht gestellt hast, die Frage, die ungewöhnliche Stunde betreffend, zu der ich deinen Besuch erbat.«

»Bruder Rektor, in diesem gottgefälligen Colleg ist keine einzige gute Seele, die nicht wüsste, wie knapp bemessen deine Zeit ist. Sei also unbesorgt um *meine* Zeit.«

»Ich danke für dein Verständnis. Und so will ich auch ohne Umschweif sagen, was meine Zeit neuerlich unerträglich zusammendrängt. Zwei Brüder sind es, für die es ansteht, sie zum Letzten Gelübde zuzulassen. Unser vielgeliebter Ordensgeneral am Heiligen Stuhl zu Rom, Pater Munius Vitelleschi, fordert mich auf, beiden ein Zeugnis zu geben, auf dass ihre Weihe nicht vom leisesten Hauch des Zweifels umweht werde.«

Der Rektor machte eine Pause, wandte sich im Sitzen nach dem Kaminfeuer hinter seinem Stuhl und warf wie beiläufig ein Scheit in die Glut. Spee erkannte den Vorteil, den sich Lennep allein dadurch verschafft hatte, dass er sein Gesicht im Dunkeln hielt, während seines, Spees Gesicht, rot ausgeleuchtet war, so dass einem guten Beobachter kein Zucken der Mundwinkel entgehen konnte.

»Nun«, sagte Spee, »ich darf vermuten, dass es keinen Zweifel an Bruder Gerhardius gibt. Seine Kenntnisse der Kirchenväter, insbesondere der Augustinischen Schriften, sind beispiellos. Seine *lectiones* über die Erbsünde und ihr Verhältnis zur göttlichen Vergebung sind feinste Gedankenarbeit, ganz im Sinne unseres Ordens, und ich wünschte, es fänden sich mehr junge Brüder, seinen Worten zu lauschen.«

»Ein frommer Wunsch, fürwahr. Aber das junge Volk liebt wohl mehr die ... wie soll ich sagen ... lauten Gesänge als die feinen Töne.«

»Darf ich vermuten, Bruder Rektor: Mit dem Hinweis auf das Laute hast du einen Wechsel der Personen intendiert: von Gerhardius auf mich, für den ebenfalls die Zulassung zum Letzten Gelübde ansteht, nach allem was ich demütig zur Kenntnis genommen habe. Aber das Laute, so darf ich bemerken, hat nicht zum Wenigsten mit der schieren Zahl derer zu tun, die meine *lectiones* über die Göttlichen Zehn Gebote anhören. Wenn deren hundert sich in die Reihen drängen, in denen normaliter nur fünfzig Platz finden, so ist es lauter als wenn sich nur drei versammeln, wie das beim hochgeschätzten *Confrater* Gerhardius der Fall ist, dessen Zulassung, wie ich schließen darf – anders als die meine – außer Frage steht.«

Es entstand eine Pause, die der Rektor – so jedenfalls las es Spee aus dem Schatten – nutzte, um sich zu sammeln. Schließlich hob er erneut an, und seine Stimme klang deutlich milder: »Ich will frohen Herzens bekennen, dass an deiner Gottesliebe, an deiner Glut für unsere Sache, am Eifer beim Wiederaufrichten des Glaubens, der von den Lutherischen niedergetreten wird – so bewiesen zuletzt in Peine und fast mit dem Leben bezahlt –, dass an all dem kein gerechter Mensch zweifeln kann. Aber unsere Regeln verlangen ... mehr!«

Das »mehr« fiel wie gehaucht aus des Rektors faltigen Lippen, fast wie ein geflüstertes »Amen«.

»Mehr als den Einsatz des Lebens?«

»Demut. Gehorsam. Ein gutes Auge für Maß und Ziel ... aber setz dich doch, Bruder.«

Spee schlug das Angebot aus und machte sich ein wenig gerader. Das war eine Unbotmäßigkeit, aber sie schien ihm nötig. Er schaute konzentriert dorthin, wo er die Augen des Rektors vermuten konnte;

schließlich nutzte er die kurze Sprachlosigkeit seines Gegenübers für einen kleinen Vorstoß: »Bruder Rektor, es heißt von uns Jesuiten, dass wir klar sprechen und klar fragen. Das ermutigt mich, mit deiner gütigen Erlaubnis, zu der Frage: Wo gebricht es mir an Demut, an Gehorsam, an Maß und Ziel?«

»Gemach, gemach! Es ist nicht so, dass ein kleiner Mangel an Gehorsam schon ein großer Ungehorsam und dass ein Quäntchen zu wenig Demut schon Hochmut wären. Es ist nur so, dass das Letzte Gelübde mir, der ich mich für oder gegen Kandidaten aussprechen muss, äußerste Sorgfalt abverlangt. Hier muss ich mit der Goldwaage messen, wo ansonsten eine Handwaage ausreicht wie sie die Marktweiber benützen. Das ist es, was mich Nachtarbeit kostet, die ich besser in Fürbitten für unser Land verbrächte, in dem die Kriegsfurien nicht Ruhe geben, die Pest nicht aufhört ihre Opfer zu fordern, und die Lutherschen weiterhin ihr Gift in blutende Herzen träufeln.«

»Was könnte ich tun, um deine Empfehlung an unseren geliebten General Vitelleschi – deine Empfehlung, sofern sie meine Person anbelangt – zu einer einfacheren Aufgabe werden zu lassen?«

Der Rektor ließ einen Seufzer hören, der Spee im Zweifel darüber ließ, ob es sich dabei um seelentiefe Verzweiflung handelte oder nur um eine rhetorische Pause.

»So lass uns denn von Beispielen reden, Bruder Spee! Es gibt seit Bestehen dieser Lehranstalt – und ich vermute noch weiter zurück in unserer Geschichte – den Grundsatz, dass Lehrer keine Schüler in ihrer Zelle dulden dürfen, dass nur *ex cathedra* und *coram publico* unterrichtet werden darf.«

»Mich deucht, das ist ein guter Grundsatz, denn es wäre unnütz und schädlich, wenn der Eindruck entstünde, ein Lehrer im Auftrag des Herrn hätte seine Lieblingsschüler, die privatim von ihm profitieren und andere, die nicht vorgelassen werden.«

»Sehr richtig. Und doch ist mir zu Ohren gekommen, dass du drei Brüder privatim in deiner Zelle … mir wäre wohler, wenn sich das als unwahr erwiese.«

Spee spürte die Hitze des Kaminfeuers. Er sah den schwarzen Schatten vor der Glut nun etwas höher aufgerichtet. Wie gern hätte er eine

Regung im Gesicht des Rektors gesehen, ein Zucken der Mundwinkel vielleicht, etwas, das mehr verriete als Worte.

»Am vergangenen Sonntag bat mich ein Schüler mit allen Anzeichen von Verzweiflung im Gesicht, ich möge ihn von einer großen Not befreien. Er wollte indes nur dort sprechen, wo außer Gott kein Dritter zugegen sei. Ich verwies auf den Beichtstuhl, da schrie er wie ein Kind und warf sich mir zu Füßen. Um einen Skandal zu vermeiden, forderte ich ihn auf, mir rasch in meine Zelle zu folgen.«

Der Rektor schien abermals in Nachdenken zu versinken. Schließlich kam seine Stimme unerwartet heftig und gepresst, so als müsste sie ihren Weg durch einen zugeschnürten Hals finden: »Verstehe ich dich recht: Du willst mir bedeuten, du habest eine Regel verletzt, um dir eine Beichte anzuhören?«

Spee nickte. Der Rektor formte mit den Händen ein großes Herz und legte anschließend die gefalteten Hände unter sein Kinn, eine Geste, die Spee auch im Dreivierteldunkel erkannte, hatte er sie doch hundertfach zuvor gesehen. Als der Lennep erneut zu sprechen anhob, war eine Spur von Leid in seiner Stimme, etwas von der Kümmernis eines milden Lehrers, der seine Milde bübisch getäuscht sieht: »Nun denn, es war aber nicht nur Besagter in deiner Kammer, sondern noch zwei weitere Schüler.«

»Wer immer dir das berichtet hat, er hat richtig gezählt, Bruder Rektor. Vor meiner Kammer warteten in der Tat noch zwei weitere Schüler. Was mir Anlass zu der Frage gab, was dieses merkwürdige Zusammentreffen zu bedeuten habe.«

»Das, Bruder Spee, wäre wohl auch meine Frage gewesen.«

»Nun, alle drei quälte die gleiche Seelenpein.«

»Seelenpein? Von der, vermute ich, du mir nicht berichten wirst, weil das Gespräch unter acht Augen eine Beichte war.«

Spee spürte, dass die Glut – wie um Himmelswillen konnte der Rektor sie in seinem Rücken ertragen? – sich wie eine fiebrige Hand auf sein Gesicht legte. Und er spürte die Finte.

»Mir ist sehr wohl bewusst, dass die wahre Religion nur die Vieraugenbeichte kennt, Bruder Rektor. Aber die Not dieser jungen künftigen Stützen des wahren Glaubens war echt, war tief und keineswegs eine jugendliche Grille. Die Drei kamen aus innerer Not zu mir. Sie kamen nicht, weil sie einen Vorteil erschleichen wollten, von dem du mit Recht meinst, dass er verwerflich wäre.«

»Du machst es mir unmöglich, den Vorfall zu deinen Gunsten zu gewichten, sofern ich nicht mehr erfahre!«

»So lass mich dir von einer Begebenheit berichten, von der ich den Dreien in meiner Kammer erzählt habe und deren Wahrheit ich verbürge, bei Jesus Christus, unserem Herrn.«

Der Rektor lehnte sich zurück, verschränkte die Arme vor der Brust und neigte den Kopf.

»In Köln klagte mir vor drei Jahren eine unverheiratete, unbescholtene Frau ihr Leid darüber, dass sie von einem Manne bedrängt werde, ihm Dinge zu gewähren, die zu gewähren unsere Heilige Mutter Kirche nur dann erlaubt, wenn zuvor ein Priester dem Paar das Sakrament der Trauung gespendet hat. Ich sagte der Frau, sie solle dem Bedränger ins Gewissen reden und ihm keinen Anlass bieten, sich an ihr zu erhitzen. Daraufhin erklärte sie mir nach anfänglichem Zögern, der Mann sei ihr Beichtiger und Hirte der Familie. Er habe ihr gedroht, dass, wenn sie sich nicht alsbald füge, ihre todkranke Schwester ohne die Krankensalbung sterben müsse und so der ewigen Seligkeit verlustig gehen werde.

»Bruder Spee, du sprichst von Dingen, welche … «

»Ich spreche von Freveltaten, die nicht dadurch geringer werden, dass wir nur hinter dicken Türen davon wispern.«

Der Rektor warf ein weiteres Scheit hinter sich, obwohl das vorherige gerade erst begonnen hatte, Feuer zu fangen.

»Bruder Spee, mich interessiert nur eines an dieser … Kölner Geschichte: Weshalb hast du sie deinen drei … Sonderschülern erzählt?«

»Weil sie die Antwort auf die Frage der drei jungen Brüder war. Ihre Frage lautet: Sind die Sünden, begangen von Gliedern der Kirche, Sünden der Kirche?«

»Und auf diese Frage, ich verstehe dich recht, hast du mit einer … Geschichte geantwortet?«

»Ja. Ich ging seinerzeit in Köln zu dem Bruder, der wie ich ein Bruder der Societas Jesu ist, ein Mann von untadeligem Ruf, und ich sagte ihm,

Unzucht sei eine Sünde. Unzucht aber mit unbescholtenen, frommen Weibern eine Schandtat, deren Ungeheuerlichkeit kaum noch in ein Sündenregister passe. Werde eine solche Sünde zu allem Unglück von einem Gottesmann begangen, vergrößere das das Gewicht der Schuld abermals. Schließlich erklärte ich ihm, seine Missetat wachse ins schier Unermessliche, weil er, um seine Lust zu befriedigen, damit gedroht habe, einer Sterbenden den Versehgang zu verweigern.

Der Rektor wiegte sein Haupt, so als sei es ihm plötzlich eine Last geworden: »Das alles hast du den jungen Brüdern in deiner Zelle, berichtet ...«

»Ita est. All das erzählte ich den drei *fratres in spe*, die sich um das Ansehen unserer Kirche sorgten; ich erzählte es, um ein lebendiges Beispiel zu geben. Tut einer von uns Brüdern Unrecht oder ist im Begriff es zu tun, dann ist es geboten, alles daran zu setzen, dieses Unrecht zu verhindern. Nur wenn das unterbleibt, oder wenn, schlimmer noch, die Bemühung Unrecht zu verhindern, selbst behindert wird, nur dann wäre es angebracht, zu sagen: Sünden einzelner Brüder sind unsere Sünden, sind Sünde der Societas Jesu.«

Der Rektor neigte sich vor und schaute in seine gefalteten Hände. »Wäre es nicht angezeigt gewesen, den Verdacht – denn von Beweisen habe ich nichts gehört – dem Erzbischof von Köln zu melden?«

»Es heißt, Gottes Mühlen mahlen langsam; gemeint sind mit diesen Mühlen wohl eher die Mahlsteine kirchlicher und weltlicher Gerechtigkeit. Die Schwester der Bedrängten lag auf den Tod danieder. Wie hätte ich da warten dürfen? Zumal besagter Bruder seine Schandtat leugnete.«

»Er ... leugnete, sagst du? Vielleicht sprach er die Wahrheit und das, wie sagtest du gleich ...? Das angeblich unbescholtene Weib war in Wahrheit eine Verleumderin.«

»Um das zu prüfen, blieb kaum Zeit. Ich selbst habe der Schwester der bedrängten Frau die Sterbesakramente erteilt, weil besagter Beichtiger, der dazu berufen gewesen wäre und nach dem gerufen worden war, auch dann nicht erschien, als der Atem der Sterbenden schon zu erlöschen begann.«

Der Rektor machte eine Bewegung mit der Rechten, als wolle er unguter Luft den Weg zum Fenster weisen. »Bruder Spee, es ist nicht die Stunde für dererlei. … Geschichten …«

»Diese Geschichte – du selbst fragtest doch nach dem Inhalt meiner Rede an die drei jungen Brüder – diese Geschichte ist noch nicht zu Ende. Sie hat kein gutes Ende. Besagtes Weib wurde ein Jahr nach dem Tod ihrer Schwester der Hexerei angeklagt, peinlich befragt, für schuldig befunden und verbrannt: Buhlschaft mit dem Teufel, Schändung des Kirchensilbers durch Urinieren auf dasselbe und Schadzauber gegen kirchliches Land durch Herbeiziehen von Hagelschlag, Kornfäule und das Machen von Mäusen. Ich denke, der Hinweis darauf, wer Hauptzeuge der Anklage war, ist entbehrlich. Ein Mann von untadeligem Ruf, ein Bruder, der mit der Autorität der Kirche auftrat, ein Glied der Societas Jesu … und ein Mann, der übrigens eine bemerkenswert schöne Singstimme hat.«

»Geschwätz!«

Der Rektor gab seine vorteilhafte Sitzstellung auf, der Stuhl fiel zurück, so dass er ihn mit einem raschen Griff vor dem Feuer bergen musste. »Und solche Mär schüttest du über unschuldige Seelen aus, dazu in einer unziemlichen Privataudienz zu irregulärer Stunde! Das übersteigt meine schlimmsten Befürchtungen!«

»Ich will dir dennoch sagen, was ich den Dreien zum Beschluss meiner Rede gesagt habe. Denn um diese *conclusio* ging es mir. Ich sagte: Die Sünde eines Bruders, der die Zeugin seiner schandbaren Taten durchs Feuer hat mundtot machen lassen, ist NICHT die Sünde der Kirche. Es ist SEINE Sünde, mit der er vor Gott treten muss. Das war es, was die Knaben zu wissen begehrten, was ihre Seelen beschwerte: Ob denn die Sünde von Kirchenmännern ein Beweis gegen Gottes Güte, gegen die allein selig machende Kirche und gegen die Societas Jesu sei? Sag mir, Bruder Rektor, worin habe ich gefehlt?«

»Ich will mir mit dererlei wilden *res obscurae* nicht den kümmerlichen Rest von Nachtschlaf verkürzen, der mir bleibt. Geh nun! Gott befohlen.«

Spee ging, blieb aber auf der Türschwelle stehen: »So muss ich gewärtig sein, dass die Zulassung des Bruder Gerhardius zum Letzten Gelöbnis deine Fürsprache findet, nicht aber die meine?«

»Gott befohlen!«

Es klang wie eine Verwünschung.

Wenige Tage später entdeckte Spee Seltsames. Auf dem Bet-Tisch unter seinem Zellenfenster stand, aufrecht gegen die Kerze gelehnt, ein steifes Büttenpapier. Irgendjemand musste es, während er abwesend war, sorgfältig aufgestellt haben.

Er nahm es, erkannte das eingeprägte Siegel des Rektors auf dem ansonsten weißen Blatt. Erst als er es dicht unter die Augen hob und leicht gegen das Fensterlicht verschob, bemerkte er die durchgedrückten Buchstaben eines Briefes – die Schrift war deutlich und flüssig zugleich.

Seine erste Regung war, das Blatt kommentarlos in die Schreibkanzlei des Rektors zurück zu legen. Eine zweite, stärkere Regung hieß ihn, die Botschaft anzunehmen. Spee kniff die Augen zusammen und las.

Das verklausulierte Latein war ihm wohl bekannt. Den letzten Absatz der beschwerlichen Lektüre las er mehrfach, und hörte dazu vor seinem inneren Ohr die Stimme des Rektors:

> … AUS EBEN DIESEN WOHL ERWOGENEN GRÜNDEN ERSUCHE ICH DICH, BRUDER GENERAL, BEWÄHRTER WÄCHTER DES GLAUBENS AM STUHLE PETRI, ES NICHT ALLEIN BEI DER NICHTZULASSUNG DES BESAGTEN SPEE ZUM LETZTEN GELÜBDE ZU BELASSEN, SONDERN ÜBERDIES ZU ERWÄGEN, OB NICHT DIE ENTFERNUNG DESSELBEN AUS UNSEREM ORDEN EINE BITTERE NOTWENDIGKEIT SEI. MICH DRÄNGT ZU DIESER BITTE NICHTS ALS DIE SORGE UM DAS WOHLERGEHEN DER MUTTER KIRCHE UND DIE FURCHT, DEN ANFEINDUNGEN DIESER SCHLIMMEN ZEITEN NICHT STANDHALTEN ZU KÖNNEN, WENN UNSER GLAUBEN VON INNEN HER ERSCHÜTTERT WIRD VON UNBOTMÄSSIGEN DIENERN DES HERRN.<

Auf dem Weg zur Abendandacht nickte Spee Bruder Waltherius, der Dienst in der Schreibstube tat, freundlich zu und machte mit der rechten Hand eine Geste, die das Zerknüllen eines Papiers andeutete, worauf Waltherius, ein schmächtiger Mann mit einem seit früher Jugend versteiften rechten Bein, mit dem Kopf nickte. Ernst und traurig, wie Spee wohl bemerkte.

Der Bruder Scriptor musste in seinem Herzen einen gewaltigen Kampf ausgetragen haben. Die Treue gegen seinen direkten Herrn, den Rektor und obersten geistigen Hirten der Ordensuniversität zu Paderborn zum einen, und die Pflicht, Unrecht nicht geschehen zu lassen zum anderen. Zwei Güter im Widerstreit. Spee entschloss sich, für Waltherius zu beten.

Ach, Loyalität!

Wie oft wurden Loyalität und Treue gegenüber dem Orden und seinen Oberen in der Societas Jesu beschworen, auf jeden Fall häufiger als die Liebe und das Verzeihen. Weit öfter als Güte und Barmherzigkeit.

Sicher, keiner der Oberen würde zögern, Gottvater, seinem Sohn und der Mutter Gottes ewige Treue zu schwören?

Genau so sicher war es indessen – kaum stellte sich einmal die Frage nach Regeltreue und die Frage, wie es um die Liebe bestellt sei, derart Spitz auf Knopf –, dass die Ordens-Loyalität über alles andere regierte. Die Brüder hatten damit im Allgemeinen kein Problem, glaubten sie doch unerschütterlich daran, dass menschengemachte Ordensregeln und Gottes Gebote Schnitzwerke aus einem Holz seien.

Aber wie, wenn das Gebot der Barmherzigkeit sich am Gehorsam gegen die Oberen reibt? Hatte nicht auch Jesus am Sabbat geheilt und damit, um der Barmherzigkeit willen, eine Regel verletzt?

Spee musste an das Sechsundzwanziger Jahr denken, als er schon einmal, damals 35jährig, in Paderborn unterrichtet hatte: Physik, Metaphysik, Logik. Damals, als die Pest in Paderborn ausbrach, liefen die Brüder in alle Winde; er selbst wurde nach Speyer beordert, um dort sein drittes Noviziatsjahr zu bestehen, so hieß es jedenfalls offiziell.

In Wirklichkeit ging es darum, besonders »die Hoffnung verheißenden Brüder« vor den tödlichen Klauen der Pest in Sicherheit zu bringen. Er hatte es als Verrat an Jesus und der Barmherzigkeit empfunden, die Flucht anzutreten, fort von denen, die Zuspruch, Pflege und Trost hätten erwarten dürfen. Damals hatte er sich geschworen, sich nie wieder fortloben zu lassen. Die nächste Pestwelle sollte ihn nicht auf der Flucht antreffen, sondern bei den Opfern.

Ach, damals … dieses Sechsundzwanziger Jahr! Glich die Stimmung im Volk nicht vor drei Jahren in mancherlei Hinsicht der jetzigen, im Herbst 1629? Damals hatten die Lutherischen auf Christian von Dänemark gehofft, auf dass er dem lutherischen Irrglauben sein verlorenes Terrain zurückerobere. Aber Christian zerbrach an Tillys Eisenfaust. Das lutherische Minden an der Weser wurde zu Pfingsten 1626 zur Schlachtbank: 2500 Tote, Bürger, Soldaten, Bauern und Schiffsleute; die Straßen voller zu Tode geschändeter Frauen und zerschmetterter Kinder. Begraben wurden nur gut katholische, ligistische Leichen. Die anderen ließ Tilly in die Weser kippen, aufgedunsene Sendboten seiner Grausamkeit.

Dennoch: Es war ein Sieg der Liga, ein Sieg der Kaiserlichen, ein Sieg des Glaubens. Der Gestank der Leichname war noch nicht verflogen, als das *Te Deum* und Dankgebete befohlen wurden.

Und jetzt?

Jetzt hoffte der Teil Teutschlands, dem – unverschuldet zumeist – nicht das Licht aus Rom leuchtete, auf einen Retter, auf Gustav Adolf von Schweden. Auf schwedischen Piken und aus schwedischen Kanonen sollte den Lutherischen die Rettung kommen. Messias aus Mitternacht! Bewahrer des Glaubens! Lutherischer Kaiser! Würde wieder ein Tilly oder gar der sinistre, wankelmütige Wallenstein der Irrlehre Einhalt gebieten? Und wenn ja, um welchen Preis?

Spee musste daran denken, wie er selbst – noch Anfang des Jahres, nur wenige Wochen vor dem Anschlag auf sein Leben – die Faust geballt hatte: gegen uneinsichtige Lutherische in Peine. Und er hörte sich Worte sprechen, die in der Erinnerung nicht wie seine eigenen klangen. *Er* war damals das Gefäß für eine scharfe Lauge gewesen, mit der Peine gereinigt wurde.

Als diese Lauge auch auf diesen viel gelobten, großherzigen Mann fiel, diesen Tuchhändler, der in einem Jahr mehr für die Armen Peines getan hatte als die meisten Katholiken ihr Lebtag, da war ihm sein Amt besonders schwer geworden. Aber Gottes Schwert muss beißen können. Und bald wohl gegen den Schweden. Und nur Gott weiß, wie lange noch geblutet werden muss im bleichen teutschen Land.

Spee legte sich unter den großen Maulbeerbaum vor der Aula. Im Gezweig turnte ein Eichhörnchen, sein Schwanz zuckte wie eine Flamme durchs Laub, in dem schon das Dunkel des Spätsommers lag; und während Spee dem Tier zuschaute, griff eine große Müdigkeit nach ihm. Das letzte, was er auf der Schwelle zwischen Wachen und Schlaf dachte, war:

Mein Buch! Die *Cautio Criminalis*. Ich muss mich sputen. Vielleicht werden sie es mit mir aufs Feuer werfen, aber sie werden es nicht ignorieren können. Und wenn sie hundert Bücher verbrennen, werden die verbleibenden vielhundert Mal abgeschrieben werden. Ha, der Oberhexer Fredericus Spee, wie würde der wohl trefflich brennen! Aber die Furcht darf mir nicht die Worte und Gedanken erweichen. Mein Buch muss klar, kühn und unwiderlegbar sein. Wer sagt denn, dass die Logik nicht mit Gottes Bataillonen kämpft?

20 Wie Till über einen blutigen Hintern hinweg auf seine Bestimmung zum gerechten Krieg blickte

Eine Woche war vergangen, seitdem Till Rothmannn in Schweden angelangt war. Der Oktober stand in den Himmel geschrieben; einmal schien es, als wolle er mit kaltem Wind übers Meer kommen, ein anderes Mal, als hätte er sich den schwedischen Nordwind als Herold gewählt.

Das Lager war Till schnell vertraut. Es war übersichtlich angeordnet, die zwei Hauptwege bildeten ein Kreuz. In einem der kleineren Karees über dem Kreuzquerbalken lag das Quartier der Offiziere und Rittmeister sowie etlicher Geistlicher. Gegenüber waren sämtliche Versorgungszelte, das Lazarett, eine Zeltkirche, zwei Küchen, eine für die Mannschaften, eine für die gehobenen Stände, zusammengedrängt. In einem nochmals abgezirkelten Bereich lebte Weibervolk: Marketenderinnen, Wäscherinnen, mitziehende Eheweiber, Frauen, denen kein Mann bei empfindlicher Strafe nahe kommen durfte. Um ihr Geviert herum führte ein breiter Streifen nackter Erde, der jeden Abend geharkt wurde, so dass sich die verräterischen Abdrücke von Männerstiefeln leicht entdecken ließen.

Ein Hugenotte, der nächtens gleichwohl mit umwickelten Stiefeln sein Glück versucht hatte, war ergriffen und tags darauf nacktärschig ausgepeitscht worden, was für großes Spektakel sorgte. Zu Tills Verblüffung war der Mann ein Fähnrich, ein Offiziersanwärter. Was war das für eine herrliche Armee, in der ohne Ansehen der Person ein Höherer – noch dazu vor niederem Volk – seine Tracht Prügel bezog! Frauen waren während des öffentlichen Strafvollzugs indes nicht zugelassen.

Die beiden unteren Quartiere – also die beiden großen Karees unterm Kreuzbalken – teilten sich die Mannschaften: Seeseitig lagerten die Ausländer; das war der Teil, den die einheimischen schwedischen und finnischen Soldaten – leicht zu erkennen an ihrer hellen Haut und dem hellen Haar – das »Treibholz-Lager« nannten. Landseitig lagerten die Söhne des Landes, ein wenig windgeschützt durch die Zelte der Ausländer. Der Hauptweg, gleichsam der Kreuzespfahl, trennte die Lager, und die Lagerwachen hatten ein Auge darauf, wer von dem einen Teil in den anderen wechselte.

Till, der Quartier im Treibholzlager hatte (das an Kopfzahl ein starkes Drittel des schwedisch-finnischen Lagers ausmachte), empfand sich nicht als ein Stück angeschwemmtes Holz, nicht als jemand, der zufällig an diese Gestade angetrieben worden war.

Er hatte dieses Land gesucht und gefunden. Gewiss, der Beginn der Reise war Flucht gewesen, und es hätte nicht viel gefehlt, dass er schon am äußeren Stadtgraben von Peine einem Häschertrupp der Jesuiten in die Arme gelaufen wäre.

Die Todesangst war leicht verspätet gekommen, als der Suchtrupp kurz vor dem Mauervorsprung, hinter dem er sich knapp bergen konnte, abgeschwenkt war, so als hätte er geheimen Befehl dazu bekommen. Einer der Häscher hatte, als er sich entfernte, geflucht: »Wie sollen wir, beim Beelzebub, einen suchen, den wir nicht kennen!« Diesen Worten hatte Till entnommen, dass es keinerlei Verdacht gegen ihn gab, dass die Suche nur eine allgemeine war. So wie der Heuboden durchsucht wird, auch wenn den Eierdieb niemand kennt.

So hatte es Gott gefallen, dass er nicht ergriffen und – denn das wäre so sicher gewesen, wie das Amen in allen Konfessionen – nach kurzem Prozess auf dem Peiner Markplatz gehenkt wurde. Zum Exempel dafür, was Mördern geschieht, wohl auch verhinderten Mördern katholischer Exzellenzen. Womöglich wäre er gehäutet und von Pferden zerrissen worden. Und waren nicht auch schon Menschen langsam in Öl gesotten worden?

An dererlei mussteTill denken, als er die vergleichsweise milde Tortur des Hugenotten anschaute. Er tat es nicht aus Interesse oder Gafflust, er tat es mit dem Vorsatz, alles zu erkunden, was ihm half, diese neue Welt zu verstehen. Der Mann hielt sich gut und hatte sogar den Schneid zu rufen: »Der Versuch war's wert, Leute!«, als er sein blutiges Hinterteil wieder verschnürte.

Und weil Till die Haltung imponierte, mit der der Hugenotte seine Peinigung ertrug, ging er auf ihn zu, als der Delinquent, von zwei Kameraden gestützt, den Weg zum großen Franzosenzelt im Treibholzlager entlanghumpelte.

Till war des Französischen nicht mächtig, und so redete er den Gemarterten auf Italienisch an: »Kamerad, wenn du ein Tuch auf das offene Fleisch legst, so nimm kein allzu weiches, nimm ein glattes, sehr sauberes. Ein zu weiches würde ins Fleisch einwachsen und dir große Schmerzen bereiten! Das glatte musst du vorsichtig alle zwei Tage ablösen und auswaschen. Am besten wäre fein versponnenes Leinen; es nimmt das Wundwasser auf, ohne sich aufzulösen. Ich habe ein solches im Tuchzelt gesehen; es liegt gleich neben dem Elchleder und ist von senfgelber Farbe.«

Der Hugenotte, dessen Gesicht aus der Nähe doch schmerzverkniffen aussah, richtete sich auf; er erkannte Tills Zunge durch dessen Italienisch hindurch und antworte im allerbesten Deutsch: »Danke Kamerad. Du verstehst dich auf Tuch? Melde dich bei mir, wenn ich wieder auf meinem Arsche sitzen kann!«

Till nickte und schaute dem Manne nach, der weitere Angebote von Kameraden, ihn zu stützen, ablehnte und fast kerzengerade von dannen schritt. Er hatte ohne Zweifel eine kleine Schlacht gewonnen, hatte die beabsichtigte Zurschaustellung seiner Schande in ein Exempel der Tapferkeit umgebogen.

Tills Achtung wuchs, als er den Vollstrecker betrachtete, einen stiernackigen Schweden, der noch immer die Reitpeitsche in der Hand hielt und mit obszöner Gebärde, zum Gaudium der Umstehenden, das Blut daran ableckte. Ob er, der Tuchhändlerssohn aus Peine, jemals so stark sein könnte im Erleiden von Schmerzen wie der Franzose?

Schon am nächsten Morgen würde es sich erweisen. Am Morgen des kommenden Tages sollte für ihn die Stockprobe stattfinden, die darüber entschied, wo er einsortiert würde: bei denen, die als Kanonenfutter dienten oder ob er unter jene fiele, die Raum hatten, dem Soldatentod auf den Schlachtfeldern davonzuspringen. Etwa bei den »schweren Stücken«, den Kanonen der dritten, vierten Schlachtenreihe. Es war allerdings zu hören gewesen, dass nach dieser Stockprobe sogar Weitangereiste aussortiert und heimgeschickt worden waren.

Till entschloss sich, für seine Sache zu beten. Die Sache war ein Gebet wert. Der kleine Große Kern im heimatlichen Peine hatte ihn ermahnt, Gott nicht mit nichtigen Gebeten – etwa um ausreichend Tabak oder Tunke zum Braten – zu behelligen. Schon gar nicht in einer Zeit, in der es unablässig um Leben und Tod ging. Aber ein Gebet, darauf gerichtet in Gottes Armee mittun zu dürfen, sollte die besten Aussichten auf Gehör haben. Hatte nicht der Feldprediger in der ersten Andacht, die er auf schwedischem Boden gehört hatte, laut und deutlich gesagt (er hatte es fast geschrien): »Bellum justum, gerechter Krieg in Luthers Sinn, ist auch, wenn einer, dem sein Gut geräubert ward, es sich mit angemessener Gewalt zurück will holen!«

Den Satz hatte Till sich eingeschrieben und trug ihn wie auf einem unsichtbaren Feldzeichen vor sich her: Bellum justum. Mein Krieg ist gerecht.

Wie um des Dreieinigen Gottes Willen sollte er ungerecht sein? Sein Tuch, sein Haus, sein Glück! Geräubert! Das machte seinen Krieg, den Feldzug des Till Rothmann, gerecht. Hinzukam das hohe, das übergeordnete Ziel, eine helfende Hand sein zu dürfen beim Niederschlagen jedweder Papisterei in teutschen Landen. So viele gute Gründe sollten doch wohl helfen, die Stockprobe zu bestehen. Till nahm den Weg zur Zeltkirche, dem größten Zelt des Lagers.

Er fand sie zu seinem Erstaunen zur Hälfte gefüllt. An ein stilles Gebet neben dem mit Fahnen ausgestellten Seitenaltar war nicht zu denken. Die Männer, die den vorderen Teil der Kirche füllten, gehörten, soweit Till es erkennen konnte, allen Rängen an, zwar nach Dienstgraden getrennt – die Offiziere der Kavallerie hielten sich ein wenig abseits –, aber die Enge gebot, dass alle dicht gedrängt standen. Unter dem Kreuz, neben dem Bildnis des Königs, einer schönen Arbeit, Brokatstickerei auf schwerem Tuch, stand wahrhaftig der Hamburger Geistliche, neben dem Till die Ostseeüberfahrt ertragen hatte. Das nenn ich eine schnelle Karrier´, dachte sich Till.

Pastor Hein, Till hatte sich den Namen gemerkt, tat, worauf sich gute Prediger an erster Stelle verstehen müssen: Er nutzte die Gelegenheit eines allseits bemerkten Ereignisses, um seine Predigt daran anzubinden. Die Züchtigung des Franzosen war ihm offenbar ein solch willkommener Anlass.

Till fand eine umgeworfene Landsknechttrommel und hockte sich auf deren Rahmen. Hein sprach Deutsch, verwunderlich bei der Überzahl von Finnen und Schweden. Andererseits war es so verwunderlich auch wieder nicht: Kommandosprache und Umgangssprache unter den Soldaten im Adolfschen Lager war Deutsch – wie es hieß, auf Anordnung des Monarchen höchstselbst, denn der sprach Deutsch besser als die meisten Deutschen.

Heins Stimme war nicht allzu kräftig, jedoch von einer Klarheit, die das Zelt ausfüllte: » … wer aber ein Soldat des Herrn will sein, wer wert will sein, dem gottgesandten König Gustav Adolf zu folgen, um alle unterm Papismus schmachtenden Länder zu befreien, der soll und muss zuvörderst Gottes Gebote beachten.

Der Herr indes heißt uns, nicht zu huren, ist doch dies eines der schlimmsten Übel ziehender Heere. Ich aber bezeuge mit tiefster Beschwernis meines Herzens, dass nicht nur bei den Ligisten, nicht nur bei den Wallensteinschen und Tillyschen Horden das Weibsvolk grausam hergenommen wird. Ich habe mit ansehen müssen, dass auch Christians Dänenheer dort, wo es durchzog, die Weiberleut schrecklich malträtiert hat. Wer aber kann Gottes Schlachten schlagen und nebenher Gottes Geschöpfe mit Sünde, Blut und Kot bespritzen?

So lasst euch den blutigen Arsch des kecken Franzosen, der sich einer Wäscherin unkeusch genähert hat, eine mit roter Tinte geschriebene Warnung sein.

Und weil der Mensch in Hirn und Herz bewahren soll, was ihm gepredigt ward, deshalb sage ich es euch in den Versen des Sigismund Scheretz, dessen Büchlein *Manuale Militantium* ein Werk ganz im Geiste unseres großen Luther ist. So höret also:

›HÖRT, SOLDATEN, BETET, WACHT
UND GEBT AUF EUREN ADAM ACHT,
DASS LOTTERLUST ZU EURER TÜR
NICHT EINSCHLEICHT UND EUCH ARG VERFÜHR'.
SOBALD ES EUCH MIT BÖSEM MUT

GELÜSTET, DASS IHR ARGES TUT,
SO SAGET DER VERFÜHRUNG NEIN:
IN GOTTES NAMEN, BLEIBET REIN!
DOCH MANCHER LIESS SICH SCHON BEWEGEN,
DAS SECHST' GEBOT BEI SEIT' ZU LEGEN.

DESHALB, SOLDATEN, WENN IHR SPÜRT
DASS SICH IN EUCH EIN FÜNKLEIN RÜHRT,
SO HALTET AN EUCH, FASST NUR MUT,
DASS SICH DER TRIEB VERFLÜCHT'GEN TUT.
LASST DEN LÜSTEN NICHT DEN ZAUM,
GEBT GOTTES GEIST NUR WACKER RAUM.
AUF DASS ER EUCH BESCHÜTZEN THUT
VOR DER SEUCH IN EUREM BLUT.<«

Till wunderte sich darüber, wie viel moralischer Nutzen sich aus einem blutigen Hintern ziehen ließ. Da er sich aber nicht von seinem Vorhaben abbringen lassen wollte, um Gottes Beistand zur morgigen Stockprobe zu beten, und weil der Prediger Hein nach der Sünde der Hurerei auch noch wider das Plündern zu predigen anhub, verließ er das Zelt und ging an den Klippenrand. Es setzte sich auf einen moosigen Stein, schloss die Augen und begann sein Gebet mit dem lutherischen Vaterunser.

Als er die Augen wieder öffnete, sah er einen Zug Kraniche über sich dem offenen Meer zustreben. Es wäre mir recht, dachte er, wenn auch wir bald zögen. Aber es sollte noch ein harter Wartewinter kommen und ein regnerisches Frühjahr.

21

Wie Till mit weichem Tuch einen harten Schlag parierte

Als Till tags darauf den Exerzierplatz betrat, war ihm bange zumute. Hatte er nicht noch vor den Toren Peines im Frühjahr einen Feind mit dem Degen nicht schlagen können, ihn mit der Pistole sogar aus nächster Nähe verfehlt? Wie sollte denn einer wie er ein brauchbarer Soldat sein?

An der Aufmarsch-Allee kamen ihm zwei Geschlagene entgegen. Der eine hielt mit der Linken seine blutende Rechte, der andere hatte einen klaffenden Riss über der Nasenwurzel.

»Sie sind arg, Kamerad, aber sie nehmen dich, solang du nur zeigst, dass du nicht zurückweichst! Also nur mutig drauf!« sagte der mit der blutenden Hand und nickte Till aufmunternd zu.

Till schluckte trocken, ging mit möglichst festem Schritt die letzten hundert Meter und schaute in die Runde. Und schon waren alle Augen auf ihn gerichtet. Spätestens jetzt war es zur Umkehr zu spät.

»Name!« bellte eine Stimme aus der Gruppe armierter Soldaten, die sich zu einem großen Karee versammelt hatten.

»Till Rothmann aus der Stadt Peine«

»Schwatz nicht, gefragt war nur der Name. Hier, fang auf, Kerl!«

Von irgendwo her flog ein blank geschälter Prügel heran. Till fing ihn auf.

»Den da greif an, Rothmann!«

Aus der Gruppe der Armierten wurde einer ins Karee gestoßen, der war groß und schrecklich; eine übel vernarbte Wunde bedeckte die linke Hälfte seines Gesichtes und drückte das eine Auge zusammen. Dass er nur einäugig sieht, ist wohl kaum ein Vorteil für mich, dachte Till und warf einen tastenden Blick auf den Hünen, auf dessen Schlagkeule und auf den eigenen Stock, der ihm ein gutes Stück kürzer erschien als die Waffe seines vorbestimmten Peinigers.

»Auf denn, Björn, zeig dem jungen Spund, was ein Adolfscher können muss, eh er zu Felde zieht!«, rief der Kommissionär, der den Rang eines Hauptmanns bekleidete.

Till bemerkte, dass die Gefahr zweifach war. Zum einen würde er sogleich schreckliche Prügel beziehen, zum anderen würde die Kommission seine Ungeübtheit mit Schlagwaffen erkennen und ihn womöglich allein deshalb abweisen. Zwar war ein Stock kein Schwert, kein Pallasch, kein Säbel, Degen, Rapier oder Dolch. Aber in der Hand eines geübten Mannes …

Doch plötzlich war es ihm, als sei ihm die Entscheidung darüber, was zu tun ist, aus der Hand genommen. Er tat etwas, das ihn selbst verblüffte. Es war ihm nicht eingefallen, für einen Einfall war nicht die Zeit, er tat es einfach: »Ich frag mich, ob ich es noch kann. Mal sehen … «. Mit diesen Worten setzte er sich das schlanke Ende des Holzprügels auf die Nase und begann die grobe Waffe zu balancieren.

»Hejjj, blöder Possenreißer, teutscher Weißarsch, was soll das?«, belferte sein Gegner und ließ seine hölzerne Schlagwaffe ein Stück weit sinken.

Ehe sich der Schwede versah, hatte Till sein Holz wieder in der Hand und setzte Björn die Spitze auf den Adamsapfel.

»Pardon, du bist tot, Kamerad!«

Björn lief rot an, und es schien, als verzöge sich die schreckliche Narbe auf seiner Wange zu einem Zweitmaul: »Hohe Kommission, Hauptmann, ich bitte um Erlaubnis, diesen Hanswurst gehörig traktieren zu dürfen!«

»Verwehrt!«

Ein Mann mit großem Weichlederhut und den weiten, bestickten Hosen eines Offiziers trat vor.

»Kerl Rothmann! Bist du der, von dem mir ein guter Kamerad, der umständehalber das Krankenlager nicht verlassen kann, gesagt hat, dass er sich auf Tuch versteht?«

»Gut genug, um zu wissen, dass das grüne Hemd, dass der, der mich das fragt, unter seiner Weste trägt, von okzidentalischer Nähart ist, wohl zu erkennen an der zwiefach gezwirnten Leiste. Und sein Lederwams ist aus doppelt genähter Elchhaut, so wie's der russische Adel an hohen Festen trägt. Die Hutfeder ist vom Vogel Pfau, der in Indien lebt und dessen Federn über Genua und Venedig an die teutschen Märkte kommen, jüngst zu 300 Gulden das Stück, was ein Wucherpreis ist, weil die welschen Händler die Federn zurückhalten und so künstlich das Dargebot verknappen.«

Der Offizier zog erst die Augenbrauen in die Höhe und wandte sich dann an den Kommissionär: »Hauptmann, wir werden nicht nur gute Fechter und Draufschläger brauchen. Und dass dieser Kerl ein Rapier nicht handhaben kann, ohne sich selbst zu verletzen, mag ich wohl glauben. Aber ich erinnere daran, dass Seine Königliche Majestät anlässlich der letzten Visitation einen großen Mangel bei den Zeugkammern festgestellt hat; vornehmlich die Kleiderbevorratung für die Gemeinen hat er heftig getadelt. Wir brauchen dringlich Leute, die ein bäurisches Nesselhemd von einem Schurwoll-Leibchen unterscheiden können. Leute, die den Lübecker Händlern, die jetzt alle Tage Tuch bei uns anlanden, sagen können, was ein gerechter Preis ist und was Wucher.«

Der Leiter der Kommission, ein rotbärtiger Klotz mit seltsam eng stehenden Augen, machte mit der Hand eine abfällige Bewegung, so als gelte es Rotz abzuschütteln: »So nimm ihn denn mit … Der nächste! Name!«

»Huber, Johannes!«

Hinter Till trat der nächste Kandidat vor, und ehe der Tuchhändlersohn noch recht zur Seite treten konnte, splitterte Björns Stecken, begleitet von einem schwedischen Wutschrei, auf dem Schädel des armen Johannes Huber aus Augsburg, jener Stadt, die jämmerlich um ihr lutherisches Bekenntnis betrogen worden war.

22 Wie es den Peiner Flüchtlingen in der festen Stadt Höxter an der Weser erging

Höxter hatte sich verändert, seit die Flüchtlinge aus Peine in der Stadt lebten. Es war indessen nicht leicht zu sagen, was genau sich verändert hatte.

Die Hähne krähten noch in der gleichen Tonlage zur gleichen Dämmerstunde, die Weser floss weiterhin unverändert nach Norden, der Rauch der Schmiede roch unverändert beißend, das Brüllen rindernder Kühe und Kindergeschrei klangen wie immer durchdringend. Und doch war Höxter verändert.

Es gab seit einigen Wochen »die« und es gab »uns«. Die, das waren die Hungerleider, die Habenichtse, die eines Nachts mit einer schauerlich geköpften Leiche, gerupft und geschunden, angekommen waren. Sie waren da, weil Gero zu Eberstein – vielleicht aus einer Laune heraus, der Mann war weiß Gott zu jedweden Launen und Grillen fähig – weil ihr Eberstein den Peinern Zuflucht versprochen hatte.

Sicher, sie dauerten einen, die Vertriebenen, allein ihre Elendiglichkeit rührte ans christliche Gewissen. Aber die allgemeine Not war zu groß, als dass die Flüchtlinge allzu viel Mitgefühl hätten erwarten dürfen. Hatte nicht jede alteingesessene Höxter Familie ihr Bündel zu tragen? Der einen hatten durchziehende Marodeure das Korn auf dem Halm verbrannt, aus Wut darüber, dass sie die Mauern von Höxter nicht überwinden konnten. Die kopfstarke Familie der Ringelmanns wurde – so als zählte ein Teufel von dreißig auf null – von einem seltsamen Würgehusten dezimiert, bei dem alle Gebete und ärztliche Kunst nichts nutzten. Den Tappes war alles Vieh gestorben, verhext hieß es, denn so schnell wie bei den Tappes stirbt normalerweise kein Vieh … nicht, wenn nicht schlimme

Kräfte im Spiel sind. Am Hochufer der Weser hatten Wühlmäuse fast alle Äpfel- und Birnbäume entwurzelt, so dass sie blätterlos und grau dastanden wie Mahnmale dieser schlimmen Zeit.

Und nun auch noch die Peiner!

Irgendjemand – es ließ sich nicht mehr feststellen, wer es gewesen war – setzte den Vers in Umlauf:

>Wir haben schon genügend Pein
Ihr Peiner geht, lasst uns allein!<

Gero zu Eberstein hatte den Flüchtigen die große Zehntscheune zugewiesen, die seit Jahren leer stand. Die Peiner hatten sich darin notdürftig eingerichtet, hatten Verschläge gebaut, um die Familien voneinander zu trennen. »Sie leben in Brettergevierten wie Säue und Rinder«, sagten die Höxterer. Manche brachten entbehrliche Kleinigkeiten, nur um sich ein Bild von der »gottlosen Wirtschaft« zu machen.

Doch die Glaubensbrüder aus Peine taten etwas, das schwerer zu ertragen war als ihre Andersartigkeit: Sie erholten sich.

Der alte Tobias Rothmann brachte es fertig – keiner wusste wie, folglich musste es doch wohl mit dem Teufel zugehen! – einen kleinen Tuchhandel unter dem Vordach der Zehntscheune aufzuziehen. Die Sache gelang ohne irgendeine Hexerei. Es war Rothmann gelungen, über einen Mittelsmann, der die Weser hinaufzog, mit einem langjährigen Handelspartner in Bremen Kontakt aufzunehmen. Dieser Kaufmann, ein gewisser Albertus Bronstede – über den Rothmann sogar noch in Kriegszeiten englisches Tuch bezogen hatte – zeigte sich geneigt, Ware auf Kommission zu liefern.

Rothman verkaufte zu günstigeren Preisen als zwei eingesessene Tuchhändler. Und er ließ mit sich handeln. Er gab Kredit. Wer nicht zahlen konnte, durfte ein Pfand einstellen.

Die einäugige Anna und ihr irritierend schönes Pflegekind (die Jungfer Meta, Tochter des alten Rothmann und jüngste Schwester eines Mannes, von dem es hieß, er sei zu den Schwedischen gelaufen) nähten Wämse und Hosen von einer Qualität, wie sie Höxter noch nicht gesehen hatte. Pflegemutter und Pflegetochter verlangten nur so viel wie ein jeder bezahlen konnte. Dass Arme weniger als weniger Arme zahlten, erregte Unwillen. Zwei Schneider aus der oberen Wamsgasse, die jetzt viel Zeit hatten, Löcher in die blaue Luft zu starren, wurden nicht müde, Klage zu führen.

Gero zu Eberstein ignorierte die Klagen eine Weile, die Klagen von Schneidern, Zimmerern, Gerbern, die regelmäßig Abordnungen mit den gleichen Vorhaltungen schickten: Die Peiner mischten sich in ihre alten gewerblichen Rechte. Doch als der Ärger begann, ihn selbst zu betreffen, sann Eberstein darauf, das zu ändern.

Was war geschehen? Die zu Eberstein betrieben seit Menschengedenken den Höxterschen Weserhafen, über den – gegen gepfefferten Zoll – alle Waren gingen, die von Bremen herabgetreidelt wurden oder die von Süden heraufkamen.

Findige Peiner hatten nun stromaufwärts einen eigenen kleinen Steg ins Wasser gebaut und boten Weserschiffern an, ihre Ware auf Pritschenwagen (just jenen, mit denen sie aus Peine gekommen waren) in die Stadt zu bringen. Gegen geringes Entgelt.

Als Eberstein sie zur Rede stellte, erinnerten sie ihn an sein Versprechen, ihnen, den Glaubensbrüdern und Flüchtlingen, eine gastliche Bleibe zu bieten. Sie wollten dem gastlichen Höxter nicht wie Bettler auf dem Geldbeutel liegen, ergo sei ihre gewerbliche Tätigkeit doch ein Segen.

Es war da etwas an ihnen, das sie erfolgreicher, gewitzter, umtriebiger machte als die Menschen mit den älteren Rechten. Es war, als wollte Gott, der HERR, die Gepeinigten entschädigen für alle erlittene Not, indem er ihre Arbeit segnete.

Aber war es der HERR, der hier wirkte? Kam der unbegreifliche Fleiß und in seinem Gefolge ein bescheidener Wohlstand nicht aus ganz anderen Quellen? Keiner wagte anfangs, diesen Verdacht auszusprechen. Denn es gab wenig, was ernsthaft gegen die aus Peine vorzubringen gewesen wäre. Sie füllten die Kirche an jedem Sonn- und Feiertag. Sie sangen alle Lieder, und sie sangen besser als die Höxterer. Als einem Töpfer das Haus abbrannte, boten sie ihm und seiner Familie gar eine Notunterkunft in der Scheune. Trotz aller Enge.

Bodo, der junge Prediger, lobte die Tat und verwies auf die Heilige

Familie, die keine Herberge fand und Zuflucht in einem Stall nehmen musste.

Als nach dem ersten Winter die ersten von ihnen damit begannen Häuser zu bauen, ging ein Gemurmel durch Höxters Gassen. Waren die Elenden nicht von aller Steuer befreit worden? Hatte nicht jedermann ihren unbändiglichen Fleiß ertragen und bereitwillig Platz gemacht für sie? ... Und nun bauten sie Häuser. Häuser! Kleine Häuser zwar, bescheidene Häuser. Aber es gab alteingesessene Höxterer, die schäbigere Verschläge bewohnten. Die Ahnung wurde zur Gewissheit: Das kann nicht mit rechten Dingen zugehen.

Am ersten Jahrestag ihrer Ankunft in Höxter versammelten sich alle Peiner an Kerns Grab. Nach der Predigt sangen sie Kerns Lieblingslied »Wie schön leucht' uns der Morgenstern«.

Es waren nur wenig Höxterer zu der Andacht gekommen, und die hielten Abstand. Nach Bodos Predigt, die allgemein über Tod und Ewiges Leben, Leid und Gottes Gerechtigkeit ging, trat der alte Tobias Rothmann vor, senkte den Kopf zu einem stummen Gebet und begann dann zu sprechen:

»Liebe Brüder und Schwestern, ihr aus dem geliebten Peine und ihr aus Höxter, das uns so freundlich aufgenommen hat!

Ein Jahr ist es her, dass wir als ein heruntergekommener Haufen das Weserufer erreichten. Ausgeplündert und bis aufs Blut geschunden von den Augstechern.

Unseren geliebten Kern haben sie zu Tode gemartert. Sein Leib ruht in dieser Erde, seinen Kopf nahmen die Gottlosen fort und spießten ihn auf einen Stecken. Gott allein weiß, wohin sie ihn geworfen haben. Den Hunden oder Raben zum Fraße oder den Wölfen und Bären.

Kern hat uns gelehrt, furchtlos zu sein und auf Gott zu vertrauen. Furchtlos trat er in Peine den Papisten entgegen, als sie unsere geliebte Stadt zwangen, Weihrauch zu atmen und papistische Messen zu hören, so als hätten sie Regentschaft über unsere Seelen. Furchtlos widerstand er dem Raubmörder Willm; er zahlte mit seinem Leben, er zahlte für uns. Furchtlos auch unsere geliebte Anna, der die räudigen Hunde ein Auge nahmen, weil sie ihren sündigen Absichten entgegentrat.«

Rothmann nickte einer großen Frau in der ersten Reihe zu, die das

Alter nur wenig gebeugt hatte; neben der starken Anna stand ein Mädchen, eindeutig das schönste der Stadt. Rothmanns Tochter Meta, 15 Jahre alt.

»Wir danken Gott, der uns die Stärke gab, hier an der Weser einen neuen Anfang zu wagen. ›Groß und ehrlich, reich an Gaben, Hoch und sehr prächtig erhaben‹ … so heißt es in Philipp Nicolais Lied vom schönen Morgenstern, in diesem Lied, das unser geliebter Kern so gern angestimmt hat. …«

Während Rothmann sprach, war Gero zu Eberstein zum schmiedeeisernen Kreuz vorgetreten. Über seinem schweren Leib hing ein Mantel aus schwarz gegerbtem Leder; ein Wallehut, wie ihn die Offiziere der Kavallerie tragen, machte seinen feisten Schädel noch ein wenig wuchtiger.

Tobias Rothmann bemerkte, dass Eberstein den Hut nicht zog, so wie es sich zu einem Todesgedenken geziemt hätte. Und kaum dass die Andacht mit dem Segen, gespendet vom jungen Bodo, geendet hatte, legte Eberstein, ganz mit der Schwere eines Höxter Notablen, seine große, fleischige Hand auf Rothmanns Schulter: »Der Rat der Stadt hat mich aufgefordert. Wir müssen reden, Rothmann. Komm zur dritten Nachmittagsstunde zu mir! Allein.«

Die wenigen abseits stehenden Höxter Bürger hatten bemerkt, wie sich diese schwere Hand auf die Schulter des Flüchtlingsführers gelegt hatte. Und sie hatten es gern gesehen. Vielleicht würden jetzt endlich Grenzen aufgezeigt werden.

Wie der alte Tuchhändler Tobias Rothmann eine gar seltsame Szene betrachten musste, die ihn aufs Heftigste erbleichen ließ

Als Rothmann zur dritten Stunde des Nachmittags die Ebersteinburg betrat – eine Stadtburg, genau betrachtet eher ein befestigtes Großhaus als eine Burg – hatte sich der Himmel bezogen. Zur Gedenkstunde an Kerns Grab hatte noch ein lockerer Kranz von Schäfchenwolken die Sonne gesäumt, jetzt war der Osten ganz von gewittrig aufgetriebenen schwarzen Wolken belagert.

Kern hatte oft gepredigt, nur Heiden läsen in Wolken, in Flammen oder in Wasserströmungen. Als Tobias Rothmann, dem nach Kerns Tod die Führung zugefallen war, jedoch die üppig beschnitzte Haupttreppe zu Ebersteins Wohnzimmer emporstieg und just in dem Augenblick ein Blitz durch alle Flurfenster gleichzeitig grelles Licht schickte, da durchfuhr ihn der Gedanke, es scheine so etwas wie grelle Vorbedeutsamkeit auf.

Im Flur lag schwerer Bratenduft. Unter zwei gekreuzten Hellebarden erkannte Rothmann das Portrait eines Mannes unterm Ebersteinschen Wappen. Die Züge dieses Mannes waren unzweifelhaft die Ebersteinschen, die Kleidung indes entsprach der Mode aus den Tagen vor dem Krieg: Französischer Breitkragen, vermutlich geklöppelte Ware aus Brüssel oder Gent. So etwas war jetzt fast unbezahlbar, allenfalls Raubware.

Das Bild zeigte wohl den Vater oder Großvater des jetzigen Eberstein, vermutete Rothmann. Er besah sich das Gesicht genauer: Feistigkeit vererbt sich, dachte er. Das Paneelenholz, auf dem das in Gold gefasste Konterfei hing, war seltsam schwarz. Rothmann trat noch näher heran und erkannte flüchtig übermalte Brandspuren. Wenn es hier einmal gebrannt hatte, musste ein großes Glück im Unglück im Spiel gewesen sein, sonst hätte der Rote Hahn unweigerlich die ganze Stadtburg verschlungen, dachte er, während am Ende des Ganges eine Tür aufgestoßen wurde.

»Seine Herrschaft wartet schon, eile Er!«, rief der Türöffner, ein krummgewachsener Mann in einer lächerlichen grünen Uniform, wie sie Rothmann schon vor Jahren auf ländlichen Tuchmärkten im Braunschweigischen gesehen hatte. Billigware aus Böhmen, wie er sie nie angeboten hätte.

Durch die Saaltür fiel ein gleißendes Licht wie von tausend Kerzen. Eintretend musste Rothmann die Augen schließen. Als er sie blinzelnd wieder öffnete, tat er unwillkürlich einen Schritt zurück.

Die Mitte des Raumes, dort, wo für gewöhnlich ein gewaltiger Bohlentisch stand, an dem getafelt und zum Wohle der Stadt disputiert wurde, war frei geräumt. An der Stelle, an der sich sonst der Tisch befand, lag eine muskulöse, fast nackte Männergestalt, deren Kopf zu fehlen schien, tatsächlich aber war er unter einem roten Tuch verborgen. Das lebende Bild einer Enthauptung. Vor dem Gestürzten stand ein Block, von dem Blut rann. Es rann wirklich, wie Rothmann mit aufkommendem Entsetzen bemerkte. Hinter dem Block stand eine Frau, bis zur Hüfte nackt. Sie hielt ein silbernes Tablett, auf das sie glubschäugig stierte. Die Frau, keinesfalls älter als fünfundzwanzig Jahre, fror. Sie hatte Angst.

Tobias Rothmann bemerkte, dass sie zittrige Blicke auf Eberstein richtete. Auf dem Tablett, das sie hielt, erkannte er einen blutigen, offenbar abgetrennten Kopf, der auf den zweiten Blick als eine wenig gelungene Maske aus Wachs und viel Farbe zu erkennen war, deshalb aber kaum an Scheußlichkeit einbüßte. Im Hintergrund stützte sich ein Henker auf ein übergroßes Beil, das feuchtrot glitzerte. Rothmann erkannte in ihm einen Ebersteinschen Stallknecht. Die Figur war mit ihrem breiten Gesicht, das unfähig war, etwas anderes als Leere auszudrücken, gut getroffen. Die drei Gestalten verharrten starr wie die biblische neugierige Ehefrau von Lot, dem Gerechten. Lebende Statuen. Rothmann verspürte ein heftiges Kratzen im Hals.

»Mehr Blut«, hörte er die Stimme Ebersteins. Ein Diener, auch er in das hässliche Grün gekleidet, das Rothmann vor Betreten des Raumes an anderen Bediensteten aufgefallen war, eilte in die Szene und goss aus einer Karaffe Blut oder rote Farbe auf den Teller über den aus Wachs geformten Kopf Johannes des Täufers. Er übertrieb, so dass es teils zu Boden rann, teils die Schürze der armen Salome färbte. Die zog ein jämmerliches Gesicht.

Rothmann wandte sich um. Da alles verfügbare Kerzenlicht durch kleine nach innen gewölbte Spiegel auf die Szene geworfen wurde, erkannte er Eberstein nur als Schemen etwas abseits der Szene auf eine französische Liege gefläzt.

Eberstein räusperte sich: »Du bist der einzige, der die Probe sehen darf, Rothmann. Johannes der Täufer und Salome. Wer sagt denn, dass Kunst nur in Paris, London oder bei den reichen Niederländern geboten wird? Mein Entwurf! Ein lebendes Bild. Ein ergreifendes Bild. Jedes Einzelteil von mir geplant. Am kommenden Sonntag wird dieses Bild mein Sommerfest beschließen. Ergreifend, nicht wahr? Ich gestehe, dass mich euer kopfloser Kern dazu inspiriert hat … aber die Eingebungen fragen nicht danach, woher sie kommen. Sie kommen oder sie kommen nicht.«

Rothmann schwieg.

»Du bist ergriffen. Es nimmt dir die Worte. Das ist der Effekt, den ich mir erhofft habe. Starke Bilder machen stumm. So soll es sein. Und doch. … es stimmt noch nicht, mein Bild. Eine Kleinigkeit vielleicht nur. Aber – wir sprechen von Kunst – ein unstimmiges winziges Etwas kann viel verderben. Was könnte es denn nur sein …?«

Rothmann schwieg weiterhin und wandte seinen Blick ab.

»Du bist bewegt, Rothmann. Das ist gut so. Und doch. Es stimmt noch nicht. Die Salome ist zu … fett. Kusch, Salome! Aber leg den Kopf auf den Block, bevor du gehst. Geh zurück in die Küche. Etwas schneller, Weib! Und richte dort aus, dass ich hart durchgreife, wenn am Sonntag die Pastete wieder anbrennt wie beim Fest zum Winterende im März.«

Rothmann erkannte, nun da er sich von der vom Kerzenlicht überblendeten Szene abgewandt hatte, das Gesicht des Eberstein. Und er erkannte, was von ihm erwartet wurde. Ein Urteil. Aber er hatte keines. Schließlich würgte er mehr als dass er sprach: »Ich kenne mich nicht aus mit dieser Art … Kunst.«

»Das ist gut. Meine Gäste verstehen auch nichts davon. Es geht nur um die Wirkung. Nur um die geht es. Und ich habe das Gefühl, diese Salome ... beeindruckt nicht. Sie ist halt eine Küchenmagd. Plump von Gestalt. Salome aber muss ... sie muss von sündiger Unschuld sein. Bezaubernd. Du verstehst? Der Betrachter muss erschüttert sein von ihrer Schönheit, von ihrer scheinhaften Unschuld, damit ihre Mordtat an einem Heiligen umso ungeheuerlicher erscheint. So entsteht Wirkung. Feuer und Wasser ... zisch! Ergo: Wir brauchen eine wirkliche Salome.«

Eberstein machte eine Handbewegung, woraufhin auch Johannes (der nun, nachdem er unter dem Laken hervorgekrochen war, wieder einen Kopf hatte) und der Henker abtraten. Das von Hühnerblut triefende Henkersbeil hinterließ eine dünne Spur auf den Dielenbohlen. Nur noch der Wachskopf lag auf dem Hauklotz, der Silberteller darunter sah aus wie ein Kragen.

»Ich fürchte ... ich bin ... ich bin nicht der rechte Mann für Ratschläge diese ... diese Kunst betreffend«, quetschte Rothmann hervor.

Eberstein hatte sich von seiner französischen Liege hoch gewuchtet und trat in die immer noch von Kerzen erleuchtete leere Szene. Er trug nur ein dünnes Stubengewand, das seinen feisten Leib noch unvorteilhafter erscheinen ließ als er ohnedies schon war. Es schien ihm einerlei zu sein.

»Salome muss ein völlig durchscheinendes Gewand tragen. Die Hülle ist schöner Schein, sie steigert ihre Anmut zusätzlich. Ich sehe sie vor mir: ihre flirrende Grazie, haaah großartig ... Mordlust unter den langen Wimpern, gewissermaßen verschleiert. Rothmann, ich wüsste eine Salome, die alle in ihren Bann schlagen wird. Das Haar auf ihrer Scham darf nur ein zarter Flaum sein, verstehst du? Ein Hauch. Ein Versprechen. Ich denke an eine Salome, zweifellos die schönste, die sich an der Weser finden lässt ... «

Rothmann spürte, wie sich etwas Heißes seine Speiseröhre hinabkugelte und seine Leibesmitte brennend ausfüllte. Er wollte etwas sagen, aber er brachte nur einen Krächzen hervor.

24 Wie ein Fieber Till Rothmann niederdrückte, und ein Traum ihm zu schaffen machte

Till Rothmann hatte das Fieber kommen gespürt. Zunächst war es nur wie Hitze hinter den Augen und leichter Schwindel, dann zog ihn eine Schwäche, die von unten den Körper emporkroch, unerbittlich aufs Lager. Und dieses Lager war keines, auf dem er gern verblieb. Leidlich durch zwei vorgebaute Großzelte vor dem Wind geschützt, der ständig von der See her wehte, drückte sich das Lazarett in den hintersten Winkel des großen Feldlagers, das die Schweden im Spätherbst 1629 auf dem hohen Schärenufer errichtet hatten. Die Säcke waren mit Seegras gefüllt, die Decke war vom vielen Auswaschen zerschlissen und dünn. In der Mitte zeigte sich ein kopfgroßer dunkler Schatten – vermutlich die Reste von Blut, auch durch dutzendfaches Waschen nicht beseitigt, Blut vielleicht von einem, dem diese Decke nicht mehr hatte nutzen können.

Kaum war Till bettlägerig geworden, schoss ihm Flüssigkeit aus Mund und Darm. Ein Feldarzt, ein Finne mit kahlem Schädel und spinnenfingrigen Händen, gab ihm eine übelriechende Flüssigkeit zu trinken, die aber immerhin das Wüten in seinem Unterleib beendete. Der Schlaf brachte Linderung, aber auch wilde Träume.

Er saß wieder auf seinem Pferd und ritt dem Oberjesuiten der Stadt Peine entgegen, Kinn und Pistole vorgereckt. Er spürte den schüttelnden Galopp bis in seinen Ermattungsschlaf; das Ziel, der Kopf unter dem weiten Mantel, tanzte vor dem Pistolenlauf. Jetzt, jetzt … warum, bei allen Engeln des Himmels, wollte sich sein Finger nicht krümmen!

Und als er endlich abdrücken konnte, hielt er statt einer Pistole nur einen Holzprügel in der Hand, und um ihn herum standen Mitglieder der Musterungskommission. Einer brüllte: »Ein Soldat Adolfs willst du sein, und kannst keinen Papisten in die Hölle befördern? Geh dahin zurück, woher du gekommen bist ...«

Da fasste er den Stecken, der plötzlich ein Säbel war, fester. Und als er gerade zuschlagen wollte, war der Jesuit nicht mehr der Jesuit, nicht mehr der Räuber des Rothmannschen Tuches, sondern seine Schwester Meta. Er sah noch ihr schönes Gesicht, von weißgoldenem Haar umflattert, als der Säbel nieder sauste ...

Da erwachte er schweißnass und um Hilfe schnaubend. Vor ihm stand ein alter Landsknecht, grinste und reichte ihm einen nassen Lappen. »Auf die Stirn damit, Kerl! Und hör auf zu stöhnen. Stöhnen kannst du noch genug, wenn du Eisen im Bauch hast. Und das, glaub mir, kommt schneller als manch einer denkt.«

Am zweiten Tag seines Aufenthaltes im Lazarett kam der Offizier, der ihn vor der Kommission und dem Prügelfinnen gerettet hatte, warf einen kurzen Blick auf ihn und raunzte: »Kneif den Arsch zusammen, Mann, wir brauchen dich im Tuchlager. Die Lübecker wollen uns Leinen für Seide verkaufen. Hier, Ungarnblut, das kräftigt!« Er warf Till einen Ziegenlederbeutel aufs Lager, prall gefüllt mit Tokajerwein, süß, schwer und einschläfernd.

Als sich das Fieber fast verflüchtigt hatte, und die Kraft zurückkehrte, saß Till vor dem Zelt und vertrieb sich mit den anderen Genesenden (sie alle hatte fast gleichzeitig das Fieber und ein heftiger Verlust an Flüssigkeit überkommen) die Zeit mit Messerwerfen. Sie hatten ein großes Holzscheit vor sich aufgestellt und warfen aus zehn Schritt Entfernung. Stundenlang war nur das Zischen und Ploppen der Klingen zu hören, wenn sie die Luft durchschnitten und dann ins Holz fuhren.

Sieger blieb meistens ein Italiener, der sich Rocco nannte und ein abenteuerliches Deutsch sprach.

»Wenn wäre diese Holze nicht Holze, wenn wäre Kopfe von fette Schwein oder von Feind, dann icke treffe noch viele Male beser. Verstehe, amici. Ich ware mit Grafe Tilly an Rhein und danach in kleine Stadt Minden. Habe wir füsiliert alles, was komme in Wege, habe Messer geworfe auf Bauch von Weiber, flotsch, flotsch, flotsch ...«

»Halt ein ... «, Till fiel ihm in den Arm, so dass er die zum Wurf erhobene Klinge sinken ließ: »Du hast in Tillys Heer gestanden? Du hast dich für die Papisten geschlagen ...?«

»Icke ware auch bei Wallenstein, und bei Christian, deme Däne, isse ein Lutherischer und schlechtest Kommandeur, ich hab gediente, und wenn ich nicht hätt alles verlore, was ich hab Beute gemacht, dann ich nicht wäre in diese Lager, isse zu kalt für einen, habe südliches Blut, du versteh, Kamerad.«

»Nein, ich verstehe nicht.«

»Bisse bleed, oder bisse nur zu jung, wasse isse dasselbe.«

»Du schlägst dich für die Katholischen, und du schlägst dich für die Lutherischen ...?«

»Wenn Tirke gebe mehr Beute und Sold, ich bin Tirk. Wenn Zar gebe mehr, ich bin Russ und bete an gemalte Bilder, wo heiße Ikone. Wenn Papst Urban hat gute Geld, ich geh. Urban, eigentlich heiße Maffeo Barberini, hat gegebe Geld gegen Habsburg ... du versteh: GEGEN Habsburg, hahahaaaar ... isse Habsburg doch gut katholisch. Sag, was isse das? Wenn Papst kann macke solke Sakken, warum nicht Rocco? Wenn genug Sold, ich bin polackischer Pole, welche habe König, isse Bruder und Todfeind von Adolf, verrüüüückt, ganze verrüüüückt ... Und du bist, häääh? Biste du ein trauriger Mensch?«

Till stand auf und ließ die Messerwerfer zurück. Den Italiener sollte er noch einmal wiedersehen, unter wenig erfreulichen Umständen – für den Italiener. Er ging zur Kante des Hochufers und atmete so tief ein, wie er konnte. Das tat gut. Der Wind wehte nach Süden, nach Teutschland. Er roch nicht nach Rauch und Verwesung. Er roch nach dem Schnee, der bald fallen würde.

Unter ihm in der Bucht sah er zwei Koggen mit Lübecker Flagge am Hauptmast. Die plumpen Schiffe ließen sich nur mühsam an die Holzpiers bugsieren, der ablandige Wind machte der Mannschaft zu schaffen. Till hörte Wortfetzen, ohne sie zu verstehen, beobachtete einen Offizier, der wie ein verwundeter Kampfhahn auf und ab sprang und offenbar die Leute mehr verwirrte als anleitete. Till sah dem Treiben belustigt und gleichzeitig verwundert zu: Ja, sappralott, die Sache war doch so schwer nicht! Man müsste die Schiffe nur an langer Leine kontrolliert in den Wind schießen lassen und danach achterlich verholen … solche Manöver hatte er in Genua dutzendfach gesehen.

Till atmete noch drei, vier Mal tief durch und schloss die Augen: kein Schwindel mehr! Also würde er jetzt auf kürzestem Wege zum Behelfshafen gehen und sehen, was es mit dem Lübeckschen Tuch auf sich hatte.

Es würde ein gutes Gefühl sein, etwas Nützliches zu tun. Dessen war sich Till sicher, als er den herbstfeuchten Pfad hinunterging.

Auf halber Höhe, wo klares kaltes Wasser in eine steinerne Mulde schoss, sah er zwei Wäscherinnen. Eine grüßte, indem sie ein Wäschestück schwenkte. Ihre Haarfarbe erinnerte ihn an Meta.

Meta … Für ihn war seine jüngste Schwester immer *das Kind* gewesen. Immer etwas zu klein, immer etwas zu krank, immer etwas zu ernst … seit Mutters Tod. Aber Meta würde spätestens im nächsten Frühling eine Frau sein. Und also gefährdet. Vielleicht gefährdeter als andere, sofern die Regel galt, dass aus schönen Mädchen schöne Frauen werden.

Till schaute lange aufs Wasser. Im nächsten Jahr – daran bestand kein Zweifel – würde Gustav Adolfs Heer teutsche Erde unter die Sohlen nehmen. Dann würde sich alles zum Guten wenden. Auch die Sache der Rothmanns.

25 Wie Spee von einer Geschichte erfuhr, die 62 Jahre verschlossen lag

Spee liebte den späten Sommer, wenn sich die Hitze des August verfiebert hatte und der September sich Spinnweben ins Haar flocht. Die Tage zu genießen, das gelang einem im September besser als im Juni, denn jeder warme Septembertag atmete schon ein wenig von kalter Herbstluft, und die Wälder brüteten einen Duft von Bitternis und Strenge aus. Nicht überstreng und nicht allzu bitter, doch streng und bitter genug, um die Sonnensüße zu würzen. Die Septembertage riefen aller kommenden Kälte und Klammheit entgegen: Noch nicht! ... Genieße du!

An so einem Tag wurde Spee ans Sterbelager einer Böttcherswitwe gerufen. Er fand die Greisin bei klarem Verstand aufrecht und von einem halbdutzend Kissen gestützt in ihrem Bett sitzend. Das Gesicht glich bereits einem pergamentbeklebtem Totenschädel aber die Augen, tief in ihren Höhlen, funkelten noch irritierend klar und ... »*lebenszugewandt*«. Spee wollte kein anderes Wort dafür einfallen. Ja ... lebenszugewandt!

Zu Spees nicht geringer Verwunderung begehrte die Witwe nicht die Erteilung der Sterbesakramente ... nein, nein, dafür wäre wohl morgen oder übermorgen noch Zeit. Sie wollte eine Beichte ablegen, sich vor Gott einer Sache entledigen, die sie durch ihr langes Leben geschleppt hätte, ohne jemals Sündenvergebung in dieser Angelegenheit anzustreben.

Spee neigte sein Haupt über ihr Kissen, denn zu stubenlauter Rede war die Alte nicht mehr fähig.

»Ich höre.«

»Ich war vierzehn. Und ich war das zweitschönste Mädchen in Goslar. Nicht das schönste und nicht das drittschönste. Frauen und auch schon die Jungfrauen haben da einen klaren Blick und ein untrügliches Urteil. Die Schönste hieß Utta, wohnte im Haus gegenüber und war die Tochter eines Kämmerers. Und weil sie gegenüber wohnte, konnte ich ihr nicht ausweichen. Leicht wäre es gewesen, wenn wir an entgegengesetztem Ende der Stadt gewohnt hätten, etwa sie zum Wald hin und ich unten bei den Hammerschmieden So aber musste ich ihre übergroße Schönheit ertragen, wenn wir gleichen Wegs zur Messe gingen oder hinunter zum Markt. Schlimmer noch, unsere Eltern teilten sich einen Privatlehrer, der mich und meine Geschwister und Utta nebst ihren Geschwistern unterrichtete. Es konnte mich nicht froh machen, dass ich besser sang und Papier sauberer mit Schrift bedecken konnte als sie. Sie war schöner. Und das schmerzte.«

»Darin vermag ich keine allzu große Sünde zu erkennen, *Invidia*, Neid, zählt zwar zu den sieben Todsünden, doch wohl kaum in dieser milden, kindlichen Form.«

Die Alte schüttelte schwach, aber dennoch energisch den Kopf: »Ich bin noch nicht am Ende meiner Beichte. Eines Tages sah ich, wie ein grober alter Kerl nach ihr griff, sie zu Boden warf und sich noch gleich selbst darüber. Es gab ein Riesengeschrei. Der grobe Kerl wurde gefasst und vor ein Gericht gestellt. Aber er leugnete alles ab. Der Richter ließ nach mir rufen, aber ich blieb stumm. Und ich sagte mir, wenn so ein grober Kerl nach ihr gegriffen hat, wird das sicherlich eine Strafe Gottes sein, denn sonst wäre es ja nicht geschehen. Und wenn es eine Strafe Gottes war, dann ist der grobe Kerl ja nur ein Instrument SEINES Willens und daher nicht zu strafen.So sagte ich mir. Aber ich wusste dabei sehr wohl, wie recht es mir war, dass nun eine Schande an ihr klebte. Denn eine Schöne mit so einer Schande kann nicht mehr die Schönste sein; und wo es keine Schönste mehr gibt, da ist die Zweitschönste die Schönste.«

Spee wandte sich ab, um ein Lächeln zu verbergen. Denn es erschien ihm wie ein seltsamer Witz – zur Unzeit erzählt -, dass ein altes, sterbendes Weib die große Frage der Erzväter des Glaubens mit sich durchs

Leben getragen hat: Wenn Übeltäter Übles tun, Gott aber allmächtig über allem wacht, muss nicht dann auch das Üble Teil des großen Planes sein? Die Frage also: Wie kann es sein – wenn doch Gott über alles die Kontrolle hält –, dass Böses unablässig und überall geschieht? Muss es nicht so sein, dass ER dem Teufel lange Leine lässt: wohl um der Selbständigkeit der Geschöpfe wegen und deren Freiheit, sich gut oder böse zu entscheiden?

Schließlich fragte Spee mit angestrengtem Ernst: »Wie alt bist Du?«

»Ich bin im 76. Jahr.«

»So ist das, wovon du sprichst 62 Jahre her.«

»62 oder 63, da will ich nicht allzu bestimmt sein.«

»Du hast weltliche Gerechtigkeit behindert, aber unser Himmlischer Vater wird das längst ausgeglichen haben. Lege Deine Hände nun in meine, sprich meine Worte nach, und Dir wird vollständige Vergebung zuteil.«

Die Hände waren klein, und Spee berührte sie nur zart, so als fürchtete er, sie zu zerbrechen. Und kalt waren sie.

Als Spee ins Freie trat, läuteten die großen Glocken vom Dom. Ein Heiligengedenken. Aber welches …? Heiliger Fabian … nein, das war im Januar. Hubertus …? Durchaus nein! … Der war im November zu bedenken.

Aber heute? Er sollte es, bei allen Heiligen im Himmel, doch nun wirklich wissen!

Und während er noch nachsann, fiel ihm auf, dass er seinen Rosenkranz auf dem Beitisch der Moribunden liegen gelassen hatte.

Er kehrte um, betrat auf Zehenspitzen die Kammer und fand die Alte ohne Atem. Er schloss ihre Augen, die tief in den Schädel gesunken waren, schlug das Kreuz und war – unerklärlich aber doch unabweislich – heiterer Stimmung.

26 Wie Spee ein schöner Morgen aus den Händen glitt, und wie ihn unversehens ein Gestellungsbefehl ereilte

Der Tag hatte sich erhoben wie ein Schmetterling aus einer grauen Raupenpuppe. Über die Turmzinnen von Paderborn jagten Mauersegler, pfeilten in schier unbegreiflicher Rasanz durch die Schwibbögen, die eng gestaffelt die Dommauern stützten und stoben dann in wilder Jagd gegen das Himmelblau.

»Welche Freiheit«, dachte Spee, »welch eine Lust, so ein Leben im Flug!«

Die Frühmesse fand ihn abgelenkt. Seine Gedanken, meist gehorsame Diener seines Geistes, erhoben sich über die Fürbitten, die an diesem Morgen den Weibern galten, die unter der Geburt verstarben. *O mater misericordiae …*

»Man müsste Zeilen schreiben können, die wie der Sichelflug der Mauersegler sind und die den Freiheitsschrei in sich tragen«, flüsterte Spee tonlos, während die Brüder die dreimalige Anrufung intonierten. Spee hörte den Fluss ihrer Stimmen nur wie fernes Bachrauschen.

»Ein Lob der Mauersegler! Ja, beim Allmächtigen, das müsste gelingen! Aber man dürfte sie nicht Mauersegler nennen … vielleicht Himmelspfeile oder … kühn, aber warum nicht? … Geistesblitze der Engel … Ideen der Engel …

Man würde arbeiten müssen an dieser Idee. Präzise und hart. Kein Wortgeschnörkel, so wie es keine überflüssige Feder am Leib dieser Geschöpfe gab. Alles an ihnen war schwerelos…. Wie aber können *wir* die Schwere loswerden? Die Erdenschwere. Erst mit dem Tod?«

Als Spee das Domportal hinter sich gelassen hatte, trat ihm ein junger Bruder in den Weg, einer, den Rektor Lennep vorzugsweise als Boten benutzte.

Der Mann hieß Bertold Gruensteyn und war der illegitime Sohn eines Stiftsprobstes, ein schmächtiges Bürschchen mit einem stechenden Adamsapfel. Der Gesandte überreichte Spee mit angedeuteter Ehrerbietung eine Epistel. Das war ungewöhnlich. Und es verhieß nichts Gutes. Normalerweise richteten Boten in kurzer mündlicher Form – gelegentlich in einem ärgerlich schlechten Latein – aus, was Rektor Lennep mitzuteilen wünschte. Spee öffnete den einfach gefalteten Brief, las und alle Farbe wich aus seinem Gesicht.

Ein Gestellungsbefehl. Er sollte dem Teufel in Menschengestalt seine Aufwartung machen und bei dieser Gelegenheit eine Handvoll Seelen retten. Wohlgemerkt: Seelen, nicht Menschenleben.

Lennep hatte in seiner flüchtig hingeschriebenen Order den latinisierten Namen des Hexenrichters gewählt, *Henricus Patrimonus*. Spee kannte den richtigen, den schreckens klirrenden. In Köln hatte er ihn alle Tage gehört, in Köln wusste ihn jeder: *Heinrich von Schultheiß*. Ein Name wie eine Brandfackel vor einem Scheiterhaufen, ein Name wie der Schrei eines Delinquenten unter der Folterzange. Schon die Kinder, noch ehe sie die ersten Buchstaben kritzeln konnten, flohen kreischend in alle Himmelsrichtungen, wenn man ihnen mit erhobenem Zeigefinger drohte:

>Seid nicht so arg, betragt euch gut!
Sonst wirft euch Heinrich in die Glut.<

Schultheiß *ante portas* … in Anröchte! Keine Tagesreise von Paderborn entfernt. Es gab keinen Hexenrichter im weiten Land, an dessen Händen mehr Blut klebte. Spee las Lenneps Order ein zweites Mal, und er tat es mit zusammengekniffenen Augen, so als fürchtete er, Funkenflug könnte ihm das Augenlicht auslöschen:

> … erachten wir es als eine vornehme Pflicht, dem Bruder
Henricus Patrimonus unserer brüderlichen Verbundenheit
im Kampf gegen das vom Bösen ergriffene Fleisch zu ver-

SICHERN UND BEAUFTRAGEN DICH, BRUDER SPEE, HIERMIT, DICH NACH ANRÖCHTE ZU VERFÜGEN UND BEI DIESER GELEGENHEIT DASELBST DIE SEELEN DER HEXERISCHEN UND ZAUBERISCHEN MISSETÄTER VOR DER VERDERBNIS ZU RETTEN, DER IHRE KÖRPER – SO WILL ES DER GERECHTE GOTT – MIT STRENGE UND GERECHTIGKEIT ANHEIMFALLEN MÜSSEN.

WIR, LENNEP, HABEN ALLES MIT FLEISS ERWOGEN, WOHL WISSEND DASS DU DIR IN KÖLN VERDIENSTE UM DIE SEELEN DER VERSTOCKTEN ERWORBEN HAST. ERGO: RETTE ER DIE SEELEN, BEVOR IHRE STERBLICHEN HÜLLEN DEM FEUER ANHEIM FALLEN.<

Gruensteyn reichte Spee einen Rötelstift, der machte sein Zeichen, der Bote klappte daraufhin das Schriftstück zusammen. Spee war es, als rönne eine Spur Blut aus der Mitte, da wo er seine Initialen FSL hingesetzt hatte.

Dann zog der Bote – und dabei signalisierte seine Körperhaltung ansteigende Wichtigkeit – eine zweite, säuberlich verschlossene und gesiegelte Epistel aus seiner ledernen Botentasche und überreichte sie Spee mit den Worten: »Darzubringen und auszuhändigen: persönlich und mit den tiefinnigsten Grüßen und Wünschen unseres geliebten Bruder Lennep an den Beschützer des Glaubens und der Gerechtigkeit, den Doktor der Jurisprudenz, Heinrich von Schultheiß, derzeit logierend im Amtshaus zu Anröchte.«

Die Mauersegler, nun weit entfernt davon, Engelsideen zu sein, sirrten über den alten Birnbaum und jagten hinunter zum Markt. Spee sah ihnen nach, bemerkte nur knapp, dass sich der Bote entfernte und seufzte: »... Schultheiß. Mein Gott! Der Schultheiß.«

Was normalerweise eine Auszeichnung bedeutet hätte, empfand Spee als Erniedrigung. Lennep hatte eine Kutsche mit herrschaftlichem Wappen und den Farben der Stadt Paderborn anspannen lassen, ein Gefährt der Art, wie er es ansonsten wohl nur zum Transport seiner selbst oder hoher Gäste beorderte.

Passend dazu waren vier auserlesen starke Rösser aus dem Paderborner Marsstall samt Kutscher ausgeliehen worden.

Spee verstand sich auf Pferde. Seine erste große kreatürliche Liebe hatte Pferden gegolten, mit denen sein Vater, niederrheinischer Burgvogt in Kaiserwerth, tagein, tagaus zu tun gehabt hatte. Die vorderen Deichselpferde waren von Oldenburger Art, fuchsrot mit langen Mähnen, in die rote und gelbe Bänder, die Farben der Stadt, eingeflochten waren. Die Deichselspitze verjüngte sich zu einer Art Krone, wohl der fürstbischöflichen Paderborner Mitra nachempfunden. Das hintere Gespann war etwas festknochiger, flämisches Blut, vermutete Spee. Das etwas größere hintere Deichselpferd trug eine unterarmlange, dreifingerdicke Verfärbung im Fell: eine verheilte Wunde. Vielleicht war der Gaul ein Veteran vergangener Schlachten ... gegen die Lutherischen oder gegen die eigenen Kaiserlichen ... wer konnte das wissen.

Die Kutsche selbst war von französischer Bauart: Spees Vater, Peter Spee von Langenfeld, hatte sie ihrer langgestreckten Gestalt wegen »Bettrollen« genannt. Diese Gefährte hatten Peter Spee – wegen ihrer fehlenden Festigkeit -unentwegt Schwierigkeiten gemacht. Aber sie galten damals wie heute als ungemein vornehm. Der Besitzer eines solchen Gefährtes gab zu erkennen, dass er sich unausgesetzte Pflege und Reparaturen leisten konnte. Die Kutschen waren gewissermaßen das Sonntagsgewand, untauglich für Regen und jegliche Art von rauem Wetter; aber sie verkündeten: Ich kann! Ich bin! Tretet zurück!

Der magere Bertold war, gerade als Spee seine große Reisetasche in den Fond hob, noch einmal vorstellig geworden und hatte – dieses Mal in schlechtem Latein, das Spee so unangenehm in den Ohren lag – eine weitere Anweisung Lenneps überbracht: Spee habe die Epistel an den Doktor der Jurisprudenz, Heinrich Schultheiß, gebührlich und hochachtungsvoll zu überbringen. Und es sei angezeigt, dafür das Festtags-Habit anzulegen, zumindest jedoch den seidenen Schulterüberwurf zu wählen.

Spee quittierte den Befehl mit einem kurzen Kopfnicken. Der spitzbergige Adamsapfel des Boten ruckte vier, fünf Mal rauf und runter, ließ aber kein weiteres Wort mehr durch.

Welche feinzisilierte Teufelei, war das! Ihn, ausgerechnet ihn, den armen Bruder Spee, zum Sendboten an den übelsten Menschenbrenner unter Westfalens Sonne zu machen.

Der Kutscher – immerhin das – war von der handfesten Sorte. Seine vierschrötige Gestalt drohte, das Livree zu sprengen, das Gesicht: bäurisch, westfälisch, breit. Der Versuch einer schnellen Rasur – wahrscheinlich hatte ihn der Auftrag, einen Bruder der Societas Jesu zu fahren, überfallartig ereilt – war nur mäßig erfolgreich verlaufen und nicht ganz unblutig.

Spee nickte ihm zu, der Kutscher lüftete einen verblichenen Husarenhut und ließ kurz seinen Kahlschädel in der Sonne glänzen. Spee erkannte eine schwärzliche Verfärbung über dem linken Ohr, eine Narbe wohl ... ach, nur wenige aus dem Volk überschritten die Lebensmitte ungezeichnet in diesen Zeiten von Krieg und Verwüstung. Spee fasste unwillkürlich an seine Kopfnarbe, die sein immer noch dichtes Haar versteckt hielt.

»Auf Anröchte! Subito!« rief Spee. Der Kutscher nickte, wartete nur knapp, bis sich Spee in die blau-samtigen Pfühle fallengelassen hatte. Dann ruckte das Gefährt scharf an, die Lederbänder fingen den Stoß auf, so dass der Fahrgast nur sanft vor- und zurückgewiegt wurde.

Als das Gefährt ein paar hundert Hufschläge später über die südliche Zugbrücke mit den schweren Eichenbohlen fuhr, wurde er ehrerbietig gegrüßt. Spee wusste, dass die Verneigungen nicht ihm, sondern den fürstbischöflichen Wappen galten, die beidseitig auf die Türen gemalt waren. Das huldvolle Grüßen aus dem Wagen war ihm zudem eine eklige Geste; also rollte er grußlos davon.

Wo der Weg das offene Land gewann, schlug er seine Reisebibel auf, fand unter Matthäus 4,1, was er suchte, las die lateinischen Worte und übersetzte sie so schnell und flüssig, als wären sie in teutscher, in lutherischer Weise geschrieben:

»Dann wurde Jesus von dem Geist in die Wüste hinaufgeführt, um von dem Teufel versucht zu werden.. Und der Teufel erschien in vielerlei Verkleidung, um den HERRN zu versuchen.«

Spee ließ die Bibel sinken und lächelte ein paar Herzschläge lang über sich und sein Begehr: »Oh Jesus, meine Freude! Wenn ich einen Wunsch frei hätte, würde ich die Vollmacht erbitten, dem Teufel zu befehlen. Ich würde ihm verbieten, in Kostümen aufzutreten. Besonders in denen der Geistlichkeit und in denen der richtenden weltlichen Gewalt.«

Spees Lächeln weitete sich zu einem Lachen. Und als er bemerkte, wie grimmig er lachte, verschluckte er den Rest davon.

Als die fürstbischöfliche Kutsche schon eine geraume Weile außer Sichtweite (auch eines sehr scharfäugigen – etwaigen – Beobachters in Paderborn) war, gab Spee dem Kutscher ein Klopfzeichen. Der parierte durch, es staubte und die Kutsche kam unter einer ausladenden Allee-Birke zu stehen.

Spee verließ das Gefährt und stellte sich neben den Kutschbock: »Kutscher, kennt Er sich aus?«

Der Mann im Livree der Paderborner Stadtgarde lüftete seinen Husarenhut, deutete auf seine Glatze und sagte: »Besser als sich eine Laus im Gewirr meines Haupthaares auskennt, Hochwürden!«

»Gut, das sollte reichen!«, antwortete Spee mit einem Lächeln und fügte die Frage hinzu: »Wie viel Zeit verlieren wir, wenn wir einen Umweg über Scharmede nehmen?«

Der Mann auf dem Bock wog sein Haupt, schielte nach dem Stand der Sonne und sagte dann: » Scharmede ... hmmmm ... vier Stunden mögen's wohl sein.«

»Gut, auf denn!« sagte Spee, während er sich wieder in die blauen Pfühle der Kutsche fallen ließ.

Der Kutscher wendete das Gefährt auf kleinstem Raum, mit erhöhtem Tempo ging es zurück zur Wegkreuzung, die sie vor kurzem erst passiert hatten, von dort aus westwärts, wie Spee leicht am Stand der Sonne erkennen konnte.

In stillem Stoßgebet dankte er dem Schöpfer für sein ausgezeichnetes Gedächtnis, in dem auch scheinbar unbedeutende Dinge haften blieben ... »zu viele bisweilen«, wie Spee ab und an in Stunden zielloser Selbsterforschung stöhnte.

Damals in Köln – es musste wohl wenige Wochen vor seiner Abreise nach Peine gewesen sein – waren zwei Männer und eine Frau wegen zauberischer Umtriebe bei lebendigem Leib verbrannt worden. Einem hatte er die letzte Beichte abgenommen und ihn bis an den Stoß des Scheiterhaufens begleitet.

Bevor der Mann ... ein Hauslehrer mittleren Alters, feinliniges Gesicht, doch linksseitig von der Folter verschwollen ... gebunden auf den Reisighaufen gehoben wurde, hatte er Spee zugenickt und gesagt: »Dank Dir, Vater für die Tröstungen der letzten Nacht! Und wenn Du für die Vergebung meiner Schuld bittest, so muss ich noch eine Sünde hinzufügen. Der Schultheiß Heinrich sei verflucht und soll zur Hölle fahren! Und ich wollte, das Weib, das ihn in Scharmede geboren hat, hätte ihn tot aus ihrem Leib gestoßen!«

Spee erinnerte sich. Ein rasch einsetzender, ganz ungewöhnlich starker Regen hätte damals in Köln fast die Flammen gelöscht; die Menge der Gaffer war hustend zurück in die Gassen geflüchtet; und aus der Rauchwolke kam nur noch dreistimmiges Stöhnen.

»SCHARMEDE!« ... Klang das nicht wie Scharm und Ende?

Es ist gut, wenn man mehr von einem Gegner weiß, als dieser vermuten kann, bekräftigte Spee seinen Entschluss.

Wie Spee Erkundigungen einzog,
die seine schlimmsten Erwartungen
bestätigten

Spee fand den, den er suchte, dort wo er ihn vermutete,im Küsterhaus hinter der Kirche.

Der Pfarrer von Scharmede, ein kleinwüchsiger Mann mit suggestivem Engstand der Augen über einer sehr schmalen, fast mädchenhaften Nase, hatte mit allen Anzeichen heiligen Schreckens das Haus verlassen, als eine herrschaftliche Paderborner Kutsche vorfuhr. Und sein Schrecken wuchs noch ein Stück weit. als dem Gefährt leiblich ein Jesuit im Reise-Habit entstieg.

Spee machte das Gruß- und Segenszeichen und entzog lächelnd die Hand, die sein niederer Bruder im Amte Gottes sich zu küssen anschickte. Stattdessen ergriff er mit seiner Rechten die schmächtige Hand des Pfarrers und bedeckte sie mit seiner Linken: »Der Segen des Herren, lieber Bruder, leuchte über Dir!«

»Und über Dir!«

Der Pfarrer rief mit sehr hoch erhobener Stimme einige Worte in Richtung geöffneter Pfarrhaustür, Worte, die Spee nicht verstand; sein geistlicher Bruder hatte sich des seltsamen Platts der Westfalen bedient, in dem – für einen Rheinländer wie Spee – die Wortbedeutungen leicht unterzugehen pflegten wie Worte auf einem Papierblatt, über das Wasser läuft.

Aber kaum, dass der Pfarrer sich wieder seinem unverhofften Gast zugewandt hatte, stürzte eine Weibsperson aus der Tür, eilte zu einem Brunnen, der zur Hälfte in die Umfriedung des Pfarrgartens eingelassen war, und schöpfte Wasser.

Spee nahm die gefüllte Kelle entgegen, das Wasser war klar und kalt, er trank, lobte die Güte des Trunks und bat die Frau – unschwer als Haushälterin des Pfarrers zu erkennen – dem Kutscher beim Tränken der Rösser behilflich zu sein.

Der Pfarrer bat Spee unter das bemooste Vordach der Pfarrei und fragte – nunmehr in glattem Kanzleiteutsch und nach allerlei einleitenden Floskeln –, was ihm die Ehre des hohen Besuchs verschaffte.

Spee wich fürs Erste aus, wusste er doch, dass allzu zielgenau hervorgestoßene Fragen oder Bitten womöglich den Fluss der Mitteilungen beenden könnten, noch ehe er zu rinnen begonnen hatte. Also lobte er die Pracht des Rittersporns, der über die Gartenmauer lugte, würdigte das Schnitzwerk, das den Tragbalken über der Eingangstür verzierte, und beklagte schließlich die Last der Zeiten, die zweifelsohne auch Scharmede bedrückten.

Der Pfarrer nickte, wusste von brutaler Rekrutierung zu berichten, im Zuge derer vor einem Monat dem armen Scharmede fast die gesamte männliche Jugend abhanden gekommen sei, und das nur, um auf irgendwelchen Schlachtfeldern zu verbluten, schwenkte dann über zu der letztjährigen entsetzlichen Kornfäule und beschloss seine Jeremiade mit der Kurzschilderung einer Feuersbrunst, die im vergangenen Winter vier Häuser in einer Nacht gefressen hätte, aber – gelobt sei Jesus Christus! – wunderbarerweise vor der Kirche zurückgewichen sei.

Als Spee zunehmende Unruhe und Unsicherheit bei seinem Gegenüber verspürte, lenkte er zum Anlass seines Besuches über mit den Worten: »Ich wüsste niemanden, Bruder, der über den großen Sohn der Gemeinde besser unterrichtet sein könnte als Du, der treusorgende Hirte von Scharmede.«

Wenig später – Spees Kutsche rollte wieder, jetzt auf geradem Südkurs – fertigte er ein kurzes Gedächtnisprotokoll in Latein. Die wunderbare Kürze und Prägnanz dieser Sprache ersparte ihm einiges an Schreibarbeit.

Heinrich von Schultheiß war im Jahre 1580 als Sohn eines Großbauern und Amtsmannes in Scharmede zur Welt gekommen. Der Pfarrer konnte von seiner Bank vor dem Pfarrhaus aus das Haus bezeichnen, sein hohes Dach ragte über die umliegenden Häuser hinaus.

Heinrichs frühe Lehrer, so erfuhr Spee, waren Jesuiten, die sich bei der Rückdrängung lutherischer Irrlehren hervorgetan hatten. So wie er in Peine. Heinrichs Vater – davon wusste der Pfarrer erstaunlich genau zu berichten – sei mehrfach und wohl auch auf eigenes Betreiben Schöffe in Hexenprozessen gewesen. Und der junge Heinrich müsse wohl unter dem Einfluss des Paderborner Bischofs Dietrich und dessen Bruder Kaspar von Fürstenberg gestanden haben, beides Männer, die wegen ihres Eifers bei der Verfolgung der Hexerei bezichtigter Personen bekannt geworden waren.

Spee unterbrach seine Aufzeichnungen und hing eine kurze Trabstrecke lang einem beunruhigenden Gedanken nach: Wie wenn *sein* Vater ihm schon in früher Jugend vorgelebt hätte, dass man inkriminierte Frauen und Männer zu Geständnissen foltern darf und muss? Hätte er dann jemals das Wort und die Feder gegen die gottserbärmliche Menschenjagd erhoben?

Schultheiß ... hier wurden die Mitteilungen des Pfarrers ein wenig ungenau ... habe, so wurde berichtet, gegen Endes seines dritten Lebensjahrzehnts als Kommissar am Kölner Hofgericht Dienst getan und soll ein Günstling des Hexenjägers Kaspar von Fürstenberg und von Ferdinand Erzbischof zu Köln gewesen sein. Ferdinand – seiner Herkunft wegen auch »der Bayer« genannt – hatte 1628 eine überarbeitete, wohl selbst verfasste Hexenprozessordnung in Umlauf gebracht, mit dem Ziel, die kaiserliche Halsgerichtsordnung *Constitutio Criminalis Carolina* zur Durchführung der Hexenverfolgung zu erleichtern. Ausdrücklich befürwortet hatte der Bayer die Folter und deren Einsatz, um notwendige Geständnisse zu beschaffen. Es hieß, – und Spee selbst neigte dieser Einschätzung zu –, die Schreibarbeit Ferdinands hätte den Reisig vermehrt für die vielen Scheiterhaufen, von denen, seit längerem schon, kaum irgendwo mehr brannten als in und um Köln.

Spee schüttelte sich ... fast war es, als verweigere sein Rötelstift den Dienst, als er den Namen Ferdinand niederschreiben wollte. Er hatte die Einlassungen des Bayern ausführlich studiert. Seine, Spees *Cautio*

Criminalis – dieser Tage nicht mehr allzu weit von ihrer Vollendung entfernt – enthielt ja doch eine Vielzahl von Bezügen zu Ferdinands Hexenprozessordnung.

Wenn also Heinrich von Schultheiß sich auf seinen Mentor, auf Ferdinand Erzbischof von Köln und auf die *Constitutio Criminalis Carolina*, berufen sollte, wusste Spee, welcher Argumente er anderen Tags in Anröchte gewärtig sein müsste. Allein schon dieses Vorauswissen rechtfertigte den Umweg.

Spee ließ seine Notizkladde sinken. Von draußen herein drang der Geruch von frischem Heu. Spee blickte aus dem Fenster und sah Kinder und Greise bei der Arbeit. Ihre Väter erntete wohl dieser Tage ein größerer Schnitter, der Tod. Eine Weile riss Spee der Sog weltschmerzlicher Gedanken mit sich fort, dann aber zwang er sich abrupt zur Fortsetzung seiner Aufzeichnungen – die ihm des weiteren leicht von der Hand gingen, denn die Fülle der Mitteilungen übertrafen seine Erwartungen um einiges.

Ab dem Jahre 1616 begründete Schultheiß seinen Ruf als tüchtigster Hexenrichter zwischen Rhein und Weser. Die Menschen, die er in Hirschberg, in Arnsberg und Erwitte – meist mit zermahlenen Knochen und zerfetztem Fleisch – ins Feuer schickte, hätte er zuvor »mit Gottes Hilfe und der großen Schärfe seines Geistes« überführt. Spee hatte es, um nicht des Pfarrers Mitteilsamkeit zu unterbinden, vermieden, ihm zu widersprechen.

Den Bericht über Schultheißens Tätigkeit bei den Hochverratsprozessen, die 1623 gegen Unterstützer des lutherischen Heerführers Christian von Braunschweig in Paderborn angestrengt und mit Hinrichtungen abgeschlossen wurden, kürzte Spee mit dem Hinweis ab, er sei darüber gar wohl unterrichtet. Was nicht ganz der Wahrheit entsprach.

Aber die Zeit drängte. Es war angekündigt worden, dass er Schultheiß noch zur Nacht des nämlichen Tages treffen sollte. Lennep hatte einen berittenen Boten voraus geschickt.

Spee schloss seine Notizkladde mit einem Lächeln: Wann hatte er denn schon mal einen Herold gehabt, der ihm vorausritt?

28 Wie Spee unversehens, aber nicht gänzlich unvorbereitet, vor einer Kommission landete

Der erste, der Spee in Anröchte begrüßte, als er bei einbrechender Dämmerung der Kutsche entstieg, war ein Krähenvogel. Sein rechter Flügel schleifte fast über den Boden als er auf ihn zuhüpfte; flugunfähig, aber schlau wie er war, hatte er sich darauf verlegt, Menschen anzubetteln. In Ermangelung einer Brotrinde spendete Spee dem Vogel seinen Segen, den der Schwarzrock widerspruchslos entgegennahm.

Der zweite, der Spee begrüßte, schien ihn dringlicher erwartet zu haben. Ein hochaufgeschossener Jüngling sprang aus einer Hausnische hervor, verneigte sich vor Spee, griff seine Reisetasche und machte sich erbötig, ihn zu seiner Herberge zu führen, während ein Zweiter – noch mehr Knabe als Jüngling – sich auf den Bock schwang, um dem Kutscher den Weg zu den städtischen Stallungen zu weisen.

»Die Herren warten schon«, sagte Spees Abholer und fügte, als er Spees Erschrecken bemerkte, hinzu, »… aber es darf schon noch die Zeit sein, dass Sie sich ›Im Schwan‹ ein wenig erfrischen. Für Speis' und guten Trank ist im Ratssaal gesorgt …«

Der Jüngling schritt rasch aus. Spee schmerzten die Knochen vom langen Hocken über schlingernden Achsen, so dass er Mühe hatte Schritt zu halten. Als sie den Marktplatz überquerten, war es Spee plötzlich, als schlüge ihm jemand vor die Stirn. In Platzesmitte hatte man einen großen, fast runden Stein aus dem Pflaster gebrochen und war damit beschäftigt, in das entstandene Loch einen doppelt mannshohen steinernen Pfahl einzusenken. Der Stein war aus dem

Buntsandstein gehauen, für den Anröchte bis ins reiche Bremen hinauf bekannt war.

Kurz unter dem oberen Pfahlende baumelten zwei Ketten, die jeweils einen Reif umschlossen, beide weit genug, um einen Menschenleib zu umfassen.

Die Ketten waren schwarz und hatten – das war ihnen anzusehen – schon einige Feuersgluten überdauert. Auch der Pfahl selbst trug Brandspuren.

Ein kurzer Rundumblick offenbarte Spee, dass man unter einer Plane, die an Markttagen als Sonnen- oder Regenschutz dienen mochte, gespaltene Holzscheite und Reisig aufgeschichtet hatte.

»Wann?«, fragte Spee, mehr im Ton einer Anklage als einer Frage.

»Morgen nach dem Tagwerk, beim Sechsglockenschlag!«

»Wer?«

Der Wegweiser hatte eilig den Abstand zwischen sich und dem angereisten Jesuiten vergrößert, so dass er leidlich glaubhaft den Eindruck erwecken konnte, die Frage nicht gehört zu haben.

Vor der Herberge wartete ein sehr dicker Mann mittleren Alters, der sich mit tiefer Verbeugung als »Lorenz, der Schwanenwirt« vorstellte. Spee musterte die amphorische Gestalt und unterdrückte ein Lachen: Anstelle eines Halses – eines Schwanenhalses gar! – trug der Mann zwei sich überlappende Fettkrempen zwischen Schultern und Kinn.

Der Wirt schien den späten Gast aus Paderborn erwartet zu haben und versicherte, die beste Kammer unter diesem Dach stehe zur Verfügung. Und das Bett, so fügte er hinzu, sei von exzellenter Güte, was sogar jüngst ein leibhaftiger Legat des Heiligen Vaters auf der Durchreise nach Osnabrück ausdrücklich belobigt hätte. Vorbestellt und bezahlt, fügte Lorenz, der Schwanenwirt hinzu, hätte diese Kammer von ganz exzeptioneller Güte ein reitender Bote aus Paderborn.

Dass Spee das Bett nicht berühren würde, hätte dem Dicken Kümmernis bereitet; selbst dann, wenn er den Grund dafür hätte billigen können.

Spee stieg eine Wendeltreppe hinauf. Die Dielen knarrten nicht, und im Licht der Etagenlaterne, tanzten keine Motten. Der Wegweiser hatte Spees Reisetasche vor einer mit Intarsien geschmückten Tür abgestellt und – dergestalt zur Eile mahnend – sich an den oberen Treppenrand zurückgezogen.

Spee warf nur einen flüchtigen Blick auf Bett und Einrichtung, benetzte sich mit Wasser, das in einer großen Karaffe bereitstand, kniete sich auf die Dielen und betete.

29 Wie Till dem Großen Adolf begegnete, sich respektabel hielt, und wie ihm dabei ein schwerer schwedischer Regen wohl zupass kam

Als der erste Schnee fiel, trug Till eine Mütze aus allerfeinstem Zobelfell, dazu einen Mantel aus Rentierleder, dick gefüttert mit Lammwolle. Es gab nur wenige Offiziere, die gleich gut gekleidet gingen.

Das hatte Ursachen, die sich aufs Glücklichste zu Tills Gunsten entwickelt hatten. Sein Wissen um Tücher und Felle bescherte ihm die Position eines Oberkämmerers und Proviantmeisters, zwar ohne deshalb in einen Offiziersrang aufzusteigen, aber mit allen Privilegien eines Nicht-Gemeinen. Das Speisen an gepflegter Tafel in erträglicher Gesellschaft lernte er ebenso schätzen wie das weiße Leinen. Und dann waren da noch diese mild-sauer eingelegten Dorschzungen und Elchfleisch.

Wenn Till zum Hafen kam, um angelandete Tuchwaren zu begutachten, steckten die Händler die Köpfe zusammen: Da ist er, dieser Spring-ins-Feld aus Peine. Rasch, versteckt das schlechte Tuch, bis er außer Sichtweite ist! Und es fehlte auch nicht an Versuchen, ihn zu bestechen: Ein Kölner Händler, der schlecht gegerbte Lederschurze anbot, die ihren langen Weg über den Rhein, durch die Nordsee, ums Skagerrak, durch den Belt bis in die Schwedischen Schären genommen hatten, bot Till eine unerhörte Summe, sofern er sich lobend über die Ware äußerte. Till trat an seinen Stand, nahm einen der Lederschurze zwischen die Zähne und zerriss die mürbe Ware mit einem Kopfschütteln, so wie ein Fuchs eine erbeutete Blindschleiche in zwei Teile schüttelt. Dann spuckte er die Lederfetzen auf das Wams des Händlers, der entsetzt die Hände hob und einen lateinisch-katholisches »Rette-mich-oh-Herr« quietschte. Einen Tuchhändler aus Lübeck entlarvte er und veranlasste dadurch dessen hektische Flucht: Der Mann hatte erstklassige Ware angeboten – sie bildete die obere Schicht seiner ausgebreiteten Tücher und Ballen – und verkaufte dann munter die darunter befindliche mindere Qualität.

Nur wenig nachdem bekannt wurde, dass und wie Till den Lübecker entlarvt hatte, befahl ein Oberst Pilaski, zuständig für Aufbau und Ausstattung des königlichen Tross', alle Provianteure zu sich. Er hielt eine kurze Ansprache in einem lustig holprigen Polnischdeutsch und befahl dann, dass alle, die mit Ankauf von Ware zu tun hätten, bei »diese Roooothmann, wo hat so scharfiges Aug' wie großer Rabe« Lehrstunden absolvieren müssten. Es waren diese Instruktionen, die Till Rothmann alsbald im ganzen ruhenden Heer bekannt machten.

Till hütete sich, gute Ware schlecht zu reden. Das verschaffte ihm Respekt bei den guten Tuchhändlern aus Osnabrück, Amsterdam und dem fernen Bordeaux. Diese Gerechtigkeit gab seinem Urteil Gewicht, stärkte seine Autorität, wenn er minderwertige oder verteuerte Angebote ablehnte.

Till kannte alle üblichen Tricks, wusste, an welchem Faden er ziehen musste, um die Reißfestigkeit von Nähten zu prüfen, wusste, dass eine schwach konzentrierte Apfelsäure genügt, um die Farbechtheit eines Tuches zu prüfen, erkannte schlecht gegerbtes Leder, das zur Täuschung des Kunden oberflächlich behandelt war.

Aber er lobte solide Arbeit, pries gute Ware, ja, einem alten Osnabrücker Tuchhändler zahlte er zum Entsetzen der ihm beigeordneten Lageristen mehr als der verlangt hatte. »Es soll sich herumsprechen, dass in Gustav Adolfs Heer für gute Ware gutes Geld gezahlt wird. Das kann uns künftig nur von Nutzen sein.«

Es war an einem guten Handelstag, der Winter war schon auf dem Rückzug, als Till eine heftige Bewegung bemerkte, die an einer halb entladenen Kogge im unteren Hafen begann und sich anschwellend auf ihn zu bewegte.

Till wollte gerade zur Seite treten – derart heftige Bewegungen versprachen zwar manchmal ein wenig Kurzweil, meistens aber Ärger –, als ihm einer zurief: »Hej Kerl, bleib Er gefälligst stehen!«

Till erkannte in dem Rufer den Oxenstierna, Gustav Adolfs Rechte Hand, und dahinter…. Bei Gott!

»Der da, das ist der Mann!«, hörte Till den Oxenstierna auf Schwedisch rufen. Und dann sah er »IHN«. GUSTAV ADOLF!

Till erkannte die Majestät, ohne sie je gesehen zu haben. Eine große Gestalt. Nase, Schnurr- und Spitzbart bildeten ein helles Kreuz vorm königlichen Gesicht, einem wahrhaft majestätischen Gesicht. Kurz geschnittenes Grauhaar gab dem Antlitz Würde und Strenge. Der weiße Brüsseler Kragen über einem schlichten grünen Lederwams war vom Schmutz des Lagers leicht gezeichnet: Ein König, der sich herabließ. Wie der Heiland in den Schmutz des Stalles von Bethlehem. Das Licht aus Mitternacht.

Und diese Augen. Oh, diese Augen! Sie hatten ihn, den unbedeutenden Till Rothmann, schon erfasst, ehe Oxenstierna dem Großen Adolf noch bezeichnen konnte, wer dieser Till sei.

Der Große Wasa blieb vor Till stehen. Der machte eine komische Verbeugung, eine zappelige Geste der Ehrerbietung. Niemand hatte ihm je gesagt, wie Majestäten zu grüßen seien. Gustav Adolf schien das einerlei zu sein.

»Du also bist dieser Tuchhändler aus Teutschland, der den Betrügern ihr schlechtes Tuch um die Ohren haut«, sagte er auf Deutsch, fast ohne eine Spur von fremdländischem Klang.

»Ich … äh … ich tue mein Mögliches, der großen Sache zu … äh … zu dienen!«

»Brav«, sagte der Große Adolf und richtete seinen Blick gen Himmel; er schien die Wolken zu studieren, die sich vom Land her gegen das Lager vorschoben und schüttelte dann missbilligend das Haupt. »Ein großer, schwerer, schwedischer Regen steht da vor dem Lager. Und wir haben nicht die Mittel ihn zurückzuschlagen. Ich könnte meine Kanoniere dagegen aufbieten, aber es verschlüge nichts. Weißt du, Teutscher, dass Regen eine Schlacht entscheiden kann?«

»Äh … ja … ich … ich hörte sagen, dass der Heeresteil den Vorteil gewinnt, der nicht in Schlamm gerät und der behände und beweglich auf dem Trockenen bleibt.«

»So ist es. Und Landsknechte, die nicht bis auf die Haut durchnässt oder klamm sind und frieren, kämpfen besser.«

»Ganz ohne Zweifel, Majestät, ganz ohne Zweifel!«

Till sah in das königliche Antlitz, sah die blaugrünen Augen, um die etwas nicht Sagbares, etwas wie Halb-Spott-halb-Güte, lag; und er wusste nicht, wo er seine Hände lassen sollte. Sollte er sie an die Hose pressen oder anbetend vor seiner Brust falten?

»Sag, Teutscher, wie müsste denn wohl ein Mantel beschaffen sein, der vier Stunden Regen erträgt, ohne danach wie eine ersoffene Katze auszusehen?«

Till hörte sich antworten: »In Peine hat mein Vater für einen Nacht-wächter, der auch bei schwerem Regen seine Runden ziehen musste und der gar sehr an Husten und Nasenwasser litt, einen ... er nannte es ... einen Kerzenmantel gemacht.«

Gustav Adolf hob die Augenbrauen: »Einen ... Kerzenmantel?«

»Er hat einen schweren Leinenmantel über und über mit Kerzen-wachs beträufelt. Der Mantel wurde ein wenig steif davon. Aber er hielt zwei, drei Nächte jedwedes Wasser fern ... «

»Kerzenmantel«, sagte Gustav Adolf und blickte dem Oxenstierna dabei ins Gesicht. Der schüttelte erst langsam den Kopf und warf Till einen ärgerlichen Blick zu.

Till erwartete einen Augenblick lang ein königliches Donnerwetter, ein Donnerwetter vor dem Regen. Mehr noch, er rechnete mit dem Vernichtungsblitz eines Monarchen, der sich gefoppt fühlt. Aber Gustav Adolf sagte, schon im Fortgehen: »Besorgt dem Mann grobes Leinen und so viele Kerzen, wie er verlangt. Und dann: Berichte an mich!«

Er ließ Till im Regen stehen: ein schwerer Landregen, der in ersten großen Tropfen in den Sand schlug und einen feinen Geruch von Staub verbreitete.

30 Wie Spee durch das nächtliche Anröchte schritt, in grimmer Erwartung der Dinge, die da kommen sollten

Das Sternbild des Orion, des große Jägers, stand kühn und schräg über der kleinen Stad Anröchte, als Spee, einige Schritte hinter seinem Wegweiser den »Schwan« verließ. Sein Blick fiel auf den hellsten Stern des Himmelsbildes, der, – wie Spee seit Jünglingsjahren wusste – den seltsamen Namen *Beteigeuze* trug. Spee erinnerte sich, zu Gymnasialzeiten in Köln gelesen zu haben, dass ein arabischer Astronom namens *Abd ar-Rahman as-Sufi* diesen Stern schon vor Vollendung des ersten Jahrtausends beschrieben und ihm große Kraft über die Geschicke der Menschheit zugesprochen hatte.

Wie, wenn sich einer solche Zuschreibung hier und heute zu wiederholen getraute? Gälte er nicht als Hexer und Geistesverwirrer – und wäre folglich höchst gefährdet von den Hexenrichtern – von den Schultheiß' und ihren Spießgesellen dieser Tage – mit zerquetschten Gliedmaßen auf einen Haufen von Reisig gezerrt zu werden?

Warum, bei allen Engeln des Himmels, kannten die Kirchenväter – Ambrosius, Hieronymus, Augustinus und Gregor der Große – keine Hexen und Zauberer? Zwar hatte der Große Gregor geschrieben, dass Höllenfeuer die Sünden der Verblichenen verbrenne, doch vom rechtmäßigen Verbrennen Lebender findet sich kein Wort bei ihm. Und Hieronymus, der klügste Geist des vierten Jahrhunderts- auch er wusste nichts zu berichten über das Hexengeschwerl, das angeblich aller Herren Länder und Lüfte erfüllt?

Waren sie denn alle mit Blindheit geschlagen, die großen Träger des Glaubens? Wenn sie es waren, mit wie viel Recht und Billigkeit könnte man heute diese Schriften Blinder noch mit Andacht und Hingabe lesen? Wenn einerseits die Bekämpfung der Hexerei höchstes Gebot sei – wie die meisten Brüder der Societas Jesu allenthalben bekräftigten – und wenn andererseits dieses Gebot bei den höchsten Autoritäten des Glaubens vergeblich gesucht wird ... ja, was sagte das aus über die Kirchenväter? Und was über die Existenz der Hexerei?

Die Gassen waren dunkel; und wäre der Wegweiser nicht mit einer Laterne vorangegangen, wäre Spee unweigerlich an vorspringende Erker und Anbindepfähle für Fuhrwerke aller Art gestoßen.

Am Marktplatz stand jetzt der Marterpfahl schwarz gegen die Milchstraße. Ein halber Mond war hell genug, den Schatten über den halben Platz zu verlängern. Von irgendwo kam Kuhgestöhne, spätestens mit dem ersten Licht würde es ein Kalb mehr geben. Leben. Ach, Leben! Irgendwo im Gedärm dieser Stadt schlossen Menschen mit dem Leben ab. Hexen und Zauberer ...? Sicher aber Menschen.

Spee überkam Ekel bei dem Gedanken, dass es sogleich Wein und wohl auch fettes Essen geben würde. Er betastete seine Brusttasche – ja, Rektor Christian Lenneps Epistel war da, gut gefaltet, gesiegelt und unverletzt! – und schloss zu seinem Wegweiser auf: »Sag mir deinen Namen!«

»Ortwin«

»Du stehst im Dienste der Stadt?«

»Die Stadt ist zu klein für Bediener. Ich bin der Sohn des Türmers, und wenn Bedarf ist, muss ich zu Diensten sein, weil mein Vater keine fünfhundert Schritte mehr gehen kann, ohne zu pfeifen wie ein löchriger Blasebalg«

»Welchen Betreff hat man dir gesagt, was meine Person anbelangt?«

»Ein Legat aus Paderborn, angesagt für die Stadt und für den Schultheiß Heinrich. Und er sei gebührlich zu empfangen und zum ›Schwan‹ zu geleiten.«

»Man sagte dir nicht, was es mit diesem Legat aus Paderborn auf sich habe?«

»Nein. Und ich frage nicht danach.«

Der junge Mann, der sich Ortwin nannte, schien froh, den Fremden bis vor das Rathaus geleitet zu haben, gab es ihm doch die Freiheit, sich zurückzuziehen.

Spee rief ihm nach: »Du da, wirst du morgen zum Richtplatz kommen?«

Statt einer Antwort setzte es einen Schlag, irgendjemand hatte eine Tür ins Schloss geworfen. Ein Nachtvogel flatterte auf. Ein Hund kläffte.

Spee stand vor der großen Tür des Rathauses, einem breiten Tor mit verzierten Eisenbändern beschlagen, und schaute hinauf zum Obergeschoss, dorthin, von wo das Licht kam. Im Obergeschoss hinter ausladenden Butzenscheiben war es kerzenhell, und Drehleiermusik mischte sich mit einem Grundrauschen aus Stimmen. Viele Stimmen mussten das sein! Wie viele wohl?

Spee öffnete die Durchschlupftür, die in die linke Hälfte des Tores eingelassen war, und sog die Luft ein. Bratenduft – Schwein? Ja, Schwein ohne Zweifel!

Die Vorstellung, sogleich vor gerösteter Haut zu sitzen, bereitete ihm ein Würgen im Hals.

31 Wie Heinrich, der Hexenbrenner, den Spee nicht auf die Gabel bekam, und wie Spee um einen Kamm gebeten wurde

Spee schritt die ausgetretenen Stufen zum Anröchter Ratssaal empor und verharrte jäh unter einer Spiegellaterne. Er zog das Stichwort-protokoll aus seinem Überwurf, das er sich vom Gespräch mit dem Scharmeder Pfarrer gemacht hatte, hielt es in den Lichtkegel, kniff die Augen zusammen, suchte einen Namen und fand ihn: Kaspar von Fürstberg.

Wenn Schultheiß in jüngeren Jahren – so wie es der Pfarrer zu wissen glaubte – ein Protegé vom »Fürchterlichen Fürstberg« war, dem Hexen-brenner zu Bilstein ... einem Eiferer, von dem gesagt wurde, er hätte die Glut eines abgebrannten Scheiterhaufens zum Entzünden des nächsten genutzt ... dann wäre es gut zu wissen, ob auch sein Schüler Heinrich Schultheiß nach Fürstenbergschem Vorbild ...

Spee musste seinen Gedanken abbrechen, denn die Saaltür am Ende der Treppe öffnete sich, und eine Gestalt kam ihm mit ausgebreiteten Armen entgegen.

Spee war in seiner Köln-Zeit nie »Heinrich dem Henker« begegnet, aber ihm war klar, wer da vor ihm stand: Der Nämliche; Heinrich von Schultheiß – seit kurzem geadelt – leibhaftig.

»Gott zum Gruße, Pater Spee! Der späte Gast lässt die niederge-brannten Kerzen noch einmal hell auflodern!«

»Gott zum Gruße!«, sagte Spee, und die Formel schien ihm in dieser Anwendung ein wenig gotteslästerlich.

»Herein, herein, der Braten verduftet bereits, und im Wein ersaufen die Fliegen.«

✣

Spee hätte die Aufforderung, das Segensgebet zum Mahl zu sprechen, gern überhört, aber es gibt Dinge, denen man sich als höher gestellter Geistlicher kaum entziehen kann. Dennoch; einen Herzschlag lang hatte er erwogen, die ehrende Bitte an einen Bruder Pfarrer weiterzureichen, der sich am unteren – am *ehrfernsten* – Teil der Tafel im Halbschatten einer großen Holzsäule so gut wie verborgen hielt.

Aber es waren schon aller Augen auf ihn, den Legaten aus Paderborn, gerichtet: Die des Bürgermeistes, die der Schöffen – wohlgenährte Gestalten allesamt, wie es Spee schien – und die des Hexenkommissars Schultheiß sowieso. Lediglich einige Notablen, deren Anwesenheit sich nicht leicht von selbst erklärte, schauten über die Speisetafel hinweg in eine nicht vorhandene Ferne.

Wenn sogleich nach dem Gläserklirren die Waffen des Geistes klirren würden, dann sollte es ihm am ehestem um jene zu tun sein, beschloss Spee. Bei zweien, einem Greis mit gütigem Gesicht und einem weißen Haarkranz und einem Mann knapp mittleren Alters, schien ihm so etwas wie Unwohlsein und Verlegenheit in Gesicht und Haltung festzustecken. Möglicherweise handelte es sich um die Art von Schöffen, die Spee nach Lebendverbrennungen in Würzburg und Köln im Beichtstuhl anhören musste: »Herr vergib! Wir haben eine Unschuldige schuldig gesprochen, weil es so gewollt und beschlossen war!«

Es! Es! … Menschen hatten es so gewollt…. nicht es!

Der Wein war, soweit Spee das beurteilen konnte, von bester Art, vielleicht gar aus dem Burgund. Vom Essen berührte er nur so viel, wie es die Etikette gebot. Das hoch aufgehängte Kerzenlicht erlaubte es ihm, von seinem Ehrenplatz aus das Gesicht des Heinrich von Schultheiß schattenfrei zu sehen. Ein Mann, wohl am Anfang seiner Fünfziger, immer noch volles, jedoch stark grau meliertes Haar, sorgfältig gestutzter Knebelbart und darüber ein ausladender Schnurrbart nach französischer Art. Seine grünschimmernde Weste (Samt? … sicherlich Samt!) war am Hals von einer doppelt gelegten Stickerei Brüsseler Art bedeckt. Besser kann man mit wenig seine Wohlhabenheit nicht zeigen, dachte sich Spee.

Er hätte insgeheim erwartet, irgendeine Spur in diesem Gesicht zu entdecken, irgendeine vertrocknete Blutspur vielleicht. Und sollte nicht Kälte in diesen Augen liegen? Wer so oft auf glühendes Foltereisen und auf brennende Scheiterhaufen geschaut hat, dem müsste doch davon etwas im Gesicht hängengeblieben sein ...

Aber der Mann bot das Bild eines friedlichen Essers. Ab und an schwenkte er sein Glas, prostete dem einen oder anderen zu, worauf der so Bezeichnete sich erhob, das Glas in die Runde schwenkte und so die Aufforderung zum Trinken an alle weitergab.

Spee stieg Hitze auf, die nicht von den wohl fünfzig Kerzen und auch nicht vom Wein kam. Es war eine andere, inwendige Hitze. Es war die ruhige, ungemein zufrieden-sichere Art, mit der Schultheiß dieser Tafel vorsaß, die Spees Pulsschlag erhöhte und leichtes Blutsausen in seinen Ohren bewirkte.

Schließlich – die Tafel war mit einem süßen Mus abgeschlossen worden – erhob sich Schultheiß, wartete bis das Gemurmel leiser wurde, hob mit gemessener, fast feierlicher Bewegung den Brief auf, den ihm Spee beim Betreten des Festsaales überreicht hatte und brach mit einem kleinen spitzen Messer das Siegel. Und in den letzten Rest von ersterbendem Gemurmel sprach er:

»Rektor Lennep, entbietet den Notablen und braven Bürgern von Anröchte seinen Gruß und Gottes Segen ....«

Schultheiß las mit raumfüllender Stimme ...

Las ...? Nein, da war etwas, das Spee nur allzu gut kannte. Er wusste aus tausendfacher Beobachtung, wie einer liest, der den Text kennt, der Buch oder Brief gewissermaßen nur als Gedächtnisstütze vor sich hinhält. Jemand, der die wichtigen Worte im Voraus weiss, und mit Hilfe dieses Wissens, seinen Atem so führt, dass das Entscheidende hervorsticht.

Es gab nur eine Erklärung dafür: Der Herold, der Spees Kutsche vorausgeritten war, hatte bereits eine Kopie des Briefes abgeliefert, lange bevor er, der eigentliche Bote, in Anröchte eingetroffen war. Und Schultheiß las nun, was er schon vielfach – Wort für Wort auskostend – gelesen hatte:

> » … SO SEHEN WIR MIT BEDAUERN UND TIEFER BESORGNIS, WIE SICH AUCH UNTER DEN HEILIGEN ZINNEN DES DOMS ZU PADERBORN – GEWEIHT DER GOTTESMUTTER UND DEM HEILIGEN KILIAN – DAS GIFT DES ZWEIFELS AUSBREITET. DES ZWEIFELS AN DER RECHTMÄSSIGKEIT UND GOTTGEWOLLTHEIT DER REINIGENDEN GERICHTSBARKEIT, NÖTIG UM DER HEXEREI UND ZAUBEREI EIN ENDE ZU SETZEN. DIESER SCHANDBARE ZWEIFEL HAT SICH TIEF EINGEFRESSEN UND DAS, WIE ICH MIT SCHMERZEN BERICHTEN MUSS, AUCH IN DEN REIHEN DER BRÜDER UND WEIT SCHLIMMER NOCH IN DIE HERZEN DER STUDIOSI, DEREN UNGEFORMTEN GEIST WIR ZU FORMEN BERUFEN SIND.«

Spee presste beide Handflächen auf den Tisch – es galt, die Zeichen aufsteigender Wut zu verbergen, so wie sie unwillkürlich sichtbar werden, wenn jemand Fäuste ballt.

> » … UND SO WÜSSTEN WIR KEINE SICHERE RETTUNG, ALS DASS DER VERDIENTESTE MANN IM KURFÜRSTENTUM KÖLN, DER TAPFERSTE IM KAMPF GEGEN DAS FLEISCHGEWORDENE BÖSE, DER HOCHWOHLLÖBLICHE HEINRICH VON SCHULTHEISS, MÖGLICHST BÄLDE IN UNSEREM COLLEG ÜBER DIE »CAROLINA« WOLLT` LEKTIONIEREN. «

Schultheiß ließ den Brief sinken, legte die Hand auf den Mund, als müsste er allzu eilig hervorbrechenden Jubel zurückhalten, und erst nach einer kleinen Weile fuhr er fort: »Kaum je wurde mir größere Ehre zuteil. Das hochlöbliche Paderborn – die Stadt meiner jungen Jahre – ruft. Was könnte mich da halten? Allenfalls die Pflicht weiterhin in den Staub zu fassen und hervorzuzerren, was sich dort verborgen hält. So wie es uns hier in Anröchte so glänzend gelungen ist und wie es morgigen Tags (Schultheiß machte eine bedeutsame Pause,)

… erfüllt sein wird. Jedoch eine Frage erheischt kluge Antwort: Hochwürdiger Spee möge doch den Bezug auf die *Carolina* erläutern?«

Spee presste die Handflächen noch fester auf die Tischplatte. » Ich bin nicht befugt, die Gedanken unseres Rektors Lennep zu interpretieren. Aber sein Bezug auf die *Carolina* meint ohne Zweifel *die Constitutio Criminalis Carolina*, die vor bald hundert Jahren im Jahre des Herrn 1532 von den Reichsstädten zu Regensburg zur Neuordnung der Peinlichen Reichsgerichtsordnung beschlossen wurde sowie auch deren Anwendung auf Personen, die der Hexerei angeklagt sind. «

Spee erkannte aus den Augenwinkeln, dass die Tafelrunde – so als wäre sie zu einem Tafelbild erstarrt – bewegungslos verharrte. Lediglich die Darmwinde eines offenbar zu hastigen Essers waren zu hören.

Schultheiß strich über das Blatt Papier, so als wollte er es zur Preisgabe dessen veranlassen, was möglicherweise zwischen den Zeilen stand. »Unter meiner Beratung und Führung wurde kein Urteil gefällt, dass nicht im Geiste der *Carolina* erwogen wurde, so wahr mir Gott helfe. Also frage ich mich … «

Spee nutze die gedehnte Pause, die Schultheiß hinter die Ankündigung seiner Selbstbefragung setze, zu einer kleinen Volte. » Mit Verlaub, die Frage, die sich da durchaus stellen mag: Warum der Verweis auf das Grundlegende, auf die Carolina, wenn man einen Spezialisten wie den allseits berühmten Heinrich von Schultheiß zum Lektorieren bittet. Das wäre ja gerade so, als wenn man einen Küchenmeister, der sich auf die raffiniertesten Geheimnisse der Saucen versteht, aufforderte, Grießsuppe zu kochen.

Ich gestatte mir – mit Euer aller freundlichsten Einwilligung – eine Spekulation. Die Kurkölnische Hexenprozessordung, deren Überarbeitung vor zwei Jahren publiziert wurde, weicht ja doch erheblich von der *Carolina* ab. Ein Umstand, den Rektor Lennep mit Sicherheit bemerkt haben wird. Womöglich erwartet er sich eine Erklärung von einem Mann der Tat, als der Sie gelobt werden.«

Spee hegte keinen Zweifel, dass er damit Lennep ein Maß an Genauigkeit und Wissen unterstellte, über das dieser wohl kaum verfügte. Aber die Möglichkeit, einen kleinen Keil zu setzen, bot sich an: »So hat es Ferdinand von Bayern kürzlich in eben jener Prozessordnung des

Jahres 1628 gefallen, 13 Indizien zu benennen, die zur Anwendung der Folter berechtigen. Nehmen wir nur eine Handvoll aus den 13 hervor! Verdächtig macht allein schon der Verdacht, dem sich jemand aussetzt. Verdächtig macht sich, wer flüchtet. Verdächtig macht sich, wer an einem übel beleumundeten Ort gesehen ward. Verdächtig macht sich ferner, wer unter Anklage und Befragung große Niedergeschlagenheit zeigt.«

»Sehr richtig!« sagte Schultheiß. Sein Lächeln war jetzt breit und satt. Da war offenbar nichts, was das Festmahl zum Beschluss seines zweiten großen Prozesses in Anröchte gefährden würde. Und dieser Spee, von dem man sich so dies und das erzählte, wurde offensichtlich gehörig überschätzt.

Spee sprach langsam und entließ dabei Schultheiß kaum für die Dauer eines Wimpernschlages aus seinem Blick.

»Dass der Verdacht einer Straftat zur Folter berechtigt, auf dass der Verdächtige gestehe, heißt ergo, dass Folter zu ihrer Legitimation nicht mehr braucht, als einen, der einen Verdacht hat. Ich verdächtige den hier … « Spee fixierte seinen Tischnachbarn zur Linken, einen glatzköpfigen Mann mit einer halbfingerbreiten Spur von Blutschwamm auf dem Nasenrücken. » … zumal er ein Zeichen trägt, ein Blutrotes auch noch. Foltert ihn, damit er gesteht. Was er gestehen soll, müsst ihr ihm vorher mitteilen, am besten unter Verwendung einer Zange oder eines Quetscheisens. Wenn aber dieser Beschuldigte hier flieht – weil er diese Art tödlichen und törichten Verdachts verständlicher Weise fürchtet – so macht er sich noch verdächtiger. Womit die Legitimität der Folter für weitere Befragung wächst. Also mein Freund zur Rechten: Bewege er sich nur ja nicht von seinem Teller fort! Sofern Du aber doch um Dein Leben besorgt bist und fliehst, legitimiert das, dich bis zum Schuldeingeständnis zu foltern. Knochenquetsche, Aufhängen und Kuss mit Gluteisen sind probat. Und wenn Du in Erwartung der Folter oder nach erster Begegnung mit derselben große Niedergeschlagenheit zeigst, ist das ein weiteres Eingeständnis deiner Schuld. So soll es doch wohl sein, Herr Doktor der Jurisprudenz, oder liegt hier eine Missdeutung meinerseits vor?«

Schultheiß wirkte plötzlich versteift. Was bei allen Engeln und Teufeln sollte das? Warum schickte man ihm einen Ketzer im Priestergewand? Sicher … der Bote hatte durchblicken lassen, Rektor Lennep hätte seine Gründe, jemanden zu schicken, dem … in der nämlichen Angelegenheit … ein paar klare Worte guttäten. Harte Zurechtweisung vor Publikum sei sehr erwünscht, hatte der Herold gesagt. Und dann noch: Das Brathühnchen Spee solle ihm, dem großen Schultheiß, nur geradewegs auf die Gabel flattern …

Schultheiß löste sich aus seiner Verspannung und warf dabei ein halb gefülltes Weinglas um: »Von einem Gottesmann kann man vielleicht nicht erwarten, dass er sich in der Prozessordnung zurecht findet. Wohl aber. dass er das Wort Gottes kennt. Wenn er das nächste Mal die Bibel zur Hand nimmt, so blättere er gefälligst auf die letzte Seite vor. Da stehen die Worte geoffenbart: »Draußen sind die Hunde und die Zauberer und jene die die Lüge lieben. Ich, Heinrich von Schultheiß, bin *draußen*, ich bin ein Soldat gegen die Lüge!«

Spee kannte die Stelle, den Lieblingsvers aller Hexenjäger; die Worte kamen ihm ruhig über die Lippen: »Und wenn ihr einen fangt, der der Zauberei verdächtig ist oder eine, die eine Hexe soll sein … dann sind sie schuldig, denn wären sie es nicht, dann wäret ja ihr derjenige, der die Lüge liebt.«

Spee wartete keine Entgegnung ab und erhob sich mit den Worten: »*In dubio pro reo* – im Zweifel für den Angeklagten. So hat es schon der große Aristoteles gehalten, und so wiederholte es der nicht minder große Meister der Rechtsgelehrsamkeit Egidio Bossi zu Mailand. Und so unterstreiche auch ich es. *In dubio pro reo.* Der Zweifel kann aber keineswegs herbei- oder hinweggefoltert werden.

Und nun bitte ich um das Privileg, die Verurteilte besuchen zu dürfen.«

Es entstand Unruhe. Ein Schöffe sprang auf und hub an: » … Jesus und Maria! Wollen Sie damit sagen, Hochwürden, dass …« Aber Schultheiß hieß den Mann mit einer Handbewegung schweigen und winkte einen Bediensteten heran.

Spee erhob sich, nickte einen knappen Gruß und folgte dem Bediener. Draußen vor der Saaltür war ihm wohler.

Das Verlies war nur etliche Stufen kellerwärts und ein paar dutzend Schritte entfernt. Wenn oben – etwa nach weiteren Gläsern Wein – gesungen würde, sollte es unten zu hören sein, dachte sich Spee, als die eisenbeschlagene Bohlentür aufging.

In dieser Nacht, als Spee – wie schon zu oft in seinem Leben – einem Schließer hinab ins Dunkel folgte, fiel sein Entschluss, seine *Cautio Criminalis* eilends und schneller als beabsichtigt in Druck zu geben. Diese hier unten im Kerker würde nicht zu retten sein, aber – so Gott will – andere.

Es war nicht viel, was der Prozess gegen Gertrud Hartstein für das Feuer übrig gelassen hatte. Was Spee davon im Schein der Fackel, die der Schließer ihm in die Hand gedrückt hatte, bevor er die Tür schloss, erkennen konnte, war wenig mehr als der Schatten einer Frau. Die Hände zum Gebet würde sie nicht falten können, erkannte Spee, die Fingerkuppen waren zermahlen.

Als sie das Gewand eines Geistlichen erkannte, richtete sie sich auf ihrer Pritsche auf.

»Wer bist Du? Bist Du der, der mich zum Feuer begleitet?«

»Ich bin Friedrich Spee. Dir bleibt noch diese Nacht.« Spee zwängte die Fackel in ein rostiges Haltegitter, sie blakte, blieb aber hell genug, um die Zelle in rotes Licht zu tauchen.

»Ich wollte, es wäre schon die nächste Nacht. Dann wäre Ruhe.«

»Der Herr setzt für uns alle Zeit und Stunde.«

Die Frau – sie musste jünger sein, als sie unter der Kruste aus Blut, Eiter und Dreck in ihrem Gesicht den ersten Anschein haben konnte – hatte sich nun vollends auf ihrer Pritsche aufgerichtet und musterte den Mann in der ungewöhnlichen Kutte ausführlich.

»Du bist nicht von hier?«

»Ich lebe in Paderborn.«

»Warum schicken sie einen ... aus Paderborn?«

»Mich schickt der Herr.«

»Wirklich? Ich habe gebetet und gebettelt, dass er mir Hilfe oder einen schnellen Tod schickt. Es hat nicht geholfen noch mir den Todesengel geschickt.«

»Wessen bist Du angeklagt?«

»Schadzauber. In unserer Straße starben drei Frauen an Kindbettfieber. Immer zu Neumond. Das soll Hexenwerk gewesen sein. Mein Werk.«

»War es dein Werk?«

»Ich weiß doch am Ende noch immer nicht, trotz all der Mühen der Herren mit Aufziehen an Seilen und mit der Quetsche, was das ist, das Hexerische. Aber ich habe es gestanden.«

»Gestanden ... vor den Befragern? Oder vor Gott?«

»Ich weiß nicht, ob Gott zugehört hat.«

»Was hast du gestanden?«

»Alles, nur damit eine Ruh' ist. Aber Komplizen und Helfer habe ich ihnen nicht genannt. So sehr sie auch... «, sie hob die Linke mit den zerquetschten Fingern, » ... so sehr sie auch zugedrückt haben.«

Spee zog sein Betbuch aus der Kutte, aber die Frau schüttelte den Kopf: »Ich möchte einen Kamm!«

»Einen Kamm?«

»Wenn sie mich zum Feuer bringen, möchte ich nicht, dass mein Kopf aussieht, als wäre ich ein wildes Weib. Und sie haben mir versprochen, dass ich mir zuvor Gesicht und Hände waschen darf. Ein neues Kleid werde ich aber nicht bekommen.«

»Du solltest deine Gedanken, nicht auf Weltliches richten, nicht auf Kleid und Frisur. Du solltest Gott um Aufnahme in sein Reich bitten.«

»Warum sollte er mich wollen? Ich bin ihm wohl nichts wert, sonst hätte er mir geholfen. Aber der Schultheiß ... «

»Er hat den Prozess ... von Anfang an ... geführt?«

»Er hat so seltsame Dinge gefragt. Oft hab ich die Fragen nicht verstanden. Und wenn ich sagte, ich hätte sie nicht verstanden, die Frage, dann hat er gedroht und gesagt, ich solle verneinen oder bejahen. Und ... alles war falsch, denn alles tat am Ende weh.«

»Hast Du Kinder?«

»Mein Mann hat sie genommen und ist mit ihnen davon gezogen. Sie wollten auch ihn befragen, aber ich glaube, er war schon fort. Ich bin froh, dass mein Mann und die Kinder fort sind, sonst müsste er mich morgen …. Hast Du schon viele Menschen brennen gesehen?«

Spee nickte.

»Sag mir, geht es schnell, oder muss man arg lange brennen, bevor es aus ist.«

»Es geht schnell«, sagte Spee, der diese Unwahrheit schon oft und absichtsvoll ausgesprochen hatte.

Eine Weile war es still, und als Spee die Stille nicht länger ertragen konnte, legte er das, was von zwei Händen geblieben war, zwischen seine Hände und begann zu singen.

Als das Lied zu Ende gesungen war, sah Spee eine Tränenrinne, die über die ergraute Haut die Wange und den Hals hinablief:

»Wirst Du neben mir gehen, wenn ich morgen zum Scheiterhaufen muss?«

»Ja«, sagte Spee und gab dem Schließer ein Klopfzeichen.

Er verließ unter Fürbitten die Zelle und als er den Gang hinabschritt, hörte er ihre Stimme: »Den Kamm! Den Kamm nicht vergessen!«

32 Wie Till einen seltsamen Kauf tätigte

Till trug sich mit dem Gedanken, ein schwedisches Lied, das er an winterlichen Lagerfeuern gelernt hatte, in teutsche Verse zu fassen, aber ihm fehlte die rechte Muße und wohl auch der Zugang – jedenfalls fand er keine passende Reime:

> WENN DU NUN SCHON MAL INS FELD HINAUS MUSST,
> UM SCHLACHTEN ZU SCHLAGEN,
> DANN RICHTE ES SO EIN,
> DASS FRÜHLING IST.
> DENN IM FRÜHLING DUFTET DIE ERDE
> NACH LANGER WINTERSTARRE SO UNVERGLEICHLICH SÜSS.
> NIMM EINE NASE VON ERDGERUCH MIT IN DIE SCHLACHT
> DENN – WER WEISS – SCHON BALD WIRD ERDE
> DIR DIE NASE VERSTOPFEN …
> … UND DU KANNST SIE NICHT MEHR RIECHEN.

Der Vorfrühling des Jahres 1630 hatte noch den schwedischen Winter im Leib. Und einen der ersten wärmeren Tage im Lager Elfsnabben nutzte Till zu einem Ritt landeinwärts. In den Bachläufen prahlten dotterfarbene Blumen, am Ufer wippten Bachstelzen, die hier hellgelb waren und nicht weiß wie daheim, und die Möwen waren geschäftiger als noch vor wenigen Wochen.

Ein guter Tag, um sich nicht allein Wind um die Nase, sondern auch durch die Gedanken wehen zu lassen. Till kam nicht umhin, daran zu denken, dass er vor einem Jahr an solch einem Tag – einem Tag mit Frühlingsluft, aber noch behaftet mit der Kälte des Winters – Peine zu

Pferde verlassen hatte, bewaffnet mit Degen und Pistole. Ein Racheengel mit zittriger Hand, ein Mörder … nein, nicht Mörder, Rächer gefiel ihm besser … aber einerlei, ob nun gerecht oder ungerecht, einer, dem der Glücksstern nicht schien.

Es gelang ihm schließlich mit leichtem Schenkeldruck, seinen üblen Gedanken davonzureiten. Sein Pferd, ein halbgroßes mit einer Mähne wie aus Weißgold gesponnen, verstand sich auf eine Gangart, nicht Schritt nicht Trab, die einem nicht den Hintern wund stieß.

Till zügelte es auf einer Anhöhe und entrollte eine Marschskizze über dem Sattelknauf. Dort, wo das Flüsschen eine Schlaufe um vier, fünf flache Hütten legte, dort sollte es sein. Und zwar die erste Hütte. Die Skizze war recht genau und fein ausgeführt, so dass er die Hütte, die er suchte, schon aus der Ferne bestimmen konnte.

Till hatte beobachtet, wie den ganzen Winter über ein Trupp von fünfzehn, zwanzig Mann mit allerhand rätselhaftem Gerät kreuz und quer durchs Umland gezogen war, um anschließend Karten zu zeichnen. Mit einem, der in seinem Vorleben am Hofe zu Prag Adelige porträtiert hatte, war er ins Gespräch gekommen.

Der Mann gab eine bemerkenswerte Kriegsweisheit zum Besten: In jeder Schlacht existiere »ein Dritter«, sagte er. Dieser Dritte könne über Sieg und Niederlage entscheiden. Dieser Dritte sei das Gelände. Das Gelände sei zwar neutral, aber wer es sehr gut kenne, habe einen gewaltigen Vorteil. Gustav Adolf habe uns gesagt, so sprach der Böhme, nicht zum wenigsten an der Qualität der Karten hänge der Sieg der gerechten Sache.

Eine solche zum Üben gefertigte Karte hielt Till in Händen. Er setzte das Pferd abermals in Bewegung, es fiel wie von selbst in jenen wunderbar stoßfreien Trab, den Till zuvor nie erfahren hatte.

Als er sich den Häusern auf dreihundert Meter genähert hatte, bemerkte er eine blassblaue Rauchfahne, die aus keinem Schornstein, sondern aus der geöffneten Tür des vorderen Hauses aufstieg.

Was sind das für Bauern, die keinen Schornstein bauen können, dachte er bei sich. Und auf dem Dach wuchs Gras, so als hausten die Bewohner in einem Grab!

Till kam nicht dazu, lange darüber nachzudenken. Denn kaum hatte er das flache Kiesbett des Flusses durchritten und den Weidezaun des ersten

Hauses erreicht, schoss ihm ein schwarzes Ungetüm entgegen, ein Tier, das einem ungekämmten Wollballen ähnlicher war als einem Hund.

In das überschnappende Gebell des Tieres mischte sich eine Frauenstimme. Eine Alte kam mit dem Rauch aus dem Haus, das, aus der Nähe betrachtet, nur ein Stall war. Sie wedelte mit den Armen und rief dem Hund etwas zu, das ihn augenblicklich zum Rückzug zwang. Till stieg ab, lüftete die Zobelfellmütze, die ihn – diese Wirkung hatte er vielfach bemerkt – als einen besonderen Soldaten auswies.

Die Alte trug graues Leinen ohne vernähte Ränder, um den Oberkörper hatte sie sich ein Fell gewickelt, dessen vormaligen Träger Till nicht erraten konnte, vielleicht war es ein Marder, allerdings hatte er von so großen Mardern noch nie gehört. Die Füße steckten in Wickeltüchern, dort wo sie endeten, war die Haut graublau, Zeichen von vergangenem Frost und gegenwärtiger Armut.

Sie stieß einen kleinen Schwall von Wörtern hervor, den Till nicht verstand, aber ihre Gebärden waren deutlich genug. Also folgte er ihr ins Hüttendunkel, nicht ohne die Stirn gegen den niedrig sitzenden Querbalken zu schlagen, denn beim Eintreten hielt er die Augen des beißenden Rauches wegen geschlossen.

Drinnen war es heller als erwartet, ein offenes Herdfeuer gab genug Licht, so dass Till sich orientieren konnte.

Das erste, was er erkannte, war der Webstuhl.

Er war dreiviertel Manns hoch und maß gut drei Ellen im Quadrat – eine passende Größe. Die Bauart unterschied sich von flandrischen Webstühlen und von den genuesischen, die ihm vertraut waren. Aber der Unterschied war nicht so groß, dass Till Schwierigkeiten gehabt hätte, auf einen Blick zu erkennen, wie mit ihm umgegangen werden musste. Das Erfreulichste schien ihm, dass Rahmen und Gestänge – so jedenfalls stellte es sich für ihn auf den ersten Blick dar – leicht auseinanderzunehmen sein würden: unerlässlich um alles durch die enge Eingangstür zu schaffen. Auch schien es möglich zu sein, das Gerät auf einem der doppelrädrigen Leiterwagen, von denen es im Tross etliche gab, wieder zusammenzufügen.

Till bedeutete der Alten, auf dem Schemel Platz zu nehmen und den Webstuhl vorzuführen. Doch die Alte trat einen Schritt zurück und winkte ins Dreivierteldunkel hinter sich. Während sie das tat – sie winkte langsam und kraftlos – erkannte Till, dass sie gichtige Finger hatte.

Eine junge Frau, die Till im dunkleren Hintergrund des Raumes nicht bemerkt hatte, trat vor, warf einen abschätzigen Blick auf den Fremden und hockte sich auf den vorm Webstuhl stehenden Schemel. Mit der linken Hand ergriff sie das Schiffchen, um das ein grober Wollfaden gewickelt war, mit der rechten spannte sie die Kettfäden.

Till bemerkte, dass die Hebemechanik etwas schwergängig war, und er erkannte unverzüglich den Grund: Jemand hatte das Verbindungsgelenk kunstlos mit Schilf umwickelt; der Fehler würde sich schnell beheben lassen.

Till nickte, griff in seinen Ledersack und legte fünf Gulden auf eine grobe, dreibeinige Ablage nahe dem Webstuhl.

Es waren nur drei Gulden verabredet worden. Die Alte ließ sich ihr Entzücken nicht anmerken, die Münzen verschwanden pfeilgeschwind unter ihrem Pelz.

Gerne hätte Till gefragt, wovon die beiden ohne Webstuhl zu leben gedächten, aber sein Schwedisch reichte nur zu einfachen Fragen, und selbst die waren mehr dem Lagerleben verhaftet als irgendwelchen Belangen des ländlichen Lebens.

Als die junge Frau aufstand und das Feuer dabei ihr Gesicht erleuchtete, bemerkte Till zweierlei: Zum einen, dass er schon lange nicht mehr die Wärme einer Frau neben sich gespürt hatte (einen Mangel, den die meisten Männer im Lager mit wüsten Kritzeleien in Schnee und Sand zu betäuben suchten), zum anderen dass die junge Weberin sehr ebenmäßige, schöne Gesichtszüge hatte. Sie bemerkte seinen Blick, hielt ihm stand, erwiderte ihn aber nicht.

Da geschah etwas, das Till volle zehn Herzschläge lang nicht begriff. Die Alte holte eine der Münzen hervor, die sie gerade erhalten hatte, ergriff die Hand ihrer Tochter, legte die Münze hinein und versuchte, die Hand mit der Münze in Tills rechte Hand zu legen. Was um alles in der Welt sollte das bedeuten?

Aus der Alten quoll sogleich eine Flut unverständlicher Wörter hervor, sie ruderte mit ihrer freien, gichtigen Hand in die Richtung, aus der Till gekommen war und versuchte, die Hand ihrer Tochter, die Münze und Tills Hand dabei zusammenzuhalten. Die heftige Bewegung schien über ihre Kräfte zu gehen, sie atmete heftig und rasselnd.

Till schüttelte den Kopf und trat einen Schritt zurück, dabei warf er mit dem Rücken einen Holzteller zu Boden. Die Alte steigerte nochmals ihren Wortausstoß. Till sah etwas wie Angst in ihrem Blick; aber schließlich – die Alte war erschöpft verstummt und atmete schwer – sagte die Junge: »Marketender.«

Erst jetzt begriff Till: Die junge Weberin wollte oder sollte mit dem Webstuhl als Marketenderin ins Heer des Königs von Schweden. Als lebende Zugabe.

Till schüttelte den Kopf und zeigte mit dem Finger auf die Alte, dazu machte er ein fragendes Gesicht. Auf diese hilflose Weise wollte er wissen: Was wird aus dir, wenn deine Tochter fort ist?

Die Alte hatte verstanden. Sie legte sich erstaunlich behände auf den gestampften Lehm vorm Webstuhl, schloss die Augen und schlug ein Kreuz vor ihrem Gesicht. Till starrte sie eine Weile an, dann nickte er, um ihr klarzumachen, er habe verstanden: Sie würde bald sterben und wollte ihre Tochter versorgt wissen.

Im Heer des Großen Adolf wurde nicht gehungert, das war bekannt. Möglicherweise wusste es die Alte von Nachbarn, die überzählige Esser auf ähnliche Weise im Tross des Königs untergebracht hatten. Die alte Weberin würde ruhiger sterben, sobald sie ihre Tochter versorgt wüsste. Till nahm die Münze, gab sie der Alten zurück, hielt indes die Hand der Tochter fest.

Just in dem Augenblick fiel ein Scheit um in der Herdglut, und ein Funkenregen stob auf. Till glaubte nicht an Zeichen; aber, so dachte er sich, sollten sie doch etwas bedeuten, dann konnte dieses nur heißen: Es ist entschieden!

Er nickte. Die Alte weinte. Die junge Frau regte sich nicht. Nur ihr Atem ging ein wenig schneller als zuvor, wie Till an ihrem Busen bemerkte. Der war groß und aufs Augenfälligste wohlgeformt. Was Tills Entschluss erleichterte.

33

Wie Spee mit gebotener Vorsicht einen Drucker aus Rinteln traf, und wie ihm gleichen Tags die Maria von den Schlachtfeldern aufs Papier sprang

Zurück in Paderborn ließ Spee seine Kutte in eine Lauge tauchen. Sie verlor etwas an Farbe, aber auch den Brandgeruch aus Anröchte. Er verbot sich die Frage nach dem Sinn, der hinter Toden wie dem von Anröchte stehen mochte. Diese Fragen hatten keine Antworten, keine, die sich im Gebet oder in langem Nachdenken finden ließen. Aber wenn … wenn doch ein Funken von Sinn darin steckte, sagte sich Spee, dann der, das mich die Zweifel verlassen, ob meine *Cautio* das rechte Buch zur rechten Zeit ist.

Spee liebte die große Weite ein paar Meilen südlich der Stadt. Im August, wenn sich die Heide lila färbte, hing ein Zauber von Duft und Farbe unter dem Himmel. Während seiner ersten Paderbornzeit war er oft hier gewesen. Es war ihm immer wieder ein Wunder, wie sich das Land in Milde und Lieblichkeit badete, während man nur ein paar Tagesreisen entfernt in Blut watete.

Pfauenaugen gaukelten vorbei, fliegende Blumen, und Spinnfäden fingen das Licht, erste Vorboten des Altweibersommers. Ein Tag zum Durchatmen, ein Tag, um sich den Bücherstaub von der Seele zu singen. Eigentlich.

Aber an diesem Morgen ging Spee schweren Schrittes; er ahnte, was der Mann, der ihn zu sprechen wünschte, begehrte.

Grote hockte schon in der Schänke »Zum kühlen Nass«.

Als er Spee kommen sah, warf er hektische Blicke um sich, wobei er den Kopf fast wie ein Kauz auf dem Hals drehte. Dabei machte seine rechte Hand eine unkontrollierte Bewegung, so dass sie das Glas streifte und der Beerenwein gefährlich zu schwappen begann.

»Nur ruhig, mein guter Grote!« sagte Spee, der inzwischen an die Gartenbank vor der Schänke getreten war: »Es hat mich im Colleg niemand gehen sehen, und in diesem Straßenrock kennt mich keiner.«

Den Mann, den Spee »seinen guten Grote« nannte, schien das nicht sonderlich zu beruhigen; er nestelte, noch ehe Spee Platz genommen hatte, ein Pergament aus seiner Rocktasche und reichte es dem Geistlichen.

Spee legte die Hand auf das Papier und winkte die Schankmagd heran – »von dem Heidelbeer-Wein, bitte!« – dann entfaltete er das Papier. Das Siegel erstaunte ihn nicht, die Anrede ein wenig:

> »AN DEN DRUCKER ALBERTIUS GROTE, WELCHER ZU RINTELN DAS BUCH, GENANNT CAUTIO CRIMINALIS, ZU DRUCKEN UND IN UMLAUF ZU BRINGEN SICH ERDREISTETE, EIN GAR SCHÄNDLICH WERK, WELCHES IN KECKER WEISE ALS AUTOR EINEN ANONYMUS AUSWEIST, WIEWOHL DER VERFASSER AUCH MIT BÖSWILLIGER TOLLKÜHNHEIT UND THÜCKE NICHT ZU VERBERGEN IST.«

»So lese Er nur den letzten Absatz!«, flüsterte Grote und machte dazu eine Schulterbewegung, als wolle er mit seinem Rücken einem unsichtbaren Beobachter aus der Schenke den Blick verstellen.

Spee las:

> » ... DERMALEN ERKLÄREN WIR, DASS LAUT GESETZ SEINER HOCHWOHLGEBORENEN KAISERLICHER KATHOLISCHEN MAJESTÄT DIE MITGLIEDER DES ORDENS CHRISTI NUR MIT HÖCHSTER EINWILLIGUNG DER ORDENSLEITUNG PUBLIZIEREN DÜRFEN. ALS ZUWIDERHANDELNDER GILT ZWEIFELSFREI AUCH EIN VERLEGER, DER WISSENTLICH SCHRIFTEN EINES ORDENSMITGLIEDES PUBLIZIERET, OHNE SICH EINER ENTSPRECHENDEN FREIGABE VERGEWISSERT ZU HABEN.
>
> DA WIR AUS SICHERER QUELLE WISSEN, DASS DER ANONYMUS KEIN ANDERER ALS PATER SPEE IST, DERZEIT GEISTLICHER LEHRER AM PADERBORNER COLLEG, FORDERN WIR DEN ALBERTIUS GROTHE, MITTÄTER AN DIESER PESTILENZISCHEN SCHRIFT, DRINGLICHST AUF, DIE AUTORENSCHAFT DES SPEE UMGEHEND ZU BESTÄTIGEN.
>
> NUR SO WIRD ES MÖGLICH SEIN, DASS IHN DER STRAFENDE ARM DER GERECHTIGKEIT VERSCHONT ... «

Da war es wieder: Das Vorzeigen der Folterwerkzeuge. Nur dass sie nicht *ihm* gezeigt wurden, sondern einem Schwächeren. Und der wimmerte: »Ich habe ein krankes Weib und vier Kinder, das Jüngste gerade zwei Jahre alt!«, und dabei flackerte sein Blick, als griffe das Fieber nach ihm.

»Ich hoffe, lieber Grote, deine Frau ist nicht krank auf den Tod!«

»Nein, nein, das nicht, das nicht, Gott sei Dank! Aber sie sorgt sich. Wenn man mir die Druckerei schließt, dann, dann … «

»Das wird nicht geschehen.«

»Pater Spee, ich glaube Ihnen Ihre guten Absichten, aber wie soll ich …?«

»Der strafende kaiserliche Arm, von dem da im Brief die Rede ist, hat gerade anderes zu tun. Er muss den Schweden abwehren. Und dafür wird der Kaiser beide Arme brauchen. Und noch die ruhende Schwerthand Wallensteins dazu.«

»Und wenn nun doch … «

»Es wird dir nichts geschehen. Glaube mir!«

Grote schwieg eine Weile, dann nahm er das Pergament wieder an sich und jammerte: »Es fällt mir leichter, an alle Heiligen gleichzeitig zu glauben als… «, er brach ab, zuckte die Achseln und fuhr dann mit noch verzweiflungsvollerer Stimme fort: »Ach, sie wüten ja schon ganz in meiner Nähe. In Höxter haben sie einen braven Mann und seine Tochter, fast noch ein Kind, torturiert … wirres Zeug, die Anklage, nichts als wirres Zeug … Wasser-Schadzauber an einem Anlegesteg … Unzucht mit dem Teufel … «

»In Höxter? Höxter ist lutherisch.«

»Lutherisch, katholisch, calvinistisch … wer weiß denn noch, ob er unter demselben Glauben aufwacht, unter dem er am Abend zuvor eingeschlafen ist!«

»Wasserzauber und Unzucht, sagtest du? Wer ist der Ankläger?«

»Ein dortiger Graf. Ein Fresssack und Hurenbock. Lädt gern zur Jagd auf Hirsch und Sau, redet voll Unverstand daher, ein recht schwaches Licht, sagt man.«

Spee betrachtete den Drucker, der in der kurzen Zeit ihres Gespräches noch ein wenig geschrumpft zu sein schien.

»Wenn sie dich bedrängen, Grote, sage ihnen, dein Auftraggeber hätte dich bei der Jungfrau Maria schwören lassen, seinen Namen nicht preiszugeben. Und wenn sie dann gleichwohl weiter auf dich eindrängen, wird dich ein Bruder aus Köln verteidigen, einer, gegen den schwer ein Streit zu gewinnen ist. Er wird geltend machen, dass man von einem braven Mann, der in theologischen Dingen unwissend ist, nicht verlangen kann, dass er ein Wort bricht, welches er der Jungfrau Maria gegeben hat. Du verstehst? «

Grote nickte. Es schien Spee ein einigermaßen zuversichtliches Nicken zu sein.

Nachdem sich Albertius Grote davongeschlichen hatte, blieb Spee noch eine Weile hocken, der Sicherheit wegen. Die Schankmagd hatte ihn erkannt, das verrieten ihre auffällig-unauffälligen Blicke; und bei dem weißbärtigen Alten, der unentwegt seine Augenbrauen zwirbelte und lächelnd ins Leere starrte, konnte man nicht sicher sein, welch Geistes Kind er war: des Blaubeergeistes oder ob er nicht doch einer jener dienstbaren Geister war, die überallhin berichteten, was sie erlauschten. Derer gab es nicht wenige dieser Tage in Paderborn.

Ach, wenn man doch überhaupt einmal sicher sein könnte, seufzte Spee in Gedanken. Der arme Grote wollte ein wenig Sicherheit für sich, für seine Familie. Kein unbilliger, kein unfrommer Wunsch, bei Gott. Aber gab es denn Sicherheit ohne Vertrauen? Diese Frage stellen hieß, sie sogleich an die nächste Frage weiterzureichen: Wem sollte man noch trauen?

Dass er, der arme Mann Spee, der jede Arglist verabscheute, gerade eben nicht ohne List die Mutter Gottes ins Spiel gebracht hatte, dieser Schlich hatte dem Grote etwas von seiner Angst genommen. Also war es eine gute List, eine gerechtfertigte.

Und doch! ... Wenn die Heilige Maria heute leibhaftig durchs Land ginge, durch die rauchenden Dörfer, die geplünderten Städte, vorbei an den Leichen fleddernden Raben auf den Schlachtfeldern und den brennenden Scheiterhaufen ... wer würde sich zu ihr bekennen, wer würde ihren Segen annehmen? Die Lutherischen sicher nicht, ihnen bedeutete die Gottesmutter wenig. Aber wie viele gute Katholiken würden denn wohl die Königin des Himmels ... ?

Spee verspürte plötzlich eine Anrührung; er winkte die Schankmagd heran und bat um Feder und Tinte. Ein ungewöhnlicher Wunsch in einer Gartenschänke, aber er wurde erfüllt. Spee nahm Feder, Papier und Tinte und begab sich wenige Schritte hinter die Schänke an einen Weiher, der ihm besonders behagte wegen seiner überhängenden Weiden und des klaren Wassers.

Und an diesem Tag, der so trübe begonnen hatte, schrieb Fredericus Spee – der Dichter von *Trutz Nachtigall* und des *Goldenen Tugendbüchlein*, der Autor der *Cautio Criminalis*, des weltgeschichtlich ersten juristisch-moralischen Traktates teutscher Zunge, der Sänger von *Oh Heiland, reiß die Himmel auf* – an diesem Tag schrieb er die ersten Zeilen seines Mysterienspieles:

> MARIA VON DEN SCHLACHTFELDERN
> ALS DEN GOTTESSOHN THAT JAMMERN
> DER MENSCHEN BLUTIG UNGEMACH,
> GING ER ZU DEN HIMMELSKAMMERN
> SEINER MUTTER, UND ER SPRACH:
> ES IST DIE WELT ZUM GOTTERBARMEN;
> AN LIEBE FEHLT ES ALLERORTH.
> GEH, MUTTER, NIEDER ZU DEN ARMEN
> UND FÜHR SIE AUS DEM JAMMER FORT!

Spee kehrte zur Bank vor der Schänke zurück, trank den noch unberührten Heidelbeerwein, und er deuchte ihn süßer als jeder Messwein, während er seine noch tintenfrischen Zeilen ein ums andere Mal las. Ja, ja, ja! So sollte das Intro lauten: Der Sohn Gottes schickt seine Heilige Mutter zu den Sterblichen, um das zu vollenden, was ER begonnen hatte vor sechzehnhundert Jahren im Heiligen Land. Und Maria ... so würde die Geschichte ihren Lauf nehmen ... Maria kommt in schwerer Zeit ins kriegsdurchtoste teutsche Land. Das muss geschrieben sein! Aber wenn nun ...

Spee fühlte sich stark genug, alle Ängste in den Graben zu stoßen: Ja, ja, ja doch! Sie würden ihm, dem unbequemen Spee, den Rock ausziehen, ihm das Gewand der *Societas Jesu*, der Jünger Jesu, vom Leib reißen; aber sie würden ihm so schnell nicht Feder und Stift aus der Hand schlagen können. Bei Gott, sie würden es nicht können.

Als Spee aufschaute, war der Alte verschwunden. Wo sein Heidelbeerwein gestanden hatte, war eine hässliche Lache, dunkelrot wie von getrocknetem Blut.

Als Spee am Abend desselben Tages wieder das Colleg erreichte, kam ihm ein junger Bruder – mit allen Anzeichen heftiger Erregung – entgegen. Er hatte einen Flugzettel gefunden, wie sie dieser Tage manchmal wie Kirschblütenregen vom Himmel fielen. Spee dankte und la:

DER HEILAND KOMMT AUS MITTERNACHT
WAHRE CHRISTEN, AUFGEWACHT!
ES KÜMMT EIN LICHT AUS MITTERNACHT.
DER HEILAND KÜMMT MIT GROSSEM HEER.
ER KÜMMET NICHT VON UNGEFÄHR,
ER KÜMMET AUS DEM SCHWEDENLAND,
ER KÄMPFT UNS FREY MIT STARKER HAND.
HARRT AUS, IHR CHRISTEN, IM GEBET!
WILLKOMMEN, ADOLF, MAJESTÄT!
LUTHER, DER IM HIMMEL IST,
BELACHT DAS ENDE DES PAPIST.

Schlechte Verse, dachte Spee. Und ein noch schlechteres Evangelium. Ach, dieser Luther … nie hatte der Satan auf Erden einen schärferen Geist, einen glänzenderen Spießgesellen gefunden als diesen Mönch aus Wittenberg. In seiner Knabenzeit am Rheinufer hatte Spee gern mit einem sehr alten Priester gesprochen, der sich in einer verlassenen Fischerhütte eine Art Klause eingerichtet hatte und der dazu neigte, bei Sonnenaufgang mit den Fischen und Wasservögeln zu reden. Ein Weltflüchtling, aber auch ein Flüchtling vor dem Purpur der Kirche. Dieser Alte hatte dem Knaben Spee erzählt, er habe in seinen sehr jungen Jahren noch den alten Luther predigen gehört. Spee hatte sich die

Worte des alten Klausners gemerkt: »Dieser dicke alte Mann konnte mit Worten Eisen schmelzen. Besonders Eisen, das um die Seelen geschmiedet ist.«

Spee schüttelte sich. Ein Sendbote des Bösen mit Engelszungen? Ach... dieser Luther! Und nun gar noch ein gottgesandter Adolf ... Soll denn nie ein Ende sein mit den Feuerrednern und Brandsetzern, die aufeinander folgten wie Donner auf Blitz?

Er zerknüllte das lutherische Pamphlet, glättete es aber sogleich wieder: Wie, dachte er sich, wie wenn ich es morgen den jungen Brüdern zu lesen gäbe, auf dass sie sich dazu etwas Rechtes einfallen lassen? Woran lässt sich junger Geist besser schärfen als an den Waffen von Gegnern?

34

Wie Till in Gustav Adolfs Lager den Gesängen schlesischer Weber lauschte und zu welchem Behufe er dieses tat

Es waren die letzten Wochen, bevor Gustav Adolfs Flotte Schweden verließ, April- und Maitage des Jahres 1630, in denen Till fast jeden Abend ohnmachtsartig einschlief. Die Provianteure, denen er offiziell zugeteilt war, wurden als Reserve für die Artillerie ausgebildet. Und da die Zeit für ihn, der den ganzen Winter fast ohne Exerziererei zwischen Leder und Tuchballen zugebracht hatte, knapp geworden war, fast zu knapp, um das Exerzieren noch zu lernen, kam es ihn jetzt besonders hart an.

Härter noch wurde es, weil die Ausbilder geheime Rache an ihm nahmen, Rache dafür, dass ein Gemeiner – einer wie er – auf unerklärlichem Weg an die Fleischtöpfe der Offiziere gelangt war und besser gekleidet einherging als sie selbst. So einen taucht man gern in den Schlamm.

Till begriff schnell, dass er einen Beschützer brauchte. Er wählte sich einen Friesen, der sich bei der Söldnerausbildung damit hervortat, die Ungeschicklichkeiten der noch Kriegsunerprobten mit hoher Stimme zu beschreien, ja: zu befisteln. Till erkannte, dass der Mann, der sich selbst Flachshaar nannte, sehr auf Äußerlichkeiten hielt. Sein Rock war nie fleckig, seine Hände zeigten nicht das übliche Drecksgrau, und manchmal ruhte sein Blick auf den schwitzenden Leibern der gemeinen Söldner in einer Weise, die Till zuletzt bei einem Kaufmannssohn in Genua gesehen hatte, einem ungemein schönen Menschen, der sich mit den Kopien von römischen Statuen umgab – nackten Jünglingen vorzugsweise.

Till besorgte Flachshaar verschiedene Tücher der obersten Qualität, und siehe da: Das übermäßige Tunken in Dreck und Pfützen unterblieb. Und einmal, als ein fränkischer Haudegen und Munitionierer Till absichtlich die Schleifschürze mit den Kanonenkugeln in den Morast geworfen hatte, damit er sie berge, zwang Flachshaar den Ausbilder, sie selber zu bergen. Eine Demütigung, eine Demonstration. Trotz dieses kleinen Befreiungsschlages: Die Schleiferei blieb hart und ermüdend. Allerdings war dafür gesorgt, dass kaum einer über seine Kräfte geschliffen wurde. Und die Feldprediger wurden nicht müde, in ihren Predigten himmlischen Lohn zu versprechen. Einen jungen Finnen, dem beim Exerzieren seine linke Hand von einer Kanonenlafette zerquetscht wurde, zog Prediger Hein anlässlich einer seiner Sonntagspredigten zu sich auf die Bretterempore, reckte den Arm mit der verstümmelten Hand zur Zeltdecke und donnerte in die Runde: »Wahrlich, wahrlich ich sage Euch, jedes Glied, das einer von euch Soldaten des Herrn im Dienst für die gottgefällige Sache verliert, wird ihm nach seinem seligen Tod unser Herr Jesus selbst und eigenhändig wieder ansetzen! Das hat mir der Gottessohn im Traum offenbart.«

Nach Exerzierpausen, die peinlich genau eingehalten wurden (Gustav Adolf wurde im Lager mit den Worten zitiert: »Ich dekretiere aufs Strengste: Keinerlei Verluste, bevor die erste Kugel fliegt.«), kehrte das Feuer zu Till zurück, ein Feuer, das zu blaken begonnen hatte – unter dem Druck weicher Kissen und zuletzt unter der Last der Schinderei. Wie eine Kerze in schlechter Luft hatte sein Feuer gekümmert. Doch nun sollte alles anders werden. Endlich, endlich bewegten sich die Dinge in die ersehnte Richtung, so jedenfalls wollte es ihm scheinen: Südwärts! Teutschland! Peine! Daheim das Seine wieder in Besitz nehmen! Dem Lutherischen Bekenntnis die Fahne vorantragen! So etwas konnte man nicht denken, ohne dabei Trommelschlag und Hochrufe zu hören. Und möglicherweise sind Rothmanns späterhin bekannt gewordene Zeilen:

> ... NUN TROMMLE HERZ UND SCHLAGE WILD;
> HAST SCHON ZULANGE LEIS' GELEBT.
> ZEIGT DOCH DER LEIB EIN JAMMERBILD,
> SOFERN ER NICHT ZUM STREIT SICH HEBT ...

schon in Schweden – etwa aus so einem Aufbruchsgefühl heraus – entstanden.

Till hatte sich insgeheim geschämt für sein Wohlleben hinter Tuch, geborgen in Proviantzelten. Helden hockten nicht hinten! All das sollte sich nun ändern! Sollte … ? Musste … ? Wenn es wieder bei Tagesanbruch in regendurchweichten Grund ging, war es schwer, die rechte Moral aufrechtzuerhalten. Es regnete ihm immer wieder ins Feuer. Und statt dem HERRN dafür zu danken, dass die Stunde der Gerechtigkeit für ihn, für Peine und für Teutschland nun bald näher rücken und seine Flucht nun endlich – sozusagen auf dem Nord-Süd-Gegenkurs – ihre höhere Weihe erhalten sollte, dankte er für Naheliegendes. Dafür, dass es sich im großen Tuchzelt bequemer lag als in den Massenzelten im Treibholzlager.

Gustav Adolf hatte höchstselbst befunden, dass die Beweglichkeit der Artillerie kriegsentscheidend sei. Sein Satz – er hatte ihn anlässlich einer Vorführung der neuen Kanonen in klarem Teutsch gesprochen – wurde den Kanonieren eingehämmert: »Wenn es blitzt, seid ihr blitzschnell weg, noch eh der Feind das Mündungsfeuer sieht! Und während er sich noch die Augen reibt, blitzt es aus anderer Richtung.«

Zum Zweck der Beweglichkeit ließen sich die mittelschweren Kanonen aus der Lafette aushängen; zwei bereitstehende schwere Gäule nahmen sie zwischen sich in einem Spezialgeschirr auf und trugen dann flugs das Eisenrohr davon, hin zu einer anderen Lafette, die ein paar hundert Meter entfernt bereitstand.

Die Kanonen waren aber trotz ihrer leichten Bauweise noch schwer genug, um die Gäule jedes Mal fast in die Knie zu zwingen, wenn das Metall in die Halteriemen fiel. Till machte den Vorschlag, erst mit vergleichsweise leichten Baumstämmen zu proben und dann das Gewicht langsam zu erhöhen.

Der Lademeister, dem die Ausbildung oblag, fuhr ihm barsch übers Maul, aber ein Offizier, der den Vorschlag mit angehört hatte, ließ ihn sogleich in die Tat umsetzen. Der düpierte Lademeister rächte sich, indem er Till, als der Offizier verschwunden war, zum hinteren Tragemann machte. Der hintere Tragmann war der, der die Hauptlast zu spüren bekam, wenn die Kanone angehoben werden musste. Till lernte an diesem Tag, dass es gesundheitsschädigend ist, klüger zu sein als ein direkter militärischer Vorgesetzter.

Immerhin, die Gäule waren ihm dankbar. Sie lernten, das Geschirr zu straffen, indem sie sich gefühlvoll voneinander weg bewegten, kurz bevor das Kanonenrohr sich ins Leder senkte. Der etwas kleinere der beiden Gäule hieß Gruse, eine breithüftige Stute, die Till besonders zugetan war. Wenn er kam, schnoberte sie und drängte ihren Dickkopf an seinen Rock. Denn Till kam nie ohne eine Handvoll Hafer in seinem Mantelsack.

Es ließ sich gut einrichten, dass er jeden zweiten, dritten Tag bei den Webern und Weberinnen vorbeischauen konnte. Gewissermaßen in dienstlicher Mission. Und was bei Gruse gut gelang, sollte doch auch bei Selma, der schwedischen Weberstochter, nicht fehlschlagen. Er brachte der jungen Frau, die er samt Webstuhl eingekauft hatte, Hühnerbeine, Schmalz und einiges mehr, das im Offizierszelt auf den Tischen liegen blieb.

Sie nahm es ohne erkennbare Zeichen von Dankbarkeit. Aber der langsame Augenaufschlag und ein angedeutetes Lächeln (es war doch ein Lächeln, oder?) waren ihm Ermutigung genug.

Manchmal konnte er es einrichten, länger an ihrem Webstuhl zu verweilen, angeblich, um zu überprüfen, ob das Gestell in rechter Weise auf einen der doppelrädrigen Wagen montiert war und ob die Schwergängigkeit der Hebemechanik beseitigt worden ist.

Die meisten Weber waren Schlesier, lutherische Religionsflüchtlinge, die sich schon zu Beginn des Krieges nach Schweden abgesetzt hatten. Sie blieben so sehr unter sich, dass sie kaum einen Brocken der schwedischen Sprache auflasen. Dass um Selma herum überwiegend schlesisches Deutsch gesprochen wurde, mag der Grund dafür gewesen sein, dass sie eines Morgens den inspizierenden Till mit einem etwas krausen deutschen Fragesatz begrüßte: »Du hatten ein gut Geschlaf?«

Till war so verblüfft, dass er nur heftig nicken konnte.

Sie lachte und widmete sich dann einer breiten Bahn aus grünen und roten Garnen, so als wäre er nicht da. Aber Till entging nicht, dass sie aus dem Augenwinkel beobachtete, wie er sie beobachtete.

Ein anderes Mal konnte er sich annähern, weil erhebliches Getöse die

Aufmerksamkeit der Gruppe gefangen nahm; die Weber sangen laut und wenig kunstvoll; nur Selmas Stimme lag wie ein in die Luft geschnittener Orgelton über dem Stimmengewoge.

Till stand wie angewurzelt, hörte zu und war glücklich. Sein Vorwand für eine neuerliche Inspektion (Auflistung von Garnen, mit Angaben über Dicke, Länge und Preise) war ihm entfallen. Der Frühlingswind fegte die Liste davon. Er schien es nicht zu bemerken, stand da und lauschte, wünschte nur, das Lied hätte hundert Strophen.

> ... UND WENN DER FADEN BLUTIG WIRD,
> DANN WASCHEN MERN' GLEICH MIT SPUCKE AB
> SCHIEB ZU ... SCHIEB ZU ... SCHIEB ZU!

Ob sie begriff, was sie da sang? Schwer zu sagen, aber sie sang es betörend schön.

Und während er noch so dastand und sich angenehmen Gedanken hingab, fiel ihm bei der dritten Wiederholung der Zeile mit dem blutigen Faden der blutige Hintern des Franzosen ein. Oh wei, Till Rothmann! Du wirst dich vorsehen müssen.

Am besten informiert waren die Geistlichen, denn sie sprachen mit allen, mit Offizieren und mit Gemeinen; sie durchstreiften das Strandgutlager ebenso wie das der Schweden und Finnen, sie trieben sich im Tross herum, schwatzten sogar – ohne einschlägigen Verdacht zu erregen – mit den Marketenderinnen, mit den wohlanständigen und auch mit jenen, von denen man sich so dies und das erzählte.

Till hatte schnell begriffen, dass man von den Geistlichen bevorzugt *dann* mit Nachrichten beliefert wurde, wenn man sie selbst mit Neuigkeiten aufprovantieren konnte. Die Neuigkeiten, die im Lager hin und her schwirrten wie ein ausgeräucherter Bienenschwarm, schienen Till nicht immer glaubhaft. Aber die Nachricht, dass Gustav Adolf in Stockholm am 20. Mai vor dem Reichstag eine Abschiedsrede gehalten hatte – so als sei er sicher, nicht wieder lebend nach Schweden zurückzukehren –, diese Kunde erschütterte ihn, und nicht nur ihn. Es flatterten die unterschiedlichsten Wortlaute dieser Stockholm-Rede durchs Lager, und eine Version klang raunender als die andere. Am eindringlichsten – und deshalb wohl auch am glaubwürdigsten – erschien Till die Bekundung, der König habe, seine Tochter auf dem Arm haltend, den Notablen die Worte zugerufen: »Ich sage euch allen mein zärtliches Lebewohl. Ich sage es vielleicht auf ewig.«

Wie das?

War Adolf etwa *nicht* kugelfest? Hatte ihn nicht vor Jahren eine zaristische Kugel durchschlagen, eine die jeden anderen auf der Stelle getötet hätte, ihn aber nicht einmal daran hinderte, die Schlacht zu gewinnen? Wieso sollte so einer über seinen vorausgeahnten Tod in Teutschland sprechen? Der Löwe aus Mitternacht sollte brüllen! Ja, brüllen sollte er, und nicht in Zweifel getauchte Abschiedsworte lispeln, bei allem was Recht ist!

Das Gerücht von der königlichen Todesahnung wurde schnell von anderen abgelöst. Wallenstein, so hieß es, hätte sich wieder mit Kaiser Ferdinand vertragen und schicke sich an, die ganze Ostseeküste von Lübeck bis Polen zu besetzen, um Adolfs allseits erwartete Anlandung zu verhindern. Ein Gerücht ohne jede Spur von Wahrheit, aber es wurde munter herumgetragen. Weit wahrer dagegen die Kunde, dass sich Christian von Dänemark geweigert hatte, Adolfs Übertritt nach Teutschland zu unterstützen. Es hieß, die Wunden eiterten noch, die ihm Johann Tserclaes Graf von Tilly vor vier Jahren bei Lutter am Barenberg geschlagen hatte. Und Christians Erklärung, er betrachte die schwedischen Absichten gegen die katholische Liga mit großem Wohlwollen, klang vielen falsch, feige und geheuchelt.

Ein dänischer Söldner, der seinen Christian wacker verteidigte gegen allerlei Schmähungen, Gerüchte und Unterstellungen und zu allem Unglück auch noch selbst Christian hieß, bekam stellvertretend für seinen König die Missbilligung der Landsknechte eingebläut.

Schrumm, schrumm, schrumm
Feig wie`n Däne
Ohne Zähne
Schwach und krumm
Schrumm, schrumm, schrumm …

… diesen Spottvers auf Christian von Dänemark konnte man an allen Ecken und Enden des Lagers hören. Die meisten dänischen Söldner waren, anders als Christian, der Verprügelte, klug genug, mitzusingen – um nicht aufzufallen.

Der letzte Sonntag, bevor der Abmarsch zu den Schiffen eingeleitet wurde, war Gebetstag. Es erging strenger Befehl an alle. Und es wäre tollkühn gewesen, sich zu drücken. Selbst Christian, der Verprügelte, humpelte auf groben Krücken zum Kreuz. Das hatte man aus den Stämmen der zwei größten Birken, die im weiten Umkreis zu finden waren, zusammengefügt.

Der Prediger Hein aus Hamburg raunte Till zu, es würde zur Feier des Tages aus dem 2. Makkabäerbuch 15, Vers 16 gepredigt: »Nimm hin das heilige Schwert, das dir Gott schenket, damit sollst du die Feinde schlagen!« Und eben dieses Schwert – auch da war sich Hein aus Hamburg gänzlich sicher – befinde sich reich geschmückt nirgendwo anders als in der Scheide am Gürtel des König Adolf.

Till nickte Hein, der vor Eifer glühte wie im Fieber, freundlich zu, aber ihn interessierte etwas anderes. Er sah Selma aus der Ferne, und er bemerkte, dass sie ein schwarzes Schleiertuch trug. Till ruderte quer durch den Strom, der sich zum Hauptplatz mit dem riesigen Birkenholz-Kreuz schob, und erreichte Selma, kurz bevor sie in einem Pulk von Weibern untertauchte. Er deutete auf ihr schwarzes Kopftuch und dann landeinwärts. Sie schaute ihn an und nickte.

Also hatte sich die Alte mit dem Sterben beeilt. Vermutlich wollte sie nicht, dass ihre einzige Tochter mit schwerem Herzen übers Meer führe.

35

Wie eine plötzliche Flut am Weserfluss Schaden an einem Anleger und an einem Steg verrichtete, und welch schlimme Folgen daraus erwuchsen

Wie es begonnen hatte, wusste am Ende keiner mehr zu sagen.

Aber vermutlich lag der Beginn dieser Geschichte nur wenige Tage *nach* dem großen Fest des Gero zu Eberstein. Ein Fest, das der Nachwelt – trotz nachfolgender bedeutsamerer Ereignisse – in Erinnerung bleiben sollte -vor allem wegen eines jämmerlichen Lebenden Bildes: eine plumpe Salome und ein geköpfter Johannes, der unter einem Tuch nieste.

Ein kopflos Niesender! Das verwandelte das dramatische Bild unrettbar in eine Jahrmarktsposse. Und die dickliche Salome, für die Gero zu Eberstein eigentlich eine andere Besetzung gewünscht, ja gefordert hatte, sah in ihrem Schleierkleid aus wie eine schlecht gestopfte Brühwurst. Die Arme schien es zu ahnen. Jedenfalls zeigte ihr Gesicht Weinerlichkeit und Unbehagen und nicht, wie von Eberstein befohlen hatte, »mörderisch schöne Tücke«.

Der zu Eberstein soll sich – nachdem seine Gäste beinahe vor Lachen erstickt waren – aus Scham und Wut fast auf den Tod betrunken haben. Das mag übertrieben sein, aber verbürgt ist, dass er noch vier Tage später schwankte, als man ihm die Nachricht vom zerstörten Anleger brachte. Jene Nachricht, mit der die Kette der Verhängnisse ihren Anfang nahm.

Das Weserwasser war in jener Nacht unbegreiflich schnell gestiegen, so schnell wie in manchen Jahren nur nach heftiger Schneeschmelze. Doch am Schnee konnte es nicht gelegen haben. Der Winter 29/30 war zwar kalt zum Erbarmen aber nicht sonderlich schneereich.

Jedenfalls hatten die nächtlichen Fluten den Anleger in Höxter weg-

195

gerissen und den Pfeiler der großen Brücke geknickt, so dass der Steg halb in der Luft hing. Das allein wäre ein erträglicher Schaden gewesen, doch der Anleger, den die Flüchtlinge, die Peiner, ein paar hundert Meter weiter flussab gebaut hatten, blieb unbeschädigt.

Ein gerecht empfindender Mensch hätte zugeben müssen, dass die Bauart des neuen, des Peiner Anlegers die Fluten geschickt abwies, ganz anders als der alte Anleger in der Stadt. Tobias Rothmann selbst hatte veranlasst, dass ein mächtiger Bug aus Eichenholz gebaut wurde, der die Fluten ein paar Meter vor dem Steg teilte und ableitete und so den Wasserdruck auf das Bauwerk erheblich verkleinerte.

Und ein gerecht empfindender Mensch hätte ebenfalls zugeben müssen, dass der überalterte Anleger in Höxter schon zweimal höchst unzulänglich ausgebessert worden war. Ein gerecht empfindender Mensch hätte sich sehr wohl an den Ärger erinnert, als vor drei Jahren eine weit geringere Flut schon einmal Schaden angerichtet hatte. Ein gerecht empfindender Mensch hätte zugeben müssen ... aber es gab in diesen Tagen offenbar kaum gerecht empfindende Menschen in Höxter.

Nur was offensichtlich war, wurde gesehen: Die Peiner, die der Krieg hierher gespült hatte, diese Habenichtse hatten in den vergangenen Monaten ihre Leiterwagen eingesetzt, um Ware in die Stadt zu bringen. Ware von *ihrem* Anleger, der nun der einzige war, weil ihn die Flut verschont hatte.

So etwas geschah doch nicht ohne fremde Hilfe! Und der rechtmäßige, der alte Anleger, den man seit Kindesbeinen kannte, war fort. O nein, das konnte nicht mit rechten Dingen zugegangen sein!

Es hätte auffallen können, dass es just und ausgerechnet der Zimmermann war, der DAS TEUFLISCHE sah. Und es war auch derselbe Zimmerer, der vor einiger Zeit schlechte, jämmerlich schlechte Ausbesserungsarbeit am alten Höxter-Anleger verrichtet hatte. Es hätte auffallen können, dass er seinen Bericht vorbrachte, kurz *nachdem* er abermals wegen seiner schlechten Reparaturarbeit gerügt worden war. Es hätte auffallen können, dass der nämliche Zimmerer erst von *einer* Person sprach, wenige Tage später aber bei seiner Seligkeit schwor, es wären *zwei* gewesen.

Aber all das sollte oder wollte niemandem auffallen.

Was der alte Zimmerer, genannt Heinrich mit dem breiten Daumen (ein Arbeitsunfall mit einem zu schweren Hammer), zu sagen wusste, klang so: Gegen Mitternacht habe er ein lautes Platschen gehört. Erst sei ihm so gewesen, als habe die Hammerschmied-Mühle ihr Bremsholz zerbrochen und laufe nun auch nächtens zur Unzeit. Doch als er heraus gewollt habe, um den Hammerschmied zu warnen, habe er zwei Gestalten gesehen. Die eine, größere habe sich am Anleger zu schaffen gemacht, unmäßig an den Planken gezerrt, die andere, kleinere mit beiden Händen auf das Wasser geschlagen.

Als er, um alles besser sehen zu können, näher heran wollte, habe ihn ein Schwefelgeruch zurückgetrieben. Aber er, Heinrich mit dem breiten Daumen, sei kühn genug gewesen, noch einen Blick zu wagen. Da habe er gesehen,, dass die größere Gestalt der Leibhaftige gewesen sei, leicht zu erkennen an seinem feurigen Schopf und einem Bocksbein. Der andere aber, der beidhändig aufs Wasser geschlagen habe sei kein anderer als Tobias Rothmann gewesen. Und je mehr er geschlagen habe, desto höher liefen die Wogen auf. Schließlich habe der Teufel vom halb zerstörten Anleger abgelassen und den Rothmann unterstützt – der ganz offensichtlich sein Knecht und Geselle bei dieser teuflischen Arbeit war – beim Aufrühren des Wassers. Das habe er so lange und eifrig getan, bis das Wasser mit gewaltigem Schwall den Anleger und die Brücke angegriffen habe.

Und dann hätten die beiden gellend gelacht und seien vor seinen Augen in die Luft verschwunden. Ein Lachen aber hatten zur selben Stunde mehrere gehört, was als Beweis galt, dass Heinrich mit dem breiten Daumen die Wahrheit sagte.

Zwei Wochen später – der alte Rothmann lag zu diesem Zeitpunkt schon in Ketten – meldete sich die Witwe des Schultheiß Winterlein zu Wort, die älteste Schwester des Gero zu Eberstein. Sie wiederum wollte gesehen haben, dass in der Nacht vor dem Unglück die junge Rothmann-Tochter Meta in einem unzüchtig durchscheinenden Kleid mit einer Gestalt auf dem Anleger getanzt habe, einem Kerl mit rotem Schopf, der sich recht unbeholfen bewegt habe. Erst habe sie gemeint, er tanze wegen eines Holzbeines derart ungelenk, dann aber habe sie genauer gespäht und schaudernd bemerkt, dass er ein verkürztes Bein mit einem Ziegenfuß gehabt habe.

Da sei sie entsetzt zurückgewichen, habe aber noch gesehen, wie der Satan jäh im Tanze innegehalten, den Rock der Meta gehoben und ihr stehend beigewohnt habe.

Man hätte die Witwe Winterlein fragen können, zu welchem Zweck sie zu so später Stunde den Steg aufgesucht habe, zumal ihr Haus, das Schultheiß-Haus, am äußersten Ende Höxters und auf der anderen Flussseite lag. Man hätte sie fragen können, wie sie, eine fast Blinde, all das so genau habe erspähen können. Noch dazu bei nur knapp Viertel Mondlicht. Aber dergleichen fragte niemand die hochlöbliche Schwester des Gero zu Eberstein und Witwe des nicht minder hochlöblichen Schultheiß Winterlein. Wohl aber fragte man, wie hoch der Satan denn wohl den Rock gehoben habe und ob der Satan der jungen Rothmann Meta von hinten oder von vorn beigewohnt habe.

Es muss um den ersten Mai gewesen sein, dass Gero zu Eberstein sich zum Vorsitzenden einer inquisitorischen Kommission erklärte, die durch eindringliches Befragen ans Licht zu bringen gedachte, wie es sich mit Vater und Tochter Rothmann verhielte. Und etwa zur gleichen Zeit begann der Schmied Grell damit, flache, scharfschneidige Zangen herzustellen, wie man sie so im lutherischen Höxter noch nicht gesehen hatte.

36 Wie Till voller Ingrimm bemerkte, dass Pferde sorgfältiger verschifft werden als Frauen

Als alles auf die Schiffe einrückte, hatte Till Rothmann wohl an die hundert Lobgesänge gehört – nacheinander, chorisch, vor allem aber durcheinander. Weil er die meisten schlecht fand, ungelenk wie Bilder, die mit zu groben Pinseln gemalt wurden (die Schweden und Finnen konnten es nicht annähernd mit den begnadeten Sängern und Dichtern aufnehmen, die er in Genua gehört hatte), beschloss er bessere zu machen. Und weil gerade eine Möwe nur wenige Armlängen über seinem Kopf schwebte, als er seinen Leinensack an Bord zog, gab er sein erstes Adolf-Lied dem Vogel mit auf den Weg.

ERSTES ADOLF-LIED DES TILL ROTHMANN
SO NENNT MAN DICH LÖWE,
DER BRÜLLEND SPRINGT GEN TEUTSCHLAND HIN:
LÖWE AUS MITTERNACHT
ICH NENNE DICH MÖWE
MIT FREYEM SINN.
MÖWEN SIND SCHNELLER WOHL GEGEN DEN WIND
ALS VÖGEL LAUER LÜFT' ES SIND.
MÖWE AUS MITTERNACHT!

Till hatte mit Ingrimm bemerkt, dass jene Schiffe, auf die der Tross samt Frauen verladen wurde, von deutlich schlechterer Bauart waren als die Transportschiffe für Soldaten. Selbst die überaus breitbrüstigen Schiffe für die Pferde deuchten ihn besser zu sein als die Tross-Schiffe. Und noch etwas beunruhigte ihn: Anders als die Engländer, Holländer, Franzosen, Spanier galten die Schweden nicht gerade als souveräne

Herren über Wind und Wellen. Mit Schaudern dachte er an die schlecht gefahrenen Übungsmanöver, die er von der hohen Klippe aus vor einigen Wochen beobachtet hatte. Zwei Lastensegler waren unter vollem Tuch ineinander gerauscht und hielten jetzt, nur notdürftig in Stand gesetzt, Kurs auf Teutschland.

Till spürte einen heißen Stich in der Magengrube: Wie wenn eines dieser plump im Wasser liegenden Kähne mit Selma an Bord im ersten harten Wind kenterte? Würde er dann von seinem sicheren Schiff herüberschwimmen, um sie zu retten, so wie es ein Dichter besungen hatte:

> ... SEIN WEIB ZU RETTEN, SPRANG DER MANN,
> DAS MEER NAHM BEIDER OPFER AN ...

Welch unsinniges Gedankenspiel! Er konnte ja nicht einmal wissen, auf welchem Schiff Selma eingeschifft war, und selbst wenn er es gewusst hätte; schon der erste harte Wind würde die Armada weit auseinander treiben.

Andererseits hoffte Till auf den Wind, auf diesen klaren, stetigen Wind über See. Der würde ihm den Kopf und das Herz freiblasen, denn seine Gedanken kreiselten in unguter Weise. Sie gingen um wie trunkene Soldaten, die den Weg verloren hatten. Es gab, neben der Sorge um Selma, noch einen weiteren Grund, sich zu beunruhigen. Vor wenigen Tagen war er zufällig an einen Mann aus dem heimatlichen Peine geraten, einen mürrischen Kerl, der stotterte und deshalb nur wenig sprach.

Till hatte ihn mit Wein zum Sprechen gebracht, mit Wein, den er eigens zu diesem Zweck im großen Offizierszelt gestohlen hatte. Dieser Gottfried, nur wenig älter als er selbst, war der Sohn eines Töpfers, dessen Werkstadt vor dem Peiner Stadttor lag. Till glaubte sich an einen großen Brennofen zu erinnern, den er als Knabe bestaunt hatte, weil er nächtens leuchtete, rot wie ein sehr tief stehender Mond.

Dieser Gottfried wusste davon zu berichten, dass eine Vielzahl der Lutherischen im vergangenenn Sommer mit Schimpf und Schande die Stadt verlassen musste unter Führung des Pastors Kern. Wohin sie sich gewandt hatten, wusste er nicht zu berichten. Zur Weser, hatte es geheißen. Aber beschwören wollte er es nicht.

Und noch etwas wusste Gottfried zu berichten: Die armen Lutherischen, die *vor* der Stadt lebten, seien von den Katholischen anfangs nicht drangsaliert worden, aber schon bald habe es auch dort begonnen: Sich katholisch bekennen oder alles verkaufen und die Stadt verlassen! Deshalb sei er, Gottfried der Töpfer, über Lübeck nach Schweden zu; denn die Töpferei seines Vaters sei für ein jämmerliches Geld an einen Katholiken gefallen. Mehr aber war nicht aus Gottfried herauszubekommen. Allerdings hatte Till auch den Fehler begangen, zu heftig Wein nachzuschütten. Schon nach einer Stunde lag sein Landsmann lallend im Gras.

Till hatte in den folgenden Nächten unruhiger geschlafen als ein Fieberkranker; er hatte sein Hirn ausgewrungen: Von welchen möglichen Fluchtorten war da im vergangenen Spätwinter, kurz vor seiner eiligen Flucht nach Norden, die Rede gewesen? Von Celle hatte Pastor Kern gesprochen, einem Ort, wohin der mörderische Tilly noch nicht geschlagen hatte. Und war nicht auch vom fernen Hamburg die Rede gewesen, der stolzen Stadt, in der die Papisten bisher noch keinen Krümel Weihrauch hatten entzünden können? Sein Vater hatte mehr als nur einmal von Hamburg gesprochen – von Hamburg, der Freien Stadt – und von einem Vetter, der dort, wie er selbst, einen Tuchhandel betrieb.

Sicher schien Till nur, dass die Seinen Peine verlassen hatten. Aber *wie* hatten sie Peine verlassen? WIE, um Gottes Willen? Unbewaffnet? Das wäre ein schlimmes Wagnis. Und seine kleine Schwester Meta, wie mochte es ihr gehen? Und die starke Anna, die mehr Mutter für ihn war als die unablässig hustende Frau, die ihn und seine Schwester himmelwärts verlassen hatte.

Einmal hatte er einen Traum, der sich auch am folgenden Morgen nicht abschütteln ließ. Der Traum war nichts anderes als ein vergilbter Notizzettel seiner Erinnerung: Sie waren beide noch Kinder, er schon von dreiviertel Mannesgröße, sie noch sehr klein. Metas Stoffpuppe hatte am offenen Herd Feuer gefangen. Die kleine Schwester hatte sie dort hingelegt, weil ein Sturm die Fensterläden beschädigt hatte, und es kalt in der Küche war. Ihr Puppenkind solle nicht frieren, hatte sie gesagt. Er hatte die brennende Puppe gegriffen und sie in einen Wasserkübel getaucht.

Die Haare aus gelbem Garn waren verbrannt und das halbe Gesicht dazu; aber Meta hatte das Puppenkind weiterhin geliebt, so als wäre es völlig unbeschädigt. Und als er, Jahre später, aus Genua eine kunstvoll gefertigte Puppe mit dunkelblauem Seidenkleid mitbrachte, hatte sich Meta artig bedankt, aber dabei die Verbrannte nicht aus dem Arm gelegt.

Till schüttelte sich. Träume sind Schäume. Es war ein gutes Gefühl, dass ihn der Wind ab jetzt zurück zu den Seinen wehen würde. Und nach ihm, nach dem Mann, der auf den Spee geschossen hatte, würde wohl keiner mehr forschen. Es wurde doch dieser Tage in Teutschland allenthalben geschossen, gehauen und gestochen.

Und wenn erst Adolf den Papisten das Feuer unter den Weihrauchkesseln ausgeblasen haben würde, dann würde er, Till Rothmann, den väterlichen Besitz in Peine zurücknehmen. Das war nur gerecht. Und *dass* es gerecht war, hatte ihm Hein, der Prediger aus Hamburg, auf mehrfache Nachfrage in eindringlichen Worten bestätigt: Gewalt und Krieg seien dann gerecht, wenn ein Bestohlener den Dieb zur Herausgabe der Beute zwinge. Segen liegt auf dem Schwert des wackeren Mannes, der Diebesgut und unehrenhaft genommene Beute zurückgewinnt!

Halleluja! So sollte es sein mit Teutschland, dem armen Teutschland, dem sein lutherisches Bekenntnis gestohlen ward! Und so sollte es auch mit dem Tuchhandel der Rothmanns sein. Wundersam und gut ging da beides zusammen: der große Heilsplan und sein kleiner Plan für Peine.

Ein Windstoß erfasste gleichzeitig alle zighundert Flaggen, die in weiten Bögen über die Toppen aufgezogen waren und auch die Fahnen, die sich an Land an eigens errichteten Masten bauschten. Welch ein Fingerzeig von oben! Ein Gruß des Höchsten, was denn sonst?

Es gab zwar – die Auguren hatten viel zu schwatzen dieser Tage! – das Gerücht, ein königliches Prunkschiff mit Namen »Die Wasa« – ein Schiff, eigens zum Aufbruch Adolfs gen Teutschland fertiggestellt – sei schon Minuten nach dem Stapellauf vor Stockholm im Wasser gekentert und gesunken. Ein düsteres Omen! Aber Till entschloss sich, nur exakt *jenen* Zeichen zu glauben, die direkt an ihn kamen. Das war die einzige Rettung; es gab einfach zu viele Zeichen dieser Tage.

Und heute, so beschloss er, zeichnete sich ein guter Tag ab. Ein *sehr* guter wäre es gewesen, wenn er Selma in einem festen Schiff gewusst hätte.

37 Wie Bruder Spee zum ersten Mal sein späterhin hoch gerühmtes Buch wider den üblen Hexenwahn in Händen hielt

Als Spee erstmals das Buch aus seiner Hülle schlug, die vorsichtshalber eine tarnende war, verspürte er ein kleines Gefühl von Sieg; aber mehr noch war es ein Gefühl von Müdigkeit, wie man sie nach einem erfüllten Tag empfindet.

Aber es war nur ein flüchtiges Wohlgefühl; denn schon als er die ersten Worte las, wirbelten all die Gedanken wieder auf, die ihn beim Verfassen des Buches umgetrieben hatten: Zweifel mit harten Rändern!

Die 16. Frage zum Beispiel! Ach, diese 16. Frage! Der »Rat an die Fürsten«. Spee hatte lange darüber nachgedacht, ob er diesen besonderen Gedanken seiner Cautio Criminalis einfügen sollte. Die zu erwartende Feindschaft gegen das Buch würde in jedem Fall gewaltig anschwellen. Auch ohne diesen besonderen Passus. Wäre es da nicht klug gewesen, wenigstens einen Gutteil der Fürsten nicht zu reizen? War es nicht seit jeher kluge Kriegskunst, diejenigen tunlichst NICHT gegen sich aufzubringen, die nicht fest im Lager des Gegners standen?

Wie wenn sich nun auch die guten Fürsten – also all die, die er *nicht* meinte – in falscher Treue mit den schandbaren Fürsten gegen ihn verbündeten?

Er hatte diesen unheiligen Corps-Geist ja oft genug unter Glaubensbrüdern erlebt: Sprach man mit ihnen über Missstände in der Bruderschaft Christi, so nickten viele beifällig, ja etliche fügten selbst bestärkende Beispiele hinzu; äußerte man aber dieselbe Kritik außerhalb von Kirchen- oder Klostermauern, so hatte man alle gegen sich, auch die, die zuvor Einverständnis genickt hatten. Wenn sich die Brüder in Christo schon so verhielten wie Kerzenlicht bei wechselndem Wind, wie viel weniger Aufrichtigkeit durfte man von den Fürsten erwarten!

Aber schließlich hatte Spee trotz aller Bedenken das, was er als Wahrheit erkannt hatte, unter der 16. Frage niedergeschrieben: *Wie man sich bei den Hexenprozessen davor hüten kann, dass Unschuldige in Gefahr geraten.* Seufzend und voll unguter Ahnung las er seine eigenen Worte:

>»ICH WÜRDE AUCH DEN FÜRSTEN NICHT RATEN, DAS VERMÖGEN DER VERURTEILTEN EINZUZIEHEN. AUCH HIER GIBT ES UNGEAHNTE GEFAHREN UND STOFF FÜR GERÜCHTE, DENN SCHON JETZT HEISST ES ÜBERALL IM VOLKE, DAS SCHNELLSTE UND BEQUEMSTE MITTEL REICH ZU WERDEN SEIEN DIE HEXENVERBRENNUNGEN; ES SEI RECHT EINTRÄGLICH, WENN MAN DEN VERDACHT VOM DORF IN DIE STADT AUF REICHERE FAMILIEN LENKEN KÖNNE; MANCHE INQUISITOREN HÄTTEN SCHON BEGONNEN, SICH HÄUSER ZU BAUEN UND IHREN WOHLSTAND ZU VERMEHREN ... «

Die lateinische indirekte Rede im ACI, *accusativus cum infinitivo,* war in diesem Fall sowohl als grammatikalisch korrekte Form für abhängige Rede als auch als Irrealis zu lesen: als die nicht wahrscheinliche Möglichkeitsform. Akkusativ ... die ursprüngliche Bedeutung von *accusare* lautete: anklagen! Und würden seine Gegner diesen Doppelsinn hinter der grammatikalischen Feinheit überhaupt bemerken? Würde man nicht einfach nur lesen, was man lesen wollte: Spee, dieser ehrverletzende Spee, behauptete, alle Hexenbrennerei sei nichts anderes als der Raubzug ruchloser Ankläger, unbarmherziger Richter und grausamer Henker?

Oder dieselbe Frage, nur schärfer gestellt: Wenn man ihn befragte – wohl noch, indem man ihm eine glühende Zange unter die Nase hielte: »Spee, gestehe! Hast du mit diesem Satz über die Fürsten und ihren Fleiß wider die Hexerei nicht deinen generellen Zweifel in Worte gefasst? Deinen Zweifel an den lauteren Absichten derer, die den Teufel in Menschengestalten bekämpfen wollen? Versteckst du deine *direkte* Absicht nicht listig hinter *indirekter* Rede? Schau auf die glühende Zange vor deiner Nase und antworte!«

Spee sprach diese Worte wie in einem Theater, wenn der Spieler seine

Gedanken ausspricht, damit das Publikum davon erfährt; und Spee antwortete sich selbst in Frageform: »Was würdest du sagen, Spee? Würdest du abermals in die indirekte Rede ausweichen? Was würdest du sagen, nein ... was würdest du hervorheulen, nachdem eine glühende Zange zischend in dein Fleisch gebissen hat? *Deus in coelis, vade mecum!*«

Nun da das Werk gedruckt und gebunden vor im lag – ohne seinen Namen, aber doch verräterisch deutlich in seinem viel gelobten, flüssigen Latein geschrieben –, verbrachte Spee Stunde um Stunde, um die kommenden Angriffe vorwegzuahnen, sprach noch im Halbschlaf in seiner Zelle Entgegnungen auf erwartete Einwände.

Und manchmal schrie er inwendig, schrie stumme Gedankenschreie: Ja! Ja! Ja! Beim Heiligen Dreieinigen Gott! Direkte Rede, indirekte Rede, was soll mir das alles! Die Wahrheit ist doch landauf, landab nur eine: Dass gefoltert wird, um Schuldgeständnisse hervorzupressen. Und sind die Zermarterten erst verbrannt, finden ihre Hinterlassenschaften alsbald den Weg in vorbestimmte Schatullen.

Spee blätterte zurück zum 10. Kapitel. Das war jenes, das ihm besonders wichtig war; denn hier fand sich seine Entgegnung auf das liebste Argument der Hexenbrenner – zugleich das perfideste. Spee las seine Zeilen und nickte jeden Satz ab, so als hörte er dergleichen zum ersten Mal:

»Etliche Gelehrte vertreten die Meinung, Gott werde es nicht zulassen, dass unter der Beschuldigung eines so grässlichen Verbrechens wie der Hexerei Unschuldige mit Schuldigen in einen Topf geworfen würden. Dessen ungeachtet entgegne ich, man darf dieser Meinung, Gott werde nicht zulassen, dass mit den Schuldigen auch Unschuldige umkämen, durchaus nicht Raum geben. Hauptsächlich, weil sie es den Richtern leicht macht, nachlässig zu verfahren, so dass sie nicht so ganz besonders sorgfältig und fleissig sind, wie die Sache es erfordert.«

Spee nickte, nickte sich selbst zu: Warum sollte denn, um Himmels willen, Gott jetzt in unseren Tagen nicht mehr geschehen lassen, was er in vergangener Zeit erlaubt hat? Es hatten wohl viele, nein zahllose christliche Märtyrer unter unsagbaren Qualen den Foltertod erlitten.

Was sollte das besagen? Irrte der Heilige Laurentius, als er begann, den Reichtum Roms an die Armen und Elenden zu verteilen, und irrte er deshalb, weil Gott es zuließ, dass er zur Strafe für seine Wohltat auf einem Grill zu Tode gebraten wurde?

Ist denn der Heilige Nepomuk in Wahrheit kein Wahrheitsverkünder, weil Gott es zugelassen hatte, dass er unter der Karlsbrücke zu Prag von seinen Widersachern ertränkt wurde? Welche Art von Wasserprobe sollte denn das wohl gewesen sein?

Spee schloss das Buch, sein Buch, das er zur Tarnung in einen Schutzumschlag mit der Aufschrift »Fromme und – so Gott will – nützliche Unterweisung ungelehrten Volkes« zwischen Bibel und die »*Gottesbeweise des Thomas von Aquin*« gesteckt hatte. Nur eine flüchtige Tarnung, das wusste er.

Ach ... die Wasserprobe! Welch ein unschuldiges Wort für das Grauen, das damit einherging. In Köln hatte man ihn gezwungen (ja, gezwungen, um seine schon damals bekannten Zweifel zu erkunden), einer solchen Tortur beizuwohnen. Und damals auch hatte er zum ersten Mal dieses scheinfromme, scheinheilige Argument der Torturierer gehört: Gott würde niemals zulassen, dass Unschuldige ... Gott ließ zu.

Da war diese junge Frau zu Köln, Gemahlin eines Schirrmachers, klein, schwarzhaarig, fromm, die man an einer langen Stange in den Rhein tunkte, und viele Male halbtot wieder aus den Fluten zog, während ein Geistlicher in monotonem Singsang rief: »Gestehe, du habest Unzucht getrieben mit einem Incubus und Abgesandten Satans im Hause des Gerbers Schachenmeyer um die 11. Stunde des Palmsonntags. Gestehe, gestehe, gestehe ...«

Vielmals war sie aufgetaucht, hatte Wasser gespuckt, und pfeifend um Atem gerungen, ihre Augen weit aufgerissen, so als könnte sie die Schrecknisse nicht fassen, die ihr geschahen. Und als man sie halbtot an Land zog, war es nur, um ihr alsbald die Fingernägel mit Zangen auszureißen und schließlich ihr Fleisch öffentlich zu verbrennen.

Gott würde nicht zulassen, dass ....

Ha, ihr Toren! Hatte er es nicht auch zugelassen, dass sein eigener Sohn zwischen zwei Mördern hingerichtet wurde? Waren nicht die Christen der ersten Stunde als Fackeln im Circus Maximus zur geilen

Belustigung der Caesaren verbrannt oder den Löwen vorgeworfen worden? Gott hatte es geschehen lassen. Hatten nicht die marodierenden Wikinger vor siebenhundert Jahren Gottesmänner an Klostertore genagelt? Hatten sich nicht die grausigen Ungarn wilde Späße daraus gemacht, flüchtende Frauen und Kinder scharenweise über den Haufen zu reiten? Wie sollte Gott da das viel Geringere nicht zulassen: den Foltermord an einer unschuldigen Frau oder einem rechtschaffenden Mann?

Spee stellte sich das Gesicht des eifrigsten Hexenjägers, des gnadenlosen Schultheiß vor, und er konnte dabei ein Gefühl nicht unterdrücken, das er sich gemeinhin nicht gestattete – ja, in diesem einen Fall erlaubte sich Spee: Hass. Das teutsche Wort klang schärfer, zischender, schneidender als das lateinische ODIUM. Odium war odor, dem lateinischen Wort für Geruch, verwandt. Und Hass hatte beides, das Beißende und den Geruch.

Spee stellte sich vor, wie Heinrich Schultheiß und seine eifernden Hexenbrenner in seiner, in Spees Cautio Criminalis lasen, wie er den Hinweis darauf erspähte, dass Gott auch die Marter seines Sohnes zugelassen hatte: »Blasphemie!« würde er brüllen und dabei rote Flecken im Gesicht bekommen. »Hier soll satanisches Geschmeiß vor dem gerechten Tod durch das reinigende Feuer geschützt werden. Unter Hinweis auf den Gottessohn. Blasphemie!«

Die Schultheiß', deren es viele gab, fanden immer wieder einen Dreh oder eine Wendung, um sich der Unlogik ihrer eigenen Begründungen nicht stellen zu müssen. Es war wie verhext.

Ach, was könnte dieses Buch denn wohl bewirken, außer seinen Autor auf den Scheiterhaufen zu bringen? Was denn wohl?

Ach, wie viele redeten dieser Tage über Folter, ohne jemals die Schreie der Torturierten angehört zu haben. Spee öffnete das Buch erneut und blätterte vor zur 20. Frage; er las, was er doch fast auswendig wusste:

›DIE ALLENTHALBEN ANGEWANDTE TORTUR IST UNGEHEUERLICH UND VERURSACHT ÜBERMÄSSIG FURCHTBARE SCHMERZEN. MIT FURCHTBAREN SCHMERZEN ABER IST ES SO: WENN WIR IHNEN DADURCH ENTGEHEN KÖNNEN, DANN SCHEUEN WIR NICHT EINMAL DEN TOD. ES BESTEHT ALSO DIE GEFAHR, DASS VIELE DER GEFOLTERTEN EIN VERBRECHEN GESTEHEN, DAS SIE GAR NICHT BEGANGEN HABEN.

MIR HABEN MEHRERE WIRKLICH STARKE MÄNNER VERSICHERT,
DIE WEGEN DES VERDACHTS SCHWERER VERBRECHEN DIE FOLTER
DURCHGEMACHT HATTEN, HOCH UND HEILIG HABEN SIE MIR VER-
SICHERT, SIE KÖNNTEN SICH KEIN NOCH SO ENTSETZLICHES VER-
BRECHEN DENKEN, DESSEN SIE SICH NICHT SOFORT BESCHULDIGT
HÄTTEN, WENN SIE SICH MIT EINEM SOLCHEN GESTÄNDNIS NUR EINE
WEILE VOR SO FURCHTBAREN QUALEN RETTEN KÖNNTEN. JA, EHE
SIE SICH NOCHMALS DORTHIN SCHLEPPEN LIESSEN, WÜRDEN SIE
LIEBER ZEHN MAL MIT FESTEM SCHRITT IN DEN TOD GEHEN.<

Und musste einer nicht Sohn Gottes sein, ein Gott in Menschengestalt, um noch unter unmenschlichen Schmerzen am Marterholz sagen zu können: Vater, nicht mein Wille geschehe, sondern Dein Wille?

Spee klappte das Buch zu und entschloss sich zu einem Nachtspaziergang. Im Garten hinter dem Refektorium könnten vielleicht schon Nachtigallen zu hören sein. Nichts hatte seine Poesie schon immer mehr beflügelt als der Gesang dieses Vogels. Aber nein, für Nachtigallen war es noch zu früh im Jahr.

Als er ins Freie trat, hatte ein Nachtnebel das Sternenzelt fast verhängt, das noch um Mitternacht klar und schön wie paillierter Samt über ihm ausgebreitet gewesen war. Es war kühl geworden. Nein, wirklich keine Nachtigallennacht. Aber vielleicht, dachte Spee, ist ja die Kühle genau das Richtige, um den Brand meines Gemütes zu löschen.

Als er die Tür hinter sich schloss, eine Tür ohne Riegel, wie üblich im Zellentrakt des Colleg zu Paderborn, streute er eine Handvoll sehr feinen weißen Sand auf die Schwelle. Wenn jemand auf die Idee käme, während seiner Abwesenheit, seine Zelle zu durchsuchen, dann würde er es wissen. Ungewissheit ist schwerer zu ertragen als eine schlimme Gewissheit.

Es würde sich bald der Tag jähren, an dem Gott das Wunder vollbracht hatte, ihn aus der fast schon geschlossenen Hand des Todes entkommen zu lassen. Der Anschlag auf sein Leben. Woltorf! Spee hatte sich entschlossen, den Tag in Gebeten und mit Fürbitten zu verbringen. Mit Fürbitten auch für seinen gescheiterten Mörder.

Er musste sich eingestehen, dass ihn die Frage nicht losgelassen hatte: Wer war der Mann? Der Kern war es! Das wollte man ihm einreden. Ach, der alte Kern … Es stünde besser um die rechtgläubige Christenheit, wenn sie nur einige Männer mehr vom Format dieses Fehlgläubigen hätte.

Der Kern war es mit Sicherheit nicht. Aber auch unter der Folter hätte er, Spee, kein genaues Bild geben können, es sei denn, er hätte eines erfunden.

Spee strich mit den Finger über die lange, flach verheilte Narbe auf seinem Schädel. Wenn Gott gewollt hätte, dass die *Cautio Criminalis*, sein Buch gegen die Hexenbrennerei, nicht geschrieben würde, er hätte nur die Säbelhand des Mordbuben ein wenig spitzer zuschlagen lassen müssen, hätte den Zweig zur Seite nehmen müssen, der die Wucht des Schlages auffing und die Schneide der Schlagwaffe von spitz auf breit gedreht hatte. Oder er hätte die Pistolenhand ein wenig weniger zittern lassen können. Und alles wäre ungeschrieben geblieben. Gott hatte genau das *nicht* getan. Und deshalb stand es nun geschrieben.; Gott war dem schlagenden Schatten in der Gemarkung westlich von Woltorf nicht in den Arm gefallen …

… nicht in den Arm gefallen? Spee erschrak. Lautete so nicht auch die Rede der Hexenriecher? Gott, so ihre Rabulistik, würde ihnen – den wackeren Kämpfern gegen das Hexenunwesen – schon gehörig in den Arm fallen, wenn ihr Tun nicht gottgefällig wäre. Ein Freispruch, der immer passte oder der den einfachen Gemütern passend erschien. Ha, alles, auch das was ich zufüge, ist Fügung. Und all die Hexenriecher und Hexenbrenner landauf, landab bemühten »Fügung« und »Gottes Willen«, um ihren Eifer gegen eingebildete Hexen aus ihrer Verantwortung fortzuschieben. Wahrheit und Sinn sollten sein. Und doch wächst sich alles aus wie wuchernde Brennnessel am Hang. Ach, Sinn sollte sein, … wo doch nur Wahnsinn waltet! Vermeintlicher Sinn und Wahn verschränkten sich im Wahnsinn.

Spee erwog eine *lectio* über Wahnsinn und die Frage, wie er in die Welt kommt. War nicht Wahnsinn der giftigste Pfeil, den Gott dem gefallenen Erzengel Lucifer im Köcher belassen hatte?

Morgen würde der Rektor die Zulassungen zum Letzten Gelübde verkünden. Was gab es da in seiner Angelegenheit schon noch zu verkünden?

Es war nicht zu erwarten, dass Gott dem Rektor nächtens im Schlaf eine Anweisung erteilen würde. Gott schlug am Fuße des Scheiterhaufens dem Henker nicht die Brandfackel aus der Hand; warum sollte er dann zu *seinen*, zu Spees Gunsten intervenieren, zu Gunsten eines Bruders, der für sich Gerechtigkeit wollte?

Das wäre ein Wunder. Und der HERR warf bekanntlich nicht mit Wundern um sich.

38

Wie Spee die denkwürdigste Beichte seines Lebens anhören musste, eine Beichte noch dazu, die recht betrachtet gar keine war

Es war nur wenige Tage nach der ersten Begegnung mit seinem gedruckten Werk, dass Spee eine andere Begegnung hatte. Die Erinnerung daran verfolgte ihn bis in seine Träume, und noch wenn er sich zum Gebet niederkniete, sprang die Erinnerung an ihm hoch wie ein hungriger Hund.

Und so war es geschehen:

Die Stimme, die zu Spee durch das kleine Fenster des Beichtstuhles drang, war weiblich und jung. (Es waren seit jeher mehr Frauen als Männer, die in Spees Beichtiger-Ohr sprachen; das war während seines zweiten Paderborn-Aufenthaltes nicht anders als während seines ersten und während der späten Jahre in Köln.)

Erfahrene Beichtiger entwickeln eine große Fähigkeit darin, Stimmen zu gewichten. Spee meinte sogar, aus dem Klang der ersten, meist geflüsterten Worte die Schwere der Sünde erwägen zu können, noch ehe sie dem reuigen Sünder vollends über die Lippen kam.

Die Stimme, die er an jenem Sonntagmorgen im Beichtstuhl hörte, war anders. Sie war jung und ungewöhnlich fest; und sie klang nicht wie die Stimme eines Menschen, der sich niederwerfen will.

»Pater, ich habe gesündigt, und ich werde noch heute weiter sündigen, weil ich nicht Hunger leiden will und niemanden habe, der mir nur für meine schönen Augen ein Brot gibt.«

»Sprich weiter, mein … Kind … deine Sünde ist … «

»Wenn ich mit jemanden über meine Sünde spreche, dann im Gebet. Nicht auch noch *dafür* einen Kuppler! Ich bin lutherisch, obwohl mich auch der Luther nicht hätt' mögen wollen.«

»So ist es mit dir so, dass du deinen Leib zur sündigen Begier ...«

Sie schnitt ihm das Wort ab: »Was ich zu sagen habe, sage ich ohne viel Gegacker, weil ich in diesem dunklen Gefängnis hier nicht lang sitzen mag, auch wenn es nur aus dünnem Holze ist.«

»Ich höre.«

»Gestrigen Tags kam ein Mann zu mir, der weit bess'res Tuch trug als die Männer, die sonst zu mir kommen. Er bot mir drei Prager Goldmünzen für einen leichten Dienst. Ich soll an einem Tag, den man mir schon bald bezeichnen wird, zum Weiher hinter der Schänke >Zum kühlen Nass< kommen. Daselbst wird ein Mann im Rock der Kirche am Weiher liegen, vielleicht schlafend, vielleicht auf Papier schreibend. Den soll ich aus einem Gebüsch heraus, das man mir noch genau bezeichnen will, anspringen mit nacktem Arsche und ihm beiwohnen, so sehr es mir möglich ist. Dann soll ich schreien oder mich sonst wie laut vernehmen lassen, auf dass drei Männer an einem vorbestimmten Ort aus dem nämlichen Gebüsch treten – als Zeugen einer argen Unzucht.«

Es entstand eine Pause wie sonst nur nach dem Geständnis besonders schwerer Sünde.

»Drei Prager Goldmünzen ...? Und du hast sie ausgeschlagen?«

»Ich verkaufe mich, nicht andere.«

Dann war da ein Rascheln wie von gerafften Röcken, danach schnelle Schritte. Noch während sich die Schritte entfernten, hörte Spee, der sich eines ausgezeichneten Gehörs erfreute, ein Klicken, wie wenn etwas Metallisches auf die großen Steinplatten unter der Orgel fällt. Spee verließ das Beichtgestühl, schritt den mit großen erdfarbenen Kacheln belegten Mittelgang Richtung Haupttor und fand einen kurzstieligen Taschenspiegel. Das Glas war beim Herabfallen zweifach gesprungen.

Nach der Spätmesse, während der es Spee nicht gelang, seinen Geist zu beruhigen, fiel ihm etwas auf: Die Dirne, deren verdorbenes Fleisch seinen guten Namen hatte vergiften sollen, hatte gesagt, sie solle »einen *Mann im Rock der Kirche*« unzüchtig bespringen und ihn dergestalt – vor den Augen bestellter Zeugen – diskreditieren. Von einem Mann war die Rede. Woher wusste das Weib, dass er, Friedrich Spee, gemeint war?

Gab es jemanden, der das Weib in Marsch gesetzt hatte, um ihn zu warnen? Und wenn ja, wer konnte das sein? Oder hatte das junge Weib gesprächsweise vom armen Spee gehört und auch davon, wie sehr man ihn dieser Tage bedrängte? Hatten sie aus freien Stücken gehandelt? Oder hatte sich der HEILAND selbst erbarmt und die Frau zu ihm geführt? Alles schien möglich und unmöglich.

Sicher indes war sich Spee in dem Entschluss, sich auf keinen Fall wieder unter die schöne Weide hinter der Schänke zu setzen.

Spee dachte eine schlaflose Nacht lang daran, seine *Maria von den Schlachtfeldern* – die Maria, die in seinem Kopf heranwuchs – auf der Suche nach Gerechten auf Erden an eine Hure geraten zu lassen, die sich alsdann als die einzig Gerechte entpuppte. Das Magdalena-Motiv. Aber er verwarf den Plan.

39 Wie Spee über einen sprach, der in Paderborn bluten musste

Spee hatte im Laufe seiner Lehrtätigkeit eine Erfahrung gemacht, die ihm wie ein wertvolles Geschenk vorkam. Immer wenn ihn eine Frage umtrieb, deren Schwere bis auf den Grund seines Schlafes durchschlug, entschloss er sich, die Frage zum Gegenstand seiner Unterweisungen zu machen. Fragen vor wissbegierigen, offenherzigen Studenten aufzuwerfen, zwang ihn zu äußerster Klarheit. Man konnte als Mann, der seine Nase länger und tiefer in Bücher gesteckt hatte als es den Augen guttat, vor sich selbst davon laufen, konnte sogar noch den sich selbst gestellten Fragen ausweichen –aber vor leuchtenden, erwartungsvollen Augen gelang all das nicht. Da galt es!

Diese Frau mit der Spieldose – eine Sünderin, so viel war sicher – hatte sich aufgerichtet und den Gehorsam verweigert. Sie hatte Nein gesagt, als man sie zum Instrument der Schande, zur Brandfackel gegen ihn, den armen Bruder Spee, machen wollte. Eine Schwester in Christo. Eine Magdalena.

An einem Mittag, als die Sonne hoch und gleißend über den Zinnen von Paderborn stand, sammelte Spee seine Studenten auf dem Marktplatz. Es gab ein erregtes Geschiebe und Gedränge. Es lag mal wieder etwas in der Luft, womöglich etwas, wovon berichtet werden würde. *Spee-cialitas*, sagten die jungen Brüder: eine Spee-Besonderheit. Die Markthändler rückten in übertriebener Ehrerbietung – oder war es Angst um ihre Ware? – ihre Stände weiter an den Rand, als die Schar junger Leute den

Platz besetzte. Es hieß zwar, die Studenten seien alle auf dem Weg zur Heiligmäßigkeit, aber konnte man es denn so genau wissen? War nicht sogar schon bei Prozessionen dieses und jenes zu Bruch gegangen?

Spee hörte das Geplapper seiner Schüler, fast wie Vogelgezwitscher wollte es ihm scheinen, sinnfreies Gezwitscher, das doch etwas bedeutete: Lebenslust. Neugier vielleicht auch. Oder deren edle Schwester: Wissbegierde?

Vor einem großen Eisenring, der in die Stützmauer der Tuch-Scheune eingelassen war, blieb Spee stehen. Sofort wurde das Gezwitscher zu einem Säuseln und verstummte dann vollends. Alle Augen richteten sich auf den Mann mit den funkelnden schwarzen Augen. Was würde er sagen? Etwas Unerhörtes doch sicherlich. Eine neue Spee-cialiät, von der man all den bedauernswerten Brüdern berichten konnte, die nicht dabei sein durften? Etwas braute sich zusammen. Die Ängstlichsten suchten den Himmel nach Zeichen ab.

»Was seht ihr, meine jungen Brüder?«

Die Antworten kamen erst zögernd, dann aber als spitze Schreie: »Den Markt ... die Tuchscheune ... einen Eisenring ...«

»Ich möchte euch erzählen, was mir dieser Eisenring erzählt hat.«

Spee musste eine Weile warten, bis das Geschiebe um die besten Hörplätze ein Ende hatte und fuhr dann fort: »Vor mehr als sechshundert Jahren hat man einen *Heiligen Narren* an diesen Ring gekettet und fast zu Tode gepeitscht.

Hier, da wo Du stehst ... (der, den Spee ansprach, sprang entsetzt zur Seite) ... lief sein Blut, sickerte in den Boden und wurde von den Paderbornen weit ins Land hinausgetragen. Der Torturierte bekam später den Namen »Wächter des Berges« und das Volk nannte ihn »Heiliger Heimrad«. Seinen Namenstag feiern wir am 28. Juni.

Dieser Heimrad war ein seltsamer Mann. Als Spross einer adeligen Familie aus Meßkirch wurde er wohl um das Jahr 1000 Priester. Aber er begab sich nicht hinter Klostermauern oder auf eine Kanzel, es zog ihn nach Italien und Palästina. Er wollte über die Steine gehen, auf die auch unser Erlöser seinen Fuß gesetzt hat. Er hoffte, die Steine würden zu ihm sprechen.

Als er wieder zurück in Teutschland war, wollte er ins Kloster Memleben eintreten. Aber man wies ihn ab. Er frage zu viel, hieß es, und seine Berichte aus dem Heiligen Land stifteten Unruhe.

Auch im Kloster Hersfeld wies man ihn ab. Man drängte ihn, ordentlich zu werden und das Ordensgelübde abzulegen.

Aber Heimrad sagte: »O Liebe Brüder, wenn das Ordensgelübde euch so stumm macht, dass ihr nicht mehr fragt, und wenn ihr fragt, dann nur das, was euch die Oberen zu fragen gestatten, wenn also das Gelübde so blöd und stumm macht, dann kann es für mich kein Versprechen vor Gott sein ... ich würde es brechen müssen.«

Und er zog in die Wälder, baute und besserte Kapellen aus wie zweihundert Jahre nach ihm der Heilige Franz von Assisi. Die kirchliche Obrigkeit erließ Order, den struppigen Bruder zu meiden.

Und als er hier in Paderborn um Unterkunft bat, ließ ihn Bischof Meinwerk ergreifen und auspeitschen, weil er »des Teufels« sei.

Des Teufels? Heimrad hatte auf diesem Marktplatz hier gepredigt. Und er hatte gesagt, Jesu Leben zeige uns den Weg zu Besitzlosigkeit und Bescheidenheit; und er sagte auch, das Heil wohne nicht unter goldenen Dächern, sondern eher noch unter den Blätterdächern der Wälder.

Dem Bischof gefiel das nicht. Er fühlte sich gemeint, denn hatte nicht auch *sein* Schlafgemach ein Dach, das golden in der Sonne schimmerte? Die Rede des Heimrad sei üble Ketzerei, donnerte Bischof Meinwerk, und er fügte hinzu, dieser Heimrad spreche mit der Zunge der Albigenser, der üblen Katharer-Ketzer.

Dann banden sie den Heimrad an diesen Eisenring hier, rissen ihm die Kleider vom Leib und schlugen mit Lederpeitschen auf ihn ein, bis er besinnungslos zusammenbrach.

Es waren Brüder, die ihn zusammenschlugen. Junge, kräftige Brüder wie ihr. Sie waren gehorsam gegen den Bischof und schlugen, bis ihnen die Arme erlahmten.«

Spee schwieg und schaute in jedes Gesicht, das nicht von der Masse der Anwesenden verdeckt wurde. Viele schlugen die Augen nieder, etliche hielten stand. Schließlich fuhr Spee fort: »Ich möchte, meine jungen Brüder, dass ihr für den Rest dieser *lectio* in euch hinein lauscht, dass ihr die Frage in eurem Herzen bewegt: Was ist Gehorsam? Und: Wird es Gott genügen, wenn Ihr dereinst vor ihn tretet und sagt: Himmlischer

Vater, man hieß mich zuzuschlagen, ich war gehorsam gegen diesen und jenen? Könnte Gott nicht antworten: Wer ist dieser und jener? Und wer bin ICH?«

Später hörte man sagen, es war eine halbe Stunde lang so leise auf dem Marktplatz zu Paderborn, dass das Geschilpe der Spatzen im Weinlaub der Domschänke wie Kampfgeschrei in die Stille fiel. Es mag stimmen oder nicht, aber so wurde es berichtet.

40 Wie Rektor Lennep im Colleg zu Paderborn eine scharfe Predigt hielt, was verbürgt ist, und wie daraufhin eine Kerze verlosch — was nicht verbürgt ist

Rektor Christian Lennep, dem auch Spees Marktplatz-Lektion zu Ohren gekommen war, hatte sich alles gut überlegt.

Er hatte sich die Hauptpredigt vorbehalten und Bruder Spee aufgetragen, anschließend das große Fürbittgebet zu halten.

Die Colleg-Kirche war bis an den Rand gefüllt mit jungen Brüdern, darunter viele Studenten. Es war Order ergangen, dass nur äußerste Schwäche und Krankheit ein Fehlen entschuldigen könne.

Dieser Drohung hätte es nicht bedurft; denn das Bevorstehende hatte sich wie ein feiner Rauch verbreitet, der durch alle Ritzen dringt und noch in die Poren kriecht: Es würde etwas geschehen, etwas, wovon man noch lange reden würde, etwas, das man auf keinen Fall versäumen dürfte.

Spee sah die geröteten Wangen der jungen Brüder, hörte ihr Getuschel im Kreuzgang, sah ihre erwartungsvoll geweiteten Augen, wenn er an ihnen vorüberschritt. Erwartungsvoll ... weit aufgerissen? Um nur ja kein blutbespritztes Detail zu verpassen? Solche Augen hatte er schon einige Male gesehen, wenn sich das Volk zur Verbrennung von Zauberern und Hexen drängte. Nun: Hier, im Hause Gottes, würde niemand brennen. Und doch, das spürte Spee deutlich, sollte etwas eingeäschert werden. Seine Reputation.

Die lateinische Liturgie glitt wie ein Nebel an Spee vorüber, die Gesänge der Brüder – unkonzentriert, bänglich klangen sie seinem feinfühligen Gehör – waren nur ein Rauschen, wiewenn sich Eis im Tauwind von den Dächern löst und zu Boden rutscht.

Dann betrat Lennep die Kanzel. Er trug das weiße Gewand mit den lila Bordüren, den Habit, der eigentlich nur für die Auferstehungspredigt am Ostermorgen und für Mariä Himmelfahrt vorgesehen ist. Spee liebte dieses Kleid, aber jetzt, am Leibe des Lennep, erschien es ihm wie ein Henkersschurz.

Lennep bewegte sich langsam, überaus behutsam legte er die Heilige Schrift in die geschnitzte Hand aus Haselnussbaum, den Bibelhalter. Lennep sprach feierlich – aber wie immer mit einer zu hohen Stimme, die Schärfe hatte, selbst dann, wenn er von der Güte Gottes sprach.

»Ein wahrhaft großes, umfängliches Buch hat uns der HERR in die Hände gegeben. Sein heiliges Wort. Und so wie wir es auch von alltäglicher Rede wissen, dass Bedeutsames zum Schlusse gesagt wird, des Nachdrucks wegen, so finden wir in der Heiligen Schrift auf ihrer letzten Seite, Offenbarung 22, Vers 15, eine Warnung von höchster Bedeutsamkeit. Also spricht der Herr zum Beschlusse seines Heiligen Buches: ›Draußen sind die Hunde und Zauberer und die Unzüchtigen und die Totschläger und die Götzendiener und jeder der Lüge lieb hat und tut.‹

So warnt uns Gott der HERR. Und er warnt uns dieser Tage, da immer noch Krieg ist, eindringlicher denn je. Die Totschläger gehen um, sie tragen Lumpen oder bunte Landsknecht-Röcke, sie schonen weder Weib noch Kind. Und ihren Heeren folgt die Pest wie die Raben den abrückenden Truppen auf die Schlachtfelder folgen, um die Augen der Erschlagenen zu fressen. Es ist Krieg, Not, Krankheit, Hunger. Keiner wird leugnen wollen, dass böse Mächte wüten.

Keiner? Einige machen eine Wissenschaft daraus, die Existenz von Zauberern und Hexern zu leugnen. Das sind solche, von denen es in der Offenbarung heißt: ›Sie haben die Lüge lieb.‹ Für sie ist die Unzucht verruchter Weiber mit dem Teufel nur dummes Geschwätz.

Welch törichte Blindheit!

Warum denn warnt uns der Herr vor Zauberern und Unzüchtigen? Warnt uns Gott vor etwas, das es nicht gibt? Ist am Ende die Heilige Schrift gar ein Geschwätz?

Wenn es nur die Dummen, die Unwissenden wären, die diese Gefahren nicht sehen wollen, wir würden sie in unsere Gebete einschließen und darauf hoffen, dass der Herr ihnen die Augen öffnen möge.

Aber es sind auch die Gelehrten, die Scheingelehrten, die uns über die Kräfte und Hilfskräfte des Teufels täuschen wollen, ja, es sind auch die, die wir Brüder nennen und denen wir unsere Liebe schenken. Wahrlich, wahrlich, ich sage euch, diese Täuscher sind mitten unter uns ... «

Ein Raunen ging durchs Kirchenschiff. Spee zeigte keine Regung, obwohl es unter seiner Haut zu kochen begann.

Lennep war ein wenig kleiner geworden auf seiner Kanzel, wie eine Katze, die zum Sprung ansetzt, oder doch eher wie ein Leidender, den der Schmerz niederdrückt? » ... Ja, Brüder, sie sind unter uns. Und sie wollen uns glauben machen, der Teufel sei ein armer Wicht, der keine Übeltäter auf Erden rekrutieren kann. Die grausige Wahrheit aber ist: Er kann es. *Veritate et omnia, veritate!* Und er tut es, er tut es allenthalben. Und wir, Diener des Herren, und ihr, meine Brüder, ihr, die zukünftige Schützer des Glaubens sein werdet, wir alle tun gut daran, wachsam zu sein. Ich bitte den allmächtigen Gott, unseren Geist und unsere Sinne zu schärfen, auf dass wir nicht *jenen* vertrauen, die uns einschläfern wollen. Wer mutig und entschlossen die Verfinsterer des Glaubens ausbrennt, all die Hexen, Zauberer und Spießgesellen Satans, der steckt der Christenheit ein Licht auf. Amen.«

Es folgte eine schmerzhaft überdehnte Pause, die Lennep mit gesenktem Haupt im stummen Gebet verbrachte. Schließlich sagte er, nun mit fast tonloser Stimme und in mattem Flüsterton: »Pater Spee wird uns jetzt das Fürbittgebet sprechen, auf dass der Herr uns wachsam mache gegen die Tücken der Zauberer, der Hexen, der Teufelsbuhlen und aller satanischen Spießgesellen.«

Es war still. Nein, es war *fast* still. Irgendwo war ein Wimmern zu hören, halb unterdrückt; ein junger Bruder konnte der Anspannung seiner Sinne nicht Herr werden und biss in seinen Ärmel, während sein Leib zuckte. Ein anderer junger Bruder, der ihm am nächsten saß, versuchte den Ergriffenen mit seinem Leib gegen die Blicke der anderen abzuschirmen.

Spee erhob sich.

»Der Herr heißt uns, Güte walten zu lassen und nicht falsch Zeugnis zu reden wider unseren Nächsten – so schrieb er es dem Moses auf die Gesetzestafel, und so steht es in der Schrift, und ich ... «

Die Stimme des Rektors kratzte wie ein Eisenstichel auf Marmor: »Bruder Spee! So spreche er die Worte der großen Fürbitte, so wie wir es an dieser Stelle zu tun pflegen!«

Spee neigte den Kopf und sprach die große lateinische Fürbitte.

Er hatte es in den letzten Jahren gelernt, *inwendig* zu weinen. Wenn es sein musste: trocken, ohne jeden Tränenfluss.

Dass die große Kerze vor dem Hauptaltar blakte und schließlich verlosch, just in der Sekunde als Spee das letzte Wort der Großen Fürbitte sprach, ist oft gesagt und geschrieben worden.

Einem fahrenden Sänger aus Brabant, der den großen Heerzügen folgte und sich in bemerkenswerter Unbescheidenheit *Orpheus von der Schelde* nannte, werden die folgenden Zeilen zugeschrieben:

UND ALS LICHT VERLOSCHEN WAR,
WAR DAS DES HIMMELS KOMMENTAR.

Spee selbst hat dergleichen nie bestätigt.

Elf Tage später verließ Spee Paderborn. Ihm schien, als habe der Boden unter seinen Füßen zu brennen begonnen. Und er hatte nicht das Gefühl, dass seine verbrannten Füße ein nützliches Martyrium abgeben könnten.

41 *Etwas, wovon zu berichten schwer fällt, das aber gleichwohl nicht verschwiegen werden darf*

Gero zu Eberstein führte die Befragung von Vater und Tochter Rothmann mit großem Eifer zu ihrem vorbestimmten Ende, streng nach den Regeln des *Malleus Maleficarum*, genannt Hexenhammer. Ein Buch, geschrieben vom Dominikanerpriester Heinrich Kramer, 1484 höchstmöglich abgesegnet von Papst Innozenz VIII. Moderneres Regelwerk wie die Prozessordnung von 1628 aus Köln, der Hochburg der Hexenbrenner, stand ihm nicht zur Verfügung.

Eberstein ließ die vorgeschriebene Reihenfolge – Androhen der Folterwerkzeuge, Vorzeigen der Folterwerkzeuge, Anlegen der Folterwerkzeuge, Betätigung der Folterwerkzeuge – peinlich genau einhalten und überprüfte auch das Verhörprotokoll. Es enthielt all jene Fragen, die – bei säuberlicher Notierung – solange gestellt werden müssen, bis unter Einsatz von Zangen und Zerrstricken, von Knochenquetsche und durch Küsse mit dem glühenden Eisen die vorgesehenen Antworten erarbeitet sind.

Eine saubere Arbeit, nicht ohne Mühsal, und ein Prozess von erstaunlicher Regeltreue für einen lutherischen Laien, zumal in Höxter in jenen Tagen kein geschulter Henker zur Verfügung stand, sondern nur ein Schmied, der sich jedoch schnell als gute Wahl erwies. Kein Dominikanerpriester hätte den Prozess (samt peinlicher Befragung und Verlesen des zu Prozessbeginn bereits umsichtig und vorausschauend aufgesetzten Urteils) regelgerechter leiten können als Gero zu Eberstein.

Und er soll es auch gewesen sein, der ausdrückliche Anordnung erteilte, den Scheiterhaufen nicht, wie üblich, auf dem Stadtplatz zu errichten, sondern am Ufer der Weser: Damit die Übeltäter die Stätte ihres Schadzaubers und ihrer gotteslästerlichen Teufelsbuhlschaft bis zuletzt sehen müssten. So hatte er es verfügt und den Tag der Urteilsverkündigung im Gelben Hahn mit einem viergängigen Mahl beschlossen. Gesottenes.

Die Peiner hatte man am Tag der Hinrichtung vorsorglich im großen Kellergewölbe der Eberstein-Burg eingeschlossen. Wohl nicht ganz zu Unrecht fürchtete der Stadtrat, es könne sonst ein Aufruhr geschehen und die Arbeit des Henkers gestört werden: Schmied Grell, der alsbald ein erstaunliches Talent für seine Aushilfstätigkeit entwickelte.

Den alten Rothmann banden sie zuoberst an, dort, wohin sich die Flammen nicht so schnell vorfressen. Seine Tochter Meta darunter.

Tobias Rothmann ging aufrecht zur Leiter, und als man ihn an den Pfahl kettete, sah, wer sich weit genug vorgedrängelt hatte, dass seine Hände statt Fingern nur noch schwarzrote Klumpen hatten. Rothmanns linke Gesichtshälfte war vom Jochbein abwärts dunkel verkrustet. Meta, Rothmanns Tochter und die Schwester des flüchtigen Till, wurde geschleift; eine Ohnmacht schien sie zu beschützen, aber es war in Wirklichkeit der Gnadenstich des Schmied-Henkers, der Meta tot sein ließ – mit einem Eisendorn im Herz, noch bevor die Flammen gegen sie losprasselten.

Bodo, Prediger und Geistlicher im Hause Derer zu Eberstein, einer, der die lutherische Lehre an der Quelle selbst, in Wittenberg, in sich aufgenommen hatte, sprach wie von Sinnen auf den alten Rothmann ein. Aber der schien ihn nicht zu bemerken, hielt das rechte Auge geschlossen, das andere war unter einer Blutkruste verschwunden. Seine Lippen bewegten sich.

Man hatte sehr trockenes Holz genommen. Eine Gnade und Vergünstigung; schnell und heiß auflodernde Flammen verkürzten die Qual. Die Flammen bedeckten erst Metas schon toten Leib, ehe sie die Füße des Alten packten. Dann stand ein gewaltiger Schrei in der Luft. Durch den aufschießenden heißen Qualm sah man das Haar des Alten in Flammen aufgehen; und wer sich traute genau hinzusehen, bemerkte, dass sein graues Haar in den letzten Tagen weiß geworden war. Und war nicht weiß die Farbe der … Unschuld?

Wenig später hörte man ein Singen aus dem Gewölbe, von dort, wo man die Peiner eingeschlossen hatte: >Jesus, meine Zuversicht<. Am Fuße des Scheiterhaufens wurde der Gesang aufgenommen und weitergetragen. Sehr leise, kaum hörbar gegen das Prasseln der Flammen. Und als Rothmanns Fleisch und Gedärm durch die Haut brachen, senkten alle die Köpfe. So wie man wegschaut, wenn man jemanden nicht sehen will, der seine Notdurft verrichtet.

Stumm blieben auch diejenigen, die sich während der dreiwöchigen peinlichen Befragung von Vater und Tochter in lauten Schmähungen der »Teufelsrottleut« (eine plumpe Anspielung auf den Familiennamen Rothmann) gegenseitig überboten hatten.

Doch bevor der Stoß zusammensackte, war noch ein sehr lautes Wimmern zu hören, das in einen Schrei überging, wie ihn Gewürgte in höchster Not hervorbringen. Ebersteins Prediger, der junge Bodo zu Felde, war gestürzt, schrie, während sein Leib sich in heftigen Zuckungen wand. Zwei Umstehende halfen ihm auf, er schlug nach ihnen und rannte auf das Feuer zu, wurde abermals eingefangen, gerade noch rechtzeitig, ehe die Flammen nach ihm greifen konnten, drehte sich um die eigene Achse und lief in die Nacht davon. Schreiend. Er rannte, taumelte, stolperte bis zum Kloster Corvey, wie man später erfuhr. Dort blieb er, ein Gefangener mit zerfetzter Seele, von den dort lebenden Brüdern mehr geduldet als aufgenommen.

Gero zu Eberstein wurde nicht an der Richtstätte gesehen, nicht jedenfalls solange noch Feuer glomm; wohl aber seine ältere, fast blinde Schwester, die Witwe Winterlein: Die Alte, die bei ihrer ewigen Seligkeit die Lauterkeit ihrer Zeugenaussagen beschworen hatte.

Als alles verglüht und die verletzte Nacht wieder mondlos schwarz war, sahen die Menschen Sternschnuppen: die Tränen des Heiligen Laurentius. Was es mit denen auf sich hatte, war im Volke bekannt. Laurentius wurde am 10. August 258 in Rom auf einem glühenden Rost zu Tode gefoltert.

Ach, die Folter! Mit den Zangen, die der Schmied Grell aus Eisen geformt hatte, damit man den alten Rothmann und seine Tochter damit torturiere, hatte es eine seltsame Bewandtnis. Der Schmied wollte sie wieder einschmelzen, so jedenfalls wird berichtet; doch die Zangen behielten auch in der Glut ihre Form.

Diese Zangen, ach!

Einige Monate nachdem all dieses in Höxter geschehen war – Gustav Adolf von Schweden hatte bei Breitenstein seinen ersten großen Sieg über die Katholischen erfochten, Tillys und Pappenheimers geschlagene Truppen wurden gerade wieder notdürftig aufgefrischt – zeigte ein wandernder Sänger, der sich Fidibus nannte, in Höxter für diese Werkstücke ein seltsames Interesse. Er küsste beide Zangen auf ihre Beißkanten und weinte, über das Eisen gebeugt, so als wäre es ein Cruzifix – so jedenfalls wurde später berichtet. (Ein Bericht, den man auch ins Reich der Fabulierer verweisen kann, ist es doch schwer vorstellbar, dass dieser Kuss von jemandem beobachtet wurde.)

Der Sänger tat noch etwas, das – anders als der Kuss aufs erkaltete Eisen – verbürgt ist. Er bedichtete die Zange, so als sei sie lebendig, so als sei die Zange eine Mörderin.

EISEN, DAS IN GLUTH GEBORN,
HAST MIR MEIN LIEB ZERBISSEN.
DAS HAAR VERBRANNT UND KURZ GESCHORN,
DIE HAUT SO ARG GERISSEN.
ICH WERF DICH IN DEN WESERFLUSZ,
SOLL DOCH DER ROST DICH FRESSEN.
EIN LANGER TOD! DER SEY BEI GOTT
DEN MÖRDERN ANGEMESSEN.

42 Wie dem Spee – rückblickend auf Paderborn – ein Bild zu seinem Drama Maria von den Schlachtfeldern aus dem blauen Himmel herab in den Sinn und aufs Papier kam

Corvey!

In Corvey an der Weser, wo ihm ein Verwandter, Arnold von Waldois, eine ruhige Zelle, viel weißes Papier und Schutz vor Nachstellungen versprochen hatte, wollte er eine Weile untertauchen. Seine *Cautio Criminalis*, von der in allen Gängen des Paderborner Collegs und sogar auf dem Markt gewispert wurde, trug zwar wohlweislich nicht seinen Namen; aber Rektor Lennep hatte gesagt, es gebe in der Bruderschaft nur einen, der so ein erlesenes Latein schreibe. Ein vergiftetes Lob. Und Spee hatte verlässliche Kunde, dass der Verdacht – die Autorenschaft der *Cautio* betreffend – brieflich nach Rom vermeldet worden war, adressiert an den Obersten Jesuitengeneral in der Heiligen Stadt.

Nun hieß es, der General sei ein verständiger Mann und von ihm existiere sogar eine – allerdings allgemein gehaltene – Epistel gegen den Aberglauben. Mehr noch, ein Bruder, der kürzlich von einer Rom-Pilgerreise zurückgekommen war, wusste zu berichten, dass man im Vatikan mit Abscheu und Ekel von »teutscher Hexenbrennerei« sprach. Aber konnte man denn wissen, ob nicht doch …?

Spee war zugetragen worden, dass in Köln ein hoher Würdenträger gesagt, nein geschrien habe, man solle den Spee gebunden in die uneinnehmbare Stadt am Rhein bringen, damit man ihn auf einen Reisighaufen stellen könne, um dann sogleich mit den Blättern seines Pestbuches den Scheiterhaufen anzufeuern.

War es denn schon an der Zeit für den Märtyrertod?

Nein, Corvey sollte es sein, mit Blick auf das herrlichste Gotteshaus des Nordens. Spee kannte die angrenzende Bleibe der Benediktiner-

Brüder von gelegentlichen Besuchen, die er von Peine aus unternommen hatte. In Corvey waren ihm die Verse zu seinem Magdalenen-Zyklus eingefallen, im Klostergarten von Corvey hatte er eine ganze Nacht einem Nachtigallenkonzert in den Büschen und Weidenbäumen am Weserufer gelauscht. Corvey! Es hatte für ihn nicht Rom, nicht Spanien, nicht Indien sein dürfen, so sehr er sich auch bemüht hatte, mehr von der Erde zu sehen. Von diesem Diesseits, das der große Kirchenvater Thomas von Aquin als kugelgestaltig beschrieben hatte.

Für ihn, den armem Spee, hatte es nicht einmal das ganze Land zwischen Rhein und Elbe sein dürfen, nicht die Küste des kalten Meeres im Norden noch die schneebedeckten Alpen im Süden hatte er erblicken dürfen.

Aber Corvey sollte ihm keiner verwehren ... in der vorlesungsfreien Zeit. Spee hieß den Kutscher anhalten. Als der sich auf dem Bock zu seinem geistlichen Fahrgast umwandte und anmerkte, sie seien doch mal gerade erst eine Viertelstunde unterwegs, sagte ihm der Jesuit mit einiger Schärfe: »So halte Er!« und fügte um einiges milder hinzu: » ... dieses Bild des Friedens!«

Der Kutscher blickte nun seinerseits auf das Weichbild der Stadt: »Friedlich ...? Bis zum nächsten Überfall. Wenn wir katholisch sind, kommen die Lutherischen, auf dass wir wieder lutherisch werden, und wenn wir lutherisch sind, kommen die Kaiserlichen, um uns wieder den Rosenkranz anzubinden. Und geblutet wird jedes Mal mit unserm Blut.« Er spuckte aus und streckte sich auf dem Kutschbock aus.

Spee erwog eine Entgegnung, aber der Mann hatte die Wahrheit gesagt, und eine Tröstung unter Umgehung der Wahrheit war schlechter Trost. Und doch brauchte der Mensch Trost, so nötig wie das tägliche Brot.

Er selbst hatte Trost an schlimmen Tagen in der kleinen Bartholomäus-Kapelle, unmittelbar neben dem großen Dom zu Paderborn, gefunden. Still war es da. Aber wenn man einen leisen Ton zu summen begann, schwoll er wunderlich an, so als antworteten Engel aus himmlischen Sphären. Spee wusste, dass es ein Wort dafür gab: Echo. Aber das konnte wenig erklären, erklärte nicht die lindernde, tröstende Wirkung. Trost boten ihm auch die Quellen, die Borne, die vielfach unter dem großen Dom, säuberlich in Schieferstein gefasst, hervorliefen. Oh, wenn doch die Paderborne nur Borne der Liebe und Wahrheit wären. Spee hatte ein Lied erwogen, aber es war mehr Schrei als Lied geworden …

Ein gutes Wasser läuft ins Feld.
Das sind die Paderborne.
Herr, lösch den Durst der Christenwelt.
Und netz den trockenen Boden
Schwemm alle Sünde fort, hinfort!
Und spreche das Erlöserwort,
des wollen wir DICH loben.

Spee hatte die Kutsche verlassen und setzte sich in den Schatten einer der Eschen, die in gleichmäßigen Abständen die Chaussee nach Westen begleiteten. Eine Goldammer flatterte davon und ließ im Nachbarbaum ihr überdehntes Ziiiiieh hören. Der Vogel der Reisenden, dachte Spee. Dann glättete er eines der Papiere, die er unter dem weiten Umschlag seiner Reisekutte trug und leckte an dem Rötelstift, den er zum Zwecke eiliger Notizen in seine Hüftkordel eingebunden trug.

Aber schon nach den ersten Strichen verwarf er seine Skizze und begann zu schreiben. Das Schreiben, anders als das Zeichnen, ging ihm leicht von der Hand.

›Und Maria, die Unbefleckte, ward von ihrem Sohn Jesus auf die Erde geschickt, um die Gerechten zu finden und zu erhöhen. Und also ging sie in Gestalt einer Magd an die Schlafstatt eines Tagelöhners.

Da lag an der Seite des Tagelöhners ein Weib und schlief. Und Maria schlüpfte in den Traum des Weibes.

Und Maria sprach zu dem Weib: »Du Weib! Du hast ausgesagt, das alte Weib, das im Turm mit glühenden Zangen und mit Stricken torturiert wird, sei auf einem Besen über das Dach der Zehntscheune geritten.«

Da zitterte das Weib des Tagelöhners und sagte: Ich schwöre es bei der Mutter Gottes, auf einem Reisigbesen ist sie geritten. Da sprach Maria: »So lege denn deine Hand auf mein Herz und schwöre bei Gott dem allmächtigen Vater«!

Und ihr Herz begann zu brennen.

DA SCHRIE DAS WEIB IM TRAUM: « OH WEH,OH WEH. DU BIST DIE GNADENREICHE. GEBENEDEIT SEIST DU UNTER DEN WEIBERN. OH WEH, OH WEH! ICH BEREUE.«

UND MARIA SPRACH: »SO GEHE HIN ZUM TURM, DEN SIE DEN HEXENTURM NENNEN, GEHE, SOBALD ES TAGT UND WIDERRUFE.«

UND ALS DAS TAGELÖHNERWEIB ANDEREN TAGES GING, FIEL EIN HAGEL.

UND DAS WEIB DES TAGELÖHNERS BLIEB STEHEN UND DACHTE: »WENN ICH WIDERRUFE, WIRD MAN MICH SCHLAGEN; UND DAS GELD, DAS MIR VOM MAGISTRAT VERSPROCHEN IST, WIRD FEHLEN, SO DASS MEIN MANN DAS DACH UNSERER HÜTTE NICHT WIRD FLICKEN KÖN-NEN. UND BALD KOMMT DER HERBST MIT SEINEN STÜRMEN. DIESER HAGEL SOLL MIR EINE BOTSCHAFT UND EINE WARNUNG SEIN.«

UND SIE GING NICHT ZUM TURM.‹

Spee erschrak über die Kühnheit seiner Idee: Er erwog für dieses Mal seine Gedanken nicht wie üblich in Reime zu fassen, sondern sie als Drama zu gestalten. Als Drama ... oder doch eher als Singspiel ...?

Aber stand nicht geschrieben: Du sollst dir kein Bildnis machen! War es denn statthaft, einen Menschen – irgendein Weib oder gar einen Kerl in Röcken – die Mutter Gottes darstellen zu lassen? Es hieß, im Engel-ländischen wäre es gang und gäbe, hohe und tiefe Personen, Mann und Weib, Könige und Narren darzustellen. Aber die *Reine Magd* in Gestalt einer menschlichen – mithin einer *unreinen* – Magd auftreten zu lassen, war denn das vorstellbar? Andererseits brauchte jeder Prediger, jeder berufene Bote Gottes, doch auch seine eigenen, also seine menschliche Worte, um den Menschen Gottes Wort zu Gehör zu bringen. Was waren denn Zeichen und Gebärden, die von Schauspielern gesetzt wurden, anderes als Worte?

Aber es würde sehr darauf ankommen, wie man diese Zeichen und Worte setzte. Das gottesmütterliche Leuchten, das Leuchten des Herzens, das Zeichen IHRER Göttlichkeit, sollte erkennbar sein. Aber wie? Viel-leicht, indem die Darstellerin der Maria mit der Hand, die sie aufs Herz legt, geschickt einen Stoff entfernt, unter dem ein rotes Samtherz sicht-bar wird. Und während sie das Herz zeigt, muss das Strahlen auf ihrem Gesicht als das Brennen des Herzens zu erkennen sein. Die Schönheit des Gedankens trieb Spee etwas Wasser in die Augen. Aber eine schwere Aufgabe wäre es in jedem Fall für einen Mimen!

Spee hatte zu viele missglückte Versuche gesehen, das Himmlische mit Mimen darzustellen. Die Masse jauchzte vor Vergnügen, wenn die Engel Bartwuchs zeigten oder Jesus einen Zischfehler hatte. Aber selbst wenn mit aller Kunst und Sensibilität vorgegangen würde: Vermochten denn die Menschen über das rein äußerliche Geschehen hinaus auch *das* zu erkennen, was es zu erkennen galt? War es mit der Dichterei nicht wie mit Wassertragen in einem löchrigen Ledereimer? Zu viel ging verloren auf dem Weg zum Ohr des Hörers. Und das wenige, das ankam, verlor sich auf dem Weg vom Ohr zum Herzen.

Spee spürte, wie ein Gedankenstrom begann, ihn fortzutragen. Wie war das noch gleich mit der kleinen Schwester der Liebe, mit der Güte?

Die Güte scheitert nicht nur – groß und heroisch – an der Bosheit der Menschen, nein, sie scheitert auch klein und unheroisch; sie scheitert oft elendiglich an der nackten Not der Menschen. Und ihr Seelenheil liegt den Menschen meist ferner als ein trockenes Laken in ihrem Bett.

Es sei denn, sie liegen schon unter *jenem* Laken, in das die letzte Wärme ihres Körpers entweicht. Auf dem Totenbett log fast keiner. Dort ließ sich die Frage nach dem Seelenheil nicht länger verschieben. Spee hatte das immer wieder erfahren; Sterbende richteten ihre brechenden Augen himmelwärts. Aber war denn Gott ein so schlechter Buchhalter, dass er ein verzweiflungsvolles »Nimm-mich-oh-Herr!« – geschluchzt mit dem letzten Atemzug – gegen ein ganzes von Sünden überladenes Leben aufwog? Oder ganz anders: War nicht gerade *das* seine unbeschreibliche Gnade, dass er nicht mit menschlichen Gewichten wog?

Gnade! Spee erschrak.

Ehe man sich versah, war man verteufelt nahe an der Lutherischen Gnadenlehre: Nicht gute Werke, so sagte der Ketzermönch von der Elbe, sondern Gottes Gnade öffne dem Menschen nach seinem Tode das Himmelstor. *Sola fide* – und allein durch den Glauben erlange man Gnade vor Gott. Ketzerei! Solcherlei Gnadenlehre macht das menschliche Streben nach gutem Lebenswandel zu einem überflüssigen Unterfangen, zur lächerlichen Vergeblichkeit. Warum gut sein, warum sich um ein gottgefälliges Leben mühen, wenn am Ende der Weg ins Himmelreich nichts als ein Gnadenerweis ist? Aber ein Menschenleben ist doch Bewährung, ist Prüfung, damit ...

Ach, ein Menschenleben – Spee sprang zurück zu seinem ersten Gedanken – ein Menschenleben ist wohlfeil: Für ein geflicktes Dach über dem Kopf ein falsches Zeugnis geben? Wie einfach das ging. Und wie einfach log man einen Menschen ins Feuer.

Judas hatte immerhin Silberlinge bekommen; aber in Zeiten großer Not übte man schon für eine Viertel Wagenladung geschnittenen Holzes Verrat; und für die Aussicht, dass einem der nächste Schnee nicht aufs Strohlager fällt, schien einigen ein falscher Eid kein unmäßig hoher Preis. Das mochte menschlich nur allzu verständlich sein, verwerflich blieb es gleichwohl.

Meineidige Falschaussage in Hexenprozessen war Mord, nichts anderes; nicht geringer wog so ein Mord als das Morden der plündernden Soldateska. Einen Menschen verbrennen lassen, damit man es warm hat im Winter! Oh Vater im Himmel, gebiete der Gleichgültigkeit Einhalt! Aber ... wenn Gott, wie es im Buch geschrieben steht, den Menschen nach seinem Ebenbilde gemacht hat, dann muss man doch wohl annehmen, dass auch ein mordender Mensch noch ein Stück Ebenbild ...

Spee ließ seine Aufzeichnungen sinken. Mit einem Tagelöhner-Weib hatte er damals am Niederrhein inständig gesprochen. Die Frau war eisig und verstockt, ihre Züge waren hart, ihre Augen erloschen; und er, der junge Beichtiger der Angeklagten, hatte erkennen müssen: Selbst die Heilige Mutter Gottes hätte diese Tagelöhnerin nicht umstimmen können. Sie blieb bei ihrem Gerede von Hexenritten durch die Luft, und dass die Angeklagte *Anum Luciferi*, den Hintern des Teufels, geküsst habe. Und sie war bereit, alles Mögliche und Unmögliche im Angesicht Gottes zu beschwören.

Einem Menschen, der in den Wintern seines armseligen Lebens mehrfach fast erfroren wäre, einem solchen Menschen kann man mit der Hitze der Hölle nicht drohen.

Die Goldammer war zurückgekehrt und setzte ihr Lied nur wenige Ellen über Spees Kopf fort. Ihr Melodienbogen war nicht so schön wie der der Nachtigall, aber der Klang war eindringlich.

Eindringlich, dachte Spee – eindringlich! Meine Maria muss eindringlich sein. Sie muss über Augen und Ohren der Betrachter geradewegs in deren Herzen gelangen. Meine *Cautio* soll das Schwert sein, das die mörderischen Lügen der Hexenjäger zerhaut. Aber meine Maria soll die Herzen öffnen. Für die Cautio wird man mich mit Hass verfolgen. Für die Maria lieben.

Spee stieg wieder in die offene Kutsche und rüttelte den Kutscher wach, dem die kurze Unterbrechung gereicht hatte, in Schlaf zu fallen: »Hatte Er denn wenigstens einen guten Traum, Kutscher?«

Der Mann schneuzte in seinen Ärmel und sagte, sein Nasenwasser betrachtend: »Frida war bei mir.«

»Frida?«

»Mein Weib.«

Spee nickte und schwieg. Er sah die Veränderung im Gesicht des Kutschers und wollte keine Frage stellen, deren Beantwortung Narben hätte aufreißen können. Aber der Kutscher sprach von sich aus: »Die Braunschweiger Dragoner haben sie erst vor meinen Augen geschändet und dann in zwei Teile geschnitten. Und gefragt haben sie mich, ob ich lieber den oberen oder lieber den unteren Teil behalten will. Aber im Traum war sie wieder ganz.«

»Du wirst sie wiedersehen, wenn der Herr dich zu sich nimmt. Ganz und gänzlich unverletzt. Uns ist die leibliche Auferstehung verheißen.«

Der Kutscher ließ die zwei falbfarbenen Stuten in Schritt fallen und sagte noch etwas, das vom Knarren der Deichsel übertönt wurde. Und das Geräusch war Spee recht; er hätte sonst womöglich seiner Pflicht zur Seelenrettung Genüge tun müssen.

Als Paderborn hinter der Kuppe des Stadtwaldes verschwand, fielen die Pferde in einen leichten Trab. So als seien sie befreit von den Haltezügeln der Stadt.

Aber es kam anders.

Tags darauf, dort, wo die Chaussee einen gewundenen Anlauf zur

Kuppe des Eggegebirges nimmt, geriet die Kutsche in einen Gewitter-
sturm. Spee trieb den Kutscher an, das Gefährt in einer Feldscheune zu
bergen, deren windabgewandte Seite eingefallen war. Aber als sie sich
dem scheinbar rettenden Port auf etwa dreißig Wagenlängen genähert
hatten, zerriss ein Schlag die Luft, die Regenwolken über ihnen glühten
wie Wasserdampf über der Schmiede-Esse und Spee spürte wie sich
seine Haare aufstellten.

Die Pferde bäumten sich auf, die Zugleinen rissen, und die schweren Tierkörper fielen rittlings gegen den Kutschenbock. Spee sah aus
schreckensweiten Augen wie Stichflammen aus der Scheune schlugen.
Oh Vater im Himmel, es gibt keinen sicheren Hafen – schrie er stumm
in sich hinein und schlug die Hände vors Gesicht.

Als das Gewitter weitergezogen war, der Regen den Brand gelöscht
hatte, und die Scheune angekokelt und zusammengefallen vor ihnen lag,
sagte Spee: »Zurück, zurück nach Paderborn!«

43 Wie Till eine Seereise nutzte, um – im Auftrag des Königs von Schweden – den Regen um seine nässende, unvorteilhafte Kraft zu bringen

Gustav Adolfs Flotte hatte an einem regnerischen, aber windigen Junitag des Jahres 1630 den Kriegshafen Älvsnabben, ein paar Dutzend Meilen südlich von Stockholm, verlassen und Kurs auf die deutsche Küste genommen.

Es hieß, die Armee sei klein, 14 000 Mann, davon 3000 Reiter; die Personen aus dem Tross hatte man nur gepfercht, aber nicht gezählt.

Till, der mittlerweile einiges verstand von Ausrüstung und Truppenstärke, hatte in Erfahrung gebracht, dass – sobald man die Deutsche Küste erreicht haben würde – frische Truppen »in sehr großer Zahl« dem Adolfschen Heer zuströmen würden. Würden oder werden? Das würde sich zeigen.

Ein paar Tage hatte man abfahrbereit auf günstigen Wind warten müssen, und die Offiziere hatten den Mannschaften Karten- und Würfelspiel, die ansonsten im Dienst verboten waren, gestattet, auf dass die Langeweile nicht in Unruhe umschlüge.

Till hatte noch am Vortag des großen Aufbruchs im Offizierszelt eine Karte gesehen, auf der ihm der viel befahrene Seeweg nach Stralsund kaum mehr als eine breite Flussmündung zu sein schien. Umso mehr verwunderte ihn, dass die Armada des Königs fast eine Woche unterwegs war.

Der erste Tag auf See – Till gehörte, anders als bei seiner Überfahrt im kleinen Boot, zu den Glücklichen, die nicht von der Seekrankheit heimgesucht wurden – gab ihm Gelegenheit, seinem Poem »Möwe aus Mitternacht« weitere Verse hinzuzufügen. Der Himmel schlug die

Regenvorhänge stundenweise aufs Meer nieder, und wenn dann die Möwen wie Schattenrisse gegen den blauen Himmel standen, schienen es hundert kleine Kreuze zu sein. Ein Friedhof im Himmel.

Einmal war es Till, als sähe er backbords auf einem stampfenden kleineren Schiff den grünen Rock seiner Weberin; aber als er zwei Körperlängen in das Takelwerk hinaufgeklommen war, um Ausschau zu halten, war das Flachschiff auf der Backbordseite außer Sichtweite geraten.

Bisweilen auch sah man das größte Schiff der Flottille, das mit der königlichen Dreikronenfahne. Es war besser gebaut als die übrigen und fuhr nur mit halbem Tuch, um den anderen vollbesegelten Schiffen nicht davonzueilen.

Fast zwei Tage verbrachte Till mit Wachs und Stoffen. Er breitete trotz aller Enge an Bord Tuch auf dem Vorderdeck aus, Tuch, das er mit unterschiedlichen Kerzenwachsschichten versiegelte. Da es mehrfach kräftig regnete, boten sich ihm sehr reale Bedingungen, die denen im Feld wohl nicht unähnlich waren. Das feine Leinen flandrischer Webart, bestrichen mit einem Wachs, dem der Geschmeidigkeit wegen zu einem Drittel Bienenwachs beigegeben war, erwies sich als besonders wasserabweisend. Allerdings war diese Kombination, die Till »Probe A« nannte, nicht die knitterfesteste; setzte man das Tuch nur mäßiger Reibung und Zerrung aus, platzte das Wachs ab wie die Schalen gerösteter Haselnüsse. Andere Schichtungen von Wachs auf gröberem Stoff waren zwar knitterfester, aber sie waren leider auch weniger wasserabweisend als die Bienenwachsmischung. Es galt, eine Legierung aus beiden Vorteilen zu finden. Till fügte dem Wachs ausgelassenes Schweinefett hinzu, was gute Wirkung zeigte, nur leider ungute Gerüche aufsteigen ließ, je länger der Belag ins Tuch einwirkte

Till rührte Asche in die Wachspampe, versucht es mit dünnen Stoffschleiern, die er als stabilisierendes Netz über die trockene Wachsschicht legte. Und er schrieb alles in eine kleine, ledergebundene Kladde. Ihm war ausgerichtet worden, der oberste Kriegskämmerer des Königs, ein hagerer Finne, wünsche gleich nach Anlandung seine, Tills, Aufzeichnungen zu inspizieren. Und dieser Kämmerer wiederum sollte Adolf

Rex einen ausführlichen Bericht erstatten. Von diesem Bericht würde es abhängen, ob ...

Till hatte beschlossen, sich nicht mit zu viel Was-wird-wohl-sein-wenn-oder-wenn-nicht-Fragen zu belasten. Sie hinderten ihn womöglich an konzentrierter Arbeit.

Adolf war in der letzten Woche vor dem Aufbruch noch selbst zugegen gewesen und hatte ein Auge auf die Verladung des Tuches und des Wams- und Stiefelleders. Till war es gelungen, kurz einen Blick aus den graugrünen Augen aufzufangen. Unwillkürlich schlug er seinen Blick nieder.

Während der König noch die Tuchballen abschritt, taktete er mit einer lederbehandschuhten Faust seine Worte. Der Schreiber, der neben ihm Schritt zu halten versuchte, trug eine holzgerahmte kleine Tafel, die er mit der Linken gegen seine Brust drückte, während er mit der Rechten schrieb ... oder wohl eher krakelte, denn der König schritt schnell aus.

Till meinte, aus dem königlichen Mund sei der Stadtnamen »Stettin« gefallen. »Alsbald, so wir in Stettin ...« diese deutschen Wortfetzen hatte er erhaschen können, während der König und sein schreibender Schatten aus seinem Blickfeld verschwanden.

Stettin also!

Till kannte den Namen dieser Stadt. Pelze, die sie in Peine mit schwarzen Fäden aus Pferdehaar und reißfestem Futtertuch aus Riga zu Mänteln vernähen ließen, waren über Danzig und Stettin eingeschifft worden. Russlandpelze, die beste Qualität der Welt. Die Landkarte in Tills Kopf war mit Tuch und Leder beflaggt. Brüsseler Spitzen, Seide aus Venedig und Genua, Leinen aus Flandern und Schlesien, Leder aus Breslau und Warschau, Wolle aus den Cevennen und aus Irland, Samt aus Cordoba.

Ein zweites Mal noch hatte er den »Gloriosen« aus der Nähe gesehen, wie er sich eine neue Vorrichtung vorführen ließ, mit der man die Räder der Kanonenlafetten bei Bedarf schnell wechseln konnte. Im siegreichen Zug gegen den Zaren waren den Schweden 1615 mehrfach ihre zu schmal beräderten Kanonen im Morast stecken geblieben. Der russische Morast war es, der dem damals erst 21jährigen Adolf fast den Sieg entwunden hätte.

Adolfs Forderung, die Lafetten so einzurichten, dass man sie bei aufgeweichtem Grund in Windeseile auf breite Räder umrüsten konnte, war ein Zimmerer nachgekommen. Ein Mann, der noch vor nicht allzu langer Zeit am Rhein Hammerschmieden gebaut hatte.

Till war mit dem Mann ins Gespräch gekommen; Erfindergeist, von dem beide ein wenig hatten, hatte sie zusammengebracht. Der Tuchhändlerssohn und Flüchtige aus Peine hatte sich für den klug ausgedachten Schnappmechanismus des Rheinländers interessiert; und der Zimmerer aus Speyer, wohl um die dreißig Jahre alt, war begierig zu erfahren, wie man Stoff wasserundurchlässig machen konnte. »Oh, das ist keine Hexerei«, sagte Till. Hexerei? Bei diesem Wort war sein Gegenüber zusammengezuckt.

Als Till später mit dem Rheinländer unter Deck zusammengerückt war, fielen Till die verstümmelten Fingerkuppen an der linken Hand seines Gegenübers auf.

Erst schien es, als wolle der Mann aus Speyer die Frage nicht beantworten, wie und wo er solchen Schaden hatte erleiden müssen. Der Rheinländer schüttelt sich und machte ein wütend verächtliches Gesicht; dann aber begann er doch zu erzählen, erst langsam tastend, dann zügig und flüssig, schließlich so, als wäre ein Wasser-Schlagrad von der Narbe gesprungen und die Flut schösse darüber hinweg.

»Ich habe in Speyer am Rhein Hammerschmieden gebaut, gute, stark genug für die wechselnden Kräfte und Launen des Flusses. Keine besseren sind den Rhein hinauf und hinab zu finden. Die Holländer kamen, um meine Hammerschmieden zu sehen und die Schweizer fuhren von Basel den ganzen Rhein hinab, um die Bauweise zu studieren. Ich habe eine Kunst entwickelt, wie man den Hammerschlag regulieren kann, wie man langsam und gemächlich von gering auf heftig hochfahren kann … ping, plang, plong plooong ploooooong!

Und ich habe einen Dreh gefunden, wie man das Übel aller Hammerschmieden überwinden kann, das Übel nämlich, dass sie sich wegen zu großer Erschütterung mit der Zeit selbst zerreißen, so wie ein zu kräftig schlagendes Herz eine Männerbrust zersprengen kann.

Ich wurde viel gelobt ob meiner Hammerkunst, hatte viele Freunde. Aber wohl doch nicht genug. Zu Johanni vor vier Jahren wurde ich ergriffen und ins Verlies geworfen. Dorthin, wohin man die Hexen schleift.

Erst wusste ich nicht, wie mir geschah. Man ließ mich liegen, mein Schreien half nichts. Dann kam einer mit hohem Kragen und in der braunen Tracht eines Schultheiß; der verlas von einer großen Rolle, ich sei zauberischer Umtriebe angeklagt.

Was denn das seien, zauberische Umtriebe, wollte ich wissen. Aber der Mann rollte nur sein Papier zusammen und sagte, davon werde man gar baldigst mehr erfahren.

Mein Weib war im Jahr zuvor an Auszehrung verstorben. Kinder waren keine, gottlob. Meine alte Mutter durfte mich besuchen. Ich bat sie zu ergründen, was mir vorgehalten würde. Aber sie war zu alt und zu schwach, um etwas in Erfahrung zu bringen. Das Letzte was ich von ihr sah, waren Tränen.

Freunde kamen nicht. Heute weiß ich, dass sie Angst hatten, Angst als Mitwisser eines Hexers ebenfalls ergriffen zu werden.

Die Befragungen begannen gelinde: Wen ich denn da zur mitternächtlichen Stunden in meiner Werkstatt empfangen hätte?

Niemanden, sagte ich ... nicht einmal, dass ich selbst in später Stunde in meiner Werkstatt zugegen gewesen wäre! Dann sagte man mir, man hätte mich bei Neumond am Schmiedefeuer mit einer satanischen Gestalt tuscheln gesehen ... gesehen und gehört. Und es gäbe zwei Zeugen, die über jeden Zweifel erhaben seien, und es wäre nur gut für mich, wenn ich mich geständig zeigte. Und zur Bekräftigung hielt man mir Zangen unter die Nase.

Ich sagte, dass es, wie allseits bekannt, wegen allgemeiner Brandgefahr bei strenger Strafe in Speyer verboten sei, nächtliches Schmiedefeuer zu unterhalten und dass ich mich streng an dieses Gebot halte und dass die Nachtwächter sofort eingeschritten wären, hätte ich zur Mitternacht denn tatsächlich ein Feuer unterhalten.

Aber man sagte nur, es wäre besser, ich würde meine Seele erleichtern und gestehen. Ich entgegnete, es gebe nichts zu gestehen. Tags darauf kamen sie mit Zangen, die sie zuvor schon gezeigt hatten.«

Der Zimmermann hob seine verstümmelte linke Hand, Till wich unwillkürlich zurück, so als ginge noch der Gestank von verkohltem Fleisch davon aus.

Eine kleine Weile schien es, als wenn der Mann aus Speyer den Bericht abbrechen wollte, dann aber fuhr er mit härterer Stimme fort: »Ich hatte ja schon dies und das von den Prozessen gehört. Sie enden alle mit dem Feuertod ... alle ... zumindest in Speyer.

Zu mir in die Zelle kam dann einer, ein Pater, dessen Name so ähnlich klang wie Speyer oder Speer ... ich hab den Namen vergessen. Es war ein Mann mit sehr angenehmen Zügen und einem fein geschnittenen Bart. Er tröstete mich, er sang für mich ein Lied und er sagte, es sei nichts Hexerisches und Teuflisches an mir und er würde alles tun, um meine Unschuld zu beweisen. Aber tags darauf brannten sie meine Brust mit glühenden Zangen. Und als ich ihnen auch dann kein Geständnis liefern konnte, haben sie ... «, der Zimmermann hob abermals seine Hand mit den fehlenden oberen Fingergliedern.

»Dann geschah ein Wunder. In der Nacht vor meiner letzten peinlichen Befragung polterte es. Es fiel ein großes langes Eisen in mein Verlies unter der Stadtmauer. Und ein Strick. Der Strick war oben an einem eisenvergitterten Fenster festgebunden. Ich zog mich mit aller Kraft an dem Strick empor. Oben unter dem Fenster war ein kleiner Vorsprung, auf den ich mich stützen konnte. Mit dem Eisen konnte ich einen der Gitterstäbe, der schon vom Rost mehr als halb zerbissen war, ausbrechen, was mir einen großen Schmerz bereitet ... wegen meinen zerquetschten Finger. Dann kroch ich ins Freie.

Es kam viel Nebel vom Rhein herauf. Der Nebel hat mich verborgen, sonst hätten mich die Soldaten der Garnison sogleich wieder ergriffen; denn kaum, dass ich dem Verlies entronnen war, entstand hinter mir ein großer Lärm. Ich lief erst ins Judenviertel, im Mikwe-Bad habe ich mich verborgen, bis ich das Stiefelgeschurre der suchenden Soldaten nicht mehr hören konnte. Zwei alte Juden mit weißen Schädellocken sahen mich, aber sie verrieten mich nicht. Dann schlich ich hinunter zum Rhein. Ich fand ein Boot, das zum Ausbringen der Fischreusen genommen wird; das band ich los und ließ mich treiben. Ich ließ das Boot nachts treiben und verbarg mich am Tag. Der Nebel war mein Fluchthelfer. Als ich ... ich weiß nicht mehr, wie lange ich unterwegs war, ... Köln hinter mir gelassen hatte, wuchs meine Hoffnung. Nachts fing ich Frösche im Ried und aß sie roh, weil ich kein Feuer machen wollte. Und irgendwann, ich war schon überaus schwach von Hunger, erreichte ich Holland.«

»Du warst bei den ... Calvinischen?«

»Ich war anfangs bei einer katholischen Zimmerer-Familie in Amsterdam. Der Familienvater weilte im Jahr zuvor in Speyer, um meine Hammerschmiedekunst zu studieren. Die Katholischen werden in Holland drangsaliert, aber keinesfalls so schlimm wie Katholische, Lutherische oder Calvinische in Deutschland drangsaliert werden.

Sie dürfen keine öffentlichen Kirchen haben, aber sie haben ihre Kirchen aufs Wunderbarste über ihren Wohnungen in die Giebel-Dachböden gebaut. Sie sagen: ›Wir dürfen katholisch beten, aber nicht zu laut, und unsere Glocken dürfen nicht lauter rufen als ein Säugling schreit‹. Ich lernte schnell, den Rosenkranz auf Holländisch zu beten.«

»So bist du ... ein Katholischer?«

»Ja. Und bin beileibe nicht der einzige im Heer des Königs. Adolf wird die deutschen Katholischen nicht knechten; er wird allgemeine Konfessionsfreiheit bringen. Dem HERRN ist es doch sicher einerlei, ob man ihm die Messe auf teutsch, holländisch oder lateinisch singt.«

Till lag eine Entgegnung auf der Zunge: ... Setzte nicht die Einrichtung von Religions-Freiheit voraus, erst einmal das herrschende Unrecht zurück in seine Schranken zu weisen? Und würde dieses Zurück, das ein Vorwärts sein wird, so ganz ohne Pulverdampf und Blutgespritze möglich sein? Aber Till schwieg. Das Bittere, von dem er aus dem Munde dieses Leidgeprüften erfahren hatte, war nicht von der Art, dass sich ein Streitgespräch daran hätte anbinden lassen. Zumindest nicht schicklicherweise.

An dieses Gespräch musste Till denken, als er die Zahlenreihen in seiner Kladde durchging – die Aufzeichnungen über die Zusammensetzung des Wachses, die Dicke der Schichtung, die Struktur und Fadenstärken der unterschiedlichen Leinenstoffe.

Und als am fünften Morgen die deutsche Küste gesichtet wurde, stand ein Regenbogen über dem hellen Band, das Land und Wasser trennte.

Also sollte es wahr werden.

44 *Der Kniefall zu Usedom und das, was Till an diesem Tag wichtiger war*

Ein Zufall hatte es gewollt, dass just die *Filia Beata*, das Schiff, auf dem Till die Ostsee befahren hatte, als erstes vertäut wurde, so dass er das Anlanden der Armada von Land aus beobachten konnte. Es gab ein heilloses Gewimmel und etliche Male schien es, als wenn die Schiffe gegeneinander trieben. Die Luft vibrierte von Kommandorufen, irgendwo fiel ein Mann über Bord, dem es aber gelang, prustend und schreiend an Land zu strampeln. Aus einem Buchenwäldchen, das mit seinen Wurzelausläufern den Küstenstreifen berührte, wurde Salut geschossen, was eine kleine Panik auslöste, denn schneller noch als das Echo der Schüsse war das Gerücht, Wallenstein und Tilly griffen aus dem Hinterhalt an.

Als das Königsschiff gegen die Landepfähle gezogen wurde, die schwedische und alliierte Truppen aus Stralsund eilends in den flachen Meeresgrund getrieben hatten, erschallte Hörnerklang. Till konnte nicht erkennen woher; später würde es heißen, die Fanfaren seien »aus güldenen Posaunen wie vor Jericho« aus dem Himmel erschallt.

Und noch etwas Seltsames geschah. Als der König über eine mit Rüganer Hundsrosen geschmückte Planke an Land ging, um den ersten Schritt auf deutschem Boden zu tun, stolperte er, knickte ein und fing den Fall seines großen, schweren Körpers mit dem linken Knie auf.

Ein kleiner Aufschrei ging durch die Reihen derer, die es sahen. Ein Vorzeichen? War nicht erst vor wenigen Wochen des Königs Prunkschiff, die Wasa, untergegangen, kaum dass sie von der Werft ins Hafenwasser entlassen worden war? Und hatte nicht Adolf im Frühjahr vor den Edlen des Reiches Abschied genommen, so als wäre es auf Nimmerwiedersehen?

Till berichtete in den folgenden Wochen und Monaten verschiedentlich vom Beinahe-Sturz des Großen Adolf, war aber immer wieder und immer heftiger korrigiert worden: Nein, nein, und abermals nein! Der König sei nicht gestrauchelt, sondern hätte mit einem Gebet auf den Lippen das Knie gebeugt und zugleich Gottes Segen erfleht für sein großes Werk: die Rettung des gereinigten Glaubens. Tills Gegenrede, die er anfangs noch mit der Autorität des Augenzeugens vorbrachte, wurde immer leiser, knickte schließlich ein, verstummte. Und Monate später – Magdeburg war bereits gefallen und verbrannt – sang Till Rothmann (er war noch immer Augenzeuge, aber das Zeugnis hatte sich gewandelt) wohl- und volltönend in dieser Weise:

UND ALS DER RETTER GING VON BORD,
DA KAM EIN SCHALL VOM HIMMEL HER.
ES STAND BEDEUTUNGSSCHWER EIN WORT
GESCHRIEBEN WOHL MIT WOLKENWEISS:
»DIE RETTUNG KOMMT WEIT ÜBERS MEER«
ES BEUGT DAS KNIE ZU GOTTES PREIS
DIE EDLE MAJESTÄT.

Till hatte dem Fall Adolfs, der kein Fall gewesen sein sollte, nicht allzu viel Aufmerksamkeit geschenkt. Nicht von ungefähr: Er hatte sich alsbald durch die Menge geschoben, um zu den Anlegeplätzen der Lastschiffe vorzudringen. Dort, so vermutete er richtig, würde sich auch der Tross finden.

Und er kam gerade rechtzeitig um zu sehen, wie eine junge Frau mit hochgestecktem, flachsblondem Haar und im grünen Kleid unsicher und etwas schwankend an Land ging. Als sie den mit den Armen rudernden Mann in der Menge erblickte, lachte sie. Nicht der majestätische Ausrutscher oder fromme Kniefall, Selmas Landgang war das eigentlich Wunderbare an diesem Tag – für Till.

Auch davon gibt es ein Gedicht des Till Rothmann – mit Verlaub, ein besseres als das arg dem Zeitgeschmack verhaftete »Und als der Retter ging von Bord«. Es ist das erste aus Till Rothmanns Selma-Zyklus, und es beginnt so:

FÜR SELMA (1)
SO APHRODITISCH HELL UND LACHEND
ENTSTEIGT MEIN LIEB DER FLUT.
DES WILL ICH LOBEN: TRÄUMEND, WACHEND -
MIT ALLER SEELENGLUT.

45 Wie Spee sich eines wilden Planes nicht erwehren konnte

Zurück in Paderborn hatte Spee – zu seiner eigenen Verwunderung – nicht das Gefühl von Ausweglosigkeit, das er erwartet hatte. Seine Flucht in Richtung Weser hatte ihn zwar nur ein paar Dutzend Meilen fortgeführt, aber sein Geist war weit vorausgeflogen. Die Flucht, die der HERR durch einen *Brennenden Busch* – in Form einer brennenden Scheune – beendete, hatte ihn vielerlei bedenken und ordnen lassen. Gedankenarbeit: Wer bin ich? Knecht Gottes oder Geknechteter? Was will ich? Gerechtigkeit … Gerechtigkeit um jeden Preis? Und wo bin ich ungerecht? Was ist mein Weg? Wo muss enden, wer die reinigende Kraft der Scheiterhaufen in Frage stellt?

Ja, es war ja nicht zu leugnen: Viel Bitternis hatte sich in ihm angesammelt. Spee sagte sich, mit dieser Bitternis sei es wie mit Essensresten in einem Topf: Lässt man sie zurück, schimmelt auch das Neue und Frische, das man nachfüllt. Woher also der Geschmack von Bitternis?

Er hatte mehr Gerechtigkeit und mehr Lohn erwartet. Lohn nicht in irgendeiner Münze, sondern in der Gnade, seine Talente soweit wie möglich ausbreiten zu können. Es waren immer wieder die Leisetreter gewesen, die befördert wurden. Diejenigen die Ja-und-Amen sagten, noch ehe die von oben an sie gerichtete Frage auch nur vollends ausgesprochen war. Es waren diejenigen, welche die Frage »Wirst du helfen?« immer mit der Frage »Und was hilft es mir?« zu verknüpfen wussten.

Als vor vier Jahren in seiner Kölner Zeit die Frage anstand, wer der geeignetste sei, eine großartige Indien-Mission zu leiten – auf den Spuren des Heiligen Thomas in das Land der Vielgötterei –, da hätte jeder gerecht empfindende Bischof oder hochgestellte Ordensbruder ihm den

Vorzug geben müssen vor jenem Bruder ... gegen dessen Belesenheit und Emsigkeit zwar nichts einzuwenden war ... nein, das nicht ... der ihm aber an Geisteskräften ... eben doch erkennbar ... Spee verbot es sich, den Gedanken frei zu präparieren.

Und als es vor wenigen Monaten um das Letzte Gelübde ging ... ach, auch da war ein anderer vorgezogen worden. Ein sanfter Bruder, der ihm, »dem lieben Bruder Spee« bei einem zweisamen Ausflug vor die Stadtmauern entlang der Paderborne zwar seine »seelentiefe Abneigung« gegen die »fehlgeleitete Hexenwut« gestanden hatte, der dann aber nur wenige Tage später mit niedergeschlagenem Blick geschwiegen hatte, als Lennep »unseren klügelnden Bruder Spee« vor allen anderen Brüdern streng zur Ordnung gerufen hatte.

Lenneps Worte hallten lange nach: »Es gibt solche, die Brandfackeln werfen, und es gibt solche, die pestgetränkte Worte drucken lassen, um die Wächter des Glaubens damit krank zu machen. Die Brandfackeln sind eine mindere Gefahr, man kann sie austreten. Aber die Pestworte nicht. Wir aber, meine Brüder, wir lassen es nicht zu, dass die von Gott gesetzte Ordnung von Pestbeulen überzogen wird.«

Ordnung? Welche Ordnung denn wohl? Steht nicht über aller Ordnung die Liebe und das göttliche Gebot der Aufrichtigkeit?

Glaube, Liebe Hoffnung – aber die Liebe ist die größte unter ihnen.

Wann hatte der ERLÖSER jemals Ordnung gepredigt?

Ordnung, Ordnung, Ordnung!

Aber hatte nicht auch er, der gute Bruder Spee, im Namen der rechten Ordnung wie ein Feuerhaken in Peine die Glut geschürt, auf dass die Lutherischen ausgebrannt wurden? Hatte er nicht, als sei er ein Folterknecht, mehr Daumenschrauben von der Obrigkeit der Stadt Peine gefordert, ... mehr Härte gegen die Uneinsichtigen, gegen die Kernschen und gegen andere?

Und war nicht der Anschlag auf sein Leben, dieser späte Aprilmorgen zu Woltorf, eine Antwort, die unmissverständlich war: Wer sich des Schwertes bedient – und sei es auch nur, indem er vor gezückten Schwertern sein Amt versieht -, der kommt durch das Schwert um! Würde es in seinem Fall ein Schwert sein, ein Pistolenschuss ... oder das Feuer, das ihm schon mehrfach unverhohlen angedroht worden war?

Es waren solche und ähnliche Gedanken, die Spee in den Tagen nach seiner kleinen Flucht umtrieben.

Aber es gab auch gute, strahlend helle Stunden. Seine Vorlesungen, die er als Professor für Moraltheologie und Philosophie zu halten hatte, waren schiere Beglückung. Sie forderten im Übrigen nicht den ganzen Mann. Sein Wissen, vor allem aber sein Ideenreichtum, waren groß genug, um mit einer Inspiration (Einhauchung, so das schöne deutsche Wort dafür), die er auf dem Weg zum Vorlesungssaal gewissermaßen aus der Luft atmen konnte, eine Lektion zu bestreiten. Stunden voller Leichtigkeit, Poesie und Tiefe waren das.

Noch vor zwei Tagen, als er einem Spatz zuschaute, der sich offenbar in der Vorhalle zu den Vorlesungsräumen verflogen hatte, war ihm eine lectio über die Vollkommenheit der Schöpfung zugeflogen. Er wusste zwar sehr wohl um die Gefahren (… hatte man nicht den Giordano Bruno, den Pantheisten, vor mehr als 30 Jahren auf dem *Campo dei Fiori* in Rom verbrannt?), um die Gefahren für den Glauben. Gefahren, die aufsprangen, wenn man Gott zu sehr und zu ausschließlich in seiner Schöpfung sehen wollte.

Noch immer drängten die Studenten zu ihm, saßen mit glatten, aber vor innerem Feuer glänzenden Gesichtern in den Holzreihen, hingen an seinen Lippen. Mit großem Amüsement hatte Spee beobachtet, wie einige Studenten seine Gestik nachahmten – vermutlich taten sie es, ohne es selbst zu bemerken: Sie legten beim Disputieren in Speescher Manier die Hände wie zum Gebet flach zusammen und öffneten sie langsam bei gleichzeitiger Aufhebung des Blickes, immer wenn sich ihre Rede einer *conclusio* näherte oder auch nur einer Hervorhebung.

Und ein Student, ein zarter Bursche, den schon in seinen frühen Zwanzigern die Haare verließen, hatte auf sein Stundenbuch *sein* Motto – das Speesche Motto *dum spiro spero* – geschrieben: Solang ich atme, hoffe ich.

Spee hatte den jungen Mann, dessen Familie vor einigen Jahren vor den »Wikingerdänen«, vor den plündernden »Christianschen Horden«, aus Oldenburg an der Hunte nach Paderborn geflohen war, befragt, was denn für ihn dieses *dum spiro spero* bedeute.

Der Befragte antwortete ohne jedes Zögern: »Es bedeutet Matthäus 18: 18 – 20: ›Siehe, ich bin bei euch alle Tage bis an der Welt Ende‹.«

Spee hob die Augenbrauen: »Das, mein Bruder, ist die Luther-Übersetzung, wie du weißt?«

Der Jüngling nickte und sagte: »Wenn sie falsch ist, Bruder Spee, dann erbitte ich die richtige«

»Sie ist nicht falsch. *Dum spiro spero* … das kann uns nur gelingen, wenn wir Gottes Nähe bis zur letzten Stunde spüren. Und es wird nicht deshalb falsch, weil es ein Falscher richtig übersetzt hat.«

Es war auch in diesen ersten Tagen seiner Rückkehr, dass ihn eine Erinnerung einholte, die er mit Fleiß abgelegt hatte, die Erinnerung an eine flüchtige Begegnung im Beichtstuhl. Diese Erinnerung war jäh und heftig zurückgekehrt, als er am Südtor eine Gruppe angetrunkener kaiserlicher Soldaten sah, die zwei Kebsweiber mit sich herumschwenkten: zwei junge Huren, in billiges rotgrünes Tuch gekleidet und mit silberglitzerndem Puder in den Haaren.

Er hob den Blick, nur schickliche ein, zwei Atemzüge lang, und lauschte. Die Frauen gickelten gleichzeitig. Aber Spee, der sich recht gut auf Stimmen verstand, war sich fast sicher, dass keine dieser beiden Töchter der Sünde zu ihm im Beichtstuhl gesprochen hatte, damals, als er davon erfuhr, dass ein Komplott gegen ihn geplant sei, um seine Ehre in den Dreck zu zerren.

Wie mochte es dieser Frau ergangen sein? Sie hatte sich geweigert, der giftige Dolch in der Hand seiner Feinde zu sein. Wie aber wird ihr diese Weigerung bekommen sein? Wird man am Ende gar … ?

Spee fasste einen Plan, dessen Kühnheit ihn kurzzeitig erschreckte. Wenn er misslang, dieser Plan, dann würde man ihn öffentlich in Stücke reißen. Aber unter dieser Drohung lebte er ja ohnehin. Also begann Spee in eine Rolle zu schlüpfen, wie sie für einen Professor der Philosophie und der Moral nicht eben kleidsam war.

46 Wie Pater Spee in die Gewänder eines Flaneurs schlüpfte – um einer gerechten Sache willen

An einem späten Abend, der in keinem Kalendarium der Stadt Paderborn als ein besonderer verzeichnet steht, betrat ein wohlgekleideter Mann die Untere Färbergasse zu Paderborn, ein Mann, den schön zu nennen es keinen besonderen Anlass gab, denn es war offensichtlich.

Sein Gesicht war von feiner Modellierung, eine große, aber wohl-proportionierte Nase, lebhafte dunkle Augen unten weitschwingenden Brauen, ein schwarzer Bart, fein gestutzt nach der Art besserer Herrn, bedeckte Oberlippe und Kinn. Das Haupthaar, soweit es nicht von einem flachen Hirschlederhut bedeckt war, durchzogen ein paar graue Strähnen, doch nicht so viele, dass man hätte meinen können, einen Mann weit jenseits der Lebensmitte vor sich zu haben.

Der Oberkörper, schlank, mäßig breite Schultern, steckte in einer Weste aus besticktem Tuch, die Arme in einem weiten Wollhemd, das in gewebte dunkelgrüne Manschetten auslief, wie sie auf den Tuchmärkten stückweise gut und gerne ihre zwanzig Dukaten kosteten.

Die Untere Färbergasse beherbergte schon seit gut einer Generation keine Tuchfärber mehr. Nach einem Brand, der einen Teil der dreistöcki-gen Fachwerkhäuser gefressen hatte, war die Zunft weitergezogen, und eine andere hatte Quartier genommen. Diese Zunft und ihre Kunden hatten die Farbnamen beibehalten. Das ehemalige Blaufärberhaus lag gleich am Straßeneingang, dort, wo der Färberbach aus einem Steinrohr hervorsprudelte. Es grenzte an das Rotfärberhaus, das vom Brand des Jahre 1606 arg mitgenommen war und deshalb bei seinen Besuchern nicht das rote, sondern das schwarze Haus hieß. An das schwarze ange-lehnt folgte das gelbe Haus, das damals fast niedergebrannt und durch ein schlichtes, nur halbhohes Gebäude ersetzt worden war. Im Erdgeschoss befand sich eine Kaschemme, in der fast nur Frauen saßen, Frauen jeden Alters, jeder Größe, jedes Leibumfangs, gekleidet nach aller Herren Länder Mode. Aber wenn man genauer hinschaute, waren es vergangene Moden, und die Kleider waren schadhaft.

Es roch nach saurem Wein und Erbrochenen und in den schmalen Durchgängen zu den Stiegen stank es nach Urin. In der Kaschemme, die den nicht unpassenden Namen »Zum letzten Heller« trug, spielte jemand mehr schlecht als recht Drehleier und sang mit einer Stimme, die wie feuchter Schimmel über der Melodie lag:

> »Der Liebe Rosen dornig sind.
> Gleichwohl ich pflücke sie geschwind.
> Ich pflücke sie mit leichter Hand,
> und rauschend fällt schon das Gewand,
> das einen weissen Busen deckt.
> Mein heiss` Begehr ist frisch geweckt ... «

Spee schüttelte sich; die ungehobelten Verse waren über ein Kirchenlied gestülpt, das er seit seinen Kindertagen in Kaiserwerth am Rhein kannte. Er schob den Lederhut tiefer in die Stirn, atmete flach, um aufkommenden Brechreiz besser unterdrücken zu können.

Im »Letzten Heller« sparte man fast an allem, an Sitzmobiliar und Fensterglas, an sauberen Bechern und Geschirr, aber nicht an Kerzenlicht, was Spee durchaus nicht angenehm war. Der hell erleuchtete Vorderraum ließ den Hintergrund nur noch dunkler erscheinen.

Spee hatte die Schwelle, die vom Schmutz grau gefressen war, kaum überschritten, als ein Kerl auf ihn zukam. Er trug Livree, aber eine von jämmerlich zerschlissener Art, dazu noch von zu kleiner Größe; die Ärmel waren dabei, sich aus dem Futter zu lösen; über die Brust lief ein blasser Streifen, vielleicht eingetrocknetes Erbrochenes oder die Reste einer Gerstensuppe.

»Bonne nuit, der feine Herr. Blau? Schwarz? Oder darf's denn heute mal Gelb sein?«

»Pardon? Comment? Was du sagst?« Spee bemühte sich um ein französelndes, gebrochenes Deutsch.

»Oh, der Herr ist neu. Im blauen Haus gibt es billige Kost von reifen erfahrenen Frauen. Im schwarzen wird es schon etwas schärfer und straffer. Und Gelb ist es frisch und knusprig, was für die Schleckermäuler. Alles eine Frage, wie prall dein Sack ist ... dein Geldsack.«

Spee tat, als reiche sein Verständnis der deutschen Sprache nicht aus, um die zotige Anspielung zu verstehen. Er sah sich um und stellte zu seiner großen Beruhigung fest, dass außer ihm nur zwei Männer im »Letzten Heller« waren. Der Kerl mit der platzenden Livree vor ihm, und einer, der vor einer tuchverhängten Stiege schlafend auf der Erde lag, fast ganz verhüllt von einer Flickendecke.

»Isch abe das gefindet ... at verlorän ein Dame, wo ... vielleischt 'ier wohnt?«

Spee zog den Handspiegel aus seinem Wams, den die flüchtige Dirne im Hauptgang des Domes fallen gelassen und nicht aufgehoben hatte.

Der Patron des Hurenhauses grapschte sofort danach, Spee zog das kleine Accessoire zurück. Unterdessen waren einige Frauen aufmerksam geworden. Eine große Dunkelhäutige fragte: »Woher hast du das, Franzos'?«

»Ein Dame at verlorän ... wer ist Dame?«

»Wann?«, fragte die Halbriesin.

»Pardon ...?«

»Wann hat eine Dame diesen Spiegel verloren?«

»Oh ... is sisch ein kleinö Weilö äähr!«

Die Frauen steckten die Köpfe zusammen, warfen Spee ein paar abschätzige Blicke zu und zogen sich wieder ins Halbdunkel zurück.

Nur eine trat ein paar Schritte vor und blieb dann stehen, eine kleine Schwarzhaarige; sie musterte Spee eine Weile, so als taxiere sie seine Zahlungsfähigkeit. Dann sagte sie: »Hier ist niemand, der einen solchen Spiegel vermisst.«

Spee bedauerte es, dass er eine schlechte Beherrschung der deutschen Sprache als Teil seiner Verkleidung gewählt hatte. Wie, um alles in der Welt, sollte er jetzt radebrechend und stammelnd weitervorgehen? Aber die kleine Schwarzhaarige löste sein Problem und sagte: »Bis vor zwei Wochen war Felicitas bei uns. Sie hatte so ein Spiegelchen, genau so eines wie dieses da.«

»Felicitas ist ... perdu ... ganz woandäärs?«

»Zwei Spanier haben sie geholt, und nun ist sie fort. All ihre Kleider sind noch da, und so ein kleines Bild mit einem Rahmen aus Elfenbein ... von ihrer Mutter.«

Spanier oder »Die Schwarzen« wurden in Paderborn die städtischen Wachsoldaten genannt, obwohl die Garnison nur zum kleineren Teil aus spanischen Söldnern bestand. Es handelte sich bei diesen wenigen um einen versprengten Truppenteil des Tillyschen Heeres – Mietsoldaten, die wegen des sicheren Soldes in Paderborn geblieben waren.

Der livrierte Kerl, dem es dämmerte, dass mit diesem Franzosen kein Geschäft zu machen war, drängte sich vor.

»Einen Gulden, mon ami, und du kannst ihr ganzes Lumpenzeug mitnehmen. Die Felicitas fressen schon die Würmer. Das sage ich, und ich kenn mich aus. Wen die Spanier holen und ins Loch stecken, der ist entweder tags darauf zurück oder kommt nimmermehr. Wenn du das Zeug nicht willst, dann troll dich! Vite vite!«

Spee stand noch ein paar Herzschläge reglos auf der speckigen Holzdiele, die Kerzen im Vorderraum blakten, als würde ihnen schlecht von der stehenden Luft. Der Drehleierspieler griff sich wieder sein Instrument, das während Spees Auftritt stumm auf seinen Knien geruht hatte und befeuchtete seine Kehle mit etwas Pissgelbem aus einem Blechnapf.

Es raschelte. Der Mann unter der Flickendecke regte sich und blinzelte benommen in Richtung Spee. Der machte eine schnelle Drehung; seine Verkleidung war zwar sorgfältig gewählt, aber sie hielt sicher keiner inquisitorischen Betrachtung stand.

»Bonne nuit, mesdames et messieurs!« sagte Spee, lupfte seinen Hut und verschwand.

Als er die Untere Färbergasse hinter sich gelassen hatte, drückte er sich in eine Toreinfahrt, fasste einen großen, eisernen Klopfring, der in einem Löwenmaul hing, presste sein Gesicht gegen das Holztor, weinte und erbrach sich.

47 Von Adler- und Schäferstunden und dem Umstand, dass es auch in harten Zeiten weiche Stunden gibt

Till Rothmann hat später in einem seiner typischen Langgedichte
(»Die Tage von Stettin«) berichtet, wie Gustav Adolf, ohne einen
einzigen Schuss abzugeben, den Kommandanten der Stadt, einem
gewissen Oberst von Damitz, den Schneid abkaufte. Der Oberst war,
all seinen Mut zusammenraffend, Gustav Adolf entgegengeeilt und
hatte mit Gegenwehr gedroht, sofern sich das Schwedenheer der Stadt
noch weiter annähern würde – eine Drohung, die seltsam hohl klang,
weil ja rundum zu sehen war, wie das Volk von Stettin den Adolfschen
Truppen jubelnd entgegenströmte. Adolf sagte daraufhin dem Kommandanten der Stadt – und er sagte es mit schmunzelndem Seiten-
blick auf die vielen jubelnden Stettiner: Er, Gustav Adolf von Schweden, hätte bereits den passenden Stadtschlüssel und es läge an ihm,
dem Herrn Oberst von Damitz, ob von diesem Schlüssel Gebrauch
gemacht werde. Dabei legte er seine königliche, mit Elchleder be-
handschuhte Hand auf die dickste Kanone, die über die Ostsee ver-
schifft worden war. Sie blieb stumm, und die erste Eroberung des
Schwedens auf deutschem Boden geschah ganz ohne Pulverdampf
und unblutig.

In Adolfs Heerlager vor Stettin war es Tills große Passion, die Seeadler
zu beobachten. Wenn nicht gerade Dienste und Übungen anstanden, lag
er irgendwo auf dem Rücken im Gras, den Blick himmelwärts gerichtet
auf die »fliegenden Scheunentore«. Es war ihm ein steter Quell von
Fragen, wie sich so schwere, große Vögel so schwerelos in der Luft zu
halten vermochten. Jedes Blatt – tausendfach leichter als ein Adler – fiel
im Herbst vom Baum auf die Erde, warum nicht diese Brocken von

Vögeln? In seiner Zeit in Genua hatte er gesehen, wie stoßweise Papier und sogar leichte Webstoffe vor den sonnengeheizten Stadtmauern hochflogen, so als hätte dererlei kein Gewicht; und über Feuer konnte man schwarze Flocken aufsteigen sehen. Heiße Luft trug offenbar mit unsichtbaren Händen. Aber die Luft über der breiten Oder war nicht heiß, vielleicht noch nicht einmal warm?

Warum konnte ein gelehriger Mensch lernen wie ein Fisch oder doch wenigstens wie ein Hund zu schwimmen, nicht aber wie ein Vogel zu fliegen?

Besser aber noch als den Adlern hinterher zu sinnen war es, mit Selma im Gras oder auf ausgesuchtem Leinen zu liegen.

Eigentlich wurde streng darauf gehalten, die Marketenderinnen und andere Frauen aus dem Tross von den Landsknechten abzuschotten. Till fand einen einfachen Umgehungsweg. Große Mengen unterschiedlicher Stoffe mussten in die Stadt und zurück geschafft werden. In Stettin wurden sie auf dem großen Dreitore-Markt sortiert und Stettiner Schneidern und Tuchscheren übergeben. Auftragsarbeit, die, wie Till wusste, gut bezahlt wurde. Till oblag die Organisation und Überwachung der Zu- und Rücktransporte, vor allem aber hatte er darauf zu achten, dass sich der Stoff nicht auf dem kurzen Weg vom Feldlager in die Stadt oder auf dem Rückweg auf und davon machten, um dann irgendwo eine private Schatulle füllen zu helfen.

Till wählte sich Helfer, und es war einsichtig, dass er zum Verschnüren der Ladungen Frauen auswählte, denen die Arbeit leichter und schneller von der Hand ging. Auch ließ es sich so einrichten, dass er just und exakt immer den Wagen selber begleitete, den Selma verschnürt hatte, und während der Fahrt überwachen musste.

Und irgendwie geschah es regelmäßig, dass dieser Wagen – meist in Höhe eines Weidengehölzes, in dem die Seeadler gern Warteposten bezogen – ausscherte und für eine Weile unauffindbar war.

Die Seeadler sahen alles mit ihren überscharfen Blicken. Aber sie verrieten nichts.

Es gibt in Till Rothmanns »Selma-Zyklus« ein nicht nummeriertes und undatiertes Gedicht, von dem leider nicht mit letzter Sicherheit zu sagen ist, ob es aus der Feder des dichtenden Peiner Tuchhänd-

lersohnes stammt oder nachträglich von einem Kopisten eingefügt
wurde.

MILDER WIND IN HELLEM HAAR,
VERSPRICHT MIR MEHR ALS SIE MAG HALTEN.
WEISSE HAUT, DER KLEIDER BAR ...
NIE WIRD MEINE GLUT ERKALTEN.
ADLERSCHWINGEN, LERCHENLIED,
GELBER BLUMEN DOLDEN,
WOLKE, DIE NACH SÜDEN ZIEHT ...
... MÜSSEN BALD DIR FOLGEN.

Das Lager glich einem Bienenstock. Von überall her strömten Freiwillige
heran, die unter Adolfs Fahne wollten. Zwar war bekannt, dass man
beim Schweden schlecht *ex raptu* – also vom Plündern – leben konnte.
Aber es war auch bekannt, dass Verpflegung, Kleidung und Sold keine
Anlässe zu Klage und Meuterei boten. Es kamen auch nicht wenige,
die noch kurz zuvor unter Tillys und Pappenheims Fahnen marschiert
waren. Sie schworen auf die Dreikronenfahne und waren – schwuppdi-
wupp! – schwedisch.

Till fiel auf, dass die Neuen sich nicht, wie noch er bei seiner Ankunft
in Schweden, der Stockprobe unterziehen mussten. Offenbar bestand
großer Bedarf, und es wurde jeder genommen, der geradeaus gehen
konnte. Ließ das auf eine Notlage schließen? Brauchte Adolf Kanonenfutter um jeden Preis?

Till sah auch Boten. Sie waren leicht an der immerwährenden Hektik
ihrer Bewegungen zu erkennen, die auch dann nicht abnahm, wenn es
offenbar keinen Grund zur Eile gab. Einige kamen in Kutschen, wie
Till eine bei seiner Anreise auf Stralsund kennengelernt hatte. Etliche
waren beritten.

Till hielt Ausschau, ob er nicht den Kaschuben Josta erspähen könnte,
der ihm vergangenes Jahr viele mühselige Meilen Fußweges erspart
hatte. Er fragte einige Kutscher, aber es gab keine verwertbaren Hinweise.
Vielleicht, dachte sich Till, war Josta ja seiner eigenen Empfehlung gefolgt
und selbst ins Salzgeschäft eingestiegen.

Vor dem Königszelt brannten alle Nächte lang Fackeln; es hieß, Adolf könne, wenn es sein müsse, eine Woche ohne Schlaf auskommen. Till hatte es sich abgewöhnt, solchen Mitteilungen – zumal dann, wenn sie mit vielen Wahrheits-beteuerungen daher kamen – Glauben zu schenken. Adolf war überragend, aber auch Mensch. Und in einem war er sehr Mensch. Bei Tisch!

Till war es verschiedentlich aufgefallen, dass Menschen, die nicht selbst für das, was ihnen auf den Teller kommt, sorgen müssen, zur Beleibtheit neigen. Das traf auch auf den König zu; und Till fragte sich, wie so einer ein so teuflisch guter Reiter sein konnte. Dass er es war, unterlag keinem Zweifel.

Es hieß, der Große Schwede hätte die Oder als Verbündete ausersehen: Als Heerstraße wolle er sie tief nach Teutschland hinein nutzen. An zwei Tagen mit strammem Nordwind sah Till breitrümpfige Lastenboote gegen die schwache Strömung der Oder landeinwärts segeln. Wenn man solche Tage und solchen Wind nutzen könnte, würde der Tross besser vorankommen als über Land, dachte er sich und beschloss seine Überlegungen dem obersten Lade- und Proviantierungs-Offizier zu unterbreiten, einem dänischen Schweden, der schon unter Christian in Teutschland gekämpft und geblutet hatte, ein Haudegen, der seine Kriegsuntauglichkeit (Tilly hatte ihm in Oldenburgischen ein Bein abgeschossen) lange als Schande getragen hatte, bis ihn Gustav Adolf am Revers gepackt hatte mit den Worten: »Wenn ich zehn Männer benennen muss, von denen bald Sieg und Niederlage abhängen, dann bist du unter diesen zehn. Wenn die Soldaten frieren, dann friert das Kriegsglück ein. Du bist mein General gegen Kälte und Nässe.« Der Däne trug diesen Satz wie eine Brustwehr vor sich her und fand am Tag mindestens dreimal Gelegenheit, ihn aufblitzen zu lassen.

Ein General gegen die Nässe ….!

Till konnte sich nicht erinnern, dass es in seinen sehr jungen Jahren im Hildesheimischen so viel geregnet hätte wie im Teutschland dieser Tage. Es war, als wollte der Himmel mit seinen Tränen das Land benetzen. Das geschundene Land, in dem die wilden Hunde mit Menschenknochen vom Feld zurückkamen, und die Raben mit blutigen Rippen um die Stadtmauern flogen.

Kirchenbesuche an jedem ungeraden Kalendertag waren Pflicht.

Man konnte höchstens zwischen einer der zwei Zeltkirchen und den drei größeren Kirchen Stettins wählen; nicht wählen konnte man Absenz. Während der Gottesdienstzeit ging eine strenge Lagerpolizei um, von der es hieß, sie hätte schon mit Spießen den einen oder anderen Schläfer wachgestochen, der vermeinte, sich hinlänglich gut versteckt zu haben.

Die Schotten und Engländer hatten ihr eigenes Kirchenzelt, und es gab sogar eine kleine italienische Holzkirche – groß zusammengehauen aus dem Holz eines Schiffes, das bei der Landung zerbrochen war –, in der es verdächtig nach Weihrauch roch. Russen trugen ihre Heiligenbilder an Spießlanzen befestigt bis vor die lutherischen Feldaltäre, und wenn der lutherische Segen gesprochen wurde, senkten sie die Lanzen und küssten ihre Bilder.

Till ging meist zum schwedischen Gottesdienst, und Selma verstand es, sich hinter der doppelten Absperrung mit Schiffstauen (es waren Annäherungsversuche gemeiner Landsknechte ans Weibervolk sogar während er Messe geschehen!) so zu platzieren, dass Till sie gut im Blick halten konnte.

An einem Tag, der Anstalten machte, sich selbst in Regen zu ersäufen, gab es gegen Abend eine große Bewegung hin zum Doppelhügel – zwei bewachsenen Dünen, die den Oderstrom um gut zwanzig Mannslängen überragten.

Auf dem etwas höheren Hügel hatte man einen Galgen errichtet, ein großes Dreibein, von der Art wie sie über offenes Feuer gestellt werden. Nur dass in der Mitte keine Kochkette herabhing, sondern ein Strick mit Schlinge.

Till, der sich mit dem Menschenstrom hatte treiben lassen und erst zu spät erkannte, was geboten wurde, sah unter der Schlinge den Italiener, mit dem er noch vor einigen Monaten im schwedischen Krankenlager Wurfmesserspiele getrieben hatte.

Dem Mann wurde die Schlinge um den Hals gelegt, und ein Geistlicher sprach abwechselnd ins Gesicht des Delinquenten und in die Menge. Offenbar richtete sich die Botschaft aber mehr an die Menge, denn jedes Mal, wenn der Pastor sich an die Umstehenden wandte, erhob er seine Stimme zu trompetenhafter Schärfe: » ... und dies habt alle zum

Zeichen, dass der Befehl des Großen Adolf – kein Ausplündern, kein Brennen, Stechen und Morden gegen Zivilisten – ohne jede Ausnahm' einzuhalten ist. Dieser hier, der einen jüdischen Kesselflicker ausraubte und totschlug als wie einen tollen Hund, wird nun bezahlen, was noch auf Erden bezahlt werden kann. Der Herr sei seiner Seele gnädig.«

Es gab einen Trommelwirbel und der Italiener -Rocco, der Name fiel Till just in dem Moment wieder ein, als der Schemel unter den Füßen des Delinquenten weggestoßen wurde – strampelte noch eine kleine Weile schwebend. Offenbar hatte man es nicht für nötig befunden, ihm die Beine zu fesseln. Drei Soldaten stützen das Dreibein, damit es nicht durch Roccos Zappelei umfiele. Kaum hatte der Strick mit der menschlichen Last ausgeschwungen, wurde das Dreibein wieder abgebaut.

Till, obgleich als Feldartillerist ausgebildet, wurde nicht abkommandiert; er hatte Befehl, bei Tuch und Leder zu bleiben. Ihm war es recht so. Vorerst. Peine war noch weit, seine Zeit würde kommen.

Von den kleinen Arrondierungs- und Absicherungszügen im weiten Umfeld von Stettin (Ueckmünde, Wolgast und Anklam wurden mit Leichtigkeit genommen) hörte er nur an den abendlichen Lagerfeuern.

Großes Geschrei gab es, als es den Kaiserlichen gelang, das kurz zuvor schwedisch besetzte Pasewalk am 7. September 1630 wieder an sich zu reißen. Aber es war nicht der kleine strategische Verlust, der zählte und über den erzählt wurde: Es waren die begangenen Gräuel. Der kaiserliche Oberst Götz hatte plündern lassen, wie es das geschundene und Kummer gewohnte Teutschland noch selten gesehen hatte. Frauen und Kinder waren wie Ungeziefer zertreten worden, Menschen, die sich in ihren Häusern verbarrikadiert hatten, wurden bei lebendigem Leibe abgefackelt, Frauen zu Tode geschändet. Die Stadt fiel in sich zusammen wie ein ausgeglühter Holzstoß, ein graues Leichentuch lag über den Brandruinen, Verstümmelte türmten sich zuhauf, schwarz gebrannt und dampfend verstopften Leiber die Gassen. Und die Katzen schrien nachts ein *Miserere* von den Stadtmauern herab.

Wenige Tage später hielt Till Flugzettel in Händen, auf denen, mit wenig kunstfertigen Holzschnitten – aber desto drastischer – die Gräuel der Kaiserlichen dargestellt waren. Und es hieß, schwedische Emissäre wären mit Flugschriften dieser Art weit nach Teutschland hineingereist, um sie landauf, landab unters Volk zu bringen.

Nach dieser großen September-Aufwallung war es wieder ruhig im Lager, sehr ruhig. Fast hätte man sagen können, es breitete sich eine Schläfrigkeit aus.

So verging, so vertropfte die Zeit, ohne dass der Löwe aus Mitternacht Anstalten machte, brüllend und rettend in die teutschen Lande vorzuspringen. Es wurde Herbst, der Winter kam früh, am einem späten Oktobermorgen lag Eis auf den Zelten, die Krähen drangen bis tief ins Lager vor, an den Haupteingängen hatte man tote Wölfe aufgehängt, und Till war nicht klar, wer damit abgeschreckt werden sollte: hungrige Wolfsudel oder blutdurstige Zweibeiner.

Im Dezember immerhin begann der Löwe ein wenig die Krallen auszufahren. Er nahm Greifshagen im Sprung, und das mit einer Leichtigkeit, die staunen machte. Von Gräueln war nichts zu hören.

Von all dem und einigem mehr erfuhr Till am Ufer der Oder hinter seinen Tüchern und Lederballen. Es waren Berichte aus der Nähe, die doch fern klangen. Und Blut sah er in diesen Tagen nur getrocknet, an den Armen und Wangen rückkehrender Landsknechte.

Ein zugereister Wanderprediger aus dem Thüringischen sagte ihm: »Luther-Deutschland jubiliert ob des glücklichen *Success*, und die Papisten lassen die Mäuler hängen«. Das gefiel Till, dem nun doch seine befohlene Bewegungslosigkeit unangenehm wurde – wie auch sein Tagwerk. Männer prüften die Schneide ihres Säbels, nicht die Webdichte von Unterkleidern!

Zum Winterlager-Weihnachtsfest 1630 gab es Punsch in schier unergründlich großen Mengen. Woher all die Fässer kamen, blieb ein Geheimnis. Die Finnen liebten das süßliche Gesöff von allen Soldaten am meisten, vertrugen es aber von allen am schlechtesten.

Es war bei Strafe verboten, in der Nähe von Zeltkirchen oder Kreuzen sein Wasser abzuschlagen, zu kotzen oder sich anderweitig verdauter Speise zu entledigen. Das Verbot wurde nur stundenweise eingehalten. Bedeutsamer aber: Es wurde zuverlässig dafür gesorgt, dass die Wachen vor dem Marketenderinnen-Zelt schon früh am Abend volltrunken in sich zusammensackten.

Pastor Hein aus Hamburg hielt die deutschsprachige Mitternachtsmesse, in der er besonders auf den Kindsmord von Bethlehem abhob und einen bedeutsamen Bogen zu den Erschlagenen von Pasewalk zog. »Wahrlich, wahrlich ich sage euch: Das Blut, das die Kaiserlichen am 7. September ganz in unserer Nähe vergossen haben, so dass die Steine des Mühltores weinten, und das Ueckerflüsschen rot war, dieses Blut wird kommen über sie, wird zurückschwappen und die papistischen Bestien ersäufen. Des walte Gott in seiner Höh'. Amen!«

Nach der Predigt gab es geröstete Blutwurst und Roggenbrot.

48 Die Oder aufwärts oder: Wie Till Rothmann ein Poem vortrug, das weiland nur wenige begriffen, das es aber gleichwohl wert ist, gehöret zu werden

Kurz nach Weihnachten war auch für Till Rothmann die zähe Zeit verflossen. Und wie so oft bei *res militariae*: Nachdem sich lange nichts bewegt hatte, musste es plötzlich schnell gehen.

Till erhielt Befehl, einen Teil des gewaltig aufgestockten Tuch- und Kleiderlagers zu begleiten. Voraus-Zug, hieß es. Oderaufwärts. Aber nicht, wie Till vorgeschlagen hatte, unter Segeln oder per Treidelzug auf dem Wasser, sondern zu Land. Keine Zielangabe. Zumindest nicht für die Ohren der Gemeinen.

Zum Schutz sollten fünfzig Infanteristen bereitstehen, aber keinerlei Kavallerie. Adolfs Heer war mittlerweile auf rund 40 000 angewachsen. Es hatte Tage gegeben, an denen die Zuläufer in schier endlosen Reihen warten mussten, ehe sie die Schwurhand auf die Dreikronenfahne legen konnten.

Till fand es schäbig, dass zum Schutz der sorgsam aufgebauten Tuch-, Kleider- und Lederreserven nur lumpige fünfzig Mann abgestellt wurden. Hatte Adolf nicht gesagt, die Equipage würde über Sieg und Niederlage entscheiden? Wenn dieser Schatz nun in einem kaiserlichen Husarenstreich genommen würde? Würde dann im Unterhemd gekämpft?

Aber er grämte sich nicht lange. Und als sicher war, dass es ihm oblag, den begleitenden Tross zusammenzustellen, da fielen ihm zuerst ein paar Begleiterinnen ein. Besonders eine.

Der Anweisung des obersten Kämmerers, er dulde keine »mitreisenden Röcke«, begegnete er mit dem Hinweis, ein Großteil der neuen Leinenwämse sei noch nicht an den Kanten vernäht. Auch er, Till aus Peine, würde sich gern der Sicht des Offiziers und Oberkämmerers anschließen, Weiberleute aus dererlei gefährlichen Vorab-Bewegungen herauszuhalten. Dies gelte aber nur, wenn hinlänglich garantiert sei, dass die noch erforderliche, feine Näherei in guter Weise von Männern geleistet werde. Der Offizier hatte geschnaubt, so dass ihm dabei ein Rotz aus der Nase fuhr; aber er ließ seine Anordnung, den Voraus-Zug weiberfrei zu halten, stillschweigend fallen.

Bevor sich die Tross-Vorausabteilung in Bewegung setzte, wurde ein Feldgottesdienst anberaumt, zu dem sich Hein aus Hamburg einfand – der Geistliche, mit dem Till vor vielen Monaten die Überfahrt nach Schweden gewagt hatte.

Hein ließ inmitten einer hartgefrorenen Wiese einen Feldaltar errichten, und als er noch dabei war ihn aufzustellen, trat Till an seine Seite. Es gab Schulterklopfen, kurze launige Reden, einen Blitzaustausch über die neuesten Gerüchte (das schlimmste davon besagte, dass sich die protestantischen Fürsten und Landesherrn heimlich mit den Katholischen verbündet hätten, um den Schweden gemeinsam zurück über die Ostsee zu jagen, weil selbst die Lutherschen in Deutschland keinen »Schwedischen Kaiser von Deutschland« wollten),und es gab ehrliche Wiedersehensfreude.

Schließlich stieß Till mit der Frage vor, die er nur mühsam hinter allen einleitenden Redewendungen zurückgehalten hatte: »Ist es genehm, wenn ich zum Beschlusse Deiner Predigt kurz das Wort ergreife? Ein Poem, ich denke, es ist schicklich.«

Hein zog ein breites Lächeln auf und sagte: »Da ich sicher bin, dass Du keinen missfälligen Defätismus verstreuen wirst, nur zu, mein Freund!«

Dann gab der Feldprediger das Zeichen, eine Glocke zu schlagen, die eigens auf einem Fahrgestell herangerollt worden war. Die Lafette, die wohl in Gustavs Zug gegen den Zaren noch eine Kanone getragen hatte, war an einer Seite schwarz gebrannt. Angemessene Schminke.

Hein sprach zuerst allgemein über Gottes Willen und dann speziell über die *Trompeten von Jericho*, die alle Wälle und Befestigungen zum Einsturz gebracht hatten, weil Gott es so wollte. Und genauso wie dereinst in Jericho würde Gott jetzt den von ihm selbst entsandten König, den mit seiner Gnade gesalbten Gustav Adolf… Und so weiter.

Till war der Rest der Predigt entgangen, weil er sich auf die eigenen Verse, die er sogleich sprechen wollte, konzentrierte; und als ihm Hein nach Absingen von Luthers »Ein feste Burg ist unser Gott« ein Zeichen gab, brach es aus dem Tuchhändlerssohn hervor wie Stauwasser durch ein berstendes Wehr:

>»Speichen waren wir im Rad.
Das dreht und hat kein Ende.
Seufzer war'n wir vor der Tat,
und wie gebund`ne Hände.
Tropfen waren wir im Blut,
Bleischrot auf der Waage.
Wir waren lange ohne Mut -
nie Antwort, immer Frage.
Jetzt ist vorbei all Finsternacht,
jetzt ist es wahr geworden:
Wir zieh'n mit Adolf in die Schlacht
Ein Licht geht auf im Norden.«

Es gab Hochrufe. Dann gellte noch einmal die Glocke – ihren Bronzemantel durchlief ein Riss, weshalb sie zu keinerlei Wohlgetön mehr fähig war –, und alles gruppierte sich um die Wagen. Der Frontmann schlug dreimal mit einer Lederpeitsche in die Luft, dass es knallte als würde mit Pistolen geschossen; und die Zugochsen stemmten sich ins Joch.

Über dem rauhreifgepuderten Stettin lag an diesem Tag ein Rauch, den die Sonne vergoldete, und weit draußen über der Oder standen wieder Adler am Himmel.

Keiner im Tross – mit Ausnahme des begleitenden Offiziers – wusste das Ziel. Auch Till nicht. Aber für ihn war es, was immer auch sonst noch am Wege lag: Peine.

49 Wie Spee nach einer durchwachten Nacht einen Tag erlebte, der keinesfalls Besseres brachte

Spee hatte viele Nachtstunden wachend und in auf- und abschwellender Verzweiflung verbracht. Die Frau, die wohl Felicitas hieß oder so gerufen wurde, hatte ihn vor schlimmster Bloßstellung gerettet. Und sie hatte diese Wohltat mit dem Leben bezahlt, nach allem, was man befürchten musste. Wer immer ihn, den ach so gefährlichen Spee, treffen wollte, hatte den Menschen zerschlagen, der sich weigerte, das Messer an seinem Hals zu sein. Wohl um Spuren auszulöschen, war ein Mensch ausgelöscht worden.

Spee versuchte verdeckte Nachforschungen anzustellen. Und weil es ihm nicht unwahrscheinlich erschien, dass man Felicitas in den großen Zentralkerker unter die Burg verschleppt hatte, bevor man sie beseitigte, erfand er einen Vorwand, die Einlieferungslisten einzusehen. Sein Amt als Seelsorger gab ihm den Vorwand.

Die Aufzeichnungen in einer speckigen Kladde, die ihm ein Schließer aushändigte, waren schlampig und ungenau:

» ... GELIEFERT WURDE EIN UNBEHAUSTER, WELCHER HAT IN DAS HAUS DES MAGISTRATES OHNSORG URINIERET ... GELIEFERT WURDE EIN BRANDSTIFTER UND DEM GERICHT ALSBALD ÜBERSTELLT ... GELIEFERT WURDE EIN DIEB, AM UNTEREN MARKT AUF FRISCHER TAT MIT ZWEI GULDEN ERTAPPT, WELCHE DEM TÖPFER CLOTHWIG GEHÖRIG ... «

Schließlich fand er einen Eintrag, der ihm den Atem nahm:

»UNORDENTLICHE WEIBSPERSON (ODER KEBSWEIB) ZUR BEFRAGUNG WEGEN UNZÜCHTIGER UMTRIEBE ... ÜBERSTELLT NACH ... «

Die Ortsangabe war verwischt, so als hätte jemand mit Spucke die Tinte aufgelöst. Und auch das Datum ließ sich nicht entziffern. Das Wort »Umtriebe« hatte Spee mehrfach gehört und gelesen: nächtliche Umtriebe, unkeusche Umtriebe, hexerische Umtriebe, satanische Umtriebe. In Würzburg, wo er als Beichtiger verurteilter Hexen die tiefsten Seelenstiche seines Lebens erlitten hatte, in Würzburg gellte ihm das Wort erstmals in den Ohren: Umtriebe ... Umtriiiiebe. Das Lieblingswort der Inquisitoren.

Spee war weinend und schreiend in seine Kammer geflüchtet. Hatte die Tür mit dem Spind, seinem einzige Möbelstück, verrammelt und schließlich auf ein Tuch gebissen, weil er fürchtete, sein Schluchzen müsse ihm den Unterkiefer ausrenken. Den Spiegel mit dem zweifachen Sprung versteckte er unter seinen wenigen Kleidern.

Im Morgengrauen hatte er Zuflucht bei Feder und Tinte gesucht und den Beginn der »Schönen Büßerin Magdalena« geschrieben. Das Vorhaben missriet fürs erste. Spee zerknüllte das Papier und warf es gegen seinen Schatten, den das Kerzenlicht tanzen ließ. Erst mit den ersten Hahnenschreien schlief er ein.

Der Morgen fand ihn zerschlagen. Selbst die Fastenspeise deuchte ihn üble Völlerei, das Wasser aus den Paderbornen hatte einen Stich wie von Schierling vergiftet, die Birkenzeisige im Garten vor dem Refektorium waren Pestvögel, und das Lachen der jungen Brüder war Verschwörergemurmel.

Nur ein langes, reinigendes Gebet am frühen Nachmittag setzte Spee instand, seine Vorlesung »Über die Schuldfähigkeit jener, die Gott nie erfahren konnten« zu beginnen.

Der große Hörsaal war, wie immer, wenn Spee lectio hielt, zu klein. Einige Studenten hatten sich auf die Fensterbänke gestellt und hinderten so den Lichteinfall: ein lebendiger Vorhang, aus dem es tuschelte und wisperte. Andere waren so eng zusammengerückt, dass es ihnen nicht möglich war, Notizen zu machen.

Spee betete stumm, verneigte sich kurz vor dem Crucifix an der Stirnseite des Saales, bekreuzigte sich und begann: »Ein Bruder und Freund, der in Indien mit Gottes Hilfe auf den Spuren des Heiligen Thomas sein

Mögliches tut, die Heiden zu missionieren, schrieb mir jüngst einen langen Brief, aus dem ich nur wenige Sätze zitieren möchte:

>WENN WIR BRÜDER ALSBALD UND MIT MÜHEN EIN DUTZEND GÖTZENGLÄUBIGE UM UNS VERSAMMELT HABEN UND IHNEN, SO GOTT WILL, DAS EVANGELIUM NAHE BRINGEN, DANN GIBT ES NOCH HUNDERTTAUSEND MAL EIN DUTZEND, DIE WIR – OB DER SCHIEREN GRÖSSE INDIENS – NIE WERDEN ERREICHEN KÖNNEN. DU KENNST DAS FLIESENMUSTER IM DOM ZU SPEYER. ES SIND VIELE, VIELE TAUSEND FLIESEN, UND WIR ARMEN DIENER DES HERRN STEHEN NUR AUF EINER FLIESE, DIE ANDEREN SIND UNERREICHBAR. MÜSSEN DENN ALL DIESE UNERREICHTEN MENSCHEN UNERLÖST VOR DEN SCHÖPFER TRETEN?<

Welch eine Frage, meine lieben jungen Brüder! Die Frage, was am Jüngsten Tag aus all denen wird, deren Gottferne nicht zu ihren Lebzeiten beendet werden konnte. Es ist dies eine Frage, welche uns aufgege …«

Ein scharfer Knall schnitt Spee das Wort ab. Rektor Lennep hatte sich mit bemerkenswerter Schnelligkeit durch das Spalier aus jugendlichen Leibern bis an Spees Pult vorgewühlt und schlug mit einem Lineal auf das Holz.

»Die *lectio* ist beendet. *Lectiones* zu halten – öffentlich oder privatim – ist Pater Spee mit unverzüglicher Wirkung und kraft höchster Anordnung verboten. Keine Disputation!«

50

Wie Till half, Frankfurt an der Oder zu Fall zu bringen und trotz dieses Sieges nicht froh wurde

Es war Frankfurt an der Oder, wo Gustav Adolf Anfang April 1631 eine Schlacht gewann und einen Mann verlor.

Die Schlacht, die er schlug, begründete Adolfs Ruf als größter Militärstratege des Dreißigjährigen Krieges. Der Mann, den er verlor – verlor, ganz ohne dass dessen Blut floss – war Till Rothmann.

Noch im Bärwalder Winterlager, wo Adolf seine Kräfte für den großen Zug nach Westen sammelte und im Januar bei klirrendem Frost eine Allianz mit den Franzosen aushandelte, hatte es sich Till gut gehen lassen. Er hatte im Lager, wo den meisten der Magen knurrte, sogar an Gewicht zugelegt. Und besser noch: Es hatte vielfach Gelegenheit gegeben, in Selmas Armen zu liegen.

Die Lagerwache, die unter anderem »jedwed`Liederlichkeit und Schlamperey« im Lager verhindern sollte, war hungrig. Das war ein Umstand, den man nutzen konnte. Es gab Preise für dies und das. Der Mittler aller Wünsche war »der kleine Mann«, bei dem man Preise für Dienste, Waren und Vergünstigungen aushandeln konnte, etwa dafür, ungefährdet das Lager verlassen zu können oder dafür, eine Weile unauffindbar zu sein. Der kleine Mann war kein Soldat und stand folglich auch unter keinerlei Befehlsgewalt. Unter Soldaten wäre es riskant gewesen Schwarzhandel und Durchsteckereien auszubaldowern; aber mit einem Zivilisten, der – außerhalb des Lagers – Angebot und Nachfrage zusammenkommen ließ und für diese Mittlerdienste Erkleckliches für sich abzweigte, mit so einem Mittelsmann ließ sich vieles regeln.

Ein Brot und ein Topf Pökelfleisch – für Till war das gewissermaßen Kleingeld – reichten aus, um eine ungestörte Nacht in einem der kleineren Proviantzelte zu bezahlen. Lausig kalt war es da, aber Till hatte es so einrichten können, dass einige der Schafwolldecken, die er noch im Stettiner Lager von einem örtlichen Händler eingekauft hatte, sich stets da befanden, wo er sie zu seiner und Selmas Bequemlichkeit wünschte.

Es ist nicht sicher, aber doch denkbar, dass Till Rothmann beim Abfassen des Selma-Gedichtes, das mit der Nummer 8 notiert steht, so eine Liebesnacht vor dem inneren Auge hatte:

> EIN HALBER MOND WIRFT FAHLES LICHT.
> EISFINGER HAT DIE NACHT.
> MEIN ATEM NETZT DEIN LIEB´ GESICHT,
> DERWEIL DEIN MUND MIR LACHT.
> ES KLIRRT DER FROST AN UNSREM ZELT.
> DU GIRRST VON LUST UND LIEBE.
> UND UM UNS HER VERSINKT DIE WELT;
> OH, DASS VERSENKT SIE BLIEBE.

Tills Tage im Lager waren leicht, die Dienste schnell aufgezählt. Die Lederkanonen (so genannt, weil die Eisenrohre mit Leder umwickelt waren) mussten gewartet, die Ausgabe von Feldbekleidung überwacht und registriert werden. Und es gab Verlade-Appelle, die höchst unbeliebt waren – zumal, wenn sie nachts bei Schneetreiben angeordnet wurden oder zur Zeit der Hundswache gegen zwei Uhr morgens. Adolf selbst hatte befohlen, dass regelmäßig geprobt werden müsse, die schnell beweglichen Teile aus dem Tross in fliegender Eile exakt und transportsicher zu verladen. Und tatsächlich war es gelungen, die Verladezeit fast zu halbieren.

Till hatte Anteil daran, das System entscheidend zu optimieren. Er wies die Zimmerer an, die Ladeklappen der großen Ochsenwagen so umzurüsten und einzurichten, dass sie, heruntergeklappt, schiefe Ebenen bildeten, über die sich auch schweres Gerät leicht heraufziehen oder schieben ließ. Den Verlade-Offizier machte er sich gewogen, indem er geschehen ließ, dass sich der Mann, ein grober, einfältiger Friese, in aller Lager-Öffentlichkeit mit dem Tillschen System brüstete.

An einem Märztag ging geheimer Befehl an Till und eine kleine

Anzahl Männer, die sich auf Tau- und Lederarbeit verstanden. Sie wurden durch Morgendämmern und Nebel zu einem Floß geführt, das in einem Oder-Altwasserarm lag, so gut versteckt, dass Till es erst sah, als er unmittelbar davor stand. Die schwimmende Plattform maß im Quadrat gut zehn Manneslängen; die tragenden Baumstämme waren mit grob gehobelten Eschenbohlen belegt, die nicht genagelt, sondern vertäut waren.

Ein Offizier, der nur des Schwedischen mächtig war und sich deshalb eines Übersetzers bediente, sagte: »Dies hier ist ein Schlachtschiff, wie es nur dem Ingenium unseres Königs entsprungen sein kann. Der König wünscht, dass alle schweren Kanonen auf dem Floß befestigt werden. Es gilt aber, sie so sinnreich zu befestigen, dass sie bei Bedarf schnell wieder gelöst werden können. Ferner muss gewährleistet sein, dass sie sich, wenn gefeuert wird, nicht losreißen können. Ferner muss gewährleistet sein, dass die Kanoniere sich nicht gegenseitig behindern oder mit den Ladestöcken ins Wasser stoßen. Ferner muss gewährleistet sein, dass die Gewichte so verteilt sind, dass kein Kentern geschehen kann. Ferner muss gewährleistet sein, dass die Arbeit binnen 12 Stunden getan ist.«

Während noch ungläubiges Gemurmel aufbrandete, setzte sich Till abseits und begann mit einem Rötelstift Linien, Bögen und Markierungen auf ein Blatt Papier zu werfen. Das eigentliche Problem würde darin bestehen, den Rückschlag der Geschütze aufzufangen, ohne den Kanonen dabei allzu viel Raum zum Rücklauf geben zu können. Als Tills Zeichnung fertig war, war Adolf dem Sieg von Frankfurt ein Stück näher als zuvor.

In einer Künstlerwerkstatt in Genua, in der Wandbilder für die Villen betuchter Patrizier entworfen wurden, hatte Till gesehen, dass Skizzen namentlich gezeichnet wurden. Aber statt seines Namens schrieb er »Vorwärts auf Peine!« unter seine Bauskizzen, was gelinde Verwunderung auslöste, ging es doch gegen Frankfurt. Und wo, um Gottes Willen, lag Peine?

Der 3. April 1631 war ein Palmsonntag, und es wurde der Tag des ersten großen militärischen Sieges – eines Sieges, der erst ein halbes Jahr später durch den Sieg bei Breitenfeld übertroffen wurde. Für Till

Rothmann aber wurde es die erste und letzte von Adolf geschlagene Schlacht, die er aus der Nähe erlebte. Allerdings nicht auf Armeslänge- und Degenstich-Entfernung; es war Befehl ergangen, dass Equipage-und Tross-Soldaten – auch die feldmäßig ausgebildeten wie Till Rothmann – zurückblieben.

Mit großer innerer Bewegung hatte Till gesehen, wie das plötzliche Auftauchen der Kanonen – Auftauchen im Wortsinne, so als schössen sie aus dem Oderwasser empor! – den Sieg gegen die kaiserlichen Verteidiger ganz erheblich beförderten. Die schwimmenden Kanonen, zum Feuern kurzerhand am Ufer vertäut, waren nicht im Kalkül der Verteidiger. Noch von den Stadtmauern herab hatten sie gehöhnt, die hungrigen Schweden hätten wohl »allesamt ihre Lederkanonen gefressen«.

Durch das urplötzliche Erscheinen der punktuell massierten Artillerie hatte Adolf ein militärisches Grundproblem gelöst: Wo sich normaler- weise eine Zusammenballung von Kanonen auf einem Fleck verbietet (verbietet weil die Artillerie in solcher Konzentration selbst ein leichtes Ziel darstellt), da konnten sie jetzt von einem Punkt aus Feuer speien, noch ehe sich die gegnerische Artillerie auf sie einrichten konnte.

Die gebündelte Artillerie zu Wasser schoss sich mit wenigen Pro- beschüssen auf das Haupttor ein, das nach drei, vier gewaltigen Salven zersplitterte. Durch die Öffnung brachen schwedische Kavallerie und eine Husaren-Abteilung im scharfen Ritt, während die Hauptmacht der Adolfschen Sturmtruppen in zwei Abteilungen die oberen Laufgräben auf der Außenmauer attackierte. Frankfurt fiel mit einem Seufzer.

Und alles wäre – in den Augen von Till Rothmann – gut gewesen, wenn nicht Adolf an diesem Tag seine weiße lutherische Weste so jam- mervoll mit Blut und Kot bespritzt hätte. Er ließ seine ausgehungerten Soldaten (die Soldzahlung stockte seit dem Abmarsch aus Stettin, die Lagerküchen gaben knappe Rationen aus) marodieren, massakrieren, rauben, plündern. Das, wofür vor kurzem auf höchste Anweisung noch gehenkt wurde, war plötzlich freigegeben. So als handele es sich um einen Preisnachlass von ein paar Kreuzern, der gestern noch nicht galt, heute aber marktüblich war. Zweitausend Tote. Verwüstung, Verwesung, Verzweiflung.

Dass Graf Tilly im Mai, nur wenige Wochen nach Frankfurt, die Stadt Magdeburg noch weit schlimmer hernahm, ließ sich nicht gegen die Gräuel an der Oder aufwiegen – nicht für Till Rothmann. Tilly war General der finsteren Liga, Adolf Feldherr des Lichts. Unvergleichlich! Aber der allgemeine Schrecken von Frankfurt hielt für den Tuchhändlerssohn noch einen besonderen bereit. Dieser Schrecken entstand, als die Feuer in der Stadt schon meistenteils gelöscht, die Toten beiseite geschafft und die berühmten Lederkanonen wieder von ihrer Schwimmunterlage gelöst und auf Lafetten montiert waren. Der Schrecken ereilte Till vor einem Lagerkeller der Unterstadt, in dem Beutewein floss und Speichel und Geifer und Sperma und Pisse.

Till war durch die Gassen geirrt, in denen es noch brandig roch. Sein Auftrag lautete, das Zeughaus ausfindig zu machen und zu prüfen, ob sich noch unverbrannte Stoffballen und brauchbares Leder bergen ließen. Aber er hatte seinen Auftrag schon bald vergessen. Aus einem leeren Brunnen drang ein Wimmern herauf. Till schaute hinein, sah kein Gesicht, aber die blutigen Beine einer Frau. Er rief hinab, aber dann war auch das Wimmern nicht mehr zu hören, und die Beine hörten auf zu zucken.

War das nun jene gerechte Gewalt, von der Hein aus Hamburg noch jüngst in Stettin gepredigt hatte, sie werde wie Hammerschlag auf glühendes Eisen niedersausen und das papistisch verbogene Deutschland wieder gerade klopfen? War das Gottes Wille? War Frankfurt an der Oder denn Gomorrha am Toten Meer und das Schwedenheer die rächende Hand Gottes? Hatte sich Gott einen Handschuh aus schwedischem Elchleder übergezogen, um auf Deutschland einzuschlagen?

Aus einem Lagerkeller drangen Schreie. Kinderschreie? Till lauschte erst, ging dann aber weiter, um es nicht genau wissen zu müssen. Ein feiner Regen, ein Nebel fast, senkte sich. Zu dünn, um Blut abzuwaschen. Durch ein wagenradgroßes Loch, von einer Kanonenkugel in Kniehöhe in eine Stützwand gerissen, quoll ein unausgesetzter Strom von Ratten, hin und zurück, hin und zurück, hin und zurück. Manche trugen Stücke im Maul; Till vermied es, sie genauer zu betrachten. Doch einmal, als ihm eine flüchtige Ratte über die Schuhspitzen rannte, konnte er den Anblick nicht vermeiden: Das Tier trug einen weißroten Fleischlappen, der als Nasenflügel einer Frau oder eines großen Kindes zu erkennen war.

Eine leere Flasche flog durch ein Lukenfenster, streifte Tills Schläfe. Und während er sich noch den Kopf hielt, stolperte ein Betrunkener ins Freie. Er lallte erst etwas von »... Gold ist unser bester Sold ...« und »...Weiberbrust – mein höchste Lust...« und prostete Till dabei mit einem Becher zu, dessen Inhalt er bereits verschüttet hatte. Dann blieb er stehen, schwankte Halt suchend vor und zurück, trank weiter an seinem leeren Glas, stolperte ein paar Schritte voran, stützte sich an einem niedrigen Schwippbogen ab, rülpste ein Lied oder etwas, das ein Lied hätte sein können. Die Worte waren trotz seiner schweren Zunge zu verstehen:

>Wir machen uns kein gross' Geschiss,
wir sind nicht zu erweichen.
Des Pastor Kerns Kopf hoch am Spiess
ist uns Panier und Zeichen.
Wir sind die wilden Zecher,
wir sind die Augenstecher.
Es gibt nicht unsresgleichen.«

Als Till den Namen Kern hörte, spürte er einen Krampf, der von seinem Hals ausging und dann seinen ganzen Körper hinunterlief. Für ein paar Herzschläge war er bewegungsunfähig, stand da wie ein verkohlter Pfahl im Feuer. Dann folgte er dem Davonschwankenden die Gasse hinab. Und als der Mann ein weiteres Mal den Namen Pastor Kern grölte, wusste Till, was zu tun war.

Viele schleiften in diesen Nachtstunden Betrunkene mit sich fort. Es war Befehl ergangen, die schwer Betrunkenen auf einem Strohlager im Marstall zu sammeln. Das Schwanken war allgemein. Und dass derjenige, den Till Rothmann durch das zerschossene Haupttor von Frankfurt ins Freie schleifte, zusätzlich mit einem Pflasterstein betäubt worden war, wäre selbst bei Helligkeit nicht aufgefallen.

Der Mann war schwer, und Tills Kraft hätte wohl nicht ausgereicht, ihn über eine längere Strecke davonzuzerren, wenn die Gasse stadtauswärts nicht abschüssig gewesen wäre und die Pflastersteine nebelnass. Als Till den schweren Körper tief atmend absetzte, überfiel ihn, zu aller Schwäche, auch noch eine Frage: Wie, wenn Peine, sein väterliches Peine, in gleicher Weise befreit würde?

51 *Wie Spee ob seines poetischen Höhenfluges ein kleiner Schwindel befiel*

Spee war nicht überrascht über den Entzug der Lehrbefugnis. Es war geschehen, was sich schon eine quälend lange Weile angebahnt hatte. Es war zwar nicht *so* eingetroffen, wie er es erwartete hatte. Es war nicht hinterwärts und mit einem Wispern geschehen, sondern mit einem Knall. Warum dieser Knall? Lennep hätte ihn ja doch leicht ohne Zeugen in sein Zimmer zitieren können, um ihm das zu eröffnen, was er nun vor größtmöglicher Menschenansammlung kundgetan hatte.

Warum hatte dieser Schwarze Ritter des Glaubens das Visier so weit geöffnet? Das Zischen der jungen Brüder musste ihm in den Ohren gegellt haben. Hatte er denn keine Reaktion erwartet? Diese ehrliche, seelentiefe Empörung der Jungen, die sogleich in Hochrufe auf Spee umgeschlagen war: Warum hatte sich der Rektor dem ausgesetzt? Und dann hatte er auch noch mit ansehen müssen, wie Spee auf Schultern aus dem Saal getragen wurde.

Warum hatte Lennep den Schlag gegen ihn, den »pestilenzischen Beschützer der Hexen« so geführt, dass er sich selber dabei verletzte? Wollte er mitleiden? Beanspruchte er die Schmerzen, die den Gerechten vorbehalten sind?

Dieser Bruder Rektor war ein Getriebener, man würde für ihn beten müssen.

Spee fand noch am selben Abend die nötige Seelenruhe, um die »Magdalena« erneut und mit besserem Erfolg zu beginnen.

SIE SUCHT IN SCHWARZEN KOHLEN
DEN PURPURSCHÖNEN GLANZ.

AUS WELKEM LAUB WILL HOLEN
SIE SICH DEN LORBEERKRANZ.
VON ROSEN WILL SIE TRAUBEN,
VON DORNEN ROTEN WEIN.
AUS SCHERBEN GOLD SICH KLAUBEN,
AUS SCHATTEN HELLEN SCHEIN.

Die Reime flogen ihm zu wie Kirschblütenblätter im Frühlingswind. Die Feder flog über das Papier, als wäre sie noch die Feder eines Vogels.

Maria, Magdalena, Felicitas ... das Wunder braucht Zungen, die es besingen können. Das Wunder ist weiblich. Frau Jesus, Frau Göttin.

Spee erschrak. Auch als Dichter und Sänger durfte man sich nicht über alle Grenzen hinweg erheben. Poetische Beflügelung ist großartig, aber nicht der Schlüssel zur Generalerlaubnis. *Sic dictum est!*

Als er am nächsten Morgen – die »Magdalena« war in der Nacht auf fünfzehn Strophen gewachsen – einen Protestbrief gegen den Entzug seiner Lehrbefugnis an den obersten Ordensgeneral aufsetzen wollte, hörte er anschwellenden Lärm im Kreuzgang. Jemand pochte an seine Tür und stieß sie auf, noch ehe er selbst öffnen konnte. Spee sah das blasse Gesicht eines Bruders: »Der Schwede! Wir müssen auf Köln. Schon bald!«

Spee wollte eine Frage stellen, aber der Bruder hämmerte schon an andere Zellentüren. Spee ließ sich auf sein schmales Bett fallen, und die Empfindungen peitschten auf ihn ein als läge er auf einem Streckbett: ... Was war geschehen und was nicht? Traurige Gewissheit war: Der Schwede hatte Frankfurt an der Oder mit einer Leichtigkeit genommen, die nichts Gutes für die Zukunft erwarten ließ. Und schlimmer noch: Es wuchs so etwas wie Glaube an Adolfs Unüberwindlichkeit. Der Glaube an etwas, das Karl der Große »Siegmächtigkeit« genannt hatte; dieser Glaube war so etwas wie eine militärische Reserve für den Schweden.. Ein überwältigender Sieg für den Anti-Christen aus dem Norden.

Der finstere Wallenstein hatte stillgehalten, so als ginge ihn der Vormarsch der Protestanten nichts an. Das war Verrat unter Glaubensbrüdern. Aber war dieser Wallenstein überhaupt Christ? Es hieß, er glaube inniger an die Bedeutsamkeit der Gestirne als an Gott. Der Kaiser stand im Hemd und fror. Die Wiederbefestigung der allein selig machenden *confessio* war aufs Höchste gefährdet. Die lutherischen Fürsten würden nun die Reste ihrer schon geschlagenen Armeen zusammenkratzen und mit Adolf marschieren.

Die Kunde, dass Adolf von der Oder aus bald gegen den Rhein ziehen werde, in die katholischen Stammlande, schien Spee verlässlich. Aber ob dem Schweden auf dem Weg zum Rhein ausgerechnet das kleine Paderborn eine Attacke wert sein würde? Und überhaupt: Warum diese Eile? Zwischen Oder und Rhein lag viel Land. Und wir, die Hirten – so sagte es sich Spee immer wieder in halb durchwachten Nächten – wir rüsten uns zur Flucht hinter die sicheren Mauern von Köln. Wäre es nicht Hirtenpflicht auszuharren? Ha, die Hirten bergen sich, und die Herde muss draußen bleiben, muss vor die Wölfe … !

Der Abmarsch des Collegs von Paderborn nach Köln verzögerte sich bis in den Spätsommer 1631. Er verzögerte sich, weil Adolf zögerte. Es hieß, der Schwedenkönig misstraue seinen Bundesgenossen, den lutherischen Fürsten und Fürstchen, die leicht hinter seinem Rücken die Front wechseln könnten, während er – »die Pfaffengasse hinab« – zum Rhein und gegen Bayern zu ziehen gedächte. Adolfs schnell errungener Frankfurter Lorbeer, gepflückt im kalten April, begann zu welken. Dass der *Löwe aus Mitternacht* dem heldenhaft kämpfenden Magdeburg, das Tilly im Mai 1631 in Blut erstickte und unter Trümmern begrub, nicht zur Hilfe gesprungen kam, wurde deutschlandweit bemerkt – umso mehr, als das Adolfsche Hauptheer nicht allzu weit entfernt stand!. Die verweigerte Hilfe ließ den Unbesiegbarkeits-Nimbus bröckeln. Dann aber kam der September und die Schlacht von Breitenfeld bei Leipzig. Die Schweden begannen zu siegen und hörten fürs Erste nicht wieder auf damit.

In Paderborn lagen die Räumungs- und Fluchtpläne, die schon im April – kurz nach dem Menetekel vom Oderfluss – abgezeichnet waren, wieder auf dem Tisch. Dieses Mal mit dem Vermerk höchster Dringlichkeit.

Köln also … Köln, die uneinnehmbare Stadt, dachte Spee; aber es ließ sich nicht viel Gutes dabei denken für ihn.

52 Wie Till einen Schuft das Fürchten lehrte

Till hatte sich meist abgewandt, wenn an den Lagerfeuern die Sprache aufs Torturieren kam. Viele Schwadroneure suhlten sich geradezu in Blut und berichteten mit Wollust und glitzrigen Augen, wie man Gefangenen langsam das Leben abschnüren konnte, um irgendwelche kriegswichtigen Geheimnisse aus ihnen herauszupressen.

Aber am Tag nach Frankfurt bedauerte Till, nicht doch diese oder jene der vielen blutschaumigen Geschichten ganz bis zu Ende angehört zu haben. Sein Gefangener, dessen musste Till wohl sicher sein, würde nicht von sich aus reden. Wie aber seine Zunge lösen? Wie so großen Schrecken aufrichten, dass er die Wahrheit sagte?

Till hatte die große Platzwunde, die der Ziegelstein verursacht hatte, ausgewaschen und verbunden. Erneutes Bluten hätte den Mann so sehr schwächen können, dass er den Mund überhaupt nicht mehr aufbekommen hätte. Der Karren, auf dem er den Mann zu einer Trockeninsel im Auwald zog, war für ihn leicht zur Hand; Karren dieser Art standen im Tuchlager zu Dutzenden herum. Im Auwald hatte Till den noch Dahindämmernden mit Pflöcken und Seilen auf der Erde festgebunden. Als er damit fertig war, tauchte er einen Ledereimer in einen der Bäche, die der Oder zuströmten, und schüttete das Wasser ins Gesicht des Gefesselten.

Der Mann riss beide Augen auf, auch das halb zugeschwollene und starrte eine Weile hektisch in alle Richtungen, die ihm seine Fesselung gestattete.

»Liegst Du bequem?«, fragte Till.

»Wer bist du, was soll das?«

»Das waren zwei Fragen. Zum ersten: Ich bin die Rache für all deine Taten. Zum zweiten: Gefesselt bist du, weil ich nicht will, dass du mir fortspringst.«

»Du hättest einen anderen niederschlagen sollen, ich habe nicht mehr als das, was ich auf dem Leib trage.«

»Das interessiert mich nicht.«

Der Gefangene versuchte sich aufzurichten, gab den Versuch aber schnell auf, weil ihn die Schnüre in den Hals schnitten.

»Warum trägst Du eine Maske?«

»Damit ein wenig Hoffnung bleibt für dich, dass du mit dem Leben davonkommst. Denn ich würde dich kaum mit dem Leben davonkommen lassen, wenn du mein Gesicht kennen würdest. Es gibt allerdings auch noch eure, die Augstecher-Methode: Ein Geblendeter kann niemanden wiedererkennen.«

Der Mann zerrte erneut an seinen Fesseln, aber sie waren so kunstvoll gesetzt, dass er sie nur fester zog. Till hatte die Zugfadentechnik angewandt, die er bei Teppichknüpfern im Hinterland von Genua gelernt hatte.

»Wenn Du jetzt auch noch mit dem Kopf zu zerren beginnst, wirst du dich erwürgen wie ein Hase in der Schlinge.«

»Du bist der Teufel, oder? Was willst Du? Gold? In meiner oberen Rocktasche steckt ein Ring. All meine Beute. Nimm ihn und schneide mich los.«

»Den Ring kannst du dir durch die Nase ziehen. Sag: Woher kennst Du den Namen Kern, Pastor Kern?«

»Ich scheiß auf deine Mutter und piss auf deinen Vater.«

»Das dürfte Dir in deiner Lage schwerfallen.«

Till zog einen der angespitzten Pflöcke aus der Erde und hielt die Spitze unter das linke Auge des Gefesselten: »Du bist aus der Augstecher-bande, die im Ith- und im Deister-Gebirge ihre Unterschlüpfe hat?«

»Wovon redest du?«

»Von dem Lied, das du gestern gegrölt hast.«

»Was weiß denn ich, was ich für ein Lied … «

»Des Pastor Kerns Kopf am Spieß ist uns Panier und Zeichen… «

»Ein Gassenhauer. Ein Lied, wie's viele gibt. In den Dörfern am Ith kennt es jeder.«

»Sieh an, sieh an ... in den Dörfern am Ith! Wieso gerade da?«

Till trieb die Spitze des Pflocks eine halbe Fingernagellänge unter dem linken Auge des Gefesselten ins Fleisch.

»Ahhhh! Halt ein ...! Halt ein ...«

»Aber nur zwei Lidschläge lang, es sei denn, du entschließt dich ...«

»Was macht mich sicher, dass du mich gehen lässt, wenn ich alles sage, was ich weiß?«

»Nichts ist sicher dieser Tage. Du kannst nur hoffen, dass ich mein Wort halte.«

»Ich war nicht dabei, damals, ich kam erst später zu den Augstechern, ich kenne die Geschichte nur so, wie sie erzählt wurde.«

»Erzähl, aber bleib bei der Wahrheit. Wenn ich spüre, dass du lügst, kostet es ein Auge. Und dann hast du noch *einen* Augen-Blick, um die Wahrheit zu sagen.«

»Die Augstecher haben im vergangenen Frühjahr einen Zug von Lutherischen aus der Stadt Peine begleitet. Uns war ... äh, *ihnen* ... den Augstechern war ...«

»Bleibe ruhig beim *wir*; die Lüge, dass du selber nicht dabei warst, lasse ich dir ohne Verlust eines Auges durchgehen!«

»Man hatte den Aug... äh ... uns gesagt, dass die Lutherischen aus Peine fortziehen müssen, weil die Katholischen sie in der Stadt sehr arg kujonieren. Wir waren ihre Retter. Haben sie sicher geleitet. Aber dann wurden sie aufsässig, wollten das vereinbarte Silber nicht zahlen. Aber wir haben es gefunden, es war geschmolzen und in die ausgehöhlte Deichsel eines Ochsenkarrens eingegossen. Wir haben es uns genommen. Nicht mehr und nicht weniger als vereinbart war.«

»Was war mit Pastor Kern?«

»Er war der widerständigste. Wir mussten ihn töten. Das mit dem aufgespießten Kopf, das war nur, um die anderen zur Räson zu bringen. Hätten sie um sich gehauen, wären ihrer noch mehr zu Schaden geko...«

Till schrie auf und schnitt dem Gefesselten mit der Holzspitze durch die Wange, so dass seine obere Zahnreihe zu sehen war. »Hunde, Schweine, Mörderbande!«

Er wischte das Blut am Revers seines Gefangenen ab und zwang sich ruhig zu atmen, dann kniete er sich wieder vor den Gefesselten, dem nun ein starker Blutstrom in den Bart sickerte. Der Mann keuchte; erstmals war Todesangst in seinem Blick: »Ich wusste es, du hältst nicht Wort«, hechelte er.

»Du hast eine Schramme im Gesicht, aber noch beide Augen, Augstecher. Außer dem Kern habt ihr keinen getötet?«

»Nein, nein, nein … es gab keine Veranlassung dazu.«

»Wohin ist der Zug gegangen?«

»Zur Weser. Nach Höxter.«

»Nach Höxter. Dessen bist du sicher?«

»Von Höxter war die Rede, und davon, dass sie dort Aufnahme bei einem finden, dessen Name ich nicht mehr weiß. Ob sie den Zug bis Höxter ohne unser Geleit zu Ende gebracht haben, weiß ich nicht.«

Till beugte sich tief herab und lockerte die Schlaufenfessel an der Hand des Augstechers so weit, dass er sie bewegen konnte.

»Ich gebe dir diesen Pflock in die Hand. Wenn du es einigermaßen geschickt anstellst, bekommst du den Arm frei und kannst eine der Spannfesseln durchtrennen. Wenn du es zu schnell versuchst, bricht das Holz. Dann wirst du warten müssen, bis die Wölfe kommen, um dich abzuholen. Stückweise.«

»Zeig dein Gesicht, du Vieh, nimm die Maske ab … zeig mir dein Gesicht.«

Till spuckte aus und ging. .

53 Wie Spee flüchtig dem Martin Luther begegnete, der zum Zeitpunkt dieser Begegnung schon lange nicht mehr unter den Lebenden weilte

In jenen unruhigen letzten Tagen, die Spee in Paderborn verbrachte, schlug ein Traum auf ihn ein, der, einmal geträumt, in den darauffolgenden Nächten zurückkehrte, so als sei er nicht sorgfältig genug zu Ende geträumt worden und verlange nun nach Erledigung.

Er, Spee – seltsam körperlos und gehetzt – hatte sich in die Hauptkirche von Peine geflüchtet, verfolgt von weinenden, schreienden, fuchtelnden Menschen, die von ihm verlangten, Gott frei nach ihrem eigenen Wunsch und Bekenntnis anbeten zu dürfen. Allen voran humpelte ein kleiner Mann im Talar der Lutherischen, einer, den sie in Peine den Tollen Kern nannten.

Spee ließ die Kirchentür von innen verrammeln und warf sich unter dem großen Kreuz des Hauptaltars nieder. Das Pochen an der Kirchentür wurde ohrenbetäubend laut, die tragenden Säulen des Kirchenschiffs begannen zu zittern, als seien sie Masten einer sturmgepeitschten Kogge. Und als Spee schließlich nach heftigem Gebet die Augen auf den Gekreuzigten richtete, schüttelte der das Haupt mit der Dornenkrone. Langsam. Und der Schmerz in seinen Zügen wurde noch eindringlicher.

Da schrie Spee: »Weh mir, weh mir, mein Gott, Du verneinest mich!«

Meist erwachte er von seinem Schrei, doch der Traum lief weiter, sobald er wieder einschlief.

»Warum schüttelst Du Dein teures Haupt, mein HERR und Erlöser?«, wimmerte Spee.

»Wolltest du nicht Antwort auf deine Frage?«

»Auf die Frage ... ob ich recht getan habe in Peine?«

Jesus nickte.

»So habe ich *nicht* recht getan, die Irrgläubigen auszutreiben?«

»Sagte ich euch nicht, als ich auf Erden weilte: ›Glaube, Hoffnung, Liebe, diese drei; doch am größten unter ihnen ist die Liebe‹. Wer bist du, Spee, dass du mein Gebot auf den Kopf stellst und den Glauben höher als die Liebe setzt, und die Hoffnung dabei zertrittst wie ein vertrocknetes Blatt?«

Spees Tage gehörten den Büchern. Er beschloss, sich nicht von der Last der Folianten erdrücken zu lassen. Die Bibliothek war in keinem allzu guten Zustand. Spee hatte das oft beklagt. Die Kommentare zum Heiligen Augustin zum Beispiel fanden sich nicht bei den Heiligen Kirchenvätern, wo sie hingehörten, sondern verräumt unter der ausufernden Literatur zum Konzil von Trient.

Spee konnte nicht umhin, den Konzils-Band über die »Erbsünde und den Sündenfall zum Anbeginn aller Menschheit« aufzuschlagen. Er tat es, obwohl die Zeit drängte und die Pferde vor den Lastkutschen im Hof schon mit den Hufen scharrten. Aus dem Buch Esra war dem voluminösen Folianten das berühmte Wort vorangestellt:

›Ach, Adam, was hast du getan! Als du sündigtest, kam dein Fall nicht nur auf dich sondern auf uns, deine Nachkommen.‹

Spee begann zu blättern und seufzte: Oh, Vater im Himmel, ist denn nicht genug Sünde, die täglich, stündlich, minütlich aufgehäuft wird? Muss denn auch noch die Sündenlast längst vergangener Generationen mitgeschleppt werden?

Wenn sein Lehrverbot zurückgenommen sein würde, wäre es hoch an der Zeit, eine *lectio* über die Erbsünde zu halten, beschloss Spee. Ja, ließen sich denn wahrhaftiglich Sünden *vererben* ... wie Besitz oder Schulden? War nicht vielmehr die lästige Gewöhnung an Sünde gemeint – eine Gewöhnung, die sich in der Tat vererbte? So wie es auch allenthalben vorkam, dass sich eine bestimmte Art des Sprechens vom

Vater auf den Sohn vererbte oder ein nervöses Flackern der Augen von der Mutter auf die Tochter.

Spee schloss den Folianten so eilig, dass er sich den Ringfinger der rechten Hand einklemmte und widmete sich alsbald wieder der Verladung der übrigen Bände.

Es staubte. Die jungen Brüder und Studenten, die zum Tragen eingeteilt waren, gingen mit den Schätzen wenig ehrfürchtig um; sie ließen sie in die Tragekisten rumpeln, als wären es Holzscheite für die großen Winterkamine. Spee fiel diesem und jenem in den Arm, um schlimmsten Schaden abzuwenden.

Schließlich musste Spee trotz aller Anspannung lächeln. Als er vor dem Regal mit den Handausgaben der Heiligen Schrift stand, jener Ausgaben, die zum Studium an die Studenten verteilt wurden, fiel ihm etwas auf. Er bemerkte (und seltsamerweise bemerkte er es erst jetzt), dass die Ausgaben des Alten Testamentes in Schweinsleder gebunden waren. Das Heilige Buch der Juden, die Tora, in der Haut eines Tieres, das ihnen als das unreinste unter den unreinen gilt! Die Welt ist verhängt von Zeichen und Symbolen, so dass man bisweilen den Weg des Heils nicht mehr erkennen kann; aber dieses – sicherlich unabsichtlich gesetzte – Zeichen war wohl noch keinem aufgefallen.

Das Ausräumen der »Verschlossenen Kammer«, im Paderborner Colleg auch »Giftschrank« genannt, durfte nur von älteren Brüdern vorgenommen werden. Einen jungen Burschen, der die Gunst der Stunde und die Unübersichtlichkeit der Situation nutzen wollte, stellte Spee noch im Türrahmen und nahm ihm ein Buch ab, das er gerade eilig von dannen tragen wollte. Spee erschrak, als er das Buch erkannte. Es trug den Titel

»Beweyse und vielfältig bezeugte Geschehnisse Betreffend die allweyl hexerischen und zauberischen Umtriebe, nebst Zeugnissen aus allen Theilen Teutschlands, gesammelt, füglich geordnet und erkläret mit Fleisz und gebührender Sorgfalth vom allerniedrigsten Diener des Herrn, Pater Iloisius Pius Clementius«

Spee musste über die anonymisierte Autorenschaft lächeln. Oh, welch infantile Einfalt, seinem Namen, Traugott Zarth, in Pius Clementius zu latinisieren! Der Autor war Dominikaner, also Bruder des Ordens, der wegen seines Eiferns in Sachen Ketzer- und Hexenverfolgung als Gemeinschaft der Fackelträger galt. Fackelträger am Fuße der Scheiterhaufen. Ihr Feuereifer als Hexenjäger und Inquisitoren hatte den Dominikanern den Spottnamen »Domini canes – Hunde des Herrn« eingetragen, eine Anspielung auf »canis – Hund« und »dominus – Herr«, was sich leicht zu Dominikaner zusammenfügen ließ. Und ein Dominikaner namens Heinrich Kramer war es auch gewesen, der den »Hexenhammer« verfasst hatte, jenes Buch, aus dem nunmehr seit bald anderthalb Jahrhunderten eifrig geschöpft wurde, wenn es darum ging, regelgerecht zu foltern, um die vorbestimmten, vorformulierten Geständnisse herbeizuquälen.

Gemessen am »Hexenhammer« war das Clementinische Traktat wie ein Schnupfen verglichen mit der Pest. Spee erschrak gleichwohl; aber er erschrak nicht über das Buch, dessen schlichte Machart ihm schon aufgefallen war, lange bevor er ans Verfassen seiner *Cautio* gedacht hatte; er erschrak wegen der handschriftlich gezeichneten Einmerker, die ein Benutzer hatte stecken lassen. Es waren seine Einmerker, und sie trugen seine Handschrift. Bisher hatte keiner, auch seine ärgsten Feinde nicht, die Autorenschaft der *Cautio Criminalis* beweiskräftig aufdecken können. Aber diese handschriftlichen Einmerker wären ein Indiz gegen ihn. Spee zog sich hinter eine der zwei dicken tragenden Säulen zurück und las in großer Eile einige der eingemerkten Passagen. Er las mit zusammengekniffenen Augen und nicht minder zusammengekniffenem Herzen die Worte des Dr. Martin Luther:

>ES IST EIN ÜBERAUS GERECHTES GESETZ, DASS DIE ZAUBERINNEN GETÖTET WERDEN, DENN SIE RICHTEN VIEL SCHADEN AN, WAS BISWEILEN IGNORIERT WIRD, SIE KÖNNEN NÄMLICH MILCH, BUTTER UND ALLES AUS EINEM HAUS STEHLEN... SIE KÖNNEN EIN KIND VERZAUBERN... AUCH KÖNNEN SIE GEHEIMNISVOLLE KRANKHEITEN IM MENSCHLICHEN KNIE ERZEUGEN, DASS DER KÖRPER VERZEHRT WIRD... SCHADEN FÜGEN SIE NÄMLICH AN KÖRPERN UND SEELEN ZU, SIE VERABREICHEN TRÄNKE UND BESCHWÖRUNGEN, UM HASS HERVORZURUFEN, LIEBE, UNWETTER, ALLE VERWÜSTUNGEN IM HAUS, AUF DEM ACKER, ÜBER EINE ENTFERNUNG VON EINER MEILE UND

MEHR MACHEN SIE MIT IHREN ZAUBERPFEILEN HINKENDE, DASS
NIEMAND HEILEN KANN ...

DIE ZAUBERINNEN SOLLEN GETÖTET WERDEN, WEIL SIE DIEBE
SIND, EHEBRECHER, RÄUBER, MÖRDER ... SIE SCHADEN MANNIG-
FALTIG. ALSO SOLLEN SIE GETÖTET WERDEN, NICHT ALLEIN WEIL
SIE SCHADEN, SONDERN AUCH, WEIL SIE UMGANG MIT DEM SATAN
HABEN.<

Spee ließ den Band in seiner Kutte verschwinden. Draußen rollte der
erste Bücherwagen übers Pflaster, Richtung Köln. Alles war regensicher
verzurrt und verpackt. Und als Spee die Augen schloss, und das Bild des
davonrumpelnden Wagens noch kurz vor seinem inneren Auge stehen
blieb, musste er an die Henkerskarren denken, die er noch jüngst in
Anröchte und davor, im 1628er Jahr, in Köln hatte rumpeln gehört.
Und er sah wieder die Gesichter lebender Toter auf den Karren ... auf
dem Weg ins Feuer. Und wenn die Feuer aufgingen, und die Menschen
schrien – die Torturierten und mehr noch die Gaffer – dann würgte ihn
jedes Mal die Frage, die so viele Gottsucher umtreibt: Wie, mein Gott,
kannst DU zulassen, dass ...

54 Wie Till und Selma auf Höxter zogen, und Till daselbst unvermittelt an Genua denken musste

An einem seidigen Sommertag mit hoch ziehenden Schönwetterwolken, an so einem Tag, der flirrende Luft ein- und Schmetterlinge ausatmet, fuhr ein seltsames Gefährt am rechten Ufer der Weser auf Höxter zu.

Gezogen wurde es von einem jungen Mann und einer noch jüngeren Frau. Die Frau hatte ihr langes, flachsblondes Haar unter einem Leinentuch versteckt, was nicht ganz gelang, weil das Haar zu voll oder das Tuch zu klein war; ihr grünes Kleid trug einige bunte Flicken. Aber das Bemerkenswerte war nicht das Kleid, sondern die Gestalt darin.

Wer sich mit Gefährten auskannte, hätte bemerkt, dass der Karren von exakt jener Bauart war, wie sie im Tross großer Heere üblich ist, dazu geeignet von Ochsen, bei Bedarf aber auch von vorgespannten Soldaten gezogen zu werden. Die Hose des Mannes erinnerte trotz aufgenähter Flicken an die weiten Hosen schwedischer Soldaten. Die Weste hätte jeder, der mit Gustav Adolf gezogen war, leicht als einen gewendeten Soldatenrock erkannt.

Auf dem Karren lag unter einer wachsgetränkten Regenplane buntes Tuch, ineinander gesteckte Masken, wie man sie in Thespis-Karren und bei Gauklern findet, zwei Paar Stelzen, umschnallbare Engelsflügel, aus Gänsefedern gemacht, eine alte, aber noch gebrauchstüchtige Drehleier, ein Schellenbaum mit vielen Glocken und Bändern, mehrere kleine und eine große Kiste und eine Schiefertafel, wie sie an den Appellplätzen üblich sind. In einem der Kästen lagen unter einem doppelten Boden eine zweiläufige Dragonerpistole, Kugeln, Pulver und Schnüre.

Als sie die große Kirche von Corvey hinter sich gelassen hatten und sich das Weichbild von Höxter gegen die Weserwiesen abzeichnete, hielt Till an, schlüpfte aus dem Zuggeschirr und half auch Selma aus den Lederriemen.

»Mir ist übel«, sagte er.

»Wovon?«

»Ich fürchte mich vor dem, was vor uns ist. Wer weiß denn, ob meine Leute Höxter jemals erreicht haben? Vielleicht haben die Augstecher ja auch alle niedergemetzelt … nicht nur den Tollen Kern.«

»Was heißt ge… metzelt?«

»Nichts Gutes.«

Das Rothmann-Gedicht »Annäherung« (meist nach der Anfangszeile »Es sind in engen Gassen« zitiert und verzeichnet) ist sehr wahrscheinlich kurz nach Tills denkwürdigem Höxter-Aufenthalt entstanden; die Datierung, die auf eine frühere Entstehung schließen lässt, könnte nachträglich eingefügt worden sein.

ANNÄHERUNG
ES SIND IN ENGEN GASSEN
JA AUCH VIEL SCHATTEN, UND
DIE SIND GAR SCHWER ZU FASSEN
WIE SCHIFFE AUF DEM GRUND
DER MEERE. UND IN KAMMERN
SIND STEINE. DIE SIND TAUB
UND HÖREN NICHT DEN JAMMER.
UND AUGEN BLIND VON STAUB.

ES SIND IN UNSEREN HERZEN
GAR VIEL', DIE NICHT MEHR SIND.
SO VIEL ERLOSCH'NE KERZEN,
SO VIEL VERWEHTER WIND,
SO VIEL VERFLOSS`NE TRÄNEN,
SO VIEL VERSENGTES HAAR.
UND DIE SICH SICHER WÄHNEN,
DIE SIND DEM TOD SCHON NAH.

»Wenn wir uns eilen, sind wir noch vor dem Dunkelsein in die Stadt«, sagte Selma und zog heftiger an der Deichsel.

»Lass uns hier nächtigen!«

»Warum?«

»Heute ist der Geburtstag meiner Schwester Meta. Sie ist heute 16 Jahre alt ... geworden.«

»Ich versteh' nicht.«

»Wenn sie ... nicht mehr ist, will ich es nicht an ihrem Geburtstag erfahren.«

»Du hast schlecht geträumt. Du träumst so oft von schlechte Sache.«

»Ich gehör' zu den armen Teufeln, die bedeutsame Träume haben.«

»Was heißt ... be ... deutsam?«

»Nichts Gutes.«

»Sag es, Till Rothmann!.«

»Als ich in Genua war bei dem berühmtesten Tuchhändler der Stadt, bei Don Pironese, gab es eines Abends ein großes Fest. Der Hafen war mit tausend Fackeln erleuchtet. Das Wasser schien zu brennen. Don Pironese hatte Hunderte Mannslängen an Stoffen über die Mauern hängen lassen, im Fackelschein schimmerten sie glutrot, smaragdgrün und blau, wie das Wasser in den Felsgrotten. Die eingewebten Goldfäden in den Brokatstoffen glommen wie fliegende Feuerkäfer. Auf den Bohlen an der Kaimauer standen Sänger und Gaukler, so plötzlich waren sie da wie Gras, das aus der Erde bricht nach langer Dürre. Die Frauen trugen Seide, selbst die ärmsten; Don Pironese hatte edle Tücher unters Volk geworfen, so als wären es wertlose Lumpen. Es roch nach türkischem Honig, reifen Orangen, gerösteten Haselnüssen, und an den Feuern wurde getanzt. Die Bediensteten trugen große Silbertabletts durchs Volk, und jeder konnte sich geröstete Sardellen nehmen, die man in eine rote Sauce tunkte; so feurig war die, dass man sogleich nach dem Wein griff. Alle lachten, schwatzten, sangen, tranken. Und die Frauen gaben einem, wofür man sonst lange betteln musste.

Nur der Patron, der Wohltäter, Don Pironese, saß allein und mit unbewegtem Gesicht im großen Torbogen seiner Villa und schaute in eine Unendlichkeit, die außer ihm keiner sah.

Don Pironese nannte mich seinen deutschen Sohn. Also fühlte ich mich berechtigt und sogar verpflichtet ihn zu fragen: >Don Pironese, was betrübt Dich? Du hast dieses wunderbare Fest ausrichten lassen ... aber Du schaust drein, als sei jemand gestorben?<

>Gestorben?<, sagte Don Pironese:>Auch du sagst es mir?<

Ich stammelte etwas vermutlich Wirres: >Nein ... nein ... wer soll denn gestorben sein ...?<

Don Pironese schaute mich an, und da erst sah ich, dass er geweint hatte: >Ich weiß es nicht, mein deutscher Sohn. Und solange es geht, will ich es nicht wissen. Darum feiere ich dieses Fest heute Nacht. Das letzte Fest. Die letzte Nacht, in der noch alles so sein kann, wie es war, wie es gut ist. Ich warte auf ein Wunder. <«

Till hatte sich vor den Wagen gekauert, Selma rollte sich in seinem Schoß zusammen wie eine große Katze und sagte in ihrem schwedischen Singsang: »Ein seltsamige Geschichte, und so viel ist traurig davon.«

»Man hatte Don Pironese gemeldet, dass sich ein junger Edelmann vor der Stadt bei einem Sturz vom Pferd den Hals gebrochen hatte. Der Don, den die Nachricht traf, als er gerade die Fackeln für das Fest eigenhändig platzierte, lehnte es ab, den aufgeregten Boten zu folgen, als sie ihn baten, den Toten zu identifizieren. Man vermutete, dass der Tote der Sohn ..., aber man wusste es noch nicht genau.

Der Don ging am nächsten Morgen, mit dem ersten Licht. Da hingen seine Stoffe und Tücher, die teuersten und schönsten aus seinem großen Lager, am unteren Hafen von den Mauern herab. Es regnete. Die Katzen der Stadt schlugen sich um die Fischreste der Nacht. Auf den weißgescheuerten Specksteinen am Kai waren rote Lachen. Wein. Der Regen färbte die Pfützen rosa, dann schmutzig grau. Und als gewiss war, wes Hals gebrochen war, weinten alle.«

»Sein ... Sohn?«

Till nickte: »Diese Nacht ... will ich noch glauben, dass ich sie morgen alle in Höxter wieder finden werde, Vater, Meta, die starke Anna und all die anderen ... gesund und glücklich. Lass uns feiern.«

»Wir haben keine Wein und keine Tücher ... auf Mauern.«

»Wir haben uns.«

Die Dunkelheit hatte Höxter verschluckt. Nur auf der Weser lag noch Widerschein, ein Licht, dessen Ursprung nicht auszumachen war. Es schien, als leuchtete das Wasser aus sich heraus. Die Zwei rückten zusammen, bis sie völlig eins waren.

55 Colonia — ante portas oder: Wie ein Gewitter einen Vers gebar

Spee hatte immer wieder daran denken müssen, dass jemand, dem Gott ein hohes Amt gegeben hatte, in Köln lebte; und dieser Jemand hatte noch vor kurzem in einer Epistel nach Paderborn gefordert, der Spee sei »aufs Schärfste zu kujonieren«. Und zwar wegen »der Abrede hexerischer Umtriebe«, insbesondere durch seine »vermaledeite Gelehrsamkeit, die in einem Buche aus des Spees Feder zu einem lähmenden Gift geronnen« sei.

So hatte sich dieser Jemand in einer elend langen Epistel vernehmen lassen; Spee mochte seinen Namen nicht einmal in Gedanken aussprechen. Und nun also ging es auf Köln zu, in die am besten gesicherte Stadt Europas. Für ihn galt diese Sicherheit mit Sicherheit nicht.

Als Köln nur mehr eine Tagesreise entfernt war, geriet der Wagenzug aus Paderborn in ein spätsommerliches Unwetter. Rektor Lennep hatte die aufziehende Wolkenfront mit beschwörenden Bitten himmelwärts aufzuhalten versucht. Aber die Front ließ sich ebenso wenig aufhalten wie die Schweden, die dieser Tage Stadt um Stadt nahmen, so als pflückten sie überreife Äpfel in einem gut katholischen Klostergarten.

Als schließlich die Wolken zielgenau über den Wagen barsten, und Regen und Hagel von einem harten Wind gegen die Planen geschleudert wurden, war es zu spät, um geordnet in einen Unterschlupf einzurücken.

Spee hatte Lennep beobachtet, wie er schmallippig psalmodierend Kurs gehalten hatte, anstatt in einem Dorf namens Dürscheid in die große Zehntscheune einzurücken, wie einige Brüder dringlich empfohlen hatten.

Noch während der Regen seine Reisekutte durchnässte, rätselte Spee einmal mehr, wie dieser Lennep, sein Feind Lennep, beschaffen sein mochte. Er wird tatsächlich erwartet haben, so sagte sich Spee, dass der Herrgott nichts Wichtigeres und Eiligeres zu tun hat, als dem Gewitter zu befehlen, einen Haken um den Zug der Paderborner Brüder in Christo zu schlagen. Und jetzt, wo die Wolken das taten, was Gewitterwolken immer zu tun pflegen und sich nicht um den in den Wind betenden Mann an der Spitze des Zuges scherten, jetzt würde dieser Lennep vermutlich Ursachenforschung betreiben. Ob nicht doch missgünstige Wetterhexen dieses Unwetter gegen die Gottesmänner dirigiert haben könnten? War da nicht ein paar Meilen vor Dürscheid eine Frau gewesen, die ein verkrüppeltes Kind hochgehalten hatte, wohl damit die vorübereilende Priesterschaft es segnete. Ja bei allen Teufeln: Hatte sie denn vielleicht gar einen Wechselbalg emporgehalten? Ein Kind, das ihr der Gott-sei-bei-uns angehängt hatte, damit noch mehr Schaden über die Welt käme? All das würde sich in heftigen Gebeten klären lassen ... so oder ähnlich stellte sich Spee die Gedankenläufe im Kopf des Lennep vor, eines Mannes, der für alle Wirkungen einfache Ursachen suchte.

Eine Schadensursache war – so jedenfalls musste es Lennep sehen – er selbst: der aufrührerische Bruder Spee. Die Unruhe unter den Fratres, ihr herzzerreißendes Fragen nach Gottes Gerechtigkeit, ihr Verzweifeln an der versprochenen Gnade und Huld lastete Lennep dem Spee an – »diesem Verfasser in Rosenwasser geschwenkter Verse für alte Jungfern«, diesem »Schreiber pestilenzischer Bücher gegen all jene, die mutig gegen Hexerei und Schadzauber aufstehen«.

Und hatte dieser Bruder Lennep nicht noch kürzlich einen eisernen Ring aus einer Paderborner Häuserwand brechen lassen, damit sich hier kein geheimer Verehrungsort für Heimrad, den Heiligen Narren und Wächter des Berges auftun könne? Für jenen Mann, um den sich eine nicht autorisierte Volksfrömmigkeit ausgebreitet hatte?

Lenneps Vorwurf an Spee, er habe sich angemaßt, einen zweifelhaften, verwirrten Sohn der Kirche gewissermaßen heilig zu sprechen – etwas, das nur dem Heiligen Vater zustehe – war an Spee abgeprallt. Er wusste ja, was er gesagt hatte, die jungen Brüder wussten es. Nur Lennep wollte es nicht wissen. Es schien, dass dieser Lennep seine Feindbilder wie Heiligenbilder vor sich her trug.

Doch jetzt hockte er wie eine verregnete Vogelscheuche auf dem Kutscherbock des ersten Planwagens und ließ es schließlich geschehen, dass Bruder Corbinius neben ihm – eigenmächtig! – den Zug unter das Buchenblätterdach links des Weges abschwenken ließ.

Spee beschloss nun seinerseits, die Initiative zu ergreifen. Kaum hatten sich die Wagen unter den hohen Buchen versammelt, befahl er, die Planen der Bibliothekswagen auf Dichtigkeit zu überprüfen.

Und tatsächlich, die kommentierten Werke der Kirchenväter des 4. Jahrhunderts hatten bereits Wasser gezogen, darunter die Schriften des Hilarius von Poitiers, des Hieronymus und des Augustinus von Hippo. Den Augustin hielt Spee bei weitem für den bedeutsamsten unter den drei von Wasserschaden bedrohten Vätern des Glaubens, und er veranlasste, dass die Bände nochmals extra in Leder verschnürt wurden. Das gestaltete sich schwierig, und es wäre gänzlich unmöglich gewesen, wenn der Regen nicht nachgelassen und das Buchenblätterdach leidlich dichtgehalten hätte.

Spee dachte, noch während er sich die angefeuchtete Kutte enger um den Leib zog, ein paar Herzschläge lang darüber nach, künftig eine Vorlesung über »Augustins Lehre von den zwei Wirklichkeiten« zu halten. Laut Augustin gab es eine Wirklichkeit, die höhere, die man nur denkend erfassen kann, und eine andere, die den Sinnen zugänglich ist. Diese zweite ist eine Wirklichkeit minderer Ordnung.

Welcher Wirklichkeit, fragte sich Spee, gehörte da wohl die Gegenwart an: diese Welt der leichenübersäten Schlachtfelder, der stinkenden Pest-Sterbezimmer, der qualmenden Scheiterhaufen? War diese Wirklichkeit eine mindere, weil nur den Sinnen zugänglich? Erfassbar mit der Nase, die verurteilt war, Leichengeruch, Eiterausfluss, verkohltes Fleisch zu riechen? Und war das – augustinisch gesprochen – deshalb eine mindere Wirklichkeit?

Diese grausige Wirklichkeit war doch wohl nicht nur den Sinnen, sondern gleichermaßen dem Denken zugänglich. Dem Nachdenken. Oder anders: Wer könnte denn all dieses Grauen mit den Sinnen aufnehmen, es sehen, riechen, hören und erleiden ohne *zugleich* zu denken? Ohne auf Erlösung oder Besserung zu sinnen? Würde man den Augustin ausbreiten können, ohne ihm zu widersprechen? Als der umfängliche Kirchenvater wieder in schützendes Ziegenleder geschlagen unter den Planen verschwand, brach Spee seine Überlegungen ab. Man wird sehen ... Wird man?

Nein, er war sich keineswegs sicher, dass man ihn in Köln würde *lectiones* halten lassen. Köln war eine einzige hohe Burg, aber auch eine Hochburg der Orthodoxie, ein Ort, wo jeder Gedanke bekämpft wurde, der nicht nachweisen konnte, dass er in den Fußstapfen des Schonimmer-so-Gedachten daherkam. Ein frischer Gedanke hatte es *intra muros* schwer; aber einer, der nach Staub und Moder roch, war genehm. Das hatte er in seinen Köln-Jahren, bevor er nach Peine weggelobt wurde, vielfach erfahren.

Als sich das Gewitter vollends verzogen hatte, ordnete Lennep ein kurzes Dankgebet an. Spee sprach die Worte tonlos mit, aber sein Blick schweifte über eine Wagenspur, die unversehens zu einem Bach geworden war. Das Gewitter hatte gut getan. Eine Erdkröte stakste in die Wasserader, streckte ihren warzigen Leib voll Wohlbehagen, eine Anbeterin der Sturzbäche.

Und noch während Lennep mit seiner hohen Stimme Lateinisches leierte, und die Brüder murmelnd echoten, sprangen Spee deutsche Verse an, die er später in seinen »Trutz-Nachtigall-Gesängen (Nummer 8)« der Nachwelt zugänglich machte.

> DER BRÜNNLEIN KLAR UND QUELLEN REIN
> WOLL'N HIER UND DORT ERSCHEINEN.
> DIE SILBERWEISSEN TÖCHTERLEIN
> AUS BERGESGRUND UND STEINEN
> IN GROSSER MENGE
> UND GEDRÄNGE
> ZIEH'N SIE HERVOR WIE PFEILE.
> SIE GLUCKSEN LEIS' UND WIESELN
> FLINK IM SPRUNG MIT KURZER WEILE
> UND SPIELEN MIT DEN KIESELN.

Nein, so ein Gewitter ist keine Drohung, dachte Spee. Drohung liegt in der stehenden Luft. Und indem er sich halb um seine eigene Achse drehte und auf Kölns Mauern blickte, fügte er hinzu: *Pericula intra muros sunt.*

56

Wie Till und Selma in Höxter — ein wenig über die Köpfe der Umstehenden erhoben — tanzten und darob ein läusefreies Lager in Aussicht gestellt bekamen

Selma und Till machten es im spätsommerlichen Höxter, wie sie es auf dem ganzen weiten Weg von Frankfurt an der Oder bis ins Wesertal gemacht hatten: Wo immer sie eine Stadt oder einen Marktflecken als Auftrittsort für geeignet befunden hatten, platzierten sie ihren Thespis-Karren auf dem Marktplatz, schwangen sich auf die mitgeführten Stelzen und sangen, die Gesichter hinter grellbunten Masken verborgen, ihr eigenes Lob:

>»Wollt ihr tausend Wunder hören,
> kommt mit Magd und Knecht und Gören
> und lauscht dem Sänger Fidibus
> brav vom Anfang bis zum Schluss.«

Den Namen Fidibus hatte sich Till gleich zu Beginn seiner Flucht aus Adolfs Heer gegeben. Fidibus, die gebräuchliche Bezeichnung für einen harzgetränkten Span zum Entzünden von Holz, schien ihm ein guter Name, einer, bei dem sich etwas denken ließ. Und der Name war allemal gut genug, um die Neugier auf Märkten und vor Stadtmauern zu wecken. Ein kleines Feuer, auf einer hitzefesten Platte auf dem Karren entzündet, zog nicht nur Motten, sondern auch Menschen an. Besonders, wenn Selma ein graues Pulver hineinstäuben ließ, das die Flammen grellblau färbte. Feuer war immer dabei, wenn die zwei Entlaufenen aus dem Heerestross des Großen Adolf sich mühten, ein Zufallspublikum zu versammeln.

Es musste gelingen, die Leute lange genug – gaffend und staunend, besser noch johlend und klatschend – auf einer Stelle stehen zu lassen;

nur dann fühlten sich einige bemüßigt, kleine Münzen oder etwas Brot und Käse springen zu lassen.

Als unwiderstehliche Auftritts-Nummer, gewissermaßen als Publikumslockspeise, hatte sich ein Tanz auf Stelzen erwiesen und von Auftritt zu Auftritt weiterentwickelt. Selma tanzte singend und kunstvoll mit fliegenden bunten Röcken, während Till – scheinbar unfähig, auf Stelzen auch nur einen kontrollierten Schritt zu tun – hinter ihr her stolperte und ihr ins Lied hineinkrächzte.

Sie:
»Ich bin ein wilde Blum` aus Schweden,
die sommers blüht auf grauem Stein ... «

Er:
»Halt ein, ich möchte mit dir reden
Steig ab, ich hol dich sonst nicht ein ... «

Der Clou, der erste Beifallsstürme losbrechen ließ, war ein kleines Kunststück. Mitten in wilder Bewegung wechselten die beiden wie im Flug die Stelzen, ohne dabei den Boden zu berühren. Und kaum war der Wechsel vollzogen, war Till der Tänzer und Selma die Stolpernde.

Er:
»Ich bin Gott Amor, Herr der Lüste.
Allzeit bereit und niemals fromm.«

Sie:
»Halt ein, es beben mir die Brüste,
ohn´ dass ich dir schon näher komm.«

Dabei ließ sie ihre wohlgeformte und unterhalb des Halses nicht nennenswert bedeckte Weiblichkeit beben, was rundherum ein großes Gekreische und Gejohle anschwellen ließ. Wenn es soweit war, wussten beide Darsteller, dass es für eine warme Mahlzeit und günstigstenfalls für eine Herberge reichen könnte.

Doch die Sorge ums leibliche Wohl war es nicht, die Till an diesem Tag umtrieb. Sein Blick war unablässig über die Menschenansammlung geglitten und die in Folge dessen fehlende Konzentration hätte fast den fliegenden Stelzenwechsel misslingen lassen. Aber es war in der Menge kein Gesicht, das er kannte. Nicht eines.

War denn alles nur ein Trug? Waren womöglich die Geständnisse des Augstechers trotz aller Bedrängnis frei erfunden? Lag nicht Braunschweig, das immer protestantisch geblieben war, viel näher für lutherische Religionsflüchtlinge aus Peine als dieses vermaledeite Höxter an der Weser? Warum hätte Kern den gefährlichen Weg durch das Ithgebirge wählen sollen und nicht den gut gesicherten, kurzen Weg nach Braunschweig? ... Und nicht ein vertrautes Gesicht in der Menge!

Bei Tills forsch gesungener Ballade vom »Schwein, das sich im Jahre des Herren 1567 zu Haarlem für fünfzig Gulden vom Meister Franz Hals wollt lassen malen in Öl, aber unglücklicherweise schon in Wesel am Rhein das ganze Geld verfraß« fehlten ihm schon in der zwölften Strophe die Worte, so dass Selma ihm soufflieren musste, und beim »Duett von Erzengel und Teufel – gesungen mit betörenden Stimmen, teils in der Höll' und teils in den Vorhöfen des Himmels« – untermalt von Drehleiermusik und Trommelschlag – mussten sie zweimal abbrechen und erneut ansetzen, weil Till die Leier erst zu langsam und dann zu schnell gedreht hatte.

... immer noch kein vertrautes Gesicht, obwohl die Menge zum Höhepunkt der Vorstellung (das war jedes Mal Selmas röckeflatternder Tanz über dem Feuer, wobei sie durch geschicktes Einstreuen diverser Pülverchen die Flammen in den buntesten Farben auflodern ließ) beträchtlich angewachsen war.

Einmal war Till erstarrt und hatte mit weit aufgerissenen Augen in die Menge gestarrt: War das nicht Metas Flachshaar? Nein, es war der Schopf einer stämmigen Frau, einer Magd vielleicht, oder einer Weisswäscherin.

Als sich gegen Ende von Selmas Feuertanz der Hut doch recht ansehnlich mit Münzen gefüllt hatte, empfand Till nichts. Nichts als Leere. Er saß unbeweglich auf dem Thespis-Karren, mehr Statue als Mensch.

Erst als sich die Menge zerstreute und ihm jemand eine Hand auf die Schulter legte, löste er sich aus seiner Starre. Der Jemand war groß, mittleren Alters, noch überwiegend schwarzbärtig, trug ein Hirschlederwams besserer Qualität, wie Till – ohne deshalb genauer hinsehen zu müssen – erkannte; dazu kleideten ihn weite Hosen flandrischer Art und eine grünweiße Schärpe, die zu einem Gürtel verdreht seine Leibesmitte umrundete. Seine Füße steckten in flachen Weichlederschuhen, wie sie von den Balearischen Inseln zu Friedenszeiten in großer Zahl importiert und von Genua aus über Land verschickt worden waren. Till hatte zuhause, kurz bevor er aus Peine flüchtete, noch eine ganze Lagerkammer gefüllt mit Balearen-Tretern gesehen. Wem mochte all das jetzt gehören …?

Der Wildledermann sprach mit einer angenehmen, tiefen Stimme: »Das hat mir gefallen. Für ein paar weitere Lieder zur Nacht habt ihr ein gutes Lager, eine Nachtvesper und morgen ein Frühstück, wie es auch die feinen Leut' noch kaum mehr haben in Höxter. Ich heiße Sültberg. Die Schänke da drüben, die mit dem Hahn im Wappen, gehört den Sültbergs seit hundertfünfzig Jahren.«

Während Till noch geistesabwesend über den Platz in Richtung »Gelber Hahn« schaute, hatte Selma bereits eingeschlagen: »Aber nur wenn ist laus- und flohfrei!«

Der Mann, der sich Sültberg nannte, lachte tief und volltönend: »Laus- und flohfrei, die Dame. Darauf mein Wort

57

Wie Till eine fast schlaflose Nacht verbrachte, obgleich die Lagerstätte ungleich angenehmer war als in all den Tagen und Monaten zuvor

Der Ertrag für mehrere Lieder – schwedische meist – die allesamt Selma sang und für einige Verse, die Till – lustlos zumeist – aufsagte, war ein Abendmahl mit frischem Brot, Butter, Eiern, Wurst, gebratenem Speck und Bier. Außerdem gab es ein Zimmer, das tatsächlich ungezieferfrei war. Der eigentliche Ertrag des Abends aber war ein Name: Bodo zu Felde.

Till hatte Sültberg, den Wirt des »Gelben Hahns«, sobald sich eine Gelegenheit dazu bot, nach Flüchtlingen aus Peine gefragt. Sültberg hatte daraufhin mit seiner rechten Pranke eine abweisende Handbewegung gemacht und etwas von » … eine lange Geschichte … und keine gute … « gemurmelt. Dann hatte er sich ans Anzapfen eines neuen Fasses gemacht, langsam, bedächtig – wohl um weitere Fragen abzuweisen.

Als Till nachsetzte und dem schweren Mann fast drohend zu Leibe rückte, sagte der: »Gemach, gemach, mein lieber Reimeschüttler. Eh ich dir mehr sage als ich weiß, frag´ besser den milden Bodo. Bodo zu Felde. Er hat mit den Leuten aus Peine die Stadt verlassen und sich in einer Zelle vergraben, in Corvey. Gleich vor der Stadt. Wenn ihr von Nord gekommen seid, habt ihr das Kloster ja schon gesehen.«

Till verbrachte trotz der Gänsedaunen eine fast schlaflose Nacht. Da war nicht nur die ausweichende Antwort des Wirtes, die ihn beunruhigte. Am Tresen hatten offenbar mehrere Zecher seine laut gestellte Frage mit angehört, und es schien Till, als hätten alle ein eisernes Gitter vor sich niedergelassen, auf dass die Frage nicht auch an sie gerichtet werde. Und es war, als hätte sich im allgemeinen Schänken-Lärm vier, fünf Atemzüge lang eine Stille ausgebreitet, wie ein kalter

299

Winterhauch, der in die geheizte Stube faucht und sogleich wieder erstirbt.

Und dieser Hauch von Stille war es, der Till in den Ohren rauschte, so dass er lange keinen Schlaf fand. Als sich der Himmel im Osten grau verfärbte und ein Rotschwanz auf dem gegenüberliegenden Dach zu zischeln begann, stieß Till Selma an.

Sie räkelte sich in den weichen Tüchern und machte keinerlei Anstrengungen vollends aufzuwachen. Till küsste sie auf den Haaransatz und sagte so leise, als wollte er sie nicht wirklich wecken: »Ich muss etwas erledigen, ich bin zur Mittagszeit zurück, denk ich. Schlaf, mein Schatz!«

Als er das Zimmer verließ und dabei ein Dielenbrett zum Knarren brachte, schug sie die Augen auf und blickte ihm nach ins Fastdunkel: »Du bist so ein dummer Mann, du verpasst ein Frühstück!«

58

Wie Till einem katholischen Heiligen den Krummstab mit einer Wurzelbürste reinigte

Till wandte sich flussabwärts, er rannte, solange der Vorrat an Luft in seinen Lungen reichte, fiel dann in Schritt zurück, zwang sich zu ruhigem Atmen, bis er wieder tausend Schritte rennen konnte.

Er hatte während seiner kurzen Soldatenzeit keineswegs an Kraft und Ausdauer gewonnen, eher verloren. Hatten ihn nicht lange Wettrennen mit dem Sohn des Tuchhändlers in Genua – strandauf-, strandabwärts – eher gestärkt als ermüdet? War er nicht zu Beginn seiner Flucht aus Peine eine ganze Nacht fast ohne Unterbrechung gerannt?

Jetzt aber begann es in seinen Lungen zu brennen, seine Beine drohten wegzusacken, etwas Unerbittliches zwang ihn schließlich zu mäßigem Trab.

Das Weserwasser war milchig trüb an diesem Morgen. Der Fluss zeigte sich abweisend. Zweimal kamen Till Treidelkähne entgegen. Die Zugmannschaften bestanden aus zotteligen, ruppigen Gestalten. Man suchte sich gern die ärmsten Teufel zusammen, um die Lastkähne gegen den Strom zu ziehen. Männer, die zu stumpf waren, um sich aufzulehnen und nicht nach Geld fragten, Verlorene, die mit kalter Grütze am Abend zufrieden waren und mit ein paar Lumpen, auf denen sie schlafen konnten. Aber es hieß auch, dass sich immer wieder übles Gesindel in die Mannschaften einschlich, um den Inhalt der Frachtkähne an ihre Spießgesellen zu verraten, so dass die nur an geeigneten Stellen die lohnendsten Kähne zu überfallen brauchten.

Dem Kloster vorgelagert waren einige Häuser, deren Verfall schon weit fortgeschritten war. Die Klosterbrüder von Corvey hatten im 13. Jahrhundert versucht, eine Konkurrenzstadt zum nahen Höxter aufzubauen, aber sie hatten unklugerweise an den Befestigungsmauern gespart, weil sie meinten, der HERR würde ihr frommes Werk ausreichend schützen. Nach der neunten oder zehnten Plünderung war die Stätte aufgegeben worden; nur diejenigen, bei denen nichts abzukratzen war als der getrocknete Schnodder auf ihren Backen, blieben hocken.

Till, der nun wieder in scharfen Trab gefallen war, sah Tauben aus einem Haus ausfliegen, das noch ein wenig von vergangener Prächtigkeit zeugte; Efeu hatte die Säulen vor dem Eingangsportal in seinen Würgegriff genommen, im Dach klafften wagenradgroße Löcher.

Als er gerade die Eingangspforte passierte, kam ihm ein Mönch entgegen, der einen großen Binsenkorb mit Eiern trug; das Erdgeschoss des Hauses war offenbar zum Hühnerstall umgewidmet worden.

Till blieb stehen, rang nach Atem und stieß dann hervor: »Gott befohlen, Würdigkeit. Gestatte er mir eine Frage?«

Der Bruder setzte den Korb ab, drückte sein Kreuz durch und verschränkte die Arme, so als erwartete er eine längere Disputation.

»Lebt im Kloster da vorn ein Bruder Bodo? Bodo zu Felde!«

»Bruder ist ein Wort, vom dem der HERR uns sagt, wir sollten es für alle Söhne Adams, so sie denn guten Willens sind, gebrauchen. So besehen gibt es dort drüben einen Bruder Bodo. Wenn Du aber meinst, ob es einen Bruder aus der großen Bruderschaft der Benediktiner bei uns gibt, der des Namens Bodo ist, so muss ich das verneinen. Jener Bodo zu Felde aber, der mit uns ist, ist ein Lutherischer. Und er ist zu bedauern.«

»Führt mich zu ihm, bitte!«

Till steckte eine Münze, die ihm erst am Vorabend zugesteckt worden war, in den Eierkorb, der Mönch schien es nicht zu bemerken und hieß Till mit einladender Armbewegung ihm zu folgen.

Das Kloster, von dem es hieß, dass noch der Große Karl zu Beginn des 9. Jahrhunderts seinen Bau verfügt habe, war weitläufig und die Gebäude wirkten im Schatten des Domes wie abgestoßene Ziegelsteine vor einer wohlgefügten Mauer.

Dem Mönche war offenbar nach Plaudern zumute; während er den Eierkorb gefährlich im Takt seines Watschelganges hin und her schwenkte, sagte er: »Bodo war Prediger im Schloss des Gero zu Eberstein, des

Schultheiß von Höxter. Lutherischer Prediger. Er hatte kaum Pflichten und immer satt zu essen ... und ist doch entlaufen. Ich denke aber nicht, um vom Lutherischen zum rechten Glauben zurückzukehren. Er hat eine Kinderhaut, ein kleiner Ratsch, und es blutet. Wir müssen ihn behüten. Da drüben, das ist er. Wir haben ihm aufgetragen, den Heiligen Ansgar zu dessen Geburtstag am 8. September etwas feiertäglich herauszuputzen.«

Till sah einen feingliedrigen Mann, der damit beschäftigt war, mit Wurzelbürste und Eimer ein Standbild zu säubern.

»Hohoho, Bodo!« rief der Mönch, »du wirst doch nicht unserem Schutzheiligen mit der harten Bürste über den Mund fahren, das könnte er übel nehmen. Schau her, aber erschrick nicht gleich wieder! Du hast Besuch!«

Till legte eine weitere Münze in den Eierkorb, der Mönch entfernte sich.

Bodo legte die Bürste auf die Erde und ging einen Schritt rückwärts, so dass er fast über seinen Ledereimer gestolpert wäre: »Du bist nicht von hier. Ich kenne dich nicht!«, sagte er und ihm stand Angst im Gesicht.

Till bemerkte ein Flackern der Augenlider, außerdem begann Bodo, leerlaufende Handbewegungen zu machen, so als wollte er nun mit einer imaginären Bürste ein imaginäres Standbild säubern.

»Ich muss ihn sauber machen, mein Herr, es ist nicht gut, wenn Ihr mich aufhaltet. Ich muss nämlich in wenigen Wochen schon fertig sein.«

»Ich werde dir helfen, wenn du mir hilfst.«

Till hob die Bürste auf, tauchte sie in den Eimer und begann, dem Heiligen Ansgar den Krummstab zu schrubben.

»Ihr seid ein guter Mensch«, sagte Bodo zu Felde.

»Es gibt viele bessere Menschen als mich und ein paar schlechtere, Bodo. Und was ist mit dir? Bist du ein guter Mensch?«

»Gute Menschen helfen. Wie kann ich helfen?«

Till überlegte kurz, ob es wohl zweckdienlich wäre, noch ein paar weitere vertrauensbildende Floskeln aneinanderzureihen, aber dann platzte es aus ihm heraus: »In Höxter sagte man mir, du könntest von den Leuten aus Peine berichten, die hierher gezogen sind, als in Peine von allen Lutherischen das katholische Bekenntnis gefordert wurde.«

Bodo stand erst starr, stieß dann einen Wimmerschrei aus, wandte sich um und begann in seltsamen Kindersprüngen davonzuhüpfen. Till schnitt ihm den Weg ab, fesselte ihn mit einer halb fürsorglichen, halb energischen Umarmung und zog ihn zum Heiligen Ansgar zurück.

»Schau ihn an, Bodo. Sieh genau hin, er hat ein Gesicht aus Stein und lächelt trotzdem. Wenn du es mir nicht sagen willst, dann sag es ihm. Er wird weiterlächeln, was immer du sagst. Das ist sicher wie das Amen drüben im Dom. Hab' Mut. Erzähl' es ihm.«

Bodo begann unzusammenhängend zu stammeln. Till ließ ihn, ermunterte ihn nur von Zeit zu Zeit durch freundliches Kopfnicken. Und langsam fügten sich die Satzfetzen zu Sätzen, die Gedankenspritzer wurden mehr und mehr zur fließenden Rede. Die Namen, über deren erste Nennung Bodo noch gestolpert war, als nenne er die Namen unsauberer Geister, kamen ihm schließlich flüssig über die Lippen: ... Eberstein, der den Prozess leitete ... seine Schwester, die Witwe Winterlein, die fast Blinde, die allerhand teuflische Umtriebe gesehen haben wollte, ... Der-mit-dem-breiten-Daumen, der alles beschwor, was man ihm nahelegte, auf dass er es beeide ... der Schmied Grell, der als Folterknecht zur Stelle war ... Bodos Schilderung gewann fast die Schärfe und Genauigkeit eines Feldberichtes: Wer, was, wie, wo, wann ...

Doch als er zum Ende seiner Rede kam, begannen seine Augenlider erneut zu flackern und die Arme unkoordinierte Hebungen und Senkungen zu machen; es war, als hätte die präzise Schilderung seine letzte Kraft verbraucht und zurückblieb ein entkernter Mensch:

»... und als das Feuer losprasselte und die Leute aus Peine anhuben zu singen... und als der Rothmann schon ganz im Feuer war und schrie, da schrie ich auch, schrie und schrie ... und lief davon ... und hörte erst in Corvey auf zu schreien und zu laufen. Und hier bin ich nun.« Dann wandte er sich abrupt ab und wieder dem Ansgar zu: »Gebt mir die Bürste! Ich habe nur noch wenige Wochen, um den Ansgar zu reinigen. Wenn er an seinem Namenstag nicht sauber genug ist, wird er mich verfluchen und auch ins Feuer stoßen. Nun geht, geht, geht Ihr haltet mich auf!«

Den Weg flussaufwärts zurück nach Höxter machte Till im hellen Mittagslicht. Ihm war elend. Manchmal blieb er stehen, heulte, schrie, spuckte, prügelte unschuldige Büsche. Auf dem Wasser ließen sich Schwäne treiben, in den Seggen am Ufer tremolierten Rohrsänger. All das erschien ihm wie Trugbildnerei und Spottgesang. Er hob einen Kiesel auf, schleuderte ihn in Richtung auf die Schwäne, traf fast, warf sich zu Boden und hämmerte gegen Gras und Farn, biss sich die Unterlippe blutig, saugte das Blut aus der klaffende Spalte, spuckte es aus, als wäre es vergiftet.

Kurz vor Höxter sah er den Steg, den Bodo erwähnt hatte und an dem alles Unglück begonnen hatte. Er hockte sich auf die Planken und blickte eine Weile ins Wasser. Dabei überkam ihn eine seltsame Ruhe, und er sagte: »Zwei fürs Wasser, einen fürs Feuer!« Und als er es gesagt hatte, fühlte er sich stark genug für die restliche Wegstrecke.

Er ging aber nicht auf kürzestem Weg zurück zum »Gelben Hahn«. Till suchte und fand den Brandfleck, den das Gras an einigen Stellen noch nicht zur Gänze überwachsen hatte. Dort, wo die Erde besonders schwarz-gräulich war, kratze er sie zusammen, hielt sich eine Handvoll davon unter die Augen und stopfte sie dann in beide Hosentaschen.

»Zwei fürs Wasser, einen fürs Feuer«, wiederholte er unablässig, als wäre es ein Kindervers,, »zwei fürs Wasser, einen fürs Feuer … zwei fürs Wasser, einen fürs Feuer …« Schließlich sang er die sechs Worte mit alberner Knaben-Kopfstimme, dann kreischte er sie so laut, als gälte es, Gläser zu zersingen.

Vom Gelben Hahn kam ihm Selma entgegengelaufen; sie hatte das Flachshaar zu Zöpfen gebunden. Die flogen hinter ihr her. Sie lachte.

Über Höxter hing an diesem Tag ein feines Netz von Cirruswolken, so als wollten die Himmlischen Mächte etwas einfangen, das sich anschickt durch alle irdischen Netze zu schlüpfen.

Am Abend suchte und fand Till die Stelle, an der der Scheiterhaufen gebrannt hatte. Die Asche hatte den Boden gedüngt, und das Gras wuchs geiler. Unweit der Stelle wölbte sich ein kleiner Hang, fast ganz unter Brennnesseln versteckt.

Brenn … Nesseln, dachte Till: Brennnesseln! Er ging die paar Schritt hinüber, griff hinein, es brannte, er riss einige Pflanzen ab, schlug damit wild durch die Luft, als gälte es, einen unsichtbaren Feind zu erschlagen. Dann legte er die Nesseln auf den Brandfleck und ging davon.

59 Wie Till an einem Schmied Maß nahm, ohne dass jenem dabei ein Verdacht kam

In Höxter war es nicht anders als anderenorts: Die feuergefährlichen Berufe mussten außerhalb der Stadtmauern versehen werden. Als Till die Schmiede betrat und das grellweiße Feuer sah, fand er Grell einen passenden Namen für einen Schmied, so als ob ein Tuchhändler Weich oder ein Winzer Rausch hieße.

Der Mann an der Esse musste ihn bemerkt haben, aber er ließ sich nicht stören; erst als Till seinen Gruß etwas lauter und drängender wiederholte, drehte er sich um.

»Du musst schon entschuldigen, aber es eilt sehr. Diese Spieße hier müssen bis zum morgigen Tag fertig sein.«

»Spieße? Erwartet man in Höxter einen Angriff der Schweden?«

»Die Spieße sind für wilde Schwein'; die gibt es zum großen Fest, das der Eberstein ausrichtet. An seinem Geburtstag gibt es alle Jahre wilde Schwein' am Spieß gebraten. Für alles Volk. Ein springender Eber ist sein Wappen, darum die wilden Schwein'. Ihr habt es sicher schon gesehen, das Wappen an der Ebersburg.«

Till nickte, er maß den Kerl mit den Augen und fand ihn recht robust und groß. Er hatte nichts anderes erwartet, aber es wäre ihm schon lieber gewesen, der Mann hätte ihn nicht um Haupteslänge überragt.

»Was ist dein Begehr?«, fragte der Schmied

»Dort im Hof steht unser Karren … «

Der Schmied reckte den Hals und spähte durch das halboffene Tor ins Freie.

»Ein Thespis-Karren! So bist du dieser singende Springaffe, der gestern zur Nacht im ›Gelben Hahn‹ herumgehüpft ist … mit so einem nordischen Weibsbild?«

Till hatte eine witzige Entgegnung auf der Zungenspitze, schluckte sie aber herunter, alles Aufmüpfige und Vorwitzige hätte den Mann nur misstrauisch machen können.

»Richtig. Und er rumpelt gar sehr, unser guter alter Karren. Das ist gut so, wenn wir in eine Stadt einfahren, weil uns dann alles Volk bemerkt; aber es ist doch sehr inkommod, wenn wir über Land ziehen. Das Laufeisen unter den Rädern ist schadhaft.«

»Lass sehen!« Der Schmied Grell warf den Spieß, dessen Spitze glühte, in ein Wasserbecken, so dass es zischte. Dann trat er ins Freie.

»Eine fester Karren. Nicht von deutscher Bauart, scheint mir. So einen habe ich noch nie gesehen«. Grell schlug mit einem Eisenhaken, den er sich beim Hinausgehen gegriffen hatte, gegen die Eisenringe, die die großen Laufräder umspannten.

»Hier ist es locker …, und dort hat sich der Eisenreif schon ins Holz gedrückt. Aber ich bin kein Wagner. Ich versteh mich nicht auf Räder. Ich bin Schmied.«

»Mir wurde aber berichtet, es gäbe keinen Wagner mehr in Höxter. Der, den es gab, musste seinen Sohn und Gesellen im vergangenen Jahr zu Grabe tragen. Und nun, so sagte man mir, macht der Schmied die einfachen Wagnerarbeiten.«

Grell reckte sich und sagte dann gedehnt: »Jaaaaa, das stimmt, die leichten und manchmal auch die nicht gar so leichten.«

Till bemühte sich, in seiner Rolle zu bleiben; seine Rolle war die des armen Bänkelsängers, der um den Preis feilschen musste.

»Ich denke aber doch, diese Arbeit ist eine leichte, keine die eure ganze Kunst herausfordert.«

»Auch einfache Arbeit will bezahlt sein. Wenn du mir den Karren hierlässt, und ich die Arbeit irgendwann zwischendurch machen kann, wird es billiger, als wenn ich eine feste Zeit zusagen muss. Meinen Gesellen haben die Tillyschen abgeholt, schon vor Jahresfrist. Der arme Trottel muss sich irgendwo von den Schweden totschlagen lassen. Ich bin allein am Feuer.«

Das ist gut, dachte sich Till und fasste sich mit wehleidigem Gesicht in die Hosentaschen. Etwas Asche und Erde kamen zum Vorschein, aber auch drei Münzen. »Mehr hab ich nicht.«

»Man wird sehen, man wird sehen. Zieh den Karren unter das Vordach! Ich mach´s, aber ich sag dir nicht, wie bald.«

Till verneigte sich, schickte sich an, den Karren unter das Vordach zu bewegen, folgte Grell dann aber zurück in die Schmiede.

»Was noch? Ich muss noch fünf Spieße drehen. Ich habe keine Zeit zum Schwatzen!«

Till lehnte sich an den Türpfosten und sagte: »Nichts für ungut. Blas´ nur kräftig ins Feuer, Meister Grell. Es ist nur so, dass ich Feuer immer wieder gern sehe. Wir arbeiten auch mit Feuer, streuen Farbe hinein, hüpfen drüber, auf Stecken und auch mit nackten Füßen.

Und dabei bin ich eigentlich ein Tuchhändler. Konnte es aber nicht bleiben, weil man uns unsere Tücher aufs Gröblichste entwunden hat. Da musste ich erst zu den Soldaten und dann Bänkelsänger werden. Gut, wenn man noch etwas anders kann als das eigentliche. Wie ja auch du ein wenig Wagnerei beherrschst ... und ... diese Zangen dort, die zwei mit dem flachen Beißrändern: Mir scheint, die sind nicht so recht für den groben Biss, Eisen auf Eisen, geeignet. Sie sind so ... ich traue mich fast nicht es zu sagen ... so als ließe sich damit sehr Feines fassen: Stoff, Leder ... oder Haut?«

Grell drehte sich um und legte einen glühenden Spieß am dem Rand der Esse. »Raus! Wenn dein Karren gerichtet ist, rolle ich ihn wieder in den Hof. Untersteh´ dich früher zu kommen, und bring´ drei Kreuzer mehr mit als du mir gezeigt hast.«

»Auf bald, Meister«, sagte Till, sagte aber nicht, auf wie bald.

60 Wie Spees Einzug in Köln seine Gedanken weit nach Süden fortzog

Im September des Jahres 1631 brannte die Luft über Teutschland von Gerüchten und Nachrichten, die viele jubeln und viele zittern ließen. Am 17./18. September tobte und wogte die Schlacht von Breitenfelde, die das Kriegsglück zugunsten der Lutherischen wendete. Die schwedische Artillerie, so war zu hören, schoss mehr als dreifach so schnell wie die Tillysche und Pappenheimsche. Und Adolf selbst soll – etwas, das bis dato nur dem Herrn Jesu auf Erden gelungen war – an mehreren Brennpunkten gleichzeitig gewesen sein. Erstmals erfuhr ein kaiserliches Heer, was die *Hakkapeliitta*, die Finnische Reiterei, ist: der Tod auf Hufen. Unter Adolfs persönlicher Führung wurde das Rückgrat der Tillyschen Armee buchstäblich in den Boden geritten. Schlachtenlenker Tilly, im Getümmel schwer verletzt, hatte den Nimbus der Unbesiegbarkeit verloren, und Adolf den seinen aufgerichtet.

Es waren solche Nachrichten, die allerhand katholische Geistlichkeit in Bewegung setzten – fluchtartig und meist in Richtung Köln.

Als der Zug aus Paderborn an einem dieser Frühherbsttage bei der großen, im Bau befindlichen Bastei von Deuz die Rheinbrücke überquerte, ließ Lennep anhalten, so dass die ganze Brücke, Wagen an Wagen, gefüllt war. Wie ein langer, gebogener Grashalm – blattlausbestückt im Hochsommer.

Es machte sich schnell Unmut breit. Was sollte diese Verzögerung, so kurz vor dem Ziel? Man wollte endlich auf irgendeinen Strohsack sinken, ein regendichtes Dach über den Kopf, vielleicht ein Brot in Griffweite. Und auch auf einen Willkommenstrunk der Kölner Brüder durfte man hoffen.

Lennep hatte sich auf dem vordersten der Wagen aufgebaut und krähte etwas, das nur am Kopf des Zuges zu verstehen war. Aber es musste der Befehl zum großen Lobgesang *Magnificat anima mea Dominum* gewesen sein; jedenfalls schwappte der Gesang langsam über den ganzen Fluss, quer zur Strömung.

Der HERR hätte wohl, hätte er zugehört, wenig Freude an der Darbietung gehabt. Aber vermutlich hörte er nicht zu, war er doch in diesen Tagen ganz mit und bei den Schweden, die nach dem Großen Auftaktsieg bei Breitenfeld Stadt um Stadt überrannten. War denn Gott zum Luthertum übergelaufen? Oder ließ er nur dem Teufel etwas längere Leine? So vieles, fast alles, war unbegreiflich dieser Tage.

Spee hatte nur die Lippen bewegt, ohne zu singen. Was hätte es für ihn auch zu lobsingen gegeben? Die Rückkehr in eine Stadt, die ihn schon einmal ausgespuckt hatte, als wäre sein Leib faules Fischfleisch? Was hatte er zu erwarten? Lenneps Fleiß als Briefeschreiber war berüchtigt; es war so gut wie sicher, dass die Brüder in Köln über sein Lehrverbot unterrichtet waren und auch über diverse Bemühungen, ihn aus der Societas Jesu zu entfernen.

Spee hob den Blick und sah das blendend weiße Spiel der Möwen über dem Fluss und der hohen äußeren Stadtmauer. Es wäre gut, jetzt nicht in die engen Gassen zu müssen, sondern fortfliegen zu können. Über das ganze blutende Teutschland hinweg, über die Schneeberge der Alpen bis nach Rom. Und sich dort vor dem Heiligen Vater Urban, der wie er Gedichte schrieb, niederzuwerfen, sein Herz auszuschütten und sicher sein zu können, dass der Stellvertreter Christi alles Zerbrochene einsammeln und es wundersam zusammenfügen würde: Steh' auf, Bruder Spee, hab' Mut, tue Gutes, tröste die, die getröstet sein wollen. Zeige Liebe, auf dass die Liebe unter den Menschen sich mehre. Fliehe die Pestbeulen der Sterbenden so wenig wie der Heilige Franz von Assisi die Berührung der Aussätzigen floh. Sei ein Fels im wütenden Meer…

Ach, und da vorn auf dem ersten Wagen stand Lennep. Ihm mochte Köln wie das Himmlische Jerusalem erscheinen. Spee dagegen erwartete ein Gefängnis, bestenfalls eines mit langen Ketten.

61 Wie Spee verbotenerweise vor Studenten zu Köln sprach

War Spee *Colonia invicta*, die unbesiegte Stadt Köln, schon während seines letzten Aufenthaltes vor drei Jahren überfüllt erschienen, so glich sie jetzt einem Ameisenhaufen, in den ein Grünspecht hackt. Es wimmelte, wuselte, kreuchte, keuchte, rannte, ratterte, rumpelte, rumorte. Colonia schien Herzrasen zu haben, und weit und breit kein Apotheker in der Stadt, der Misteltee feilbieten konnte.

Fast unerträgliche Enge auch im Kölner Jesuitenkolleg: Nicht nur aus Paderborn, auch aus Osnabrück, Mainz und Würzburg waren Brüder eingetroffen und mit ihnen Kurfürsten, Fürsten, Bischöfe. Auch den christlichen Notablen war bei dem Gedanken an christliche Nächstenliebe zuvörderst das Nächstliegende eingefallen: die eigene Sicherheit. Und es gab nun einmal nur *eine* große Stadt im Teutschen Reich, die als uneinnehmbar galt.

Die Gruppe der Hochherrschaftlichen beanspruchte selbstredend die verbliebenen, halbwegs komfortablen Zimmer, während sich die gemeinen Brüder in Kammern und Winkel quetschen und bei armen Bürgern unterkriechen mussten, die ohnehin schon in bedrängten Verhältnissen lebten. Oder sie mussten auf Kirchenböden nächtigten – bei den Fledermäusen, Tauben und Ratten.

Doch nicht das war es, was Spee bedrängte oder gar bedrückte. Köln war die Hochburg des Hexenwahns, ein Feuerkessel mit beständigem Funkenflug weit ins Land hinein. Kaum irgendwo sonst waren mehr Frauen und Männer unter den wildesten Beschuldigungen angeklagt, gefoltert und schließlich verbrannt worden; kaum irgendwo sonst hatten sich Männer der Kirche unrühmlicher hervorgetan, mit dem Weihwasserspritzen über zerschundene Leiber, zermahlene Knochen und brennendes Menschenfleisch.

Spee hatte sich entschlossen, sein Vorlesungsverbot zu ignorieren.

Und die Studenten stimmten mit den Füßen für ihn ab und gegen das Verbot. Zu seiner ersten Vorlesung nach der Flucht aus Paderborn kamen mehr Zuhörer als jemals zuvor in einem Hörsaal der Universität zu Köln gleichzeitig Einlass begehrt hatten. Und es kamen auch etliche Notable der Stadt; sie alle wollten die Berühmtheit hören und sehen, den Autor der *Cautio criminalis*, des Buches, von dem allein in Köln wohl an die hundert Exemplare zirkulierten – vorsichtig herumgereicht wie eine brennende Fackel. Auch war von geheimen Zirkeln die Rede, in denen Ungenannte, die des Lateins mächtig waren, einem Laienpublikum aus dem Buch übersetzten.

Spee enttäuschte die zusammengeströmten Menschen nicht mit seiner Kölner Antrittsvorlesung. Er sprach frei und ohne einen Einstieg über einen Bibelvers oder die Worte eines Kirchenvaters zu wählen. Allein das schon eine Provokation.

»Unsere ehrwürdigen Patres Mohr und Horn haben jüngst hier zu Köln einen unreinen Geist aus einem Mädchen fahren lassen, das auf den Namen Anna Segens getauft wurde. Es heißt, die emsigen Brüder Mohr und Horn hätten zuvor dem Geist verboten, durch den Mund der Besessenen Latein zu reden, woraufhin der Geist gehorchte und verstummte. Warum kein Latein, ist zu fragen? Wenn man dem Teufel verbieten kann, Latein zu sprechen – wie es unseren lieben Brüdern Horn und Mohr offenbar gelungen ist – wäre es da nicht besser und sehr angesagt, ihm auch das Parlieren in Deutsch, Französisch, Italienisch, kurzum in jedweder menschlichen Zunge, zu verbieten?

Aber die lieben Brüder Mohr und Horn werden es schon richtig angefasst haben, sie sind ja in solch delikaten Angelegenheiten erfahren, haben sie doch auch schon der Katharina Hernot auf den Scheiterhaufen hinaufgeholfen, nachdem diese unglückliche Postmeisterswitwe hier zu Köln Raupen herbeigehext hatte. Was mir beim Studium der Prozessakten nicht recht klar wurde: Hat die Hexe Hernot lateinische oder rheinische Zaubersprüche benutzt, um die Raupen herbeizuhexen?

Ihr lacht? Ihr verkennt den Ernst.

Die Frage zielt aufs Wesentliche. Denn hätte die Witwe Hernot auf Lateinisch gehext, dann hätten es ihr die lieben Brüder Mohr und Horn doch schlicht und einfach verboten, wie sie es jüngst im Fall der Anna Segens so erfolgreich getan haben. Der böse Geist, der aus der Hernot sprach und Raupen herbeizog, wäre einfach zu besiegen gewesen, man hätte ihm, wie gesagt, nur verbieten müssen hexerisch auf Latein daherzureden. *Nulla lingua latina, nulla ignis!* Kein Latein, kein Feuer.

Eine schwere Unterlassung der sonst so gewissenhaften Brüder Horn und Mohr. Nicht unterlassen wurde indes die peinliche Befragung, die Folter an der alten Frau. Man hat sie bis fast auf den Tod gemartert, ihre Knochen zerquetscht, ihre Nägel ausgerissen, ihr glühende Eisen in den Leib gestempelt. Ohne dass sie sich schuldig bekannt hätte.

Was aber bedeutet das? «

Spee dehnte die Pause so lang, dass sie wie ein einziger ziehender Schmerz über der zighundertköpfigen Menge lag.

»Was also bedeutet ihre Unschuldsbeteuerung – noch unter allerschwerster Folter vorgebracht? Es kann nur ein Schuldbeweis sein. Solch übermenschlich grausige Tortur kann kein Mensch ertragen, es sei denn, er genießt den Schutz des Satans. Also wurde sie zu Recht verbrannt.

Hätte sie indes gestanden – ebenfalls unter der Folter – wäre sie auch verbrannt worden, denn das Schuldeingeständnis wäre ja hörbar aus ihren Mund gekommen.

Woran erinnert uns diese Logik, diese Art der Befragung? Sie erinnert mich an einen Mann, der vor ein paar Jahren in Mainz zu zwei Jahren schwerem Kerker verurteilt wurde. Er hatte öffentlich auf das Münzwerfen gewettet. Sein jeweiliger Mitspieler durfte Zahl oder Kopf wählen. Immer wenn die Münze zu Gunsten des Mitspielers fiel, wollte der Werfer ihm *zwei* Taler zahlen; gewönne aber er, so bekäme er nur *einen*. Das hielten viele im Zuschauerrund für ein gutes Geschäft.

Aber der Zufall wollte es, dass am Ende immer nur der Münzwerfer gewann. Er hatte nichts anderes getan, als im entscheidenden Moment mit flinkem Fingerspiel eine gezinkte Münze ins Spiel zu bringen, die entweder nur zwei Vorder- oder nur zwei Rückseiten hatte. Einerlei wie diese präparierten Münzen fielen, der Werfer gewann.

Wer so etwas einen Gottesentscheid nennt, der hält Gott für einen Falschspieler. Und wie anders befragen denn die Inquisitoren all jene Menschen, die sie der Hexerei anklagen? Sie zinken. Wenn die Befragten unter der Folter zusammenbrechen und alles gestehen, nur um weiterer Qual zu entgehen, dann haben sie ... gestanden. Punktum. Wenn sie aber trotz Folter *nicht* gestehen, dann ist ihre Verstocktheit der Schuldbeweis. Oder der verdächtige Umstand entlarvt sie, dass sie mit übermenschlicher Kraft und noch im Griff glühender Zangen ihre Unschuld beteuern; denn wer das kann, muss sich teuflischen Beistandes versichert haben. So oder so. Die Münze kann nur gegen die Beschuldigten fallen. Und diese Gefangenen haben lediglich die Wahl mit oder ohne grässliche Tortur in den Tod zu gehen.

Ihr mögt das eine himmelschreiende Ungerechtigkeit nennen. Wohl, wohl. Ich nenne es zu allererst eine himmelschreiende Unlogik.

Mir scheint das Vergehen des Mainzer Münzwerfers ein kleines zu sein; es ging um wenig Geld, nicht um Menschenleben.«

Spee registrierte Schluchzen im Saal ... war es möglich, dass Angehörige der gefolterten und verbrannten Hernot im Saal weilten?

»Nun aber lasst uns für das Seelenheil der Brüder Mohr und Horn beten, mit den Worten, die ein anderer Torturierter sprach. Unser Erlöser bat schon am Kreuze hängend, seinen Himmlischen Vater: ›Vergib ihnen, denn sie wissen nicht, was sie tun.‹«

Ein paar Herzschläge lang war es still. Dann brauste ein ohrenbetäubendes Klopfen der Zustimmung auf im alten Hörsaal der Alma Mater zu Köln. Einige skandierten »Vivat Spee!«, andere »Nieder mit den Torturieren!« und »Folter für die Folterer!«

Als Spee, mit einiger Mühe und umwogt von überwiegend jungen Menschen, den Hörsaal verließ, blickte er plötzlich in eine Fratze. Nicht die Fratze erschreckte ihn, sondern dass sie auf dem Leib eines Bruders und Professors saß. Der Mann wedelte mit einer Ausgabe der *Cautio criminalis*, und seine Hassfratze sprach:»Du wirst deine eigene Galle saufen müssen, Spee. Und ich werde es sein, der mit den Blättern dieser Pestschrift deinen Scheiterhaufen füttert!«

Spee zog seine schwarzen Augenbrauen hoch und weitete die Augen zu einem spöttelnden Entsetzen: »Houuuu! Mit den Blättern der *Cautio criminalis* also? Oh Herr, beschütze uns! Und du, Bruder? Du besitzest also ein so durch und durch gefährliches, pestilenzisches Buch! Das hätte ich nicht von dir erwartet, mein Bester. Das erschüttert mich. Ist denn die Welt schon so unrettbar verderbt, dass auch die Besten der Besten, die Brüder der Brüderlichkeit, die mit Gnade und Barmherzigkeiten Gesalbten, kurzum: dass Brüder in höchsten Gnaden, dass Brüder wie du … ihre Finger nach solch verruchter Schrift ausstrecken? Misericordia!«

Spee konnte nicht erkennen, ob oder welche Regung seine Worte bewirkt hatten, denn der Mann wurde von der Menschenwoge weggeschwemmt.

In dieser Nacht schrieb Spee in sein Stundenbüchlein:

>»Oh Vater, war dies mein Palmsonntag vor Gethsemane und Golgatha?«

62 Wie Till in einem Sumpf an der Weser ein Wasserloch vertiefte

Manchmal haben Männer nur Augen für Frauen, manchmal nur für das Geschäft. Für Sültberg, den Wirt des Gelben Hahn, fiel in jenen Tagen beides aufs Beste zusammen. Er hatte bemerkt, dass sich plötzlich allerlei Gäste in seine Schänke drängten, denen für gewöhnlich sein Bier zu teuer, sein Wein zu sauer und sein Fleisch zu zäh waren. Diese Leute, durchaus auch Bessergestellte darunter, kamen, um die weißblonde Nordländerin zu begaffen. Der Hunger im Magen tötet ja nicht den Hunger in den Augen. Sültberg hatte Selma sogleich angeboten, für gutes Handgeld den Ausschank und das Verteilen der gefüllten Krüge zu übernehmen. Jeweils auf Sültbergs Wink hin setzte sie sich mehrfach am Abend auf die Theke und sang Lieder zur Laute. Darunter wohl auch das »Frankfurt-Lied«, das in einer Liedersammlung aus dem Dreißigjährigen Krieg einem »Anonymus« zugeschrieben wurde, das aber mit einiger Sicherheit von Till Rothmann stammt:

> DA, WO DIE ODER LANGSAM SCHLEICHT,
> DA WO EIN FAULER WIND ENTWEICHT
> VON AUFGEDUNS'NEN LEIBERN,
> GEHÖRT DER SIEG DOCH NUR DEM TOD
> UND DER TRIUMPH DER NACKTEN NOT
> UND LEERES BETT DEN WEIBERN.

Wenn diese Zeilen tatsächlich aus Rothmanns Feder stammen (wir behalten uns einen gewissen Zweifel vor, besonders wegen der Schlussstrophe!), markieren sie einen bemerkenswerten Umschwung. Nicht mehr von dem »strahlenden Held aus Nord« ist die Rede, der wie eine Möwe – also weiß wie die Unschuld – einschwebt, nicht von dem Befreier wird gesungen, der gerechterweise zurückholt, was den Lutherischen entwendet wurde: Glaubensfreiheit, Hab und Gut... Nein, das Lied, auch die weiteren Verse, handeln von Opfer und Leid. Besonders die Schlussstrophe, die nicht mehr in gerechte Krieger und verdiente Opfer unterscheidet:

> Es klebt das Blut der Christenheit
> an Mauern und an Wänden.
> O Jammer! Es ist an der Zeit,
> das Morden zu beenden.

Gleichwohl!

Wir dürfen annehmen, dass Till in Frankfurt – unter Mitnahme eines Karrens, etlicher Stoffe und einer Weberin aus dem Adolfschen Tross – das große lutherische Heer *nicht* deshalb verließ, weil ihm Knall auf Fall der Sinn dieses Feldzugs abhanden gekommen wäre. Auch die Plünderungen, die in schreiendem Widerspruch zu den hehren Absichtserklärungen und Adolfschen Ordres standen, werden Till Rothmann wohl nicht den Waffenrock vom Leib gezogen haben.

Nein, es war eine Spur, die sich zeigte. Eine Spur, die ihn alsbald von Peine nach Höxter führte. Eine Spur, die er unversehens in Frankfurt aufgenommen hatte. Eine Blutspur war es, die ihn am Oderfluss zur Fahnenflucht getrieben hatte, mit allen Risiken. Denn auch die Schweden hatten immer schnell einen Strang zur Hand, wenn ihnen Leute davonliefen. Und Teutschland war noch immer voller Galgenbäume, trotz aller Holzräuberei.

Man warf Selma Münzen zu, und die über den Abend verstreuten Lieder brachten mehr ein als die vielen Nachmittagsvorstellungen auf Marktplätzen, bei denen gesprungen, gestelzt, gesungen, getanzt und deklamiert werden musste.

Till gefiel das nicht sonderlich, aber der mit Münzen gefüllte Hut, den

Selma ihm nachts aufs Kopfkissen zu stellen pflegte, war überzeugend. Nur einmal teilte Till missmutig die Reihen der Zecher und Gaffer, die sich im »Gelben Hahn« eingefunden hatten. Er ging zum Tresen vor, zog der gerade singenden Selma beidhändig den Ausschnitt ihres Kleides etwas höher, drohte grinsend mit dem Zeigefinger und verließ unter dem Gejohle der Trinker den Raum.

An einem anderen Abend – es hatte unablässig geregnet und der Schankraum dampfte von der nassen Kleidung der Gäste – entstand plötzlich Unruhe. Tische und Stühle wurden eilig zur Seite gerückt; der Wirt bedeutete Till, er solle seinen komfortablen Platz, von dem aus er Selma gut im Blick hatte, vor der Theke räumen.

Ein halbdutzend Diener eskortierte einen beleibten Mann in den Raum; der ließ sich auf den Stuhl fallen, den Till soeben freigegeben hatte, und belferte eine Bestellung, die Sültberg mit servilem dreimaligen Kopfneigen entgegennahm. Der Dicke knödelte, wobei er seinen rechten Arm wie einen Degen gegen Wirt Sültberg stieß:

» … und wenn die Wachteln zäh sind, zwinge ich dich, sie samt der Knochen zu fressen, auf dass du blutig scheißen musst, Sültberg. Wir haben uns verstanden?«

»Sehr wohl!« Sültberg verneigte sich beim Rückwärtsgehen so tief, dass er fast das Gleichgewicht verlor.

Till wusste, wer der Mann war, obgleich er ihn noch nie zuvor zu Gesicht bekommen hatte. Er wusste es an der Art, wie sich die Gäste bemühten, beflissen seine plumpen Späße und gerülpsten Rüpeleien zu belachen, und er wusste es an der Art, wie der Ankömmling Selma betrachtete.

»Ola, der Ort ist sichtlich verbessert. Welch erfreuliche Bedienerin. Man trug mir zu, der Vogel singt sogar! Wie wär`s Vögelchen; es ist kein kundigerer Freund des Gesangs in Höxter als Gero zu Eberstein!«

Sültberg gab Selma das Zeichen, und sie setzte sich auf die Theke.

Eine Art Vorsicht bewog Selma, den Ausschnitt ihres Kleides in züchtigere Höhen zu ziehen. Sie warf Till quer durch den Raum die kleine Ziegenfelltrommel zu, er fing sie auf und schlug einen hüpfenden Takt.

Selma sang, und wohl nur Till spürte, dass sie nicht recht bei der Sache war. Eberstein spürte es nicht.

»Hohoho, welch süßer Klang in meinem Ohr. Leider bin ich des ... Schwedischen ... Schwedisch ist es ja wohl? ... nicht mächtig. Wiewohl wir uns schon bald auf diese noble Sprache verstehen sollten. Ich verwette einen ganzen Ochsen, dass wir übers Jahr einen schwedisch-lutherischen Kaiser in Teutschland haben ... hohoho.«

Till fixierte den hüpfenden Feistbauch, dann das Lederwams, nach flandrischer Manier mit Silberbordüren verschnürt; er erkannte die Hosen – welch eine Unstimmigkeit! – als französische Dutzendware. Doch der breitkrempige Lederhut, den Eberstein vor sich auf den Tisch gelegt hatte, schien von beachtlicher Qualität zu sein, vermutlich aus böhmischer Fertigung, vielleicht gar aus Pilsen, von wo seit Jahren schon die teuersten und besten Großkrempigen kamen.

Till rief, kaum dass Selma aufgehört hatte zu singen, mit Stentorstimme: »Wohlan, mein Herr, ich könnte eine knappe Verteutschung des Textes anbieten!«

Eberstein ruckte auf seinem Stuhl herum, entbot einen übertriebenen Gruß und sagte: »Aber darum möchte ich doch mit größter Begehrlichkeit bitten, werter Herr!«

»Das Lied heißt: ›Kleiner Sommerwind‹. Ich kann die Reime nicht so schnell ins Teutsche übertragen. Aber es geht ungefähr so:

KLEINER SOMMERWIND
HALT EIN!
DU BLÄST JA INS BRENNENDE WEIZENFELD ... .NEIN
HALT EIN, HALT EIN!
SONST BRENNT UNSER BROT!

HALT EIN, HALT EIN.
HOL EINE REGENWOLKE HERBEI,
SONST BRENNT DAS BROT
FÜRS LIEBE KIND.
UND UNS, UNS FRISST DIE NOT.«

Selma konnte ihr Erstaunen einen kleinen Moment lang nicht verbergen: Tills Übersetzung hatte, außer dem Titel, nichts mit dem schwedischen Original gemein, bei dem es um Schmetterlinge ging, um Liebe im Gras, ferner um eine weinend zurückbleibende Schäferin, die den Schmetterlingen aufträgt, ihren flüchtigen Geliebten zurückzugleiten. Selma lächelte mädchenhaft-märchenhaft-schön und warf dem Übersetzer eine Kusshand zu.

Eberstein drehte den Hut vor sich auf dem Tisch. Einen Moment lang meinte Till, er hätte die Fopperei durchschaut. Doch dann sagte Eberstein, indem er sich an das Halbrund der Trinker und Esser wandte: »Merket wohl, ihr Höxterschen Tropfnasen, die ihr ein Menuett nicht von einer Bauernpolka unterscheiden könnt, was sag ich euch immer? Soooo ist die Kunst; und ein gutes Lied ist ... Kunst! Kunst, sag ich! Die Melodie ist hüpfend, so als ginge es um nichts als Leichtigkeit und Tändelei, jedoch der Text sagt uns Schweres und kündet von dem, was gar wohl bedacht sein will. Gute Kunst lebt aus den Gegensätzen.«

»Trefflich bemerkt«, sagte Till, »so lasst mich Euch auch noch die dritte Strophe sagen, die nicht minder tief und bedeutsam ist:

UND WENN DU NICHT EINHÄLTST, SOMMERWIND,
DANN WERDEN AUCH WIR
VERBRENNEN, VERBRENNEN. OH WEH UND ACH!
DENN NICHTS BRENNT HEISSER
ALS UNSCHULDIGE HAUT.
UND WER DIE SCHULDLOSEN VERBRENNT,
DER IST BALD SELBST DES FEGEFEUERS.«

Eberstein kratzte sein Gemächt und grunzte etwas, das nicht zu verstehen war. Dann wandte er sich ab und ließ sich zur Probe dreierlei Wein in kleinen Bechern reichen. Zwei spuckte er aus, einen schlürfte er und orderte einen Humpen.

Till warf Selma die Ziegenfelltrommel zurück und verließ die Schankstube mit einem knappen Kopfnicken.

In diesen Frühherbsttagen zog es Till mehrfach in »den Sumpf«, einen ehemaligen Seitenarm der Weser, eine knappe Meile stromaufwärts vor Höxter gelegen. Er hatte sich, während noch der Thespis-Karren seiner

Reparatur harrte, einen kleinen vierrädrigen Zugwagen ausgeliehen, den er mit einer festen Plane abgedeckte. Die Abdeckung war Till wichtig. Es hätte sich sonst der eine oder andere wundern können, warum ein fahrender Sänger einen Flaschenzug, Seile verschiedener Stärken, Lederriemen und noch einiges mehr ausgerechnet in den Sumpf fuhr, der nur deshalb leidlich gut befahrbar war, weil der Spätsommer sehr trocken war.

Till durchstreifte den Sumpf drei Nachmittage lang. Es galt, eine Stelle zu finden, die nicht allzu weit vom befestigten Fahrweg entfernt war, aber auch nicht allzu leicht einsehbar. Außerdem brauchte er einen Baum oder Ast, der den Weseraltarm oder einen Tümpel überragte. Das Wasser musste mehr als Mannstiefe haben. Und darin lag die eigentliche Schwierigkeit. Es gab Weiden und Erlen genug, die Äste über Wasserlöcher und Sumpfkuhlen streckten. Aber die waren meist zu flach. Die wenigen tiefen waren entweder zu gut einsehbar vom Fahrdamm oder die überhängenden Äste erschienen Till zu schwach.

Schließlich wusste er sich keinen anderen Rat als nachzuhelfen.

Er wählte ein Loch, gefüllt mit braunem Wasser, überragt von einer Weide, die vor nicht allzu langer Zeit ein Blitz gespalten hatte. Die größere, vitalere Baumhälfte hatte sich über das Wasserloch geneigt – so weit, dass sie sich am anderen Ufer mit der halbierten Krone auf festem Grund abstützte. Der Halbstamm bildete einen natürlichen Holzbogen. Steine gab es in ausreichender Größe. Till wälzte einen dreifach kopfgroßen an den Rand des Wasserloches.

Dann zog er sich die Hosen aus, sprang ins Wasser, das schon unangenehm kalt zubiss, und rammte eine mitgebrachte Schaufel in den weichen Untergrund. Einen Gutteil der Arbeit musste er abtauchend bewerkstelligen, Wasserschlauch und Wurzelwerk erschwerten die Ausschachtung. Viermal unterbrach er, um sich die kalten Beine wieder warm zu reiben. Dann endlich war alles bereit.

Den Flaschenzug versteckte er in Stamm der gespaltenen Erle, die Riemen und Seile ebenfalls.

Er warf noch einen Blick auf seine Arbeit. Der Spiegel des Kleintümpels lag unbewegt, es schien, dass kein Wasser von den Rändern oder gar von der Weser hereindrängte, um den Boden wieder mit Schlamm aufzufüllen. Es war gut. Der Richtplatz war bereitet.

Selma bemerkte nichts ... vielleicht allenfalls, dass Till in dieser Nacht seltsam lustlos war. Aber sie schrieb es der Trauer zu, die er über den Untergang der Seinen in Höxter trug.

Heinrich mit dem breiten Daumen, der Zimmerer von Höxter, der einen so bemerkenswert exakten Bericht vor der Kommission unter Leitung des Gero zu Eberstein abgegeben hatte, war gestorben, wenige Wochen, bevor der schwedische Thespis-Karren in die Stadt Höxter rollte – an einem heftigen Fieber, hieß es. Obwohl lutherisch, so erzählte man sich, verlangte er auf dem Sterbebett nach einem Beichtiger; und es wurde ferner gemunkelt, dass er wohl einiges zu beichten hatte, was mit der Folter und dem Feuertod von Vater und Tochter Rothmann zu tun hatte. Till war es recht so. Einer weniger auf seiner Liste. Gut so!

Und gut war auch, dass der Thespis-Karren noch immer unter dem Schmiedevordach stand. Grell hatte ihn noch nicht bewegt. Er ließ sich Zeit.

Als Till die Schmiede betrat, sah er sechs fertige Wildschweinspieße säuberlich aufgereiht. Morgen würde Gero von Eberstein seinen zweiundfünfzigsten Geburtstag feiern. Seinen letzten, wenn alles planmäßig verlaufen würde.

Grell war allein, kein Geselle, genau wie er es gesagt hatte. Eine Katze hockte unweit der Esse und buckelte drohend, als Till eintrat. Den Ziegelstein, der schon an das Hirn des Augstechers geklopft hatte und der mit Till den weiten Weg von Frankfurt an der Oder bis Höxter an der Weser gemacht hatte, trug er versteckt im weiten Ärmel seines Hemdes.

Wäre nicht die Sache mit dem Augstecher in Frankfurt gewesen, Till hätte nicht gewusst, welche Wirkung sich mit so einem flachen Stein erreichen lässt. Aber da er es wusste, war er ruhig.

Der Schmied passte eine Pflugschar in ein eisernes Führungsgestell ein. Als Till bis zur Esse vorgegangen war, sah Grell kurz auf: »Nicht so dicht ans Feuer, du Hopskünstler, Wolle fängt leicht Feuer.«

»Sehr wohl, es ist gut, dass die Grobschmiede *vor* der Stadt ihr Tagwerk tun, wie leicht brennt sonst Menschenfleisch.«

»Wie ...?«

Dass Grell noch immer gebückt über der Pflugschar stand, erleichterte alles. Etwas flog auf ihn zu, und er sackte zusammen, regte sich nicht mehr, während Till ihn sorgfältiger band und verschnürte als es Kreuzspinnen mit Fliegen zu tun im Stande sind.

Dann schaute er hinaus. In gut drei Stunden würde es finster sein. Finster genug. Till zog den Karren in die Schmiede und schloss die Tür. Dann nahm er zwei Zangen ganz besonderer Machart von der Wandschmiedeleiste, prüfte die scharfen, spitzigen Beißkanten mit den Fingern und legte sie auf den Karren.

Grell war schwer, aber für einen Schmied nicht übermäßig massig. Es bereitete Till keine übergroße Schwierigkeit, den Körper auf den Karren zu ziehen.

Als Grell wieder zu Bewusstsein kam, lag er fixiert auf den Planken einer Karre, die ihn die letzten Tage nur geärgert hatte: Ich hätte den Auftrag ablehnen sollen, dachte er, als er wieder denken konnte. Weiß man doch ... fahrendes Volk und anderes Lumpengesindel zahlen schlecht! Dass ihm heimgezahlt werden sollte, ahnte er zu diesem Zeitpunkt indes noch nicht.

Er wollte schreien, aber zwischen seinen Lippen steckte ein Knebel aus Putzwolle.

63 Wie Spee an eine Rose kam, die ihm allerhand Rätsel aufgab

Spee hatte sehr wohl vom tausendjährigen Rosenstrauch zu Hildesheim gehört, der eine Zeit lang stets im Dezember zur Heiligen Nacht geblüht hatte. Ein beglaubigtes Wunder. Und er hatte davon gehört, dass die Heilige Clarissa von Ávila durch Auflegen ihrer Hände Rosen aus einem steinernen Taufbecken hervortreiben konnte. Kein beglaubigtes Wunder. Dann war da noch die Geschichte von einem Wandgemälde in einer umbrischen Kapelle – den dazugehörigen Heiligennamen hatte sich Spee nicht gemerkt –, wo die Dornen eines gemalten Rosenstrauches am Karfreitag Bluttropfen zu tragen pflegten. Auch das wohl eher eine Legende.

Aber nun dieses.

In seinem, Spees, Skizzenbuch lag eine Rose. Und sie lag just da, wo er tags zuvor eine vierzeilige Skizze aufs Papier geworfen hatte ...

ROSENSCHIMMER, HINGEHAUCHT
WIE DIE ABENDRÖTE.
VERGEBUNG, DIE EIN JEDER BRAUCHT,
UND LINDERUNG DER NÖTE

... darunter hatte Spee eine in flüchtiger Schrift seine Überlegung zur weiteren Bearbeitung gesetzt: »Überleitung zu Jesu Dornenkrone, eventuell mit direktem Bezug auf Johannes, 19.

Mögliche Reimpaare: Erhebung und Vergebung, sich kreuzweise überschneidend

Coda: Rosenrot als *imago* – Blut Christi

Er hob die Blüte gegen das Licht; sie war von tiefroter Glut, im Kelch fast schwarz wie Wein aus Sevilla. Spee sog den Duft ein. Wo wuchsen solche Rosen? In Köln? Im Oktober?

Und wie konnte die Blüte in sein Skizzenbuch geraten sein, das er entweder bei sich trug oder in seiner Kammer verwahrte, die er mit einem Bruder teilte, der sich ganz sicherlich nichts aus Blumen machte, geschweige denn, sie in fremde Hefte steckte.

So etwas Wunderbares wuchs im Herbst allenfalls in den Orangerien der Noblen, sofern man nicht doch ein Wunder in Erwägung ziehen wollte.

Spee bestand darauf, für Wunder strenge Kriterien anzulegen. Ein Rosenwunder ihm zu Ehren schied demnach aus. Aber dennoch: Es wäre schön, an Liebe zu denken, die ohne verräterische Spuren ihren Weg nimmt. Zu schön, um wahr zu sein.

64 Wie eine fast Blinde zum letzten Mal Eier suchte

Die Witwe Winterlein, wohnhaft zu Höxter vor der Mauer, hätte es als angebracht und angemessen erachtet, wenn ihr Bruder, Der zu Eberstein, ihr eine Kutsche geschickt hätte, um sie zu seinem Geburtstagsfest abzuholen. So hatte er es bis vor nicht allzu langer Zeit gehalten, wenn es in der Stadtburg etwas zu feiern gab. (Und Eberstein feierte kein Fest, ohne dass nicht schon das nächste terminiert gewesen wäre.)

Auf ihren zwei Beinen konnte die Winterlein nicht kommen. Seit sie fast erblindet war – vor gut zwei Jahren hatte sich die Trübung ihrer Augen beschleunigt – waren ihr ohne fremde Hilfe auch die kurzen Wege verschlossen.

Eine Nachbarin, die in der Ebersteinburg gelegentlich in der Küche aushalf, hatte ihr zugesteckt, worin die Hartherzigkeit ihres Bruders Gero ihren Grund haben könnte. Dem zu Eberstein war es nicht verborgen geblieben, dass seine Schwester weiterhin ihre Hexenaussagen machte, lange über das Prozessende und die Verbrennung der Schuldigen hinaus. Das aber hielt nur ungutes Gerede in Gang, stieß Fragen an, die lange entschieden waren. So oder so. Eberstein ließ ihr ausrichten, es bedürfe keiner weiteren Aussagen, und sie solle gefälligst den Schnabel halten.

Er hatte seine Gründe. Es hieß, die Geistlichen, die im Adolfschen Heer mitzogen, seien ganz überwiegend geschworene Gegner der Hexenbrennerei. Wenn also die Schweden in Höxter einrückten oder durchzögen, wäre es nicht gut, wenn Asche aufgewirbelt würde.

Seine Schwester aber war nicht willens von dem abzulassen, was sie für einige Wochen aus ihrer Halbnacht befreit hatte und ihr das Interesse von ganz Höxter eingebracht hatte. Wo immer sich eine Gelegenheit bot, erzählte sie vom Gott-sei-bei-uns und wie er mit vor Geilheit zitternder rotglühender Ziegenbockrute der Rothmanntochter beigewohnt habe.

Als Eberstein erkennen musste, dass seine Schwester gütlich nicht zum Schweigen zu bringen sein würde, verbot er allen Nachbarn, sie mit in die Stadt zu nehmen. Nahrung wurde ihr zweimal täglich und reichlich aus der Burg geliefert. Was fehlte waren Ohren, in die sie sich entleeren konnte.

Dass es am Abend vor dem Geburtstagsfest für sie dann doch noch zu einem Ortswechsel kam, hatte Gründe, die mit dem anstehenden Geburtstagsfest nur mittelbar zu tun hatten.

Die Winterlein hatte im Stall unter dem vorspringenden Dach ihres Hauses Eier gesucht, eine Arbeit, die sie auch mit fast blinden Augen verrichten konnte, denn die Nester ließen sich leicht ertasten.

Man kann nicht sagen, dass es *plötzlich* um sie dunkel wurde, denn dunkel war es um sie schon seit einiger Zeit. Bevor ihr ein grober Leinensack übergestülpt wurde, fuhr ihr ein Knebel in den fast zahnlosen Mund. Die Hühner stimmten ein verzweifeltes Gegacker an, als wäre ein Fuchs in ihren Verschlag eingebrochen und stoben ins Freie. Ein beißender Geruch von aufgewühltem Hühnermist lag in der Luft.

Als sich die Winterlein mit aller Kraft, die ein altes Weib in großer Not noch aufzubringen imstande ist, im übergestülpten Sack krümmte und wand, traf sie ein Schlag.

Eine geraume Weile später erwachte sie, gebunden auf Holzplanken, die sich rumpelnd fortbewegten. Neben sich hörte sie eines Mannes Atem, schmerzlich durch die Nase gestoßen wie der ihre. Und wenn sie sich wie ein blinder Wurm im Kokon einer Tunnelspinne bewegte, spürte sie Schulter und Kopf eines Mitgefangenen. Der Knebel zwischen ihren Kauleisten war mit einer Kordel gesichert, als bedürfe es besonderen Fleißes, ihr Maul noch zu Lebzeiten zu verschließen. Als sich der Karren in Bewegung setzte, versuchte sie mit den Sohlen ihrer Schuhe gegen die Schotten des Gefährts zu treten. Aber es gab nur ein schwaches, schurrendes Geräusch.

65

Wie Till sich eines Knotens bediente, den zu knüpfen er im Hafen von Genua gelernt hatte

Der Flaschenzug erwies sich als kluge Vorkehrung. Grell und die Alte, die Till dem Schmied wie ein Reisigbündel auf den Rücken gebunden hatte, hätten sich als zu schwer erwiesen, um sie von der Stelle zu bewegen.

Er zog das Zugseil unter den Armen des Schmiedes zusammen, der sich wie eine Spannerraupe wand. Die große Platzwunde auf seiner Stirn hatte aufgehört zu bluten. Die Alte verharrte reglos und versuchte nur, den Knebel auszuspucken, den Till ihr wie auch dem Schmied weit in den Rachen gestopft hatte.

Es schien ein schwacher Halbmond. Neumond hätte es nötig gemacht, ein kleines Licht zu entzünden, was das Risiko entdeckt zu werden für Till erhöht hätte. Halbmond war gut, gerade genug Licht und keinen Schimmer zu viel.

Till wusste von gelegentlicher Entladehilfe im Hafen zu Genua – immer wenn die großen Lastensegler schwer von Tuch aus Spanien eintrafen, hatte er beim Löschen der Ladung geholfen –, wie wundersam leicht eine Last wird, wenn sie über Umlenkrollen gezogen wird. Es war, als zöge er Kinderholzpuppen übers Gras ins Wasser.

Als die langen Beine des Schmiedes ins Wasser tauchten, versuchte er zu strampeln, brachte aber nicht viel mehr als heftiges Zucken zustande, denn ein großer Stein zog seine Füße nach unten. Vielleicht machte er sich Hoffnung, dass das Wasserklatschen Hilfe herbeiruft, dachte Till, aber wenn schon … er fand das Geräusch dem Flügelklatschen auffliegender Nachtvögel nicht unähnlich.

Die Witwe Winterlein hing bewegungslos wie ein Riesenbuckel auf dem Rücken des Schmiedes; nur der Kopf zuckte unablässig von einer Seite auf die andere.

Till hatte sich in den Tagen zuvor eine Urteilsverkündung zurechtgelegt. Aber er verwarf sie und sagte, was ihm in den Sinn kam.

»Ich heiße Till Rothmann. Der Mann, den ihr zu Höxter vor wenigen Monden gefoltert und verbrannt habt, war mein Vater. So unschuldig, wie ein Mensch nur sein kann. Das Mädchen, das ihr verbrannt habt, war meine Schwester. Unschuldiger als je ein Mensch vor ihr gewesen ist.

Deine falschen Anschuldigungen, Weib, haben sie auf den Scheiterhaufen gebracht. Hexe würde ich dich nennen, wenn ich an Hexen glaubte. Und unter deinen Folterzangen, Schmied Grell, haben sie geblutet und geschrien. Schmiedehenker, Henkersschmied! Der Zimmerer, den sie in Höxter Heinrich mit dem breiten Daumen nannten, hat sich noch rechtzeitig davonmachen können. Und Gero zu Eberstein ist tot. Er weiß es nur noch nicht.

Ich mache es kurz für euch beide. Keine Folter. Kein verzweifeltes Warten auf das Ende aller Schmerzen. Ihr zahlt ohne Schuldzins. Ihr kommt billig davon. Die Restschuld könnt ihr in der Hölle begleichen.«

Till griff zum Seil, dessen freies Ende er an einer großen Luftwurzel befestigt hatte; es bedurfte nur eines einzigen kräftigen Zuges; den Slipsteg-Knoten hatte er sich bei Matrosen im Hafen von Genua abgeschaut. Seltsam, wozu man fast vergessene Seiltricks brauchen konnte, sagte er sich.

Als Grell erneut zu zucken begann, hielt Till inne: »Was willst Du noch? Ein Abschiedsgebet?«

Grell zuckte abermals, was Till als Bejahung nahm. Er wartete die Länge eines Vaterunsers, dann löste er den Haltestrick. Der dreifach kopfgroße Stein, den er Grell an die Füße gebunden hatte, zog beide Leiber unter Wasser, die hölzernen Flaschenrollen schrien kurz auf.

Till hatte, wie sich jetzt zeigte, nur knapp Schlamm genug aus dem Wasserloch emporgekratzt: Die Haare des Schmieds schwammen auf der Wasseroberfläche; im Fastdunkel schien es, als paddele ein Pudel am Ende seiner Hundeleine im Wasser. Blasen stiegen auf. Erst viele, dann wenige, dann nur noch vereinzelte.

Till wandte sich ab und schaute auf den halben Mond. Als kleiner Junge hatte er sich nie merken können, wie man erkennt, ob der Mond gerade ab- oder zunimmt ... seltsam woran man denkt, wenn etwas vergeht.

Till schaute nordwärts, Richtung Höxter. Von irgendwoher kam ein dumpfes Geräusch, so als bliese jemand über ein Rohr. Eine Rohrdommel vielleicht. Geros Geburtstagsfeier würde jetzt schon im vollen Schwung sein. Jemand wird die Wildschweinspieße abgeholt haben, kam es Till in den Sinn, und er wird dabei das Fehlen des Schmiedes bemerkt haben. Würde man nach Grell suchen? Und müsste nicht Gero von Eberstein das Fehlen seiner Schwester, der Witwe Winterlein, längst bemerkt haben? Bemerkt auch dann, wenn er ihr Erscheinen in seinem Garten nicht wünschte? Till ließ die Fragen nicht zu und arbeitete zügig, aber ohne Hast weiter.

Er nahm die beiden Beißzangen mit den feinen, messerscharfen Schneidekanten vom Karren und legte daraus ein Kreuz, schob es sodann an den Rand des Tümpels. Es war Zeit zu gehen.

Vier Stunden später brannte die Ebersburg. Der Brand begann in der vierten Stunde mit heftig aufschießenden Flammen im Schlafgemach des Hausherrn und fraß sich erst langsam in die umliegenden Zimmer und Gänge fort, so dass allen – außer Eberstein – die Möglichkeit zur Flucht blieb. Vier durchaus verlässlichen Zeugenaussagen zufolge sollte sogar die Brandglocke geschellt haben, kurz nachdem das Feuer das Schlafgemach des Eberstein umstellt hatte und noch bevor die Lohen auf andere Teile der Burg übergegriffen hatten. Man maß den entsprechenden Beteuerungen des Vogtes, einer Küchenmagd, eines Pferdeknechtes und einer verwitweten Cousine des Eberstein allerdings keinerlei Bedeutung bei. Hätte man es getan, hätte man durchaus zu der Ahnung gelangen können, dass jemand ein frühes Entdecken des Feuers beabsichtigt hatte. Allerdings nicht so früh, dass sein Vordringen in das Schlafgemach des Hausherrn noch hätte verhindert werden können.

Am folgenden Morgen sang ein Sänger namens Fidibus neben den rauchenden Trümmern ein Lied, das rasch von Mund-zu-Ohr-zu-Mund-zu-Ohr ging. Schon am nächsten Tag war der Sänger fort und mit ihm die flachsblonde Frau, nach der sich in den Tagen zuvor viele Dutzend Männer über Bier und Wein hinweg die Lippen geleckt hatten. Auch der Karren, der eigentlich den Schweden gehörte, ward nicht mehr gesehen.

Die Schweden hatten an derlei Gerätschaft keinen Mangel in jenen Tagen. In derselben Septembernacht, in der bei Höxter Zweie an einen Strick gehängt in einem Wesersumpf ertranken und einer an einen Bettpfosten gefesselt in seinem Stadtschloss verbrannte, fiel den Schweden bei Breitenfelde nahe Leipzig nicht nur der Sieg in die Hände sondern der ganze Tillysche und Pappenheimsche Tross – mit Wagen, Karren, Kanonen, Gewehren, Pistolen und so vielen Säbeln und Piken, dass jeder schwedische Waffenfähige beidhändig bewaffnet in die nächste Schlacht hätte ziehen können.

Doch von diesem Aufzug des Welttheaters – der den teutschen Krieg noch einmal um 17 Jahre verlängerte – erfuhr Till erst, als er etliche Tage später in Peine eintraf, seiner Vaterstadt.

66

Wie Till auf Peine zog und schlafende Rebhühner aufscheuchte

Till hatte in den Tagen vor Einäscherung der Ebersburg immerhin in Erfahrung bringen können, dass die Peiner – nach der Ermordung von Vater und Tochter Rothmann – Höxter fluchtartig verlassen hatten. Das wenige, was sie sich in Höxter erworben hatten, war zurückgeblieben, so wie schon zuvor ihr Besitz in ihrer Vaterstadt Peine zurückgeblieben war.

Auch beharrliches Fragen hatte keinen Aufschluss darüber bringen können, ob alle, ob die meisten oder ob niemand zurück nach Peine gezogen waren. Zum einen wollte man in Höxter wohl nicht über diese Angelegenheit reden, zum anderen schien keiner gefragt zu haben, wohin sich die ungeliebten Flüchtlinge zu verflüchtigen gedächten. Den irre gewordenen Bodo in Corvey nochmals zu befragen, erwog Till eine Weile ernsthaft, sah es aber dann als wenig Erfolg versprechend an.

Immerhin, einer fand sich, der mehr sagte als nichts. Ein junger Mann, der sich auf die Imkerei verstand, war geblieben, der Tochter einer Marktfrau wegen. Der Bursche, der in Peine vor der Stadtmauer aufgewachsen war, erkannte Till nicht – erstaunlicherweise, wo doch die Rothmanns in Peine zu den Leuten gehörten, die jedermann kannte.

Diesen jungen Imker befragte Till ausführlich. Was die Torturiererei und den Scheiterhaufen anbelangte, weigerte er sich mehr zu sagen, als dass alles eine »fürchterliche Schand« gewesen sei. Wer nach dem Scheiterhaufenfeuer wohin gezogen sei, wusste er nicht zu sagen. Nur immerhin so viel: Die Gerüchte und Berichte, dass der Schwede auf dem Zug durch Deutschland sei und sicherlich auch Peine befreien würde, hätten wohl die einen oder anderen den direkten Rückweg nach

Peine antreten lassen. Wer aber oder wie viele es waren, die auf Peine zogen, wusste er nicht zu sagen. Till hatte das Gefühl, er kratze an einer Schorfschicht, unter der sogleich wieder Blut hervorbrechen könnte. Er ließ den jungen Imker zurück bei seinen Körben und seiner Frau und wünschte ihm Glück.

Till hoffte und betete, dass die starke Anna unter den Peine-Rückkehrern sein würde; von ihr würde er es am ehesten erwarten … sofern sie nicht an Herzbruch über den Feuertod von Meta zugrunde gegangen sein würde. Auch die starke Anna konnte ja nicht übermenschlich stark sein.

Till war als Kind mit der Geschichte aufgewachsen, wie Anna zu ihrem Beinamen kam. Die Geschichte, sicherlich eine der meisterzählten in Peine, hatte sich ereignet als Anna noch jung an Jahren für einen verwitweten jüdischen Goldschmied den Haushalt führte, für einen freundlichen alten Herrn und Künstler, dessen Schmuckreifen und Ohrringe bis an den Zarenhof nach Petersburg geliefert wurden.

Eines Nachts gab es Alarm, weil jemand versucht hatte, in die Goldkammer des Geschmeide-Herstellers einzubrechen, ohne dabei seine Rechnung mit dem Wachhund gemacht zu haben.

Als die Gendarmerie eintraf, war wieder alles ruhig und der gescheiterte Einbrecher offenbar schon auf der Flucht in den Harz. Die Gendarmen wollten sich gerade wieder zurückziehen, da trat ihnen Anna mit den Worten in den Weg: »Nehmt das gefälligst mit!« Sie zog einen sauber verschnürten, gar nicht mal besonders kleinen Gauner aus der Besenkammer, hob ihn auf und legte ihn einem der Gendarmen über die Schulter, etwa so wie man einem Treiber oder Jagdknecht ein geschossenes Reh über die Schulter legt.

Für Anna hatte die Geschichte ein ungutes Nachspiel: Fortan traute sich kein Mann mehr mit ernsteren Absichten in die Nähe der starken Anna. Die Aussicht, irgendwann zusammengefaltet und verschnürt vor die eigene Haustür gesetzt zu werden, schreckte hinlänglich ab.

Als Till gegen Abend anhielt – das Weichbild von Peine war gut zu erkennen in der tiefstehenden Sonne -, sagte Selma: »Ich weiß, du willst es noch nicht, dass du es musst wissen. Du willst noch diese Nacht mit eine Freude auf Wiedersehen einschlafen. Wenn es böse Nachricht hat, dann erst morgen. Wie diese reiche Mann in Genua, der nicht wollte wissen, wie sehr dass sein Sohn tot ist…. «

»Ja.«

Sie setzten sich unter den Karren, den sie wie ein Schuppendach über sich aufstellten, die Deichsel zeigte wie ein Finger zur Milchstraße. Und der Große Wagen am Himmel schien mit abgeknickter Deichsel in Peines Silhouette zu stürzen. In der Luft lag schon die Bitternis gefallener Blätter, eine Bitternis, die man einatmen konnte.

Selma legte ihre Hand auf Tills Brust und sagte: »Wir haben ein gute Geld verdient in Höxter. Und wenn nicht gewesen wäre dieses groß Feuer, hätte wir noch mehr verdient … «

Till fühlte sich einen Moment gedrängt, alles über sein Fegefeuer zu erzählen und womöglich auch über das Loch im Moor. Aber er schüttelte die Regung ab; sie dünkte ihn nicht gut.

»Vielleicht sollen wir haben ein Wirtshaus mit Gesang«, gurrte Selma weiter. »Ist besser vielemals als immer ziehen und rumlaufen. Und bald ich kann nicht mehr gut laufen.«

»Ist was mit deinen Beinen?«

»Nein, höher.« Selma nahm Tills Hände und legte sie auf ihren Bauch.

»Du bist …?«

»Noch nicht sehr. Aber schon genug.«

Till stieß einen Schrei aus, einen Lustschrei, so dass Rebhühner, die sich unweit unter einem Weißdornbusch zur Ruhe begeben hatten, kopflos in die Dunkelheit schnurrten.

67 Wie Selma in Peine für einen Knopf spielte, und Till etwas über das Sternbild Virgo und seine Wirkung auf Frauen erfuhr

Schon bald nach Tills Flucht gen Schweden, im Frühjahr 1629, war Peine vielfach von durchziehenden militärischen Verbänden heimgesucht worden. Den Anfang machten kaiserliche Truppen unter dem Grafen Schlick, die von der Weser her nach Osten vorrückten. Peine musste 800 Pfund Brot bereitstellen. Als im Hochsommer ein anderer kaiserlicher Zug durchging, unter Leitung des Grafen Rudolf Hieronymus Eusebius von Colloredo-Waldsee, waren es schon 1000 Pfund Brot und etliche Fässer Mumme, Bier nach Braunschweiger Brauart, und Broyhan, Bier nach Hamburger Art. Beim dritten Durchzug im Frühherbst waren abermals Brotlieferungen fällig, dieses Mal 1500 Pfund. Ein vierter Durchzug im selben Jahr fand die Stadt derart erschöpft und ausgesogen, dass sich der Kommandant mit einem Lager vor der Stadt und bescheidenen Brotabtretungen begnügen musste. Es folgten ein paar ruhigere Monate, in denen Peine seine Wunden leckte.

Doch als Gustav Adolf im Mittsommer 1630 auf Usedom landete, geriet in Niedersachsen so ziemlich alles in Bewegung, was in Landsknechthosen ging und unter Feldzeichen marschierte. Peine hatte mehrere kleine Durchzüge zu verkraften. Das ganze Dreißigerjahr wurde durchzittert, von den einen in freudiger Erwartung der Schweden, von den anderen angefüllt mit den schrecklichsten Befürchtungen.

Aber erst einmal trafen in Peine nicht die Schweden ein, sondern Gustav Adolfs Bugwelle: Die am 17. September 1631 bei Breitenfeld geschlagenen Truppenteile des General von Pappenheim – oder richtiger, das was von ihnen noch übrig war – fluteten nach Niedersachsen zurück, ungeordnet, niedergeschlagen, gedemütigt. So auch nach Peine. Die Pappenheimerschen fielen wie ausgehungerte Wölfe in die Städte ein, rissen an sich, was nicht versteckt oder fest verankert war, warfen die Bürger aus ihren Betten und duldeten kaum, dass sie in ihren eigenen Speichern und Kammern nächtigten.

Dergleichen geschah just in den Tagen, als Till und Selma in Peine einzogen, hinter sich einen Thespis-Karren, bei sich bange Erwartung, vor sich eine ungewisse Zukunft.

Der Oktobermorgen war klar, musste sich nicht erst umständlich aus Nebeltüchern schlagen, ehe er am Himmel aufzog. Die Stadt schlief oder sie schien zu schlafen. Dabei war es schon um die neunte Stunde, als Till und Selma in Richtung Hauptplatz zogen. An den meisten Hauseingängen lehnten Feldzeichen, und wo sie fehlten, hatte jemand mit grober Hand und Kreide Zahlen und Symbole auf die Türen gekritzelt. Kriegs-Krakele, Einquartierung.

Eine der Türen schwang auf, gerade als der Thespis-Karren des Weges kam. Ein Mann in Unterhosen und Soldatenjacke wankte ins Freie, hielt sich die eine Hand vor die sonnengeblendeten Augen, fingerte mit der anderen in seiner Hose herum, machte eine halbe Drehung und schlug sein Wasser gegen den Türpfosten.

Der Karren, der über das Kopfsteinpflaster rumpelte, schien ihn zu irritieren. Er drehte sich um, bepisste sich dabei von den Knien an abwärts und bölkte: »Heiiii, das Weib hier abliefern. Aber subito, du Kanaille. Her mit dem Weib!«

Till und Selma zogen schneller, der Soldat brabbelte Unverständliches und stolperte wieder ins Haus.

»Was sind das für Soldaten, Till?«

»Ich weiß nicht. Ich denke Kaiserliche.«

Schon die nächste Stunde brachte Gewissheit. Till meldete sich und Selma im Rathaus an – ein Gang, der für fahrendes Volk, das Aufenthalts- und Spielgenehmigung in einer Stadt erstrebt, an manchen Orten erforderlich war. Der Schreiber, ein alter Mann mit hängenden

Augenlidern und knotigen Fingern, musterte Till, als gälte es, einen Sack mit fleckigen Kartoffeln im Preis zu drücken.

»Ihr zieht besser gleich weiter. Hier wirft euch keiner auch nur einen halb abgenagten Knochen zu. Die Pappenheimerschen sitzen auf der Stadt, saugen sie aus und scheißen sie zu.«

»Die Pappenheimer?«

»Ja, ja. Der Schwede hat sie vor Leipzig verprügelt und verjagt, und nun lecken sie hier ihre Wunden, was ja angehen möchte, wenn sie nicht dazu auch noch alle Töpfe leer lecken würden. Ich rat' euch gut, zieht weiter. Macht eure Sprünge im reichen Braunschweig. Hier gibt's keine Almosen.«

»Ich habe Verwandte in der Stadt.«

»So…? Name?«

Till nannte einen Namen, von dem er wusste, dass er hinlänglich häufig in der Stadt vorkam: »Wilcke«.

»Wilcke?«

»Fidibus von Wilcke«

»*Von* Wilcke … das sind die Wilckes, denen die Ziegelbrennerei und die Häuser in der Oberen Torgasse gehören.«

Till machte eine Kopfbewegung, die sich als Verneinung, aber auch als fahrige Zustimmung deuten ließ. Der Schreiber hatte mittlerweile umständlich und wohl auch etwas widerwillig das Tintenfass vor sich geöffnet und griff nach einem Gänsekiel.

»Ti, ti, ti … das glaubt mir keiner! Der feine Herr von Wilcke hat gauklerische Verwandtschaft … ti,ti,ti.« Und dann fügte er mit dienstlicher Stimme hinzu: »Auftritt vor Menschenansammlung mit Gesang und Gelärm nur auf dem Marktplatz, nicht in den Gassen, nicht nach Einbruch der Dunkelheit, nicht am Sonntag, Beleidigung der Geistlichkeit und Obrigkeit bei Kerker nicht unter zwanzig Tagen verboten. Verstanden?«

»Verstanden.«

»Hier!«

Er reichte einen Wisch von Papier herüber und sank in seinen Ledersessel zurück; fast schien es, als hätte ihn der ordnungsrechtliche Akt über Gebühr erschöpft.

Till faltete das Papier und schob es unter seine Weste. »Der Schwede hat die Pappenheimer verhauen, sagtest du?«

»Verhauen? Verhauen tut man Kinder und liederliche Weiber. Adolf hat die Unsrigen plattgeschlagen. Die Grafen Tilly und Pappenheim selbst sind nur knapp mit dem Leben davongekommen. Ganz Leipzig hat vor Blut getroffen, als sich die zerhauenen Kaiserlichen durch die Stadt schleppten. Vieltausend arme Hunde sind gar auf den Tod verwundet worden. Der Schwed' hat sie in Grund und Boden gestampft, erst mit seinen Kanonen, dann mit Hufen.«

Till spürte, wie etwas heiß in ihm aufstieg: Der Löwe aus Mitternacht hatte also nicht nur gebrüllt und ein wenig die Krallen ausgefahren, er hatte nun endlich die Papisten und Kaiserlichen am Genick. Endlich, endlich, endlich! Gelobt sei Jesus Christus! Und es gelang Till, als sich kurz gegenläufige Empfindungen über die Jubelnachricht schieben wollten, all die elendiglichen Gedankenbrocken aus Frankfurt an der Oder runterzuschlucken – so wie man aufsteigende Magensäure bei einem Festmahl runterschluckt. Nein, nein, nicht jetzt! Der Schwede marschiert: tong, tong, tong, tong … Und schon bald wird auch in Peine das Evangelium für alle lutherisch Getauften wieder frei zugänglich sein – und das Rothmann-Haus für seinen rechtmäßigen Besitzer.

Till bedankte sich artig für das amtliche Plazet und trat auf den Rathausvorplatz hinaus. Selma wartete auf ihn und nutzte die Zeit für eine kleine Gratisvorstellung vor sehr jungem Publikum. Kinder der Stadt hatten sich vor dem Karren versammelt. Selma hatte sich zwei Fingerpuppen auf die Hände gesetzt, deren grob geschnitzte Gesichter landsknechtbraun und jungfrauenrosa waren. Till konnte sich nicht genug darüber wundern, wie Selma – ganz ohne die Stimme zu forcieren – klar und weittragend den Raum vor sich füllen konnte:

>> ES FRAGT DER HANS DIE JETTE,
WAS SIE AM LIEBSTEN HÄTTE.
DIE JETTE SAGT DEM HANS:
ICH HÄTT DICH GERNE GANZ
UND GAR FÜR MICH ALLEIN;
DANN KÖNNT' BALD HOCHZEIT SEIN.
DER HANS SAGT JA UND LACHT:

MUSS ERST NOCH IN DIE SCHLACHT,
DANACH KANN HOCHZEIT SEIN.
DA SAGT DIE JETTE: NEIN!
WILL DICH AN EINEM STÜCK
UND NICHT ZERHAUT ZURÜCK.
UND GEHST DU DOCH ZUM PAPPENHEIM,
DANN KANNST DU MIR GESTOHLEN SEIN!«

Till schaute eine kleine Weile zu, sah ein Mädchen, das ihn von Gestalt und Haarfarbe an seine Schwester erinnerte, an das Kind, das vor wenigen Jahren zwischen den Tuchballen Verstecken gespielt hatte. Da beschloss er, das Kind, das noch ungeborene, nach seiner verbrannten Schwester Meta zu nennen. Meta! Sofern es ein Mädchen würde, und Tobias nach seinem verbrannten Vater – im anderen Fall.

Das Mädchen mit dem Meta-Flachshaar trat an den Karren vor, kaum dass Selma ihr Verslied beendet hatte und sagte: »Ich hab keine Münze für dich, aber du bekommst einen Knopf. Da!«

»Danke«, sagte Selma, »den nähe ich auf mein Kleid, dann wille ich immer an dich denken. Wie heißt Du?«

»Olga«, rief das Mädchen und lief davon.

Selma schaute ihr hinterher und sagte dann an Till gewandt: »Sie wird Olga heißen«

»Und wenn es ein Junge wird?«

»Wird es nicht.«

»Das weißt du?«

»Ja, als du auf mir gelieget hast, habe ich auf das Sternbild Jungfrau geschaut. Das machen die Frauen in Schweden so, wenn sie eine Mädchen wollen.«

»Und wenn sie einen Jungen wollen?«

»Dann machen sie bloß beide Augen zu.«

68 Wie Spee einen Ordensbruder daran hinderte, das Beichtgeheimnis zu brechen

An einem Oktobermorgen, der so daherkam, als hätte sich der Sommer zu einem verspäteten Gastspiel entschlossen, pochte ein Bruder an Spees Tür.

Eine Tür im eigentlichen Sinne gab es allerdings nicht. Spee war mit einem älteren Jesuitenbruder, einem Flüchtling aus Fulda, im hinteren Teil einer Stube not-untergebracht. Köln barst vor Menschen dieser Tage.

Ihr Lager war mit einem Tuch vom größeren Teil des Zimmers abgetrennt, in dem Schriftrollen und Altarkerzen zwischenlagerten. Die Stube gehörte einem Uhrmacher, der – sein Schlafgemach war für einen Osnabrücker Fürstbischof requiriert – mit Weib und drei Kindern in seiner Werkstatt schlafen musste.

Der Bruder, der Spee an besagtem Morgen besuchte, hielt sich nicht lange mit unverbindlicher Rede auf; er zog Spee, nach kurzem Gruß an den Bruder aus Fulda, ins Freie.

Spee kannte den frühen Besucher nur von einer flüchtigen Begegnung an einer der Straßenküchen, die dieser Tage in Köln gegen den größten Hunger eingerichtet worden waren.

»Sei gegrüßt, Bruder Spee. Mich bedrückt etwas … «

»Das habe ich erwartet, die Eile mit der du mich ins Freie zerrst, wird ja kein Vorwand für den Austausch von Nichtigkeiten sein.«

Der Bruder, klein von Gestalt und fast noch feingliedriger als Spee, schien sehr darauf bedacht zu sein, einen Gassenwinkel zu finden, in den sich kein ungebetenes Ohr zu ihnen hinabneigen konnte.

»Ich habe Deiner Vorlesung über ›Gottes Gebot und die Gebote der Kirche‹ zugehört.«

»Mit großem Vorbehalt, vermute ich ...«

»Nein, nein, durchaus nicht.«

»Aber?«

»Du sagtest, es gebe zweierlei: Gottes Gebote, so wie sie Moses auf dem Berg Sinai empfangen hat und wie sie der Gottessohn in der Bergpredigt verkündet hat, und es gebe ....«

»Das sagte ich. Und wer sagt anderes?«

Spee bemühte sich nicht zu verbergen, dass ihm die heftige, morgendliche Ergreifung seiner Person wenig behagte.

Der Bruder fuhr unbeirrt fort: »Und du sagtest, es gebe die Gebote der Kirche, wohlerwogen die meisten, bewährt und im Geist der Kirchenväter fast alle, aber auch durchaus solche, über die nachzudenken nicht verboten ist.«

»Auch das sagte ich. Und ich bin froh, dass ich aufmerksame Zuhörer habe. Gleichwohl, Bruder ... wäre es denn nicht möglich dass du *medias in res* ...?«

»Durchaus, durchaus! Nur diese eine Frage noch: Das Beichtgeheimnis ... ist es Gottes Gebot, also Gebot höchster Ordnung? Oder kirchliches Gebot?«

Spee runzelte die Stirn. Es war nicht auszuschließen, dass man ihm Fallensteller schickte, auch solche im geistlichen Gewand.

»Das IV. Laterankonzil hat anno 1215 das Beichtgeheimnis als unverletzlich und hochrangig festgeschrieben. Mir ist von keinem Papst bekannt, dass er an den anno 1215 gefundenen Wahrheiten Abstriche oder Verkürzungen vorgenommen hätte.«

Der Bruder machte ein wehleidiges Gesicht, vergewisserte sich erneut, dass der Winkel, in den er den Spee gezogen hatte fensterlos war, und fuhr fort: »Aber die Liebe, Bruder Spee, die Liebe! Ist sie nicht das höhere Gebot? Die Liebe zu Gott und die Liebe, die wir gegen die Menschen, die Geschöpfe des HERRN, haben sollen.«

»Der HERR spricht: Glaube, Liebe, Hoffnung, diese drei. Aber die Liebe ist die größte unter ihnen.«

Der Bruder nickte heftig. Und als er unvermittelt zu weinen begann, war sich Spee sicher, keinen Fallensteller vor sich zu haben; es schien ihm unwahrscheinlich zu sein, dass Übelwoller und Hinterträger die Schauspielkunst des plötzlichen Tränenflusses beherrschten.

Der Bruder fasste sich und sagte: »Was, Bruder Spee, würdest du tun, wenn du im Beichtstuhl davon erführest, dass einem Bruder eine große Gefahr droht.«

»Ich würde auf Hilfe sinnen.«

»Wenn aber diese Hilfe, die auch mir als ein Gottesgebot erscheint, nur mit einer Verletzung des Beichtgeheimnisses geschehen kann?«

»Ich vermute, dass du mich vor einer Gefahr warnen willst?«

Der Bruder nickte so heftig, dass er die geweinten Tränen abschüttelte. Spee musste eine Weile warten, bis sich sein Gegenüber gefasst hatte. Dann aber brach das hölzerne Stauwehr, an dessen oberen Balken das Wort »Beichtgeheimnis« eingeschnitzt war:

»Ich bin Beichtiger bei einem Manne, dessen Wort in Köln einiges gilt und dem es bisher gelungen ist, sein Vermögen vor den Krallen des Krieges sicher zu halten. In seinem Haus lese ich Messe, in seiner Hauskapelle nehme ich die Beichte ab. Wie auch Du es an anderem Ort tust. Die Kinder aus diesem Haus unterrichte ich in Latein, Logik, Mathematik, Schrift und Musik ... «.

Einen Moment schien es, als würde dem Bruder die Stimme brechen, so dass es zu keiner weiteren Mitteilung mehr kommen könnte. Doch dann fuhr er fort. Spee ließ es dabei geschehen, dass der Bruder ihm fast seine Lippen ins Ohr stülpte.

»Ich sage es mit allergrößtem Schmerz und Hoffnung auf Vergebung ... eine Frau, jung an Jahren, hat sich der hohen Frau offenbart. ... jener hohen Frau, deren Beichtiger ich bin. Der Beichtiger ... also der Beichtiger der jungen Frau ... so offenbarte sich besagte junge Frau gegenüber der mir zur Beichte anvertrauten hohen Frau ... ihr Beichtiger ... also mit anderen Worten der Beichtiger der jungen Frau ..., sei ein engelsgleicher Mann, und er wohne ihr ... also der jungen Frau ... im Schlafe ... nein im Traume bei ... auf einem Bett von Rosenblütenblättern.«

»Rosen, sagtest du?

»Ja, Rosen.«

»Wenn ich all das recht verstanden habe, dann hat sich eine junge Frau einer älteren anvertraut und gesagt, sie träume in … in bedenklicher Weise davon, sich mit einem Manne zu Bette zu legen. Und davon hat die ältere Frau Dir in der Beichte berichtet? Worin besteht die Sünde?«

»Die Person des Mannes, der in diesen Träumen klar hervortritt, ist …

» … ist von geistlichem Stand.«

»Ja.«

»Und es könnte besagtem Manne schaden, wenn dieser Traum, der Verschwiegenheit des Beichtstuhls zum Trotz, hinausdrängte …«

»Ita est. Denn dann würde offenbar, dass der Mann, bei dem die junge Frau im Traume liegt, kein anderer ist als …«

Spee legte dem Bruder seinen rechten Zeigefinger auf den Mund und sagte: »Genug, du musst nicht an das Beichtgeheimnis rühren. Keine Namen. Ich weiß, was zu wissen nötig ist.«

In einer der darauffolgenden Nächte schlief Spee unruhig. Als er um die erste Stunde erwachte, fand er den alten Bruder auf dem Strohsack neben sich schnarchend.

Das Geräusch – heftig anschwellend, dann unvermittelt in einem Gerassel ersterbend, nur um sich von neuem aufzubauen – hinderte ihn, erneut zurückzufinden in das Reich, von dem Ovid sagt, in ihm könne alles geschehen.

Alles?

Spee packte seinen Strohsack und verzog sich in eine angrenzende Kammer, die ihm wegen ihrer Kleinheit nur erlaubte, geknickt und diagonal den Raum teilend zu liegen.

Als er einschlief, streichelte ihn ein Duft von Rosen. Und zu seinem Entzücken kam der Duft mit einem Geräusch über ihn: Unverkennbar das Rascheln von niederfallender Seide. Und vor seinen Augen flirrte ein Licht, von der Art, wie es durch herabhängendes, nussbraunes Frauenhaar fällt.

Er hatte eine unruhige Nacht.

69 *Wie Till wieder die Stube betrat, in der einst alles begann*

Äußerlich war das Haus unverändert; nur dass auch hier unübersehbar eine Warnung an der Tür lehnte, ein dünnes Metallrohr mit Pappenheimschen Feldzeichen, gelbblauem Helmbusch und zwei roten gekreuzten Säbeln darunter.

Till betrachtete den lädierten Fetzen; am unteren Ende war er angesengt, so als hätte ihn ein Kürassier in Breitenfeld aus schwedischem Feuer gerissen.

Die Tür war angelehnt … ach, diese Tür!

Till fuhr mit den Fingern über die Holzintarsie: das Rothmann-Familienwappen. Ein starker, nackter Kerl, der ein sich aufbäumendes Pferd am Zügel führt.

Till hatte sich schon in jungen Jahren nicht genug über den bis auf ein Feigenblatt unbekleideten, deutlich zu kurzbeinigen Riesen wundern können – wundern besonders darüber, dass den Rothmann-Urahn das gefährlich mit den Vorderbeinen schlagende Pferd an seiner Seite nicht zu kümmern schien, schaute er doch ausdruckslos seinen Betrachter an. Rothmann käme von Rossmann, hatte sein Vater gesagt, und ein Rossmann sei einer, der die Rösser führt.

Er hatte als Achtjähriger mit einem geschenkten Schnitzmesser versucht, das Feigenblatt zu lüften, war dafür aber mit Entzug des Messers und ein paar Stockschlägen auf die Finger bestraft worden.

Till schaute genauer hin, die Kratzspuren am Feigenblatt waren noch zu erkennen.

Das Zunftzeichen über der Tür, ein Stoffballen mit geöffneter Schere darüber, hatte Rost angesetzt. Etwas, das Tobias Rothmann unter keinen Umständen geduldet hätte.

Till überschritt die Schwelle. Das Erste, was ihn anwehte, war ein säuerlicher Geruch. Im Durchgang zum Innenhof lag Erbrochenes. Das Zweite, was ihm ins Auge und Sekunden später in die Nase stach, war ein Nachtgeschirr, das offenbar gefüllt aus dem oberen Stockwerk geworfen worden war. Es stank.

Die Katze, die sich bei seiner Annäherung geduckt zurückzog, schien ihm noch dieselbe zu sein, die er kurz vor seiner Flucht zum letzten Mal gestreichelt hatte. Aber sie war verängstigt und wich seiner Hand mit angelegten Ohren und angstgeweiteten Pupillen aus. Till stellte sich in die Mitte des Hofgeviertes und rief »Holla, keiner zu Hause?«

Es dauerte eine Weile, dann öffnete sich das Küchenfenster und jemand steckte eine Lanze hindurch: »Wer ist Holla? Und möchte dieser Holla vielleicht dieses Eisen in den Arsch?«

Wenig später zeigte sich ein hageres Männergesicht, eisgraue Stoppeln, eine Nase, der der linke Flügel fehlte, tief sitzende Augen, eine Narbe, die den rechten Mundwinkel bis zum Unterkiefer verlängerte.

Till stellte sich unter das Fenster: »Mit wem habe ich die Ehre?«

»Die Frage gefällt mir schon besser als Holla. Trutz Eberharter, ruhmreicher Kohortenführer des Generalissimus Gottfried Heinrich Graf zu Pappenheim.«

»Wilcke. Tänzer, Sänger, Verseschmied. Ich bin ein Freund des alten Tobias Rothmann.«

»Den haben die Mäuse gefressen, hat man mir erzählt. Und seine Tücher die Motten. Komm rein, Tänzer! Aber tritt nicht auf die zwei Weiberärsche im Flur, die werden noch gebraucht.«

Als sich Tills Augen an das Halbdunkel gewöhnt hatten, sah er zwei Frauen, die sich soweit wie möglich unter den Stiegenaufgang drückten. Die ältere hielt der jüngeren die Augen zu. Till machte eine beschwichtigende Handbewegung.

Der Soldat, mit dem Till gesprochen hatte, kam ihm aus der großen Hauptküche entgegen. Als ein Schein durchs Fluroberlicht seine Gestalt traf, erkannte Till einen schwarzen, kuhfladengroßen Fleck auf seinem Wams. Stichwunde. Dergleichen hatte er in Frankfurt mehrfach gesehen. Es hieß, wenn man sieht, dass das eigene Blut auf dem Wams schwarz geworden ist, hat man überlebt. Der Mann schien, entgegen seinem furchteinflößenden Erscheinungsbild, nicht wirklich bösartig zu sein. Nur verwildert wie ein Ziegenbock, der zu lange ohne Stall im Feld war.

»Was von der Sippe hier noch übrig ist, hockt oben!«, knurrte Eberharter und zeigte mit kurzem Kopfnicken treppauf.

Till ging die Treppe empor. Er wusste, dass die zweitoberste Stufe knarren würde, und sie knarrte. Man schien auf ihn aufmerksam geworden zu sein; ein Mann mittleren Alters und mittlerer Statur kam ihm entgegen und zog ihn wortlos in die große Stube.

»Du bist der Rothmann Sohn?«, sagte er fast tonlos.

»Ja, und du ...?«

»Johannes Kronberg«

Till ließ sich in den grünen Plüschsessel seines Vaters fallen; er stand noch exakt an derselben Stelle, an der er unverrückt seit jeher gestanden hatte. Dies war die Stube, in die dieser unselige Jesuit ... dieser Spee ... eingebrochen war, um ihnen zu eröffnen, dass sie alles abzugeben hätten, ihren Gott, ihr Haus und alles Tuch. Damit hatte das Unglück angefangen. Die missglückte Rache vor Woltorf. Die Flucht über die Ostsee. Der Auszug der Rothmanns nach Höxter. Die Köpfung des Kern. Der Flammentod von Vater und Schwester in der Fremde. Am Anfang von allem Unglück stand dieser Mann mit dem rheinischen Zungenschlag, jener scharfe Hund an der Kette der Katholischmacher ... der Jesuit mit den weißen, schlanken Frauenhänden.

Kronberg reichte Till eine Karaffe Wasser und ein Glas, Till schien es nicht zu bemerken. Kronberg ließ sich auf das Sofa fallen, auf dem in Tills Erinnerung noch Metas Puppen saßen, alle, auch jene mit dem halbverbrannten Gesicht.

Kronberg begann zu sprechen, vermied aber Blickkontakt mit Till:

»Uns hat der Kauf vor zweieinhalb Jahren nicht viel Glück gebracht. Schau dich um, das Lager ist fast leer. Was sich die durchziehenden Truppen nicht mitgenommen haben, das haben die Pappenheimer zerwühlt und beschissen. Es sind nur noch deren fünf im Haus, die anderen sind vergangene Woche weitergezogen. Es heißt, Pappenheim will bei Rinteln an der Weser ein großes Winterlager einrichten. Mir soll's recht sein.«

Till schaute durch Johannes Kronberg hindurch, nichts ließ erkennen, dass er zugehört hatte: »Wer von den unsrigen ist zurückgekehrt?«, fragte er schließlich.

»Komm mit!«

Kronberg ging voran und stieß die Tür zum elterlichen Schlafgemach der Rothmanns auf. Die Fenster waren verhängt, es roch nach Staub.

»Sie wird dich nicht erkennen«, sagte Kronberg und zog sich zurück.

Till brauchte eine kleine Weile, ehe er bemerkte, dass der Schatten am Kopfende des Bettes das war, was von der starken Anna übrig geblieben war. Es war nicht viel.

»Anna«, sagte er, »ich bin es, Till!«

Der lebende Leichnam, der mit gekreuzten nackten Beinen auf dem Kopfkissen hockte, schlug beide Hände vor das eine Auge, das keine Augenklappe trug und sagte: »Die Pflaumen haben Würmer, aber wenn man sie scharf kocht, schmeckt man die Würmer nicht.«

»Fürchte dich nicht, Anna. Ich bin es Till, der Sohn von Tobias Rothmann, der Bruder von Meta ... ich bin es, komm gib mir deine Hand!«

»Es brennt die Hand, es beißt der Hund ... morgen werden sie die Würmer aus den Pflaumen ziehen. Und aus den Pilzen. Die werden im Wald zu Schlamm und Matsch, wenn der Herbst kommt mit Regen und Frost. Doch wenn man sie schon im September pflückt und füglich auf die Darre legt, hat man ein Süpplein im Januar. Eine Scheibe Steinpilz und eine Scheibe Speck, in eine gespaltene Pflaume gesteckt und ins Ofenfach damit. Hei, das ist ein Schmaus!

Aber meine Hand bekommst du nicht. Meine Hand hat die Hündin gefressen. Die muss viel fressen, damit sie Milch hat für ihre Kleinen. Komm, Hund, nimm auch die andere Hand ... «

»Anna, Anna, hör mir zu! Die Mörder von Vater und Meta haben bezahlt, hör zu ... bezahlt haben sie! Die Witwe Winterlein, der Schmied Grell, und auch der Eberstein ... ersoffen, verbrannt.«

»Die Würmer sind in den Pflaumen und in den Äpfeln sind sie auch, aber wenn man die Pflaumen und die Äpfel scharf kocht, schmeckt man die Würmer nicht ... «

Till verließ das Zimmer, stolperte die Treppe hinab, mehr als dass er ging, fiel fast ins Freie.

Draußen wartete Selma auf ihn. Sie fragte nicht und schloss ihn in die Arme. »Wenn du wöllest, werden wir sie doch Meta nennen«.

70 Wie Till ein Angebot gemacht wurde, das ihm anfangs ungeheuerlich erschien

Als die letzten Pappenheimer aus dem Rothmann-Haus gen Rinteln abgerückt waren, machte Johannes Kronberg in einer stürmischen Spätherbstnacht Till Rothmann ein Angebot: Wohnrecht für ihn und Selma, dafür Mitarbeit von Till Rothmann bei der Sicherung der verbliebenen Tuchbestände, Neuanknüpfung der Geschäftsverbindungen nach Italien, Herstellung von regendichten Wachs-Langmänteln nach einer geheimen Rezeptur von Till Rothmann zu beider Nutzen unter dem Namen KronMann – einer Zusammenziehung der Namen Kronberg und Rothmann.

In Peine wurde der Mantel, von dem noch im Winter 31/32 eine gute Stückzahl in Verkehr kam, der *Zweikonfessionenmantel* genannt – eine Anspielung darauf, dass er dem Zusammenwirken eines stadtbekannten Katholiken und des Sohnes eines stadtbekannten Lutheraners entstammte.

Till verbrachte viel von der Zeit, die er nicht mit Tuch zubringen musste, mit Zeichnen. Aber er zeichnete nicht irgendwelche Ornamente, Portraits oder Landschaften. Er zeichnete, wie es ihn in seinem ersten Genueser Sommer ein alter Baumeister, Giacomo Oliveri, gelehrt hatte, der in jüngeren und mittleren Jahren am Stadtrand von Rom Villen entworfen hatte und sich dann in seiner Heimatstadt Genua zur Ruhe gesetzt hatte. Kurz vor Ausbruch des großen Deutschen Krieges hatte Oliveri für die Fugger in Augsburg gebaut und dabei recht gut Teutsch gelernt. Es machte ihm Spaß, seine Zunge wieder die Bewegungen machen zu lassen, in denen sie sich 1615/16 an Wertach und Lech geübt hatte. Und er dozierte gern; beides kam Till Rothmann zu Gute. Oliveris

Stimme hatte er nicht vergessen, eine Stimme wie Hammerschlag: »Es reicht nicht, mein Söhnchen aus dem kalten Norden, dass man schöne Bögen entwirft, man muss auch wissen, wie sie gewölbt sein müssen, damit sie tragen. Es reicht nicht, dass man eine Fassade mit Fenstern schmückt, man muss wissen, dass es Augen sind, und Augen sollten nicht schielen, sollten nicht wie von Schrecken geweitet sein oder wie vom Alter zugedrückt. Schlechte Baumeister erkennt man am leichtesten daran, dass sie den Augen der Häuser keine Referenz erweisen.« Till hatte sich Sätze wie diese, Sätze des Meister Giacomo Oliveri, aufgeschrieben und sie später auswendig gelernt; und er hatte versucht, von großen Gebäuden im Genua Konstruktionszeichnungen anzufertigen, um sie dann mit den originalen Zeichnungen zu vergleichen. Sein Patron, der Herr über zehntausend Stoffballen, hatte ihm Zugang zu den Stadtarchiven verschafft.

So war aus Till zwar kein Baumeister geworden, aber immerhin jemand, der mehr von dieser Kunst verstand als die allermeisten. Wobei ihn mehr als die Kunst das Handwerk dahinter interessierte: Wo und wie setzt man einen Eisenanker? Wie groß kann man den Abstand zwischen zwei Tragesäulen wählen? Wie viel mehr trägt ein Kuppelgewölbe als eine Flachdecke?

Kronbergs Frau kümmerte sich liebevoll um Selma, deren Schwangerschaft ab dem fünften Monat schwierig verlief. Selma pflegte, so gut es ihr anschwellender Leib erlaubte, die starke Anna bis zu deren Tod am zweiten Weihnachtstag 1631.

Am letzten Tag, den Anna bei Bewusstsein war, kam noch einmal eine Klarheit über sie, die schon lange verloren zu sein schien. Sie saß am ersten Weihnachtstag hochaufgerichtet im Bett, hatte sich eigenhändig gekämmt und sprach von Meta und »dem gütigen Herrn Rothmann«, die sie nun bald, jenseits allen irdischen Feuers und Rauchs, wiedersehen würde.

Der lutherischeGeistliche (in Erwartung schwedischer Landgewinne hatte man in Peine den Lutherischen vorsorglich wieder große Zugeständnisse gemacht) sprach an Annas Grab mutige, offene Worte gegen Hexenräucherei und Folter. Er las und übersetzte dabei zugleich, während noch die Trauergemeinde sich die Tränen wischte, aus einem

Buch, das keinen Autor auswies, von dem es aber hieß, sein Verfasser sei ein Jesuit, und er sei in großer Schwierigkeit, ob seiner scharfen Worte gegen Hexenjäger und Torturierer. Till hörte die Übersetzung aus jener *Cautio criminalis* mit großer Anteilnahme und innerer Zustimmung. Es würde sich lohnen, mit so einem Manne zu sprechen, dachte er sich.

Till hatte dem Vertrag mit Kronberg eine Klausel hinzugefügt, die besagte, dass er den ehemaligen Besitz der Rothmanns innerhalb von fünf Jahren zu *dem* Preis zurückzukaufen könne, den die Kronbergs im Mai 1629 – die Gunst der Stunde nutzend – gezahlt hatten. Würde er, Sohn und rechtmäßiger Erbe des Tobias Rothmann, den Betrag allerdings nicht bis zum November 1636 aufbringen können, verblieben Haus und Besitz endgültig bei den Kronbergs. Noch um die Weihnachtszeit begann Till damit, Baupläne zu zeichnen, die alsbald einen Beistellschrank in der großen Rothmannstube füllten.

Ende Januar 1632 rückten schwedische Truppen gegen Peine vor. Man hatte, um sie aufzuhalten, sämtliche Brücken im Umkreis der Stadt zerstören lassen. Der schwedische General Baner soll darüber so laut gelacht haben, dass davon auch noch die letzte unzerstörte Brücke zersprungen sei, hieß es. Er nahm die Peiner Vorstadt im Handstreich und saß schon am 2. Februar im Rathaus. Es war sein Geburtstag, und er hatte die schweren, kostbaren Möbel aus dem Ratsherrenzimmer in den Rathaushof schaffen und zerhacken lassen; über fünf sternförmig angeordneten Feuern brutzelten die letzten Schafe und Ziegen, die man im Umkreis hatte greifen können. In den Bechern schwappte das letzte Bier, das tropfenweise aus Peiner Kellern herausgepresst worden war. Baner hatte etliche Bürger, vorzugsweise stadtbekannte Katholiken, zusammentreiben lassen und ließ sie das inzwischen allseits berüchtigte Schwedenlied singen: »Verzagi nit, du Häuflein klein … «

Er selbst stand vor dem zagenden Häuflein meist älterer Männer und dirigierte mit wilden Gebärden. Danach segnete er die Sänger, indem er lateinischen Unsinn brabbelnd Bierschaum über sie verspritzte und dem Papst, »dem alten Weib zu Rom«, ein paar neue Unterröcke aus seiner Kriegsbeute versprach.

Till musste daran denken, dass er fast Tag für Tag während seiner

Zeit unter Adolfs Fahne daran gedacht hatte, an der Spitze schwedischer Truppen nach Peine zurückzukehren, um seinen Besitz wieder an sich zu ziehen. Nun war er *vor* den Schweden angekommen, und die ehemaligen Waffenbrüder schienen sich einen Dreck um Konfession, Recht und Gerechtigkeit zu scheren.

Sie plünderten schlimmer als zuvor die kaiserlichen Verbände, wobei es für sie keinen Unterschied machte, ob in einem Haus Rosenkränze oder nach Luthers Art gebetet wurde. Es wurden Kinder und alte Weiber vergewaltigt. Wofür in Stettin noch ein armer italienischer Teufel gehenkt worden war, das war jetzt nicht einmal der Erwähnung wert. Till rannte, schwedische Brocken um sich werfend, durch die Stadt, versuchte hier zu mildern, dort Mäßigung anzumahnen, fing sich aber nur grobe Schläge ein, einmal sogar einen Schlag mit der Breitseite eines Säbels, was eine üble Platzwunde auf seinem Schädel zur Folge hatte.

Weil das Rothmann/Kronbergsche Haus eines der größten in Peine war, quartierte sich ein Gutteil der Offiziere dort ein. Till genoss eine gewisse Sonderstellung, spätestens nachdem er zu erkennen gegeben hatte, dass er mit Adolf die Oder herab gen Frankfurt gezogen war: Für den Umstand seiner Fahnenflucht hatte er eine abenteuerliche, aber wohl doch hinreichend glaubwürdige Geschichte parat. Er sei bei der Erstürmung der Frankfurter Stadtmauern von den höchsten Zinnen herab abgestürzt und gelähmt am Boden liegen geblieben. Als er auch tags darauf bewegungslos blieb, hätte er ersucht, aus dem Heer entlassen zu werden, da er ja zu keinerlei Schwertstreich mehr von Nutze sei. Der Bitte wurde gern entsprochen. Daraufhin hätte er sich von einem jungen Weib, das sich auf den Weg nach Braunschweig machen wollte, auf einem Karren Richtung Heimat ziehen lassen. Zwei Tagesmärsche vor Peine sei der Karren der ermüdeten Frau aus den Händen geglitten und umgestürzt. Der Ruck der dabei durch seinen immer noch bewegungslosen Körper ging, hätte wundersamerweise bewirkt, dass die Beweglichkeit zurückkehrte. Aus Dankbarkeit hätte er das Weib mit sich genommen und ihr die Ehe versprochen.

Anders als die Kronbergs und ihr Gesinde durften die hochschwangere Selma und er im Haupthaus wohnen bleiben. Die Kronbergs mussten in das Lederlager ziehen, einen unbeheizten Schuppen, in den die beißende Februarkälte durch tausend Spalten kroch.

Nun, da es annähernd so gekommen war, wie es sich Till lange erträumt hatte – die Katholischen wurden von den Schweden rausgeworfen, und er war wieder (fast) Herr im Haus – war es ihm nicht recht. Er riss eigenhändig einen Kanonenofen aus der Wand und schleppte ihn in den Lederschuppen; gemeinsam mit Kronberg feuerte er das alte Gerät an, und verstopfte die Ritzen in den Lattenwänden mit Lumpen und alter Tapete. Selma schleppte ihren Bauch und sich vielmals von der Küche in die Notunterkunft der Kronbergs, um Geschirr, Küchengerätschaft und bisweilen auch Lebensmittel abzuladen, die die Schweden irgendwo zusammengeraubt hatten.

Als Baner mit der Kerntruppe weiterzog, atmete Peine auf – verfrüht.

Mitte Februar wurde Till von Ole Sonderborg – einem der Offiziere, die dem Besatzungs-Chef, Oberst Tupanel, direkt unterstanden – in das Hauptquartier zitiert. Das war die Rothmann- Stube. Sonderborg hatte sich in den grünen Sessel gefletzt über den zwischenzeitlich sturzbachartig Rotwein geflossen sein musste, jedenfalls war das Sitzmöbel nur noch teilweise grün.

Sonderborg hatte rund zwei Dutzend großformatige Papierbögen – der offene Beistellschrank verriet, woher er sie hatte – rund um den Sessel ausgebreitet und tippte mit der Stiefelspitze auf die, die ihm am nächsten lagen.

»Was ist das?«

Till überlegte blitzschnell, ob er dem bräsigen Kerl die Wahrheit verschweigen oder verschleiern sollte, kalkulierte aber eine unzutreffende Antwort als zu großes Risiko. Es war ja nicht klar zu erkennen, welch Geistes Kind dieser Sonderborg war. Vielleicht hatte er sich schon ein Bild gemacht und wollte sich nur ein Bild von der Aufrichtigkeit seines Gegenübers machen.

»Das sind Zeichnungen, mit Rötelstift gefertigt, die ich von diesem Haus gemacht habe.«

»Warum?«

»Wenn der Krieg vorbei ist ... und ganz Teutschland dank des beherzten Eingreifens von seiner Majestät König Gustav Adolf wieder freie Religionswahl hat …, dann gedenke ich dieses Geschäftshaus wieder aufzubauen. Bisher fehlen Geld und Zeit und Gelegenheit. Diese Zeichnung hier zeigt die Erweiterung des Nebenflügels bis hinüber an die Gerbergasse. Diese Zeichnung hier ….«

»Halt stopp … was zeigt dieses Blatt?«

»Das ist der Querschnitt eines Stützbogens, einmal mit drei, einmal mit vier Metern Bogenhöhe.«

»Und das hier?«

»Wir werden eine neue Lüftung brauchen. Das hier wird das neue Lagerhaus, mit Lüftungsklappen an der rückwärtigen Seite.«

»Wo hast du gelernt, so zu zeichnen?«

»In Genua.«

»Das liegt in Spanien.«

»In Italien, um genau zu sein.«

»Du nimmst es genau. Ich verstehe ein wenig von diesen Dingen. Die Zeichnungen sind besser als ich sie machen könnte, besser als all das, was ich bisher gesehen habe.«

Till machte eine knappe Verbeugung.

»Aber dir fehlt Geld, um auch nur etwas davon bauen zu lassen. So ist es doch?«

»So ist es.«

»Da wüsste ich Abhilfe.«

Sonderborg schlug zweimal mit dem Säbelknauf auf die Dielenböden, eine Ordonanz erschien: »Die gelbe Schachtel, Kerl, aber im gestreckten Galopp!«

Die Ordonanz polterte die Treppe hinab, wieder hinauf und überreichte Sonderborg eine etwas zerknautschte Schachtel.

»In dieser Schachtel ist die Lösung deiner Probleme. Und genau genommen könntest du auch noch ein zweites Haus dieser Größe bauen. Mach auf!«

Till löste eine Schnur, hob den Deckel ab und erschrak.

»Kirchenraub?«

»Aber, aber, aber, Rothmann! Wir sind doch gut lutherisch, oder? Das ist ein Götze. Puppen, die angebetet werden, sind Götzen. Die Katholischen mögen das hundertmal eine Mutter Gottes nennen. Diese Puppe ist aus massivem Gold. Davon kannst du dir in Peine zwei der besten Straßen kaufen. Oder so viel Tuch, wie diese Stadt in einem Jahrhundert nicht auftragen kann.«

»Was willst du, dass ich dafür tue?«

»Du sollst zeichnen. Aber für einen höheren Zweck.«

71 *Wie Spee den Auftrag erhielt, sich selbst zur Strecke zu bringen*

Spee war sich durchaus bewusst, dass es zwei Männer waren, die bisher den harten Griff an seine Gurgel verhindert hatten. Der oberste Ordensgeneral in Rom, Vitelleschi, und der oberste Jesuit Kölns, der Pronvinzial Nickel. Beide sagten – beziehungsweise ließen brieflich aus der Ferne verlauten –, dass Spee keinesfalls als Autor der *Cautio* zu gelten habe.

Der Provinzial Nickel ließ es Spee mit einem Lächeln wissen, das irgendwo in der Mitte zwischen Herzensfreundschaft und stillem Einverständnis angesiedelt war. Aber Spee wusste, dass diese beiden Säulen nicht unverrückbar, nicht unumgehbar waren. Und es gab andere Figuren auf dem Kölner Schachbrett. Es gab einen neuen schwarzen Turm.

Der neue Rektor des Kölner Konvents hieß Horn; und für Spee hätte er nicht schlimmer heißen können. Pater Horn hatte er in seiner Kölner Antrittsvorlesung als üblen Hexenjäger zum Gespött eines johlenden, tobenden, zischenden Auditoriums gemacht. Spee hatte Horns grobdumme Ansichten zur »Rechtmäßigkeit torturierender Befragung« seziert, so wie ein Anatom einen Leichnam bis in die Muskelfasern zerlegt.

Es zirkulierte damals schon tags darauf ein Witz in den Gassen: Was ist der Unterschied zwischen Pater Horn und dem Teufel? Der Pater führt das Horn im Namen, der Teufel trägt es nur am Kopf.

Als Horn am 1. Advent des Jahres 1631 den Dozenten Friedrich Spee in sein Schreibzimmer rufen ließ, das trotz der beengten Kölner Verhältnisse stattliche Abmessungen hatte, rechnete Spee so ziemlich mit allem: von der abermaligen Bestätigung seines Lehrverbotes (dass er es höchst erfolgreich ignorierte, war bis dato offiziellerseits hingenommen worden), seiner Entlassung aus dem Orden bis hin zur Ankündigung eines Prozesses wegen Hexerei oder Begünstigung hexerischer Umtriebe. Stattdessen fand er nur zwei Bücher vor, die auf Horns leerem Schreibtisch lagen. Beide kannte er gut.

Horn fixierte Spee mit seinen zwei Augen, so wie wohl eine Spinne mit ihren acht Augen eine Fliege im Netz fixiert.

»Bruder, du wirst dich verwundern, dass vor mir, der ich in hunderterlei schriftliche Geschäfte verwickelt bin, nur zwei Bücher liegen. Ich selbst finde es verwunderlich. Aber üble Umstände zwingen mich, alles Wichtige zurückzuschieben und über das da … «

Horn machte eine angewiderte Wischbewegung mit seiner Rechten » … zu befinden.«

Als Spee nur über die zwei Bücher hinwegschaute, so als beträfe ihn der Casus nicht, fuhr er mit deutlich mehr Schärfe in der Stimme fort: »Rechts liegt die *Cautio criminalis*. Ein pestilenzisches Buch, in dem die aufopfernde Bemühung von rechtschaffenen Menschen und der Kirche aufs Gröblichste bekotet werden. Links liegt abermals die *Cautio criminalis*. Beide Bücher nennen als Autoren einen Anonymus. Das linke Buch ist neueren Datums.

Nun verhält es sich so – und diesem Urteil möchte ich nicht widersprechen –, dass es in Köln niemanden gibt, der des Lateinischen mächtiger ist als du, Bruder Spee. Was ich mir von dir erwarte, ist dieses: Es finden sich in dem linken Buch, also in der neueren Ausgabe, Erweiterungen und Veränderungen gegenüber der älteren Ausgabe. Unserem jungen Bruder Melchior hatte ich es übertragen, all jene Stellen zu markieren, die Erweiterungen oder Veränderungen darstellen. Von dir, Bruder Spee, erwarte ich eine Expertise, ob die Änderungen von derselben Hand und aus demselben verstockten Herzen kommen wie die Zeilen des älteren Buches. Denkbar, wenn auch nach meinem Dafürhalten nicht sehr wahrscheinlich, wäre ja auch, dass die Änderungen in der neuen Auflage von anderer Hand stammen – erkennbar daran, dass die Latinität eine andere ist.

Das herauszufinden wird dir ein Leichtes sein, hörte ich doch aus deinem Munde, dass das Latein so bild- und wendungsreich sei, dass jeder der klassischen Autoren und Meister der *Lingua latina* seinen ganz eigenständigen, unverwechselbaren Wortschatz eingesammelt hat.

Du wirst fragen: Warum diese Mühe? Warum Dreck auseinanderklauben? Nun denn, je eher wir diesen Anonymus entlarven können, desto schneller können wir die Pest eindämmen, die von diesen Büchern ausgeht. Rechne es dir als Ehre an, dass wir deine Mitarbeit dafür zu schätzen wissen.

Du kannst beide Bücher mitnehmen zum sofortigen Studium. Oder soll ich annehmen, dass du sie geheim in deiner Zelle aufbewahrst?

Nein …? So nimm sie mit und überlasse mich wieder meinen Geschäften. Gelobt sei Jesus Christus.«

»Gelobt sei Jesus Christus.«

Als sich Spee anschickte, die Tür zu schließen, fiel ihm noch einmal Horns Stimme in den Rücken: »Spee, und sage Er der Bedienerin, sie soll mit heißem Wasser und einer harten Bürste kommen, auf dass der Pestgestank nicht an meinem Schreibtisch kleben bleibe.«

72 Oh Teutschland, so vieler Hexen Mutter

Es war wenige Tage nach seinem Zusammentreffen mit Rektor Horn, dass Spee einen langen Brief erwog, einen Brief gerichtet an keinen geringeren als den Heiligen Vater zu Rom. Ihm war aus verschiedenen Richtungen zugetragen worden, dass Rom die teutsche Hexenbrennerei für eine durchaus verzichtbare Übung hielt. Auch war ihm von einem Streitgespräch berichtet worden, das dem Vernehmen nach ein Kardinal aus Sevilla mit einem sehr hochrangigen teutschen Geistlichen geführt hatte – an höchstmöglichem Ort, auf den Stufen des Petersdomes. Der Teutsche, so hieß es, war ein Dominikaner aus Bamberg, wo noch vor wenigen Jahren die Glut eines abgebrannten Scheiterhaufens zum Entzünden des nächsten genutzt werden konnte, wo ganze Familien straßenweise in die Folterkeller und in den Feuertod getrieben wurden. Dieser Bruder lobte den »heiligen Fleiß« seiner Stadt und verwies mit allerlei Bibelzitaten darauf, dass es Gottes Gebot sei, Zauberer und Hexen auszubrennen. Der Spanier ließ den Teutschen alle Zeit, die Fürchterlichkeit der Satansdiener auszumalen und stellte dann nur wenige Fragen:

»Bruder, glaubst du, das ruhmreiche Spanien sei weniger katholisch als das Teutsche Reich?

Gut, wenn du das nicht annimmst: Glaubst du, dass wir Brüder im ruhmreichen Spanien Gottes Regeln und Gebote weniger gut verstehen und befolgen als ihr es tut?

Gut, wenn du auch das nicht glaubst, dann erkläre mir, Bruder, weshalb im ruhmreichen katholischen Spanien keine Hexe, kein Zauberer weit und breit gebraten wird, bei euch aber deren schockweise, wie Krammetsvögel auf dem Vogelherd im Herbst?«

Als der Teutsche zögerte, soll der Kardinal aus Spanien gesagt haben (Spee hatte sich die Rede des Spaniers, die ihm in dürren Worten berichtet worden war, in seinen Worten zurechtgelegt):

»Als Knaben haben wir im Schatten der großen Kathedrale von Sevilla ein Spiel gespielt; wir nannten es *Fass den Satan*! Einem von uns hefteten wir ein rotes Band ans Hemd, als Zeichen, dass er der Teufel ist. Dann liefen alle schreiend hinter ihm her, und wer ihn fing, durfte das Band einem anderen anheften, auf dass nun er der Teufel ist. Mir scheint, oh mein teutscher Bruder, dass eure Art der Hexenjagd nicht eben anders ist. Ihr macht euch eure Hexen selbst, und dann fangt ihr sie mit viel Geschrei. Ich glaube nicht, dass ihr Gott dem Herrn beim Jüngsten Gericht erklären könnt, was Gutes war an eurem Spiel.«

Spee hatte sich die Szene auf den heiligen Stufen des Vatikan – wachend, tagträumend und träumend – ausgemalt; und wäre er des Pinsels mächtig gewesen, er hätte zu einem großen allegorischen Flügelaltarbild angesetzt: Rechts der brennende Busch, der dem Moses erschien, links ein brennendes Herz, Symbol der göttlichen Liebe, und auf dem Hauptbild ein brennender Scheiterhaufen, dessen Glut der Heilige Christophorus mit einem kräftigen Guss aus den Wolken löscht. Alles überflattert von einem langen Spruchband, das in den Wolken hängt und die letzten Worten des sterbenden Heilands trägt: »Vater, vergib ihnen, denn sie wissen nicht, was sie tun!«

Die Landschaft aber, vor der der brennende Scheiterhaufen und der Löschwasserschwall sich befinden, sollte eine teutsche sein. Im Hintergrund stellte sich Spee die Mauern von Köln vor, verdunkelt von Unwettern ... oder das Weichbild der Stadt Speyer. Oder die Zinnen von Paderborn.

Spee war zwar kein Meister des Pinsels, wohl aber ein Meister der Feder. Und so dachte er zwei schlaflose Nächte mit der Schreibfeder in der Hand: Sollte ich nicht den Heiligen Vater bitten, über seinen Unwillen an teutschen Zuständen hinauszugehen und den Brüdern, den Dominkanern allzumal, ihre Hexenbrennerei auszutreiben? Warum grummelte Rom nur und schwieg dann?

Oh Teutschland, so vieler Hexen Mutter, schrieb Spee auf das Papier, das in seiner Kammer lag. Er schrieb es justament auf jenes Papier, auf dem er sich und die *Cautio* dem Rektor Horn schriftlich ausliefern sollte.

73 Wie Till einen schwierigen Handel beschloss

An einem Tag, der von Sonnenauf- bis Sonnenuntergang mit feinen Schneeflocken um sich warf, heirateten Till und Selma. Es war eine kleine, stille Feier. Selma hatte sich Predigt und Andacht in schwedischer Sprache gewünscht – und es war der Kriegsgott, der diesen Wunsch erfüllbar machte. Ein Offizier namens Björn Lundgren, Ordonanz bei Sonderborg, übersetzte die Predigt eines lutherischen deutschen Geistlichen ins Nordische und sang sogar im Duett mit Selma ein schwedisches Hochzeitslied: »Här är guda gott att vara ... «

Von irgendwoher kamen drei Fässer mit Hamburgischen Bier gerollt und auch ein Schock gebratener Enten fielen aus einem kalten, grauen Himmel. Seine erste Nacht als Ehemann schlief Till mit dem Ohr an Selmas Bauch ein. Ein künftiger Jemand strampelte sich, Till und Selma in den Schlaf.

Der Februar trieb die Wölfe in die Dörfer und bis vor die Stadtmauern von Peine, erstickte die Fische im Eis, griff sich die Menschen, denen wärmende Decken fehlten, im Schlaf, fuhr ihnen in die kranken Lungen, schlug die vom Krieg geschlagenen, so als wären Not und Siechtum nicht schon hart genug.

Till hatte Sonderborg erweichen können, die Kronbergs in die heizbare Waschküche des Haupthauses ziehen zu lassen, zumal ein Großteil der Offiziere und Mannschaften das Haus bereits wieder verlassen hatte. Kronbergs Frau, die sich vor Dankbarkeit fast verströmte, ließ sich von

Till die Genehmigung geben, ein Ave Maria und 100 Rosenkränze für ihn zu beten.

Mit der großen Rothmann-Stube hatte es eine seltsame Bewandtnis in jenen Tagen: Unablässig kamen Kuriere, offizielle und inoffizielle. Mehrmals erkannte Till Gesichter, die er aus Schweden, aus dem Stettiner Lager, vom Zug die Oder aufwärts oder aus Frankfurt kannte. Er vermied Gespräche.

Am 14. März wurde Meta geboren. Trotz der mühsamen Schwangerschaft war es eine leichte Geburt. Meta schrie kräftig und ballte kleine rote Fäuste.

Till verfasste ein Ankunftsgedicht – noch am ersten Lebenstag seiner Tochter:

FÜR META
ZUR UMKEHR IST ES EH ZU SPÄT.
DESHALB: DU SOLLST WILLKOMMEN SEIN.
JETZT, WO ES KALT ZUR TÜR REIN WEHT
UND TOD MIT ALLEN HEEREN GEHT,
HÖR ICH DICH GERNE SCHREYN.

Till tauschte einen Teppich gegen ein erlegtes Wildschwein und feierte ein Geburtsfest, wie es in dieser hartgefrorenen Zeit wohl kein zweites in Peine gab. Sonderborg spendierte Rotwein, der irgendwo im Umland geraubt worden war, was man ihm aber nicht anschmeckte. Ein lutherischer Geistlicher, der erst vor kurzem nach Peine zurückgekehrt war und sich zu Tills Freude als Schüler »des wunderbaren Kern« bezeichnete, las aus der Lutherbibel und predigte zu Lukas 18: *Lasset die Kindlein zu mir kommen ...*

Noch am Abend des Geburtsfestes beorderte Sonderborg Till ins Hauptquartier, in die große Rothmann-Stube.

Er hatte eine Stadtansicht von Köln – einen Kupferstich von einiger Meisterschaft, wie Till erkannte – über ein großes Wandbild gehängt, schwenkte eine Pfeife, bot sie Till an und sagte dann: »An diesen Stadtmauern muss wohl jeder verzweifeln, der sie ungebeten übersteigen will.«

Till nickte Zustimmung: »Köln ist uneinnehmbar, das habe ich oft genug sagen hören im schwedischen Heer.« Er reichte die Pfeife an Sonderborg zurück; der nebelte sich kräftig ein und sagte: »Wir sollten zwischen schwer möglich und unmöglich unterscheiden. War nicht auch das Perserheer unschlagbar, bis Alexander die schiefe Schlachtreihe erfand? War nicht auch Troja uneinnehmbar, bis Odysseus die List mit dem Holzpferd ersann?«

»Wie groß müsste ein Holzpferd sein, damit es mit ausreichend Soldaten im Bauch Köln niedertrampeln kann?«, entgegnete Till.

»Gut gegeben, Kerl!« kicherte Sonderborg. »Aber was ich mit dem Beispiel sagen will, ist etwas ... Grundsätzliches: Schlachtenlenker können sich immer nur auf Dinge einstellen, die sie kennen, die sie für möglich halten. Nicht auf Dinge, die es noch nicht gab.« Sonderborg stampfte in bekannter Manier auf die Dielenbretter und beauftragte die Ordonnanz, Ziegenkäse, Brot und Bier kommen zu lassen. Eine erstaunliche Order, nach all den überbordenden Tellern voller Wildschweinfleisch.

Till missfiel es, am Geburtsfeiertag seiner Tochter über Militärisches parlieren zu müssen. Aber was half es, er war Hausherr, aber nicht Herr im Haus. Also zwang er sich, eine Frage zu stellen, die höfliches Interesse markierte: »Was könnte es denn sein, das man in der Garnison von Köln *nicht* kennt?«

»Dass das Feuer nicht wie üblich von außen, nicht aus den Kanonen vor den Mauern kommt, sondern von innen.«

»Von innen? Wie soll das gehen?«

Sonderborg hatte einen großen kreisrunden Taler aus Ziegenkäse vor sich auf den Tisch gelegt. »Von außen ist kein gewaltsames Eindringen möglich ..., aber hier ...«, er bohrte mit vier Fingern seiner linken Hand vier Löcher gleichzeitig in die weiße, weiche Scheibe » ... wenn es hier gleichzeitig gewaltig kracht, dann ... poff!«

»Ich verstehe nicht.«

»Ich bin nicht befugt, dich in militärische Geheimnisse einzuweihen. Nur so viel: Gustav Adolfs Artillerie ist die beste, die die Welt je gesehen hat. Wenn es möglich wäre, auf ein geheimes Kommando aus allen vier Himmelsrichtungen auf Köln zu schießen und dabei die Pulvertürme zu treffen, von denen wir wissen, dass es vier große gibt, und wenn das auch noch so genau auf einen Schlag geschähe, als wenn die eine Explosion die anderen in Gang setzte, dann wäre das ein guter Moment für … «, Sonderborg suchte nach einer Formulierung,

» … sagen wir, ein guter Moment für ein bestimmtes Angriffsmanöver, das zu erklären ich weder befugt noch gewillt bin.«

»Du willst mir damit sagen, es käme zuvor darauf an, die Pulverlager genau zu lokalisieren?«

»Etwa so genau wie du die Stützmauern und Spannbögen in deinen Bauzeichnungen eingemessen hast.«

»Solche gezeichneten Pläne gibt es in Köln. Es gibt sie in jeder Stadt.«

»Richtig. Und mein Auftrag bestand auch ursprünglich darin, mit Hilfe unserer kleinen Goldmarie-aus-der-Schachtel in Köln jemanden zu kaufen, der uns Kopien von diesen Plänen zeichnet.«

»Aber?«

»Dieser Jemand hätte sich gern einen Batzen Gold verdient. Aber er war leider kein helles Licht. Er wurde ertappt, als er mit den Kopien aus der Stadt wollte. Soweit wir in Erfahrung bringen konnten, wurden daraufhin die Grundrisspläne und Bauzeichnungen aller Wehreinrichtungen, Wälle, Forts, Basteien ausgelagert. An einen Ort, den vermutlich nur zwei, drei Personen in Köln kennen.«

»Und nun sucht ihr jemanden, der neue Pläne zeichnet.«

»Habe ich diesen Jemand nicht schon gefunden?«

Till machte sich über den Ziegenkäse her, stopfte dabei jedes zweite Stück in seine Jackentasche; Selma musste nun für zwei essen und auch die Kronbergs, die mit Gesinde und einem hustenden Großvater noch immer in der Waschküche kauerten, waren dankbar für jeden Bissen.

»Darf ich offen sprechen?«, setzte Till die Unterhaltung fort.

»Alles andere wäre die halbe Niederlage.«

»Was schützt mich davor, dass ich leer ausgehe, wenn ich mit den Plänen zurückkomme?«

Sonderborg tat, als verschluckte er sich am Rauch seiner Pfeife: »Hola, das ist starker Tobak! Du sagst mir ins Gesicht, ich könnte dich um den Lohn prellen.«

»Das sage ich nicht. Alles kehrt sich um, jedes Jahr neu, wie die Erde unter dem Pflug, was gestern oben war, ist heute unten. Gestern war es hier kaiserlich, jetzt ist es schwedisch. Und morgen?«

»Du willst Sicherheiten. Gut also, du kannst mit der Goldmarie reisen. Das bedeutet, sie kann dir zwischenzeitlich nicht davonlaufen. Nun ist es allerdings so, dass auch ich Sicherheiten brauche. Wir werden Peine verlassen. Adolf ruft. Aber ich lasse ein paar Leute hier, die deine Frau und das Kind … sagen wir … bewachen. Denn zu Frau und Kind wirst du wohl zurückkehren, nehme ich an. *Mit* den Plänen.«

»Und wenn ich nicht zurückkehre? Wenn auch ich gefasst werde? Gefangene Spione werden gehenkt.«

»Dann haben wir eben beide Pech gehabt.«

»Ich muss eine Nacht darüber schlafen.«

»Ich wünsche eine gute Nacht.«

74

Wie Spee dem Bischof zu Köln länger zuhören musste als ihm lieb war und in der folgenden Nacht zu Tinte und Gänsekiel griff

»Wir können uns keinen Besseren, keinen Empfindsameren, keinen Geeigneteren vorstellen als Dich, Bruder Spee!«, sagte der Bischof und strich unablässig über den versilberten Leib des Gekreuzigten, der an einer feinen, doppelt gelegten Kette an seinem Hals hing.

Spee nahm seinen Mut zusammen und sagte: »So erlaube die Frage: geeignet *wozu*? Geeignet die jungen Brüder zu unterweisen?«

Den Bischof, einen Greis mit ausgezehrtem Gesicht und tief liegenden Augen – so tief, dass Spee die Blickrichtung nicht erkennen konnte – schien die Frage zu irritieren. Er legte die Streichelhand flach auf den metallenen Christus, so als wollte er den Gottessohn Spees Blicken entziehen; dann reckte er das Kinn vor, über dem sich durchschimmernde Lederhaut spannte: »Aus deiner Frage, Bruder, spricht ... Misstrauen.«

»Es ist nicht Misstrauen, Bruder Bischof. Vielleicht ist es nur so, dass das Leben aus mir einen Menschen gemacht hat, der ein Unwetter befürchtet, wenn sich eine kleine Wolke zeigt.«

Der Bischof nickte und begann wieder den Heiland zu streicheln: »Sehr wohl, die Zeiten sind danach, den Horizont nach Unheil abzusuchen; jeder Reiter, der über den Berg herangesprengt kommt, kann auch sogleich eine Pistole abfeuern. Jede laue Luft kann Brandgeruch bringen. *Vanitas et omnia vanitas.*«

Der Bischof blickte mit seinen Totenkopf-Augenhöhlen in eine nicht erkennbare Ferne, und Spee glaubte schon, das anberaumte Treffen würde in Unverbindlichkeit auslaufen, als der Bischof plötzlich präzise wieder dort ansetzte, wo das Gespräch abgeglitten war. »Es gibt keinen

Besseren, keinen Empfindsameren und keinen Geeigneteren für den schwersten Dienst, den wir zu vergeben haben. Spee und kein anderer! Für den Kampf um die Seelen der

Eingekerkerten, der Totgeweihten, der Sündenbeladenen.«

»Du willst mir damit bedeuten ... «

Der Bischof schnitt ihm das Wort ab: »Kerkerseelsorge. Wir wissen sehr wohl, wie wunderbar du um die Seelen der Beladenen zu kämpfen weißt. Wir wissen es aus der Zeit, als du das letzte Mal in Köln weiltest. Und auch von deiner Hingabe zur Seelenrettung im Städtchen Anröchte ward mir berichtet. Bewegend, wahrlich bewegend!«

Von draußen war ein Singen zu hören. Spee vernahm es; die schon leicht ertaubten Ohren des Bischofs erreichte der Gesang nicht. Spee stieß das angelehnte Fenster der Bischofsstube auf, so dass auch der Alte aufmerkte.

»Hilf Rochus gegen Leid und Pest,
halt uns in deiner Liebe fest,«

klang es herauf.

Der Bischof bekreuzigte sich, murmelte tonlos ein Gebet und wandte sich dann an Spee. »Kein Verblichener wird dieser Tage mehr verehrt und angerufen als Rochus von Montpellier. Ist er ein Heiliger? Oder ist er allein deshalb kein Heiliger, weil die Bestätigung seiner Heiligkeit durch Rom noch nicht vollzogen wurde? Das Volk bittet um seine Fürsprache. Aber können wir es dem Volk überlassen, zu bestimmen, wer ein Heiliger ist und wer nicht? Noch die Menschen auf der Schwelle zum Tod, übersät von Pestbeulen, schreien seinen Namen. Hilf, Rochus, hilf! Aber ist jener Rochus allein deshalb schon ein Heiliger?«

Dem Alten war offenbar nicht an einer Antwort gelegen, denn er fuhr ohne Pause fort: »Mein Augenlicht ist nicht mehr das Beste, Bruder Spee. Sag, sind es viele, die die Gasse heraufkommen?«

Spee beugte sich aus dem Fenster, das nur knapp schulterbreit war.

»Es sind derer wohl knapp fünfzig.«

»Das ist gut. Gut so. So ist es eine Fürbitte, dass die Pest fernbleibe. Wäre es eine Prozession schon im Angesicht des heraufziehenden Todes, wären es derer leicht fünfhundert … Schließe er das Fenster!« Spee tat wie ihm geheißen.

Der Alte fuhr fort: »Fürbitte… Wenn es eine Rangordnung der Gebete gäbe, so müsste die Fürbitte weit oben über allen anderen Gebeten stehen. Und ich weiß, dass deine Fürbitten schon oft Licht in die Kerker gebracht haben. Die Kirche bittet dich, Bruder Spee, dein Wirken aus dem Hörsaal in die Verliese zu verlegen. Die Besten müssen dahin, wo die Not am größten ist. Wir sind berufen, Seelenfischer zu sein, Seelenfischer wie der Heilige Petrus. Und da, wo die Sünde am schwersten ist und die Abgründe am abgründigsten, da können nur die Besten fischen.«

Spee sah den Pferdefuß, der größer und breiter war als der Fuß jenes gepanzerten Fabeltieres mit gehörnter Nase, das ein Meister namens Dürer aus Nürnberg – angeblich der Natur entsprechend – in Holz geschnitten und auf Papier gedruckt hatte. Oh Gott, gib Rat! Könnte es nützlich sein, wenn er zu erkennen gab, dass er die Finte bemerkt hatte? Spees Gedanken begannen zu rasen: Oder wäre es klüger, arglos und scheinbar tumb weiter zu fragen, so als hätte er nicht bemerkt, dass sein neues Amt nur dem Zweck dienen sollte, ihn von den jungen Brüdern und ihrer Wissbegierde abzuziehen?

Aber ehe er sich noch darüber klarwerden konnte, wie er sich zu all dem stellen sollte, brach die Frage aus ihm hervor: »So ist beschlossen, dass ich meine *lectiones* nicht weiterführen kann?«

»Die Schwere der Aufgabe, die in den Kerkern auf dich wartet, erlaubt kein zweites Amt gleichen Gewichts, Bruder. Und um auch dieses in aller füglichen Klarheit zu sagen: Es wird *nicht* deine Aufgabe sein, die Körper und Leben der Eingekerkerten zu retten; die sind fast allzumal verwirkt. Es wird deine vornehmste Aufgabe sein, ihre Seelen zu retten.«

Es entstand eine lastende Pause. Die gesungenen Bittgebete an den Schutzheiligen gegen die Pest wurden wieder lauter; wahrscheinlich kam die kleine Prozession nach einer Schleife über den Kornmarkt auf selbem Weg wieder durch die Bischofsgasse zurück.

»Hilf Rochus gegen Pest und Leid
Das Heil des Herrn sey nimmer weit … «

Der Alte räusperte sich und sprach mit leicht erhobener Stimme, einer Stimmlage, die unter Klerikern als die Verkündigungslage bekannt ist: »Unser Mitbruder Konradius, der jüngst aus Osnabrück zu uns stieß, wird deine *lectio* weiterführen. Er hat sich schon bereit erklärt.«

»Und es wird als verzichtbar erachtet, dass auch ich mich bereit erkläre?«

»Es ist alles mit Rektor Horn besprochen.«

Der Name Horn fuhr wie ein glühender Eisensplitter unter Spees Hirnhaut. Rektor Horn würde sicherlich Vorsorge getroffen haben, dass jener Nachfolger an seinem Pult – ein Bruder, den Spee nicht kannte – ein rechtgläubiger Verkünder der »Hexengerechtigkeit« sein würde – einer, der überzeugt ist, dass auch erfolterte und herbeigequälte Geständnisse brauchbare Geständnisse sind.

Der Alte hielt den Christus unter seinem Hals nun mit einer Knochenfaust umschlossen, so als wollte er ihn ersticken. Als er erneut (und, wie zu bemerken war, abschließend) zu sprechen begann, kam eine Kälte über seine welken Lippen, die einer Januarnacht alle Ehre gemacht hätte: »Wir alle können nicht fortwährend dort stehen, wo uns mit Palmzweigen zugewedelt wird. Und manchmal offenbart sich ein tiefer Sinn in dem, was uns wie Willkür erscheinen mag. Jede Seele, die du im Kerker dem Teufel entreißen kannst, wiegt tausendfach schwerer als ... lass es mich in aller brüderlichen Liebe sagen, Bruder Spee ... wiegt schwerer als der Versuch, ein Haar des Teufels zu spalten, über der Frage, wie sehr und wie gründlich der Satan in den Leibern von Hexen und Zauberern Wohnung nimmt. Gott befohlen!«

In der Nacht nach seiner Versetzung unter die Erde durch den Bischof zu Köln schrieb Spee – bei unzureichendem Kerzenlicht und mit einer über Gebühr benutzten Feder – eine Szene, die er die »Wiederkehr der Belsazäischen Flammenschrift« nannte. Diese Szene, deren Wortlaut verschollen ist, war (wie sich aus Sekundärbezügen schließen lässt) ungefähr so ausgestaltet:

Als die Mutter Jesu – von ihrem Sohn zur Rettung der Gerechten auf die Erde geschickt – in die Stadt Köln gelangte, fand sie auf dem Getreidemarkt einen grossen Haufen Reisig aufgeschichtet, aus dem ein Pfahl emporragte. An diesen Pfahl hatte man eine Frau und einen Mann gebunden. Um den Haufen stand das Volk von Köln, und der Geifer, der gemeinhin nur aus Mündern rinnen kann, rann aus Augen.

Dem Fuss des Scheiterhaufens am nächsten standen Geistliche. Sie segneten, laut psalmodierend, das Feuer, das ein Henkersknecht gerade an das Holz legen wollte.

Da griff Maria das Feuer mit blossen Händen und schleuderte es gegen den Himmel, der sich verdunkelt hatte, auf dass das Feuer nur umso heller glänze. Und das Feuer brannte ein Menetekel ins Dunkel:

»Ihr wurdet gewogen und für zu leicht befunden«

Als das Volk von Köln, das sich wimmernd und schreiend vor Angst niedergeworfen hatte, wieder zu Sinnen kam, war der Pfahl inmitten des Scheiterhaufens leer. Die Geistlichen aber, die sich zuvor angeschickt hatten, das Folterfeuer zu segnen, standen nackt da, während ihre Gewänder zu Füssen des Folterpfahles lagen.

Da nahm Maria die Flammenschrift vom Himmel und warf sie auf die Gewänder der Geistlichen, auf dass sie verbrannten. Es gab einen üblen Geruch.

75 Wie Till auf einem Goldschatz sitzend gen Köln rollte

Die Kutsche, mit der Till Rothmann reiste, war von weit feinerer Bauart als jene, in der er vor Jahr und Tag auf Stralsund zugerollt war. Die Karosserie war an vierfach gezogenen Lederriemen aufgehängt, die noch einen Gutteil der Stöße auffingen, welche die Eisenblattfederung der Achsen nicht schlucken konnte.

Das regendichte Abteil war mit Samt ausgeschlagen, und es gab eine kluge Vorrichtung, welche erlaubte, die Sitzpolster zu einer Liege zu erweitern. Gegen die Märzkälte halfen dicke Filzdecken.

Till hatte das Gefährt als Beutestück aus gräflichem Besitz erkannt; ein nur schlecht übermaltes Familienwappen ließ darauf schließen. Wahrscheinlich gehörte die Kutsche zur Tillyschen Beute, die er nach dem Magdeburg-Massaker abgeschleppt und ein halbes Jahr später bei Breitenfeld an die Schweden verloren hatte.

Der Kutscher, den Sonderborg abkommandiert hatte, war ein hagerer Kerl, der in seinem Zivilrock arg verkleidet aussah, ein Haudegen, der schon im Heer des Dänenkönigs gekämpft hatte und nach Christians Niederlage gegen Tilly im August 1626 bei Lutter am Barenberg ohne rechten Fleiß und Eifer versucht hatte, sich als Hufschmiedgehilfe durchzuschlagen. Aber er gehörte wohl zu den Kerlen, die außer Krieg nichts gelernt hatten und denen jede unblutige Arbeit missriet. Ein ganzes Jahr verbrachte er wegen Viehdiebstahls in einem zugigen Verlies in Lüneburg. In Lübeck entkam er mit knapper Not dem bewaffneten Aufgebot eines ehrbaren Kaufmanns, der seine Tochter gern unberührt in die Ehe geführt hätte.

Kaum dass die Kunde, Gustav Adolfs Fuß hätte teutschen Boden berührt, über Land strich, war er in Richtung Stettin aufgebrochen, um seine persönliche Rechnung mit Tilly zu begleichen. Persönlich insofern, als ein Tillyscher Pistolenschütze ihm am Barenberg zwei Finger seiner linken Hand abgeschossen hatte.

Der Kutscher war schweigsam, was Till sehr gelegen kam, gab es ihm doch die Gelegenheit, mit sich und mit vielen nicht mitteilbaren Gedanken allein zu sein auf der langen Reise von Peine nach Köln

Till hatte Erkundigungen eingezogen. Die Goldstatuette würde in der Tat mehr einbringen als nötig war, um die Kronbergs auszuzahlen, um nötige Ausbau- und Umbauten vorzunehmen und obendrein noch alle Lager bis unter die Decken mit bester Ware zu füllen. Letzteres aber schien ihm ein immer fragwürdigeres Unterfangen zu sein. Volle Scheuer und gut bestückte Lager zogen plündernde Soldateska an wie Unrat die Fliegen. Was aber konnte, was sollte ihn, Selma und das Kind ernähren, wenn nicht die Tucherei? Gesang und Gespringe auf den Märkten doch wohl kaum …

Oder doch? Hatte er nicht auf seinem Weg mit dem Thespis-Karren von Frankfurt an der Oder bis zur Weser immer wieder fahrendes Volk gesehen, Männer, Frauen, Kinder, die über Land zogen, den Himmel als Dach? Sicher vor Räubern und Plünderern, weil auch noch der dümmste Schurke weiß, wo etwas und wo nichts zu holen ist. Wenn große Tagesmüdigkeit über ihn kam, schweiften seine Gedanken in andere Richtungen: Ein großes Gasthaus vielleicht … wo die besten Weine und Speisen gereicht würden.

Gute Speisen zu guten Versen, Liedern und Geschichten. So ein Gasthaus für Menschen mit feiner Zunge könnte man »Zum Witzigen Mann« nennen … oder doch lieber »Zum Schwedischen Sommer«?

Fünffach größer als der Gelbe Hahn zu Höxter sollte es schon sein. Ein Saal mit einem Kronleuchter von zweihundert Kerzen, der eine Bühne erhellt, auf der seine feinsten Lieder und Gedichte vorgetragen würden … vorzugsweise von Selma und Meta, die in seinen Wachträumen fünfzehn Jahre übersprungen hatte und das unverbrannte Gesicht seiner verbrannten Schwester trug, der Namenspatin. Aber Frieden müsste sein … alle Pläne waren nichts wert, wenn weiterhin die Kriegsfackeln brannten an allen Enden Teutschlands und die Menschen versengten.

Die Goldstatuette ruhte unter dem Sitzpolster und zwar so kunstvoll eingezwängt, dass ein Räuber, der das Innere aufriss, die Kostbarkeit kaum finden könnte, zumal eine Scheinbeute darüber gestreut war, ein paar Golddukaten.

Till hatte Selmas Drängen widerstanden und nichts Konkretes über seine Mission erzählt. Selma raffte alles an Decken und Fellen zusammen, was sie greifen konnte, stopfte es in die Kutsche, um die Fahrt durch Spätwinterkälte erträglich zu machen. Ihre Ängste und Besorgnis waren groß. Till schwor, dass alles gut würde. Ein halber Meineid, denn mehr als halbes Glück traute Till der Geberlaune des Schicksals nicht zu.

Bei einem Dorf unweit von Paderborn, das fernab aller Heer- und Handelswege lag, fuhren sie an rauchenden Trümmern vorbei. Till ließ halten und zog Erkundigungen ein. Plündernde Horden waren eingefallen, keinem Heer, keinem Verband zuzuordnen. Wohl viele entlaufene Soldaten darunter, die sich ihren nicht ausgezahlten Sold selber besorgten. Und wohl auch vieleTotschläger wie die Augstecher. Oder noch schlimmere.

Einer Frau, die sich, an jeder Hand ein kleines Kind, der Kutsche in den Weg stellte, warf er zwei Münzen zu, und verringerte damit die Scheinbeute, die zur Tarnung über der Goldmarie lag. Am Ast einer Hute-Eiche baumelten fünf Männer, Krähen flogen auf, als die Kutsche an den Gehenkten vorbeifuhr. Zwei der Toten hatte man die Beinkleider entfernt; Till sah, dass man ihnen das Geschlecht abgeschnitten hatte, und er wusste – einen Kontrollblick ersparte er sich –, dass man es ihnen in die Münder gestopft hatte, ehe man die Schlingen zuzog. Und als es einen roten, sehr roten Sonnenuntergang gab, der die Wolken glühen ließ, dachte Till: Der Himmel weint Blut.

Möglicherweise entstand während seiner Fahrt nach Köln Till Rothmanns bekanntestes Gedicht »Du bleicher Mörder«, dessen erste fünf Zeilen noch vor Ende des Dreißigjährigen Krieges, vermutlich 1642 in Halle an der Saale, vertont wurden:

> OH, DASS DU DOCH AM BLUT ERSTICKST
> AM BLUT, DAS WIR DURCHWATEN!
> OH, DASS DU AUF DEN TOD ERSCHRICKST
> AN DEINEN MISSETATEN,
> O KRIEG, DU BLEICHER MÖRDER!

Till erreichte Köln, als die Spätwinterkälte, die ihn noch in Peine ins Mark gefahren war, schon gebrochen war und ein weißes Meer aus Buschwindröschen in den Ufergehölzen des Rheins schäumte. Als er die Türme sah und die Mauern, die sich wie fette Wülste um ein steinernes Herz legten, horchte er in sich hinein. Doch es war nichts zu vernehmen. Da war nur Leere.

Er schloss die Augen, versuchte sich ein brennendes Köln vorzustellen. Aber er sah nur die rauchenden Augenhöhlen von Frankfurt an der Oder. Jammer, nicht Jubel.

Und Adolf?

Es hieß, er sei auf dem »Zug durch die Pfaffengasse«, tief nach Süden; und die Städte fielen ihm zu wie reife Birnen. Schweinfurt, nur ein leichtes Klacken eines Gewehrhahnes und die Stadttore seien aufgeflogen. Die Franzosen, eigentlich seit Mai 1631 vertraglich zur Waffenbrüderschaft mit Bayern verpflichtet, hielten still – wohl in der Hoffnung, der schwedische Wüterich würde sich in all den Scharmützeln ein paar mittelschwere Wunden zuziehen, in die man dann später würde hineinstechen können.

Till hatte sich gewundert, dass all diese Berichte (Nachrichten über Siege und Niederlagen reisten schnell, obwohl kaum noch geordneter Verkehr vonstatten ging) nichts in ihm auslösten. Nichts! Keinen Jubel, nicht mal freudiges Aufmerken. Nichts!

Am 7. April 1632 hatte Adolf bei Donauwörth die Donau überschritten. Die Zugstraßen der Schweden seien, so hieß es, abgegrast als wäre die 8. Biblische Plage zurückgekehrt, der Heuschreckenfraß. Es hieß ferner, Adolf habe angeordnet, in seiner Spur solle kein Brot und kein Heringsschwanz liegen bleiben, damit ihm kein Heer nachrücken könne. Verbrannte Erde als Rückendeckung, Leichen als Nachhut, Grauen statt Morgengrauen. Solchen Berichten wäre Till noch vor wenigen Monaten wütend und lodernd vor Zorn entgegengetreten. Nunmehr fand sich in seinem Herzen kein Fürsprecher, der gesagt hätte: Nein, das kann nicht sein! Nicht Adolf!

Till maß die Mauerdicke vor sich mit den Augen. Kein Zweifel, das waren von Menschen geschaffene Gebirge. Diese Wälle also hatte sich Adolf für später aufgehoben. Und er, Till Rothmann, der entlaufene Soldat, der Sänger und Jahrmarktspossenreißer, der Tuchhändler und Flüchtling, er sollte Teil des großen Planes sein.

Groß? Ist nicht etwas, an dem so viel Jammer hängt, eher jämmerlich als groß? Und wenn sich schon die Frage nach all den Geschehnissen, nach ihrem Woher und Wohin, nicht beantworten ließen, ließ sich dann wenigstens sagen, was mit *ihm* geschehen war, mit diesem Wurm namens Till Rothmann? Hatte er nicht noch vor wenigen Monaten jubelnd aufs Papier geworfen, dass »ein strahlend Licht aus Mitternacht ...« und so weiter, und so weiter? Ach, Papier! Worte! Waren sie nicht wie Schwarzpulver: ins Lagerfeuer geworfen, auf dass es ein wenig knalle – und nach dem Blitz war die Nacht nur noch schwärzer ...

Als Till die Augen wieder öffnete, gab es Grund, einmal mehr den Kutscher anzuherrschen, der nicht von seiner Unart lassen wollte, vom Bock herabzupissen: »Pisse er wenigstens mit dem Wind und mit festem Strahl, Kerl!«

»Alte Flinten streuen. Und der Wind wird sich nicht abwenden, hat er doch viel Schlimmeres gesehen!«

Till grummelte einen schwedischen Fluch und wandte sich dann in ruhigem Deutsch an den Pisser: »Wir fahren zurück.«

»Zurück?«, schluckte der Kutscher und pinkelte sich vor Schreck über die Hand.

»Nur zum Schein. Wir werden das Südtor nehmen.«

76 Ein Konklave, von dem wir wenig wissen und gern seine Teilnehmer wüssten

In einer Kölner Frühlingsnacht fand hinter dicken Mauern und Türen, die mit wollenen Tüchern gegen Lauscher gesichert waren, ein kleines Konklave statt. Die dort zusammengekommen waren, repräsentierten die Spitzen der Kölner Geistlichkeit – wenngleich sicherlich nicht die Hervorragendsten an Gnade und Nächstenliebe. Es wurde Wein gereicht, der selbst in den blutigen Dreißigerjahren des siebzehnten Jahrhunderts auf bischöflichen Weinbergen gelesen wurde. Ein Diener – ein Laie, der zweckmäßigerweise taub war – reichte Gebäck, dazu Dörrfisch der besseren Sorte. An beiden Stirnseiten des Raumes hingen Gobelins aus den Niederlanden; ein Wandbild zeigte die Vertreibung aus dem Paradies – ein trauriger Erzengel Michael wies Adam und Eva den Weg in eine Dornensteppe, während hinter dem Menschenpaar durch die halb geöffnete Pforte eine toskanische Landschaft glänzte. Der andere Gobelin zeigte Moses als Wüterich, vollauf damit beschäftig, das Goldene Kalb zu zerschlagen. Der Künstler hatte es so eingerichtet, dass der abgeschlagene Kopf des Kalbes auf den Betrachter zuzustürzen schien, so dass unwillkürlich zurückzuckte, wer das Bild zum ersten Mal sah.

Die Männer, die sich in dieser Nacht fanden, waren mit ein oder zwei Ausnahmen weit jenseits der Lebensmitte. Ein hohlwangiger Greis saß leicht erhöht und exakt da, wo sich alle Blicke kreuzten.

Er erteilte und entzog das Wort. Wenn das Konklave sich in ermüdenden, immer gleichen Schlingen zu verfangen drohte, ordnete er nachdrücklich Konzentration und Gebet an, ließ Wein nachschenken und durch die Fenster klare belebende Nachtluft herein. Im Schein der vielen Kerzen zuckten die Schatten von Fledermäusen, was jedoch niemand unter den

Anwesenden beunruhigte: Wo so viele Gottesmänner beisammen saßen, konnten die Sendboten des Satans mit Sicherheit nichts ausrichten.

Und so war es im Protokoll vermeldet, das nicht – wie üblich – in der Anzahl der Teilnehmer verschriftlicht wurde, sondern nur in einfacher Form gefertigt und an geheimem Ort verwahrt wurde.

>DIE VERSAMMELTEN NEHMEN DEN BERICHT DES BRUDERS C. ENT-GEGEN, DEM ZUFOLGE SICH UNSER VIELGELIEBTER ORDENSGENERAL MUTIUS VITELLESCHI ZU ROM IM HÖCHSTEN MASSE BESORGT UND ERSCHÜTTERT ZEIGT, DASS INKRIMINIERTER FRIEDRICH SPEE SEINE SCHRIFT CAUTIO CRIMINALIS EIGENHÄNDIG ÜBERARBEITET UND DAZU NOCH GROB VERSCHÄRFT UND VERSCHLIMMERT ERNEUT IN DRUCK UND UMLAUF GEBRACHT HAT. DER ORDENSGENERAL UND VERTRAUTE DES HEILIGEN VATERS, UNSER VIELGELIEBTER MUTIUS VITELLESCHI, ERACHTET DIES ALS MISSBRAUCH SEINES GNÄDIG GEWÄHRTEN VER-TRAUENS, HABE ER DOCH BISHER EINE SCHÜTZENDE HAND VON ROM AUS ÜBER BESAGTEN SPEE GEHALTEN. DIES GESCHAH JEDOCH IN DER ERWARTUNG, DASS BESAGTER SPEE SICH MÄSSIGEN WERDE.

DIE ANWESENDEN HALTEN ES FÜR GEBOTEN UND FÜR WAHR-SCHEINLICH, DASS SICH DER ORDENSGENERAL NUNMEHR DAZU ENT-SCHLIESSEN WIRD, BESAGTEN SPEE AUS DEM ORDEN ZU ENTFERNEN. GETEILTE MEINUNG HERRSCHT DARÜBER, OB ODER WIE BALD MAN EINER ZU ERWARTENDEN ENTLASSUNG DES BESAGTEN SPEES AUS DEM ORDEN MIT EINER ANKLAGE WEGEN HEXERISCHER UND KETZERISCHER UMTRIEBE DIE NÖTIGE KONSEQUENZ VERLEIHEN SOLL UND KANN.

EINE ENTLASSUNG AUS DEM ORDEN WERDE SICH – SO DIE MEHRHEIT-LICHE MEINUNG – OHNE GROSSES AUFHEBEN IN DER ÖFFENTLICHKEIT BEWERKSTELLIGEN LASSEN; DAGEGEN ERSCHEINT EIN PROZESS MIT NACHFOLGENDER ÜBERANTWORTUNG DES BESAGTEN SPEE AN DIE REINIGENDEN FLAMMEN DER MEHRHEIT DER ANWESENDEN ALS EINE ÜBERGROSSE GEFAHR, WEIL PARTEINAHME PRO SPEE DURCH EINE MISSGELEITETE ÖFFENTLICHKEIT ZU BEFÜRCHTEN STEHE. JEDOCH: EINE ENDGÜLTIGE AUSBRENNUNG DER GEFAHR FÜR DEN GLAUBEN UND FÜR DIE ORDNUNG MÜSSE – WENN ES DENN NICHT ANDERS MÖGLICH SEI – IN ALLER STILLE UND AN EINEM UNBELEBTEN ORT ERFOLGEN.

ALLE ANWESENDEN HABEN SICH UM DER HEILIGEN SACHE UNSE-RES GLAUBENS WILLEN UND ZUM SCHUTZE DER SOCIETAS JESU ZU UNBEDINGTER VERSCHWIEGENHEIT VERPFLICHTET.

IN HOC SIGNO … <

Die Unterschriften, hieß es, waren unleserlich gehalten. Absichtsvoll, so darf vermutet werden. Siegel fehlten. Fast genau 377 Jahre nach diesem Konklave öffnete sich am 3. März 2009 in Köln die Erde und verschluckte neben unzähligen anderen Dokumenten auch die Originalschrift dieses Protokolls.

77 Wie aus Till Rothmann — wenngleich nur zum Schein — ein genuesischer Maler wurde

Die östliche Umfahrung von Köln kostete einen weiteren Tag. Aber Till wusste, dass seine geheime Mission verloren wäre, sobald ihre Tarnung aufflöge. Und ein italienischer Maler, der in der berühmten Stadt *Colonia invicta* Motive sucht, könnte niemals von Nordosten kommend über die große Heerstraße anreisen wie ein Händler aus dem Braunschweigischen. Nein, ein Italiener würde kommod die rechte Rheinuferstraße nehmen, die von Basel bis ins Niederländische den Windungen des großen Flusses folgt.

Als sie nach halber Umrundung der Stadt die Mittagssonne im Rücken hatten, öffnete Till eine große Schatulle, die sorgfältig mit dünnen Lederriemen verschnürt war.

In einem Leinensack steckte eine recht kunstvoll gearbeitet Perücke. Till hatte sie, als er vor Jahren aus Genua zurückkehrte, als Geschenk für einen Oheim mitgebracht, einem Mann, der zeitlebens unter seinem spärlichen Haarwuchs litt. Aber der Onkel war verstorben, kurz bevor Till, mit Geschenken beladen, aus Genua zurückkehrte. Die Perücke war daraufhin in einem der vielen Schränke seines Heimathauses verschwunden, und zu Tills Überraschung lag sie noch dort, als er – kurz vor seiner Abreise nach Köln – danach suchte.

Ihm waren in Genua verschiedentlich Maler begegnete, akademische, die in einer Villa am Meer Aktstudien betrieben oder geduldig Schalen mit Obst und Fleisch und Fisch malten. Und auch solche, die mit Staffelei, Palette, Farbe und Pinseln in der Landschaft hockten, hatte er vielfach gesehen. Alle hatten sie dunkles volles Haar, nicht einer hatte hellblondes wie er. Ein blonder italienischer Maler würde Argwohn erregen, fast wie ein weißhäutiger Mohr.

Die letzten Tage hatte Till – zum stillen Amüsement des Kutschers – laute Selbstgespräche in italienischer Sprache geführt, das Reden mit Armen und Fingern geprobt und imaginäre Widersacher mit rollenden Augen und inbrünstig gesungenen Vokalen an die Kutscheninnenwand geredet. In der Sprache, das wusste er, lag eine Gefahr. Es hieß, die Stadt wimmele vor katholischer Geistlichkeit. Und darunter würden wohl auch etliche sein, die Pilgereisen zum Heiligen Stuhl hinter sich hatten und ein teutsch gesprochenes Italienisch rasch erkennen würden.

Till sang alle italienischen Lieder, die ihm im Gedächtnis geblieben waren, denn im Gesang, so war es ihm, ließ sich der besondere Klang des Italienischen besonders rasch und gut zurückgewinnen.

Hemd und Weste nach piemontesischer Mode hatte er schon vor Tagen angelegt; ins Hemd hatte er ein wenig Firnis und dunkle Farbe eingerieben; die Hose aus apulischen Ziegenleder schien ihm genau von der Art zu sein, wie sie ein nicht sonderlich wohlhabender, aber auch nicht bettelarmer reisender Pinselkünstler tragen könnte.

Dass die Kutsche eher nördlicher Bauart war, schien ihm eine erträgliche Lücke in seiner Tarnung zu sein, schließlich rollten Kutschen aus aller Herren und Knechte Länder über alle Straßen.

Und der Kutscher konnte, solange er nicht sprach, sehr gut als Bauer aus der Reggio Emilia oder als neapolitanischer Tagedieb durchgehen. Till schaute auf die bauchigen Lastkähne, die ufernah auf Köln zutrieben. An den gewaltigen Steuerrudern standen immer je zwei kräftige Gestalten, manchen rief er – nur um sich zu üben – mit lauter Stimme italienische Brocken zu. Die meisten winkten zurück.

Köln galt als sicherer Hafen. Wer es bis hierher geschafft hatte, konnte sicher sein, seine Ladung nicht noch an Flussräuber zu verlieren, von denen es zwischen Alpen und Meer etliche gab.

Als schon die gewaltige Stadtmauer von Köln in Sicht kam, einem grauen Vorgebirge gleich, sah Till eine große schwimmende Wasserschmiede.

Das Rad trieb einen großen Schlaghammer; aus einem Lehmschornstein stieg schwarzer Rauch. Und Till musste unwillkürlich an den Hammerschmiedemeister denken, der ihm auf der Überfahrt von Schweden nach Deutschland von seiner Flucht über den Rhein berichtet hatte. Eine Flucht, während schon das Reisig für seinen Scheiterhaufen aufgeschichtet wurde ...

Oh Gott! In Köln, so hieß es, brannten immer wieder Hexen und Zauberer, oder richtiger: Menschen, die man teuflischer Umtriebe bezichtigte. Es würde ihn übermenschliche Anstrengungen kosten, angesichts eines brennenden Scheiterhaufens nicht aus der Rolle zu fallen, nicht schreiend und winselnd Einhalt zu fordern.

Vor einer Schänke, die zutreffenderweise »Zum südlichen Stadttor« hieß, entschloss sich Till zu einer Generalprobe. Er entstieg der Kutsche, lobte mit lauter italienischer Singstimme die schöne Aussicht, bestellte Wein, tadelte ihn in gebrochenem Deutsch als zu sauer und den Weinen Italiens keinesfalls ebenbürtig, führte ein launiges Gespräch mit einem Münzschläger, der in jüngeren Jahren in Florenz gelebt hatte und nun entzückt war, wieder »die musikalischste Sprache der Welt« zu hören, wie er nicht müde wurde zu betonen.

Till war mit sich zufrieden. Er zitierte Verse des größten Florentiners aller Zeiten und erinnerte sich bei dieser Gelegenheit daran, dass der unvergleichliche Dante die Hölle immer im Norden vermutet hatte. Das konnte dieser Tage nicht ernsthaft bezweifelt werden.

78 Wie Spee einen Abschied nahm von etwas, das noch keinen Anfang hatte

Eigentlich war es kein Tag für einen Abschied. Der Wind warf Apfel-blütenblätter gegen den Himmel, und Spee hätte die Stunden gern für ein Sonnenlichtbad genommen. Aber in und um ihn war es grau. Es ist schwer, von einem Abschnitt gelebten Lebens Abschied zu nehmen; schwerer ist es, von einem Lebensabschnitt Abschied zu nehmen, der nicht gelebt wurde. Nicht wirklich gelebt.

Die Villen lagen im Südwesten, dort, wo die Sonne länger auf den Gärten und Bögen verweilen konnte. Schon die Römer hatten hier be-vorzugt Quartier bezogen; Spee hatte sich von einem Mönch, der wie er Kerkerdienst verrichtete, Mosaike zeigen lassen, die Menschen, Tiere und Götter bei lustvollem Gartenaufenthalt zeigten.

Ach, die Lust …

War es denn denkbar, dass Gott dem Adam und allen seinen Söhnen die Lust am Weib eingepflanzt hatte, nur damit diese Lust an der Lust so sparsam und kärglich wie möglich gelebt werde? Warum war es schick-licher, seine Hand auf einen Morgenstern oder einen Spieß zu legen als auf lebendige Haut?

Spee hob einige der Apfelblütenblätter auf und ließ sie vom Wind aus seiner flachen Hand wehen, hinunter zum Fluss. Eine Schwalbe, früh heimgekehrt aus dem Süden, jagte ein Blütenblatt zum Spiel, zur Freude. Ach, die Schwalben! Und wohl auch bald wieder die Kra-niche, denen er in einem der vergangenen Märzen zugesungen hatte:

>»DER TRÜBE WINTER IST FÜRBEY
DIE KRANICH WIDER KEHREN.

Was war denn am Tanz der Kraniche, bevor sie sich vereinigten, so
lieblich, und was sollte am Tanz menschlicher Leiber, bevor sie sich
vereinigten, so eklig sein? Warum zeigten die Weibsgestalten auf den
Schmähbildern, die von den Hexenbrennern im Umlauf gebracht wurden, immer nackte Weiblichkeit, so als sei unbedeckte Haut der Ausweis
großer Schändlichkeit? So als sei Schamhaar ein Teil des Satansfells. So
als sei der kleine Teil des Mannes, ohne den kein Mensch Mensch werden
kann, ein blutiger Dorn, ein Mörderspieß. Und wenn Nacktheit Sünde
war, warum wurden dann nicht Knaben und Mädchen in Hemden und
Röcken geboren?

Vor der Villa, die er mittlerweile gut kannte, blieb Spee stehen. Der
Bau war prächtiger als die umstehenden. Er hatte es gleich bemerkt,
als er erstmals als Familienbeichtiger hierher bestellt ... oder sollte er
sagen: gelobt ... worden war. Ein Baumeister mit hoch entwickeltem
Kunstsinn hatte die aufsteigenden Linien eines südländischen Gartens
in den Hauptlinien des Hauses fortgeführt. Prächtig und doch leicht,
absichtsvoll,aber doch nicht voll dröhnender Bedeutsamkeit.

Über dem Brunnen vor dem Hauptportal stand ein Flöte spielender
Faun auf einem Bein, und einem Spatz hatte es gefallen, auf dem längsten
Rohr der Panflöte Platz zu nehmen. Er drehte sich einige Male um seine
Längsachse und flog dann ein paar Dutzend Flügelschläge hinab zur halb
geöffneten Orangerie.

Spee kniff die Augen zusammen. Unter den gläsernen Schrägen war
nichts zu erkennen. Schon gar keine Rosen, die Blumen des hohen Sommers. Und der alte Mann, der Patron des Hauses, pflegte in den frühen
Morgen- und späten Nachmittagsstunden in seinem Glashaus zu weilen,
nicht jetzt, wo die Sonne gerade ihren Tageszenit verlassen hatte. Der
Alte liebte Blumen, sprach mit ihnen. Dass er Menschen liebte, war nicht
zu erkennen. Und seine junge, seine viel zu junge Frau, ach ...

Spee warf den Kopf zur Seite, wie um einem Gedankenpfeil auszuweichen. Eine Weile verharrte er bewegungslos, dann fasste er Mut, hob den
Blick erneut und ließ ihn zu der kleinen Kapelle hinabsinken. Er dachte

an den Beichtstuhl, der in feinem Schwung die Fortsetzung des Altars bildete, ein delikates Gestühl mit dem Halbrelief eines Pelikans, der zwei Junge aus seiner aufgeschlitzten Brust tränkt. Das alte Jesu-Blut-Symbol. Blut, immer wieder Blut ...

Plötzlich war es Spee, als höre er wieder diese Stimme – zart, tonrein. Und unschuldig selbst dann, als sie von Sünde sprach – Sünde, von der frei zu sprechen nicht lohnte, weil sie nicht das Gewicht einer Spatzenfeder hatte. Oder konnte es Sünde sein, sich von einem alten Mann – und sei es dem Ehemann – fortzuträumen, hin zu einem anderen? Sünde, Sünde, Sünde ... Spee ballte eine Faust und trieb sie gegen seine Stirn, eine Geste, die ihm selbst so fremd war, dass er erschrak, als er sich ihrer bewusst wurde... Sünde, Sünde, Sünde..

Was wäre, wenn die unheilige Inquisition von Köln nun Wind davon bekäme, dass sich die Träume der jungen Frau und die Träume des armen Mannes Spee auf halben Wege getroffen hatten, irgendwo über den Dächern von Köln, unentwirrbar, wie der Rauch aus zwei Feuern ... oder doch eher noch: wie das Wasser zweier Bäche.

»GIB MIR VON DEINER HELLE!«
»GERN! ICH BORG DEINEN GLANZ.«
»WIR KOMM` AUS ZWEILEY QUELLE.«
»UND TREFFEN UNS ZUM TANZ.«

Doch es war keine Stimme zu hören, es war nur ein Widerhall in Spees Kopf – unterhalb der Schlagwunde aus Peine. Spees Abschied dauerte nur wenige Flügelschläge länger, als der Spatz brauchte, um von der Orangerie zurück zu seinem Aussichtspunkt auf der Panflöte zu fliegen.

Es war beschlossen. Er würde die Frau nicht wiedersehen, noch –hören: Um sie zu schützen, um sich zu schützen. Der, mit dem er den Schlafraum teilte – unempfänglich gegen jedweden Reiz, der nicht über Gaumen und Zunge geht und im Magen endet –, dieser Bruder würde von nun an die Familienbeichte in der Pelikankapelle abnehmen. Spee hatte ihm den Dienst mit dem Hinweis schmackhaft gemacht, es gebe in diesem Haus süßen Rotwein und krustig Gebratenes, wann immer einen danach gelüstete.

79 Wie Till einen Riesen traf, der den Tod über Land schickte

Till hatte während der letzten Reisetage darüber nachgedacht, wo und wie in Köln ein nicht völlig mittelloser italienischer Maler absteigen würde.

Es gebe da – davon hatte man ihm noch in Peine berichtet – im Schatten der ewigen Dom-Baustelle eine Schänke mit einem guten Dutzend leidlich komfortablen Schlafräumen, ein Haus, das bei Italienern sehr beliebt sei, weil sich die Wirtsleute bemühten, der piemontesischen Küche so gut es ging nachzueifern.

Der Ort war leicht zu finden, man brauchte nur dem Gewirr der Gassen zu folgen, und den Steinmetzkarren, die in Richtung Dom-Baustelle vorrückten. Der Kutscher tat sich schwer; die wimmelnden Gassen waren von Leibern verstopft und unterhalb des Domes war die Straße ein Stück weit abgerutscht, so dass Pferde und Wagen in eine gefährliche Schieflage gerieten.

Till musste aussteigen. Willige Helfer fanden sich, um die Kutsche abzustützen, während die Pferde sie, zitternd vor Anstrengung, durch den Morast zogen. Till bedankte sich umständlich und schwatzhaft mit allen italienischen Floskeln, die ihm in den Sinn kamen.

Die Schänke war leicht zu finden. Doch schon als er die Schwelle überschritt – der Kutscher war derweil bemüht, Wagen und Pferde rückwärts in eine enge Hofeinfahrt zu bugsieren – kam ihm eine ältere Frau Arme wedelnd entgegen: »Voll bis unters Dach. Hier ist nur Platz, wenn Du einen erschießt und sein Bett nimmst-«

»Ike … erschieße … no, no….«

Till griff in seine Rocktasche und präsentierte eine Goldmünze, wie sie die Alte mit einiger Sicherheit ihr Lebtag noch nicht gesehen hatte. Sie befingerte das Geldstück, warf einen schnellen Kontrollblick über die Schulter und drängte Till eine enge Stiege empor. Dann drückte sie eine Tür auf, die ein wenig schief in den Angeln hing und zeigte auf ein Bett, das nicht besonders geräumig, aber sauber bezogen war. »Mein Bett, mein Zimmer ... aber das kostet. Ich werde bei meiner Schwester unterkriechen.«

Till nickte, machte eine komische höfische Verbeugung, wie er sie sich während seiner Reise mit Selma auf dem Thespis-Karren ange-wöhnt hatte, eine Art Kratzfuß, wenn es darum ging, sich für Applaus zu bedanken.

»Du bist ein Welscher?«

»Si, si ... aus Genua! « sagte Till, hocherfreut, dass seine Maskerade auf Anhieb überzeugte.

»Genua? Das Zimmer da drüben im Eck hat einer, der übermorgen nach Genua aufbrechen will. Wenn du gleich zum Essen in die Schänke kommst, kannst du ihn nicht übersehen. Der Riese mit der krummen Nase im grünen Lederwams. Für ein paar gute Ratschläge zahlt er dir Essen und Wein ... vermutlich.«

Till überlegte, ob er vorgeben sollte, den plötzlichen Redefluss nicht verstanden zu haben, doch das erschien ihm fürs Erste zu viel Theater. Er nickte nur und warf seinen Reisemantel aufs Bett.

Die Alte schlurfte davon, kam aber sogleich mit einer gefüllten Wasserkaraffe und leerem Nachtgeschirr zurück. Dann fühlte sie sich noch bemüßigt über das seit einigen Tagen – gelobt sei Jesus Chris-tus! – angenehme Wetter zu reden, über Fisch, auf den sich die hiesige Küche besonders gut verstehe, über die Invasion der Geistlichen, die der Schwede vor sich hertreibe, und über ein Reißen im linken Bein, das ihr seit zwei Jahren das Treppensteigen schwer mache.

Till streckte sich, kaum dass die Alte gegangen war, auf dem Bett aus und fiel in einen kurzen Schlaf. Aber ihn weckte alsbald Bratenduft, und so verfügte er sich die enge Stube hinab in den Schankraum.

Der quoll von Leibern über, und Till erwog gerade, seinen Hunger in die späteren Abendstunden zu verschieben, als ihm jemand zuwinkte. Ein Riese, sitzend größer als die meisten stehend.

»Hab schon gehört«, belferte er durch den Raum. »Du kommst aus Genua. Hier, der Stuhl ist frei!«

Er hob einen Schemel neben sich auf und rückte ihn zurecht, was nicht weiter erstaunlich gewesen wäre, wenn nicht jemand auf dem Stuhl gesessen hätte, der nun Arme rudernd zu Boden stürzte.

»Pardon, der Herr!«, sagte der Riese, wobei er sich zu dem Gestürzten hinabbeugte, »aber ich bemerkte, dass dein Teller so gut wie leer ist. Und der italienische Signore ist weitgereist und hat einen leeren Magen.«

Der Entstuhlte machte eine jämmerliche Geste, halb Protest, halb Ärger und Resignation und verzog sich. Till setzte sich.

»Ihr Tedeschi ... molto. . wie saget man: luuustig ... a la table«, kicherte Till.

»Gastfreundlich!«, korrigierte der Riese. »Sehe ich, dass ein Fremder kommt, der womöglich zu höflich ist, um sich einen Platz zu verschaffen, schon spricht mein gutes Herz. Und der zuvor hier saß, hatte schlechte Manieren. Man furzt nicht bei Tisch, zumindest nicht feucht.«

»Nichte... feuchte?«

Es kam Wein, weit besserer als der, den er wenig zuvor vor den Toren der Stadt getadelt hatte, und es kam Fisch in einem würzigen Sud.

»Man nennt mich den Eisenbieger. In jungen Jahren habe ich Hufeisen verbogen, für Geld. Ein kindisches Spiel, hat mir aber zumindest kleines Geld gebracht. Heute bringe ich Eisen. Soviel Köln fassen kann. Kennst du dich mit Waffen aus?«

Till fragte noch einmal umständlich nach und konnte sich dann Fisch und Wein widmen. Der Riese brauchte offenbar zum Verdauen einen gut durchlüfteten Magen, und den verschaffte er sich durch einen Redefluss, der an Hochwasser denken ließ, an Sturzbäche, an brechende Deiche.

Als Till Stunden später ins Bett sank, schwirrte ihm der Kopf. Auf dem Stuhl, den ihm der Riese mit einer kurzen Armbewegung freigeräumt hatte, saß – so hatte er unter anderem erfahren – noch gestern ein Franzose, der für die Schweden Langgewehre eingekauft hatte. Die

Langgewehre hatte der Eisenbieger Wochen zuvor in Spanien einge-kauft und über Frankreich und die Niederlande nach Köln bringen lassen. Die Nachricht über den Französisch/Schwedischen Großein-kauf hatte er kaiserliche Zwischenhändler wissen lassen, die daraufhin Anstrengungen machten, den Markt für Ladestöcke leerzukaufen, vorzugsweise von solchen Ladestöcken, die für die Langgewehre unverzichtbar sind.

Sein eigentliches Geschäft aber, so der Riese, seien die dicken Stü-cke. Seit Gustav Adolfs Artillerie die Kaiserlichen in Grund und Boden schoss, war der Preis für leichtere, beweglichere Kanonen ungemein gestiegen.

Der Riese hatte – obgleich ein kaiserlicher Mittelsmann Höchstpreise bot – auch indirekt an die Schweden verkauft, obgleich die weniger zahlten.

Ein Geistlicher, der sich auf das Beschaffen und Segnen von Waffen verstand, hatte einen Teil der Geschütze an die Franzosen verschoben, die sie wiederum den Schweden zukommen ließen. Solange nicht die einen die anderen besiegten, sondern nur zu immer neuen Kriegsan-strengungen reizten, sei sein Geschäft sicher, sagte der Riese. Und sicher sei man nur, wenn man sich nicht von einem Käufer abhängig mache. Darum der Direktverkauf zu Minderpreisen an die Schweden. Und er selbst glaube zwar nicht daran, dass gesegnete Kanonen besser schössen als ungesegnete, nehme aber gerne den geldwerten Vorteil wahr, der darin läge, dass sich gesegnete Stücke für die kaiserlichen Heere besser verkauften als unbesprenkelte Ware.

Im Schatten des Domes, des ewig unfertigen Domes, blühte der größte Waffenhandel des Reiches, geschützt von den stärksten Stadtmau-ern zwischen Basel und Stralsund. Und während noch in den Kirchen Abwehrgebete gegen die Schweden gesprochen wurden, verhandelte man auf den Kirchenvorplätzen mit Emissären aus Braunschweig um Sicherheiten und Kautionen ... für Adolfs Heer, das zwar gut bestückt war, aber gewaltigen Bedarf an Waffen aller Art hatte. Und das nicht zuletzt deshalb, weil Adolf seine Streitmacht in mehrere Züge aufgeteilt hatte, nachdem er bemerkt hatte, dass seine Gegner derzeit unfähig waren, ihm ein starkes Heer entgegenzustellen.

✤

Till schlief schlecht und schob es auf den Fisch, der zwar wohlschmeckend, aber doch zu fett war. Als schon der Morgen graute und die Rotschwänzchen auf den Dächern lispelten, fuhr er schreiend aus dem Bett, riss den Kragen seines Schlafhemdes auf, als liege eine Schlinge um seinen Hals. Dann steckte er den Kopf aus dem kleinen Dachfenster, schloss die Augen und sog die Morgenluft in sich ein, bis sich der Angstkrampf zu lösen begann.

Im Traum hatte ihn der Riese durch sein Waffenarsenal geführt und ihm große und kleine Kanonen präsentiert. Das Allerwichtigste für die gewünschte Tödlichkeit sei die Munition, hatte er gesagt: »Für die großen Kaliber nehmen wir diese Kugeln, für die kleineren diese.« Und als Muster für großes und kleines Kaliber zeigte er die abgeschlagenen Köpfe einer Frau und eines Kleinkindes. Selma und Meta.

Till hatte beschlossen, an seiner Tarnung zu arbeiten. Nur wenn er selbst mit ihr zufrieden wäre, würde sich die nötige Ruhe und Kaltblütigkeit einstellen, die er für seinen Auftrag brauchte.

Er zog die folgenden Tage mit einer leichten Staffelei durch die Stadt, stellte sie unter allerlei Palaver mit den Umstehenden auf, skizzierte Menschen, magere Hunde, Katzen, strichelte noch kahle Rosenstöcke aufs Papier. Manchmal tremolierte er genuesische Hafen- und Trinklieder.

Nur einmal geriet er in Angstschweiß. Ein dunkelhaariger Mann in der braunen Kutte der Franziskaner wandte sich in blütenreinem Italienisch an ihn, schwärmte von den Deckengemälden in der Sixtinischen Kapelle und erkannte – eine geschmacklose Lobhudelei! – Ähnlichkeiten zwischen Tills und Michelangelos Auffassung bei menschlicher Figürlichkeit. Till war bewusst, dass sein ordentliches, aber keineswegs akzentfreies Italienisch zu einer fachlichen Entgegnung nicht reichen konnte und war entsprechend erleichtert, dass ihn, gerade zeitig genug, ein heftiger Regen zwang, sich zurückzuziehen.

Erst am vieten Tag seines Kölnaufenthaltes begann er mit der eigentlichen Arbeit. Unter den Skizzenbögen, die er überwiegend mit Kölner Gesichtern gefüllt hatte, entrollte er, immer wenn die Luft rein war, Papier, auf das er Skizzen und Verlaufsrichtungen von Mauern, Befestigungsanlagen, Pulvertürmen warf. Die Längen und Stärken schritt er jeweils ohne Skizzenblock ab, auf dass sich möglichst kein Zusammenhang zwischen Kohlestift, Skizzenblock und militärischer Späharbeit herstellen ließe.

Die schiere Größe der Stadt beeindruckte ihn. Peine war ein Nest, verglichen mit Köln. Und selbst Genua nur ein mittlerer Flecken am Meer. Und diesem Köln, so wollte es scheinen, drohten Mauersprengungen von innen: so viele Menschen drängten hinter die Steinwälle, die einzigartig waren in Europa.

Unendlich viel Geistlichkeit flutete über Pflaster, Plätze, Mauern. Ganze Schwärme schwarzer Dohlen – Bischöfe, Priester, Mönche und einfache Kleriker – ballten und stauten sich dort, wo die Straßendurchgänge verengt waren. Er fing Gesprächsfetzen auf: ... Gustav Adolf sei die letzte große Prüfung, bevor der rechte Glaube obsiege ... die Pest habe sich in Flandern festgebissen, zweifellos Gottes Antwort auf die Ketzerei, die in dieser Provinz nicht aufhöre ihre vielen medusischen Häupter zu erheben ... es sei doch höchst zweifelhaft, ob Weiber – von Natur aus Menschen mit geringerer Glaubenstiefe begabt als Männer – auch im selben Maße schuldfähig sein könnten wie Männer, ein Umstand, der gegebenenfalls bei Verfahren gegen Weiber bedacht sein sollte ... ob das Geschlecht der Engel männlich sei oder ob Engel geschlechtslose Wesen seien ... dass die jüngst erneuerte Behauptung des Klosters Andechs, im Besitz der Vorhaut Jesu zu sein, einer Beglaubigung des Heiligen Vaters bedürfe, widrigenfalls man dieser Behauptung mit aller Schärfe entgegentreten müsse ...

80 Wie der lutherische Till Rothmann in einer sehr katholischen Kapelle betete, was ihn hernach nicht vor heftigen Stößen bewahrte

Am siebten Tag hockte sich Till mit seinem Skizzenblock vor den großen Pulverturm unterhalb des Tuchmarktes. Er maß die Höhe mit ausgestrecktem Arm und der Länge des Kohlestiftes, taxierte die Mauerdicke und anschließend die Entfernung zur Hauptmauer, die an dieser Stelle zweifach verstärkt die Verbindung zur großen Ostbastei darstellte. Wenn es gelänge, diesen Pulverturm zentral zu treffen und zur Explosion zu bringen, würde wahrscheinlich auch die Bastei abgeschnitten und möglicherweise an dieser Stelle die Hauptaußenmauer der Stadt einstürzen. Wenn Adolf den Rhein als Aufmarschstraße nähme, wie damals die Oder vor Frankfurt, wäre das unbesiegbare Köln an dieser Stelle zu Fall zu bringen.

Während Till die Abstände korrigierte – die Kohle war von schwacher Schwärze, so dass Wischkorrekturen mit der Hand leicht möglich waren -, näherte sich ein Kind. Kinder fühlten sich von Malern und Musikanten angezogen wie Bienen von Blüten. Till befand es nicht für nötig, wieder ein tarnendes Blatt, eine Menschenstudie oder Bilder magerer Hunde überzurollen; Kinder waren arglos und kamen um zu staunen.

Als das Kind vor ihm stand, erschrak Till. Er sah hellblonde Locken, die unter einer schmutzigen Kappe hervorquollen, sah wasserblaue Augen und sah ... die Züge seiner verbrannten Schwester Meta ... so wie sie vor seinem inneren Auge lebten.

»Wie heißt du?«

»Uda.«

»Und wie alt bist Du?«

»Das weiß ich nicht, aber ich habe noch zwei kleine Schwestern.«

»Und wo wohnt ihr?«

Die Kleine – vielleicht sechsjährig, schätzte Till – zeigte rückwärts, auf den Pulverturm.

»Im Pulverturm?«

»Ja, eigentlich wohnen wir da ... «, sie deutete auf ein benachbartes Haus, »aber wir mussten weg, weil unser Haus jetzt ein Kloster ist.«

»Ein Kloster ... ??«

»Ja, die Brüder der Heiligen Dreifalt ... heit sind eingezogen. Sie kommen aus Osta.. aus Ostabrück. Das ist sehr weit, sagt meine Mutter.«

»Osnabrück?«

»Ja, Osnabrück. Und sie beten für uns, weil wir jetzt alle unterm Dach vom Pulverturm wohnen müssen, wo es kalt und garstig ist.«

»Hier, damit es nicht ganz so kalt ist.« Till reichte seinen Umhang über die Skizze hinweg. Das Kind stieß einen Freudenschrei aus und lief über den kleinen Platz zum Pulverturm zurück.

Till schaute auf den Turm. Sah ihn in Flammen aufgehen. Sah einen kleinen Menschen mit gelocktem Kopf und wasserblauen Augen durch die Luft fliegen und auf dem Pflaster zerschmettert liegen bleiben. Er biss sich auf die Unterlippe, dass sie blutete und weinte; das Weinen ließ sich durch Kopfsenken und durch sein Samtbarett verbergen, nicht aber das Schulterzucken.

Als ein Schwarm menschlicher Dohlen an ihm vorbeidrängte (Till vernahm Klagendes über das Fehlen geeigneter Mehlspeisen in Köln und die Minderqualität hiesiger Messweine gemessen an denen der Stadt Ulm) raffte er seine Staffelei zusammen und floh in die nächstgelegene Gasse. Sie mündete in eine Kapelle, die dem Heiligen Georg geweiht war – leicht zu erkennen, an einem Halbrelief über dem Eingang: Ein Ritter stochert, den Blick teilnahmslos nach oben gerichtet, im Rachen eines armen Würmchens herum wie ein Barbier mit einem überlangen Gerät.

Till zwängte sich ins Innere. Fastdunkel, Weihrauch- und Kerzengeruch schlugen ihm entgegen. Irgendwo klingelte irgendwer mit irgendwas. Ein Geruch von Papisterei bohrte sich in seine Nase.

Doch all das berührte ihn nicht. Er ging die wenigen Schritte zum Altar, der den Gekreuzigten, flankiert von den zwei Sündern, zeigte. Links erkannte er, nachdem sich seine Augen an das Halbdunkel gewöhnt hatten, einen übel zerschossenen, pfeilgespickten Sebastian. Blut, Blut, Blut!

Schließlich kniete er sich vor den Altar und versuchte zu beten. Er sprach zwei lutherische Vaterunser, leise. Als er aufschaute, schien der heilige Sebastian seinen Gesichtsausdruck verändert zu haben. Er sah, trotz Pfeilen in allen Gliedmaßen, entspannt aus. Zufrieden, womöglich.

»Versprochen«, sagte Till und wusste, dass seine Skizzen und vor allem die Zahlenbeschriftungen von nun an etwas anders ausfallen würden.

Es war vier oder fünf Tage später, angefüllt mit heftiger, sehr freier Skizzierarbeit, als Till müde, aber doch zufrieden mit seinen Ergebnissen die enge Treppe zu seiner Kammer hochschlurfte. Seine Arbeit war fast getan. Die Sehnsucht nach Selma und Tochter Meta war gerade in den vergangenen Tagen angewachsen. Einer Frau mit einem Kleinkind im Wickeltuch war er gedankenverloren nachgegangen, und erst als die Frau ihre Schritte beschleunigte und sich ängstlich umschaute, erwachte Till und ging in die Gegenrichtung.

Köln ekelte ihn. Peine, das kleine unbedeutende Peine, schien ihm ein Paradiesgärtlein.

Er wunderte sich, dass er die Tür seiner Kammer angelehnt fand, wunderte sich aber nicht allzu sehr; sein Kutscher, der kleinere Besorgungen für ihn erledigte, pflegte trotz entsprechender Ermahnungen den Riegelbalken nicht zu benutzen, wenn er den Raum verließ.

Als der genuesische Maler aus Peine den kleinen Raum betrat, wurde es schlagartig dunkel um ihn, und er roch den unverkennbaren Geruch von feuchtem Sackleinen. Till spürte stechende Schmerzen in Leib und Unterleib, dann mehrere harte Schläge auf seinen Kopf. Das Letzte, was er hörte, war: »Das reicht, sie wollen ihn lebend!«

81

Wie Pater Spee in die Kerker zu Köln stieg, um einem Lutherischen die Beichte abzunehmen

Der 14. April 1632, der Tag an dem Tilly am Lech zum zweiten Mal von Gustav Adolf geschlagen und dieses Mal auf den Tod verwundet wurde (er starb wenige Tage später in Ingolstadt am Wundfieber), fand den Geistlichen Friedrich Spee auf dem Weg in die Verliese unterm Kölner Gerichtsgebäude.

Die Stunden, die er täglich in den Gemäuern verbrachte, waren just jene Stunden des Tages, zu denen die Vorlesungen seiner Fakultät angesetzt waren. Schwerlich ein Zufall.

Seinen Studenten hatte man gesagt, der Bruder Spee fühle sich der Lehrtätigkeit nicht mehr gewachsen und habe um seine Versetzung in die Verliese gebeten. Das traf bei den meisten seiner Zuhörer auf Unglauben. Allerdings war auch bekannt, dass Spee in Würzburg und auch während seines Köln-Aufenthaltes vor drei Jahren um Seelen gerungen hatte. Um die Seelen von Menschen, die ihren letzten Gang zu den Henkerskarren antreten mussten. Stand es diesem jesusmäßigen Mann nicht gut an, statt auf dem Katheder zu glänzen sich abermals zu den Einsamsten zu begeben? Und dann waren da Gerüchte: Spee, den man schon während seines ersten Kölnaufenthaltes »den Beichtiger der Frauen« genannt hatte, habe ein verdächtiges Interesse für eine bestimmte Person weiblichen Geschlechts erkennen lassen. Oder die Frau an ihm. Es war keine Rede von Übergriff oder gar von Vollzug unerhörter Art, es war kein Qualm in der Luft, sondern nur ein Geruch, der diffus heranwehte – so diffus, dass seine Quelle nicht auszumachen gewesen wäre, auch wenn man mit tausend Nasen danach geschnüffelt hätte.

Spee war dankbar, dass derzeit keine Personen in den Kölner Verliesen gefangen gehalten wurden, die einen Hexenprozess hinter sich und den Feuertod vor sich hatten. Die Inhaftierten waren, nach allem was sich sagen ließ, schuldig.

Raubmörder gab es einige; Totschlag um geringer Beute willen nahm mit der Dauer des Krieges zu. Viele einfache Diebe und Trickbetrüger füllten die Zellen. Um die zwanzig Soldaten, schätzte Spee, niedrige Dienstgrade, die, meist im Alkoholrausch, Vorgesetzte verprügelt hatten. Schlägereien unter Gleichrangigen wurden nicht bestraft. Ein verurteilter Weinpanscher war frisch eingeliefert worden; der Mann beschwor schreiend seine Unschuld; nicht er habe den Wein gepanscht, seine Nachbarin habe die Fässer verhext. In diesem Fall glaubte man nicht ihm, sondern der befragten Nachbarin. Das Gejammere des Ertappten hallte durch die Gänge, bis man ihm mit einem in Teer getauchten Lumpen den Mund stopfte.

Spee kannte fast jeden Gang und die meisten Zellentüren. Vor einer blieb er stehen; sie trug noch immer das Abwehrzeichen gegen Hexen, ein ins Holz geritztes Pentagramm, das mit roter Farbe nachgezogen worden war. Hier hatte er im Mai 1928 der Witwe eines Kaufmanns die letzte Beichte abgenommen; tags darauf war sie vor den Stadttoren verbrannt worden. Die alte Frau hatte ihre zerquetschten Finger in seine Hände gelegt und gebeichtet, dass sie einem der Henkersknechte und dem Inquisitor, einer Dominikanermönch, die baldige Höllenfahrt gewünscht habe. Spee erinnerte sich an seine Entgegnung: Dieser Wunsch sei sündenfrei und er, Spee, schließe sich diesem Begehren in aller Demut an. Doch Gott werde entscheiden, wer welchen Weg am Ende seiner irdischen Wege zu gehen habe.

Spee bekreuzigte sich, indem er seinen Blick von der Zellentür abwandte und wollte gerade dem ansteigenden Gang zum Tor nach draußen zustreben, als ihn ein Schließer an der Kutte zog: »Da verlangt noch einer nach der Beichte. Ein Lutherischerr.«

»Ein Lutherischer?«

»Ich geh' voran. Die Zelle ist am Ende des Ganges.«

Die Gänge waren mit Pechfackeln ausgeleuchtet, die zwar entsetzlich blakten, aber die Rotsandsteinflure unnatürlich hell erscheinen ließen. Ab und an sah man dunkle Flecken auf den Steinfliesen wie von zerlaufener Flüssigkeit.

Spee war nur mäßig überrascht. Es geschah immer wieder, dass auch Lutheraner nach der Beichte verlangten. Darunter Menschen, die kurz vor ihrem Ende reinen Tisch machen wollten. Einige, die dem Luther zugelaufen waren, wollten noch auf der Schwelle des Todes umkehren.

Der Schließer sperrte eine große eisenbeschlagene Bohlentür auf. Spee trat ins Halbdunkel, Licht drang nur durch ein kleines, vergittertes Deckenfenster, das ein wenig Himmel freigab.

Als sich Spees Augen an das Dämmerlicht gewöhnt hatten, sah er eine Gestalt, die verkrümmt auf der Wandpritsche lag. Das Gesicht war bis auf Mund und Nase mit Binden umwickelt, die im oberen Bereich durchgeblutet waren.

»Du bist der Geistliche?«, fragte der Mund.

»Ja, und wer bist du?«

»Einer, den es übel erwischt hat.«

»Und einer, der erwischt worden ist. Wobei? Man sagte mir, dich verlange nach einem Beichtiger?«

Der Mann richtete sich auf und wandte sein verhülltes Gesicht in Spees Richtung; der Körper begann zu zittern, so als hätte ihn die Anstrengung sich aufzurichten überfordert. Er atmete eine Weile tief, begann dann aber mit erstaunlich fester Stimme zu sprechen: »Sie werden mich morgen früh hängen. Ohne dass es einen Prozess gegeben hätte. Ich bin ein Spion der Schwedischen. Das heißt, ich *war* es. Ich habe die Grundrisse der Stadt gezeichnet, die Mauerstärken, die Positionen der Wehrgänge und die der Pulvertürme. Alles ganz genau. Und doch nur *zum Schein* genau. Als ich damit fast fertig war, hat man mich ergriffen, gestern in meiner Kammer. Und man hat mir den Kopf so sehr zerschlagen, dass er morgen früh wohl nur schwerlich in eine Schlinge passen wird.«

Der Gefangene machte eine Pause, tastete mit den Händen ins Leere, Spee blieb außer Griff- und Fühlweite.

»Worum ich bitte, man möge sich meine Zeichnungen genau anschauen. Tut man so, wird man feststellen, dass sie sehr exakt sind, nein, dass sie exakt zu sein *scheinen* … und doch falsch sind. Die Positionen der vier Pulvertürme sind alle falsch verzeichnet. Wer auf die im Plan markierten Stellen das Feuer lenkt, trifft nur dicke Mauern. Auch die Schwachstellen im Mauerwerk sind just da verzeichnet, wo die Wände in Wirklichkeit die größte Stärke haben. Wer nach diesem Plan angreift, wird nichts bewirken.«

»Eine seltsame Geschichte. Ich kann darin keinen Sinn erkennen.«

»Der Sinn ist, dass jeder Sinn fehlt. Ich habe gesehen, wie Frankfurt an der Oder zerschlagen wurde. Ich habe auf der Fahrt nach Köln verbrannte Dörfer gesehen. Diejenigen, die mir die nächsten waren, hat man in Höxter als Hexer und Hexe verbrannt; und ich habe ihre Mörder gerichtet, kaum weniger grausam als die meinen zu Tode kamen. Und in Köln erschien mir ein Kind, das zu mir gesprochen hat, als wäre es das Heilige Kind zu Bethlehem. Vielleicht war ER es ...«

Till atmete eine Weile tief, das Reden strengte ihn an. »Es ist genug. Es ist um alles in der Welt genug! Und wenn mit meiner Hilfe nun auch noch Köln fiele, würde nur der Leichenberg um ein paar Schichten erhöht. Gott wird die wachsenden Leichenberge nicht nach katholischen und lutherischen Leichen sortieren. Leichen stinken zum Himmel, egal, ob ein guter Mensch in dem Körper wohnte oder ein übler. Dieser Krieg stinkt zum Himmel. Und ich wünschte, dass keiner in den Himmel kommt, der diesen Krieg gottgefällig nennt, egal, ob Lutheraner oder Katholik, Orthodoxer oder Jude.«

Der Mann schob an den blutdurchweichten Binden, die ihm über den Mund gerutscht waren und fuhr fort: »Worum ich euch bitte, ist dieses: Vergewissert euch, dass ich die Wahrheit gesagt habe, was die konfiszierten Pläne anbelangt. Lasst euch sagen, wo sich die Pulvertürme in Wirklichkeit befinden, und vergleicht deren Lage mit meinen Skizzen. Schaut auch auf die Markierungen der Mauerstärken, die ich in eckigen Klammern aufgetragen habe, und lasst euch von kundigen Leuten sagen, wie stark sie an dieser Stelle *wirklich* sind. Ihr werdet erkennen, dass ein Feldherr, der nach diesen Plänen angreift, genau so viel Aussicht auf Sieg hat, wie einer, der die Wolken umzingeln oder das Meer belagern wollte. Auch wäre es mir recht, wenn ihr das Skizzenbuch an euch nähmt; man hat es mir mit den Plänen abgenommen. Es enthält Verse, sonst nichts.«

»Was für Verse?«

»*Oh, dass du doch am Blut erstickst/am Blut, das wir durchwaten/*
Oh, dass du auf den Tod erschrickst/an deinen Missetaten,
Oh, Krieg, du bleicher Mörder!«

Spee wiederholte die beiden letzten Worte: » ... bleicher Mörder?«

Till richtete sich ein Stück weit auf: »Kennen wir uns?«

»Vielleicht ... flüchtig?« Das »flüchtig« sprach er gedehnt mit fragender Betonung.

Till versuchte die Binde über den Augen zu verschieben, Spee hinderte ihn daran mit sanfter Gewalt; schließlich fuhr der Gefangene fort: »Wenn ihr euch ein Bild gemacht habt, welcher Art meine Planzeichnungen sind, sagt dem Kutscher, der im ›Springenden Fisch‹ abgestiegen ist, er möge mit meiner Kutsche zurück nach Peine fahren und meiner Frau auftragen, sie solle die Kutsche bis in die allerkleinsten Teile zerlegen. Sie soll es aber so tun, dass ihr niemand dabei zuschaut. NIEMAND!«

»Zurück nach ... Peine sagtest Du?«

»Ja, meine Vaterstadt.«

»Wo steht dein Vaterhaus?«

»In den Bleicherwiesen.«

»Das ist die Gasse, die vom Westtor zur Hauptkirche führt.«

»Du kennst Peine?«

»Ja. Und Peine kennt mich.«

Till machte eine tastende Handbewegung in Richtung auf Spees Antlitz; Spee wich aus, trat einen Schritt zurück.

»Unseres ist das Tuchhändlerhaus. Das Rothmann-Haus ... bis es ... in Folge der allgemeinen Wirren an einen anderen Besitzer kam.«

»Rothmann? Sagtest du ... Rothmann?«

»Was spielt mein Name noch für eine Rolle. Morgen um diese Zeit ist er ausgelöscht. Wie steht es mit meiner Bitte?«

»Ich werde sehen, was möglich ist.«

»Danke.«

»Möchtest Du mit mir beten?«

»Wenn es angeht, dass ich bete, wie es uns Martin Luther gelehrt hat?«

Till sprach das Vaterunser in Luthers Worten, Spee den Pater noster. Dann war es still. Spee legte seine Hände auf den verschnürten Kopf und murmelte: *Solo pater in coelis scit horam* ...

Als Spee nach dem Schließer rief und seine Stimme dabei etwas an Schärfe gewann, sagte Till: »Deine Stimme? Ich habe deine Stimme schon einmal gehört.«

»*Ita est!* Nun lass mich sehen, was ich für dich tun kann.«

82 Wie Spee mit von Früggen um den geschundenen Kopf eines Gefangenen trank

»Das ist kurios«, sagte der Kölner Garnisonsgeneral Einhardt von Früggen und rückte die Öllampe weiter ins Zentrum der ausgebreiteten Skizzen, die einen klobigen, ausladenden Wachstubentisch bedeckten.

»Nicht kurios, es ist folgerichtig«, korrigierte ihn Spee.

»Folgerichtig?«

»Ja, folgerichtig, wenn man den Zweck bedenkt. Schauen Sie hier, General! Der Verlauf der westlichen Mauer zum Rhein hin, ist exakt und richtig wiedergegeben. Aber der nördliche und südliche Pulverturm hier ... schauen Sie nur genau ... sind falsch angesetzt, nicht dort und dort, wo sie sich tatsächlich befinden. Die Kasematten, unter denen die Reserve und das Pech für die Pechnasen untergebracht sind, ist nördlich des Tuchmarktes verzeichnet ... sie ist aber, wie keiner besser weiß als Ihr ... südlich des Marktes, nahe der St. Emmeranskapelle. Und diese Mauer hier existiert nicht in Wirklichkeit ...«

»In der Tat ... und was ist das?«

»Ein Buch voll Poeterey.«

»Poeterey ... hä, hää ... Das könnte sehr wohl eine verschlüsselte Botschaft sein.«

»Poeterey ist verschlüsselte Botschaft. Aber wohl kaum die Verschlüsselung militärischer Dinge.«

»Bei allem Respekt, Pater, was macht Sie so sicher?«

»Die Qualität der Zeilen.«

»Ich bin keineswegs überzeugt.«

»Dann seht selbst, hier! In Höhe des Nordtores, rund um die Zugbrücke, haben die Mauern, wie Ihr wisst, die größte Stärke. Hier ... und bitte seht genau hin ... in dieser Skizze haben sie an der nämlichen Stelle die geringste Dicke. Was also wird ein Angreifer ausrichten, der auf diese Pläne gestützt und in froher Erwartung, auf eine Schwachstelle zu stoßen, hier (Spee stieß seine Faust wie einen Rammbock auf das Papier) mit einem Angriff vorprescht?«

Spee war sich nicht sicher, ob er es mehr mit einem von Natur aus unbeweglichen Geist zu tun hatte oder mit der misstrauischen Vorsicht, die allen Militärs eingebläut wird.

»Wie also, General, beurteilt Ihr den militärischen Wert dieser Skizzen?«

»Gering ... nein: nicht vorhanden.«

»Es sei denn, der Urheber beabsichtigte die Täuschung derer, die mit diesen Skizzen in Händen einen Angriff planen.«

»So oder so, der Narr wird morgen gehenkt.«

»Er ist kein Narr! Er ist ein Mann von beachtlicher Entschlusskraft ... es würde zu weit führen, Euch das zu erklären. Aber seid versichert: Ich weiß es aus eigenem Erleben.«

»Wie auch immer, er wird gehenkt.«

»Das wäre dumm ... mit Verlaub.«

»Dumm?«

»Der Schwede wird annehmen, dass wieder einer seiner Spione gefasst wurde, und er wird einen neuen schicken, womöglich einen geschickteren.«

»Das tut er in jedem Fall; der Kanaille ist nicht zu trauen.«

»Nein, die Schweden senden keinen weiteren Späher, wenn ihnen ein Plan vorliegt, der ihnen tauglich scheint und dessen Untauglichkeit sie nicht erkennen.«

Von Früggen ließ sich auf einen Dreibeinschemel fallen. Der Casus schien ihn zu überfordern. Er griff sich einen Ziegenbeutel mit Rotwein und begoss sich Lippen und Kragen.

»Unklare Gefechtslage, Pater. Sehr unklare Gefechtslage!« rülpste er zwischen zwei tiefen Schlucken hervor.

»Und was tut ein tüchtiger Feldherr bei unklarer Gefechtslage? Ich nehme an, er berät sich.«

»An Euch ist ein Offizier verlorengegangen, Pater.«

»Dann gestattet mir – als einem von Euch in den Rang eines Offiziers Erhobenen – einen Rat: Ich rege an, mit dem Henken noch etwas zu warten, bis man sich ein abschließendes Urteil gebildet hat.«

»Hier trinkt!«

Spee wischte das speicheltriefende Mundstück ab und trank. Von Früggen sah ihm dabei zu. »Glaubt Ihr wirklich, Pater, dass solcher Wein zum Blut des Herrn wird, wenn einer wie Ihr darüber das Kreuz schlägt und etwas Latein murmelt?«

»Ja, wenn es Gott beliebt.«

»Beliebt es?«

»An Euch, von Früggen, ist ein geistlicher Disputant verloren gegangen.«

Von Früggen rülpste ein bauchhüpfendes Gelächter hervor und sagte dann: »Nun gut, die Sache beginnt mich zu interessieren. Aus Wein wird Blut und aus einem Spion ein Wohltäter. Wenigstens eines der Wunder hätte ich gern geklärt. Halten wir uns an das Kleinere von beiden.«

83 *Wie Till Pater Spee ein zweites Mal traf*

Als sich die Tür seiner Zelle öffnete, hatte Till mit dem Leben abgeschlossen.

Die letzten durchwachten Stunden hatte er unter vielem anderen an den Rat eines finnischen Kanoniers gedacht, der ihn auf dem Weg von Stettin nach Frankfurt gesagt hatte: »Wenn du einmal gehenkt wirst – und das Tröstliche am Gehenktwerden ist, dass man es mit einem Male bewenden lassen kann – dann versuche in die Schlinge zu springen, dann macht es nur kurz Knack, und du musst nicht so lange zappeln und japsen.« Aber ob das so einfach zu bewerkstelligen sein würde? Seines Wissens wurde überall anders gehenkt.

Eine kleine Ewigkeit dieser Nacht hatte der Tuchhändlerssohn damit verbracht, seinen geschundenen Schädel zu zermartern: Diese Stimme des Kerkergeistlichen, wo hatte er die schon einmal gehört? Nicht in angenehmer Situation ... doch wo?

In den Morgenstunden dann, als genug Licht durch das vergitterte Gottesfenster in die Zelle fiel, hatte er ein Blatt Papier eng beschrieben, in der Hoffnung, dass es sein Kutscher zurück nach Peine bringen möge. Aber diese Hoffnung war gering. Till hatte sich schließlich den Kopfverband abgenommen, er war kräftig durchgeblutet, die linke Schädelhälfte halb verkrustet.

Die zwei Gestalten, die zu ihm in die Zelle traten, würden jetzt seine Hände auf den Rücken binden. Aber sie taten nichts dergleichen.

Till bemerkte, dass der eine die Uniform eines höhergestellten Soldaten trug. Ungewöhnlich, dass man von einem Offizier abgeholt wird, wenn es unter die Schlinge geht! Und der Fein-Uniformierte sagte:

»Hier hast du deine Poeterey ... und deine fleißigen Bilder unserer lieben Stadt. Und vergiss nicht, alles dem Schweden zu unterbreiten, auf dass er sich ein blutige Nase hole, wenn er auf Köln zieht. Deine italienische Maskerade ziehe ich ein, die wird mich zum nächsten Karneval vorzüglich kleiden.«

»Das heißt ... ich werde nicht gehenkt?«

»Zumindest nicht hier und heute.«

»Und ich kann gehen?«

»Ich würde dir raten nicht zu gehen, sondern zu rennen, bevor sich der Militärrat der Stadt zu einem anderen Beschlusse bequemt«, der Offizier zog ein Gesicht, das nicht erkennen ließ, ob Besorgnis oder Belustigung gerade das vorherrschende Gefühl seines Trägers war.

Till drängte aus seiner Zelle, und schritt den leicht ansteigenden Gang zur Gerichtsstraße hinauf. Die Fackeln waren bereits gelöscht. Es roch nach Urin und getrockneter Angst. Till bemerkte, dass der fein Uniformierte neben ihm hinkte, vielleicht war ja das der Grund, weshalb ein Offizier niedere Schließerdienste verrichten musste. Ein Kriegsversehrter.

Die Eisentür ins Freie wurde aufgestoßen. Die plötzliche Helligkeit fuhr Till stechend durch die Augen in den schmerzenden Hinterkopf. Der Fein-Uniformierte gab ihm einen leichten Stoß, so dass er über die Schwelle in die Freiheit stolperte.

»Wer ist der Geistliche, der mich gestern besucht hat?«, fragte Till rückwärtsgewandt.

»Hat er sich denn nicht vorgestellt? Das war der Pater Friedrich Spee. Und wenn Du gelegentlich Zwiesprache mit dem Herrgott hältst, etwa, um dich bei ihm zu bedanken, dann solltest du auch für den Spee beten. Die Wetten darauf, dass seine Kutte in nächster Zeit kein Feuer fängt, stehen nämlich nicht allzu gut für ihn.«

»Sagtest Du Pater Friedrich Spee ... der Jesuit?«

»Der Nämliche.. Und du ... was ist Besonderes an dir, dass sich die hohe Geistlichkeit für Dich interessiert.«

»Ich weiß es nicht.«

»Nun ja, wen`s trifft, den trifft´s. Und Gnade gibt es nicht nach Verdienst. In der Schlacht bei Lutter am Barenberge stand ich in der ersten

Reihe bei den Lanzenträgern. Und als der Däne geflüchtet war und wir unsere Toten aufklaubten, hatten alle schäbigen Kerle überlebt und die Besten und Teuersten um mich herum waren tot. Heilige Gerechtigkeit!. Da soll mir noch einer nicht vom Glauben abfallen.«

Till zog eine schmerzliche Grimasse, schmerzlich auch, weil jede Hautbewegung in seinem Gesicht wehtat. Er atmete tief, das tat wohl. Ein kleiner Wind kam die Kornträgergasse hinunter, legte sich lindernd auf die Hautabschürfung an seinem Jochbein, so als hätte er nur auf den Entlassenen gewartet. Es duftete nach Winterende.

Epilog

ES SCHEINT DIE SUNN INS TOTENREICH;
AUFF SPRINGET LEBEN ÜBERALL.
NOCH KAHL STEH'N ULMENBAUM UND EICH.
DOCH KNOSPEN WINKEN WUNDERPRALL.
DES SPERBERS KRALLE HAT VERFEHLT
FRAU NACHTIGALL IM TAL.
NUN PAART SIE SICH UND SINGT BESEELT
WIE ANNO DAZUMAL ...

Möglicherweise ist diese April-Impression (Beginn der dritten Strophe von Rothmanns Gedicht »*Mein Kuss den Lebenden*«) aus jenem Gefühlsstrom abgezweigt, der nach seiner Rettung aus dem Kölner Kerker geflossen sein könnte.

Die Sonne hatte die Ausdünstungen der Nacht schon fast von der großen Stadt abgezogen wie ein schmutziges Laken von einer Pritsche. Nun spiegelte sie sich auf dem Rhein, machte den Turmfalken den nötigen Aufwind unter die Schwingen, so dass sie mühelos die Ufer wechseln konnten, erlaubte den Aurorafaltern, den Kindern der Morgensonne, auf ihren Strahlen zu reiten, weckte die Frösche im Ried, machte die durchsichtigen Flügel der Libellen diamantblau. Eine Nachtigall schluchzte die Schlussstrophen ihres Nocturnes.

Till Rothmanns Kutsche hatte die große Rheinbrücke erreicht, gerade als zur zweiten Morgenmesse geläutet wurde. Er hielt seinen Schädel zwischen beide Fäuste gepresst, die Erschütterungen durch das Kopfsteinpflaster jagten Schmerzstöße in sein malträtiertes Haupt.

Aber ihm war leicht. Da war ein Gefühl, das es einfach machte, an

Wiederauferstehung zu glauben. Sehr viel todesnäher als in der vergangenen Nacht konnte ein Lebender nicht sein.

An der Auffahrt zur großen Steinbrücke sah er einen Brückenheiligen, wohl aus dunkelgrauem Stein gehauen – so jedenfalls schien es ihm –, und hoch aufgerichtet. Lebensgroß lehnte er am Brückentorbogen, der das fürstbischöfliche Kölner Wappen trug. »Die Katholiken haben es bisweilen leicht«, dachte Till, »sie können Wunder aus der Hand von ungezählten Heiligen nehmen wie ein Hungernder eine Brotrinde oder ein Kind eine geschnitzte Flöte von Weidenholz.«

Es wird wohl Nepomuk sein, der Brückenheilige, den die lutherische Soldateska gern auf die Nase fallen lässt bei jeder Brücke, die sie erobert, dachte sich Till weiter ... und zuckte zusammen, als der Heilige sich zu bewegen begann.

Ein Geistlicher mittleren Alters mit feinen Gesichtszügen, einem kurz geschnittenen Vollbart und dunklem Haar, in das sich die ersten grauen Strähnen kräuselten, trat an die Kutsche. Till ließ anhalten.

»Gute Reise und Gott befohlen, Tuchhändlerssohn!«, sagte Spee.

Till starrte ein paar Herzschläge auf die Erscheinung. Seine Stimme gehorchte erst beim zweiten Versuch und auch dann nur unzulänglich: »Ihr hättet ... Ihr hättet allen Grund, mich ... am Strick zu sehen.«

»Ich habe zu viele am Strick gesehen, gebunden und brennend, zu viele, die unschuldig waren.«

»Ich bin nicht unschuldig. Erlaubt ... dass ich danke.«

»Ich habe zu danken«, sagte Spee, schlug ein Kreuz und ging davon.

ENDE

Zum Beschluss

Finis non est finis

Die Bedrängungen in Köln hätten Spee fast die Luft zum Atmen genommen. Manche Spee-Experten meinen, dem Jesuiten drohten in Köln nicht nur Berufsverbot und Ausschluss aus dem Orden, sondern auch Verhaftung, Inquisition und womöglich der Scheiterhaufen.

Als der oberste Jesuitengeneral in Rom, Mutius Vitteleschi, seine bis dahin schützende Hand von Spee zurückzog und seinen Ausschluss aus dem Orden verlangte, begann sich die Schlinge um Spee zusammenzuziehen. Der Autor eines missliebigen, die Ordensruhe störenden Buches war in höchster Gefahr. Doch Friedrich Spee gelang es, sich noch rechtzeitig moselaufwärts zu retten – vermutlich mit Hilfe von Pater Goswin Nickel, dem damals ranghöchsten Jesuiten in Köln.

In Trier konnte Spee noch knapp drei Jahre lehren und dichten; und das vergleichsweise unbehelligt – obgleich auch Trier als ein Ort auf- und abschwellenden Hexenwahns einschlägig bekannt war. Im Hochsommer des Jahres 1635 infizierte er sich, als er pflegerisch und als Sterbebegleiter von Pestkranken tätig war. Friedrich Spee von Langenfeld starb am 7. August im Alter von 44 Jahren.

Spees Gruft, Sarkophag und Gebeine wurden im Jahre 1980 – also 345 Jahre nach seinem Tod – unter der Jesuitenkirche zu Trier entdeckt. Man kann die Gruft vom Innenhof des Priesterseminars aus betreten.

Das Gittertor vor der Grabkammer zeigt einen bellenden Hund. In seiner *Cautio Criminalis* hatte Spee geschrieben: »Es gebührt mir nicht, unter denen zu sein, die der Prophet Jesaja stumme Hunde heißt, die nicht zu bellen wissen.«

Seit Spees Sterbejahr hat die katholische Kirche weit über tausend Seligsprechungen getätigt. Spee ist nicht darunter.

Was der geneigte Leser vermutlich gar nicht wissen will, was aber vielleicht doch kurz gesagt sein sollte:

Original-Spee ist in diesem Roman – marginal sprachlich angepasst – sein berühmtes TRUTZ NACHTIGALL (Kapitel 1) und vier Zeilen Naturlyrik über Kraniche und Winterende. Ferner die CAUTIO CRIMINALIS-Zitate, beziehungsweise deren Übersetzung aus dem Latein, sowie die archivierte Spee-Äußerung, wie mit den widerständigen Protestanten in Peine zu verfahren sei.

Spee-Originale sind die Verse in Kapitel 55: DER BRÜNNLEIN KLAR UND QUELLEN REIN... Geschichtlich verbürgt ist auch der Spottvers auf Spee im Kapitel 10. Original ist zudem das Luther-Zitat (Aufforderung zur Hexenverfolgung). Die namentlich ausgewiesenen Kirchenlieder von Luther, Stegmann und Nicolai sind deren Originaldichtungen. Sonstige Verse, Dichtungen und Dramen-Entwürfe von Spee (und Till Rothmann sowieso) sind ... wie sagt man ... zugedichtet.

cpl, Windach, im Oktober 2011

**Dank**

Ich danke meinem Mit-Siebenundsechziger und Klassensprecher, dem evangelisch-lutherischen Landesbischof in Baden, Dr. Ulrich Fischer. Er und Heinrich Tegtmeyer, Hauptpastor in Jork an der Elbe, haben den einen oder anderen theologischen Fauxpas verhindert. Dank an Norbert Nagel, dessen Zuspruch mir half, als Spee gerade etwas knieweich einherging. Dank an Ernst Piper, der mir davon abriet, den Leser auf der letzten Seite des Buches mit einem lastenden Rätsel zurückzulassen und an Bernd Dost, der dafür entflammbar war, Spee und Rothmann zwischen zwei Buchdeckel zu platzieren, an Astrid Becker, die Spee und Rothmann liebevoll und präzise aufs Maul geschaut hat.

Ganz besonderer Dank gilt Hanjo Seißler, der kräftig und einfühlsam hie und da Einrede und Zuspruch geübt hat und Spee und Rothmann gelegentlich Worte aus dem Mund nahm, um bessere einzulegen.

Dank an meine Frau Veronika Straaß für all ihre Fragen, besonders für jene, die mit: »Also, findest du wirklich, dass ...« begannen.

Schließlich danke ich dem Zufall – manche nennen ihn anders – der mich mit Spee bekannt machte.

Windach beim Ammersee, im Mai 2011

ISBN 978-3-9806432-5-2

Bernd Dost – Mensch Frankenstein

Taschenbuch, 208 Seiten, Preis: 12,00 €

Hier ist die Geschichte eines naturhaften, wilden
Wesens, das als Erwachsener in einer Subway in San
Francisco auf diese Welt kommt und gegen den herr-
schenden Irrsinn – das IMPERIUM – ankämpft.

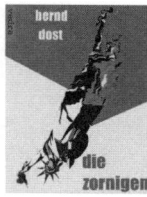

ISBN 978-3-9806432-2-1

Bernd Dost – die zornigen

Taschenbuch, 384 Seiten, Preis: 15,00 €

Ein Buch für Freigeister, für Empörte und Ausbrecher,
für Psychedeliker und für jene, die nicht schlafen
wollen oder können. Ein bitterböser Blick hinter die
Kulissen der TV-Industrie, geschrieben von einem
erfahrenen TV-Mann.

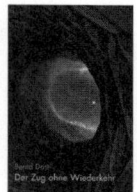

ISBN 978-3-939356-19-6

Bernd Dost – Der Zug ohne Wiederkehr

Taschenbuch, 395 Seiten, Preis: 12,00 €

Vor 100 Tagen fuhr ein Schnellzug der Schweizer
Bundesbahnen mit 182 Passagieren in den S1. Gott-
hard-Tunnel hinein – und verschwand. Alle Suchak-
tionen blieben erfolglos. Der Versicherungsdetektiv
Tom Fairland setzt sich mit seiner Tochter Hanna auf
die Spur des SBB 101.

ISBN 978-3-9806432-4-5

Bernd Dost – Der Schlaf mit den schönen Händen

Normalausgabe, Taschenbuch, 96 Seiten, Preis: 9,–€
Vorzugsausgabe 1-100 (limitiert, nummeriert, signiert),
Taschenbuch, Preis: 23,– €
81 Gedichte von Bernd Dost – hautnah, herznah,
zeitnah.

Vedra Verlag München

Vedra Verlag München
Wilhelm-Kuhnert-Str. 21 · 81543 München
Telefon: 089-65 177 55 · Telefax: 089-65 60 76
www.vedra.com · www.vedra.de info@vedra.com

ISBN 978-3-9806432-0-7
R.B. van Mattruer – Schiffe versenken
mit Illustrationen von Aijoscha Klimov
Taschenbuch, 224 Seiten, Preis: 9,00 €
Das Kultbuch für Versicherungsbetrug, Schiffs und
Lebenskatastrophen, Währungsrisiken, Kunstfäl-
schungen und Exotentrips.

ISBN 978-3-9806432-1-4
R.B. van Mattruer – Tote leben länger
Taschenbuch, 336 Seiten, Preis: 12,00 €
Eines Tages wird er in einem Maisfeld an der Bun-
desstraße 11 gefunden. Aus vielen Wunden blutend.
Schädel-Hirnverletzt. Der Show-Reporter Buck
Blohm präsentiert ihn in seiner TV-Show einem Mil-
lionenpublikum, das in dem Koma-Patient den wie-
dergekehrten Messias sieht.

ISBN 978-3-939356-18-9
Peter C. Whybrow – Wenn MEHR nicht genug ist
Aus dem Amerikanischen von Heike Warth,
Nachwort: Bernd Dost,
Hardcover, 360 Seiten, Preis: 21,50 €
Mit analytischer Schärfe beschreibt Prof. Peter C.
Whybrow unsere westliche Gesellschaft. Es ist die
Beschreibung eines Patienten, der an einer manisch-
depressiven Erkrankung leidet.

ISBN: 978-3939356219
Ales Pickar – In den Spiegeln, Band 1
DIE DUNKLE STADT
Taschenbuch, 398 Seiten, Preis: 14,80 €
Wir glauben, wir leben in einem Zeitalter der Info-
mation und des Wissens. Doch wir wissen nichts. Wir
sind lichtlose Wesen. Wir sind Hilfsorgane jenseitiger
Mächte und Opfer diesseitiger Herrschaften,
Kontrollierte und Desorientierte. Gelenkte und Ge-
henkte …
Ein atemraubendes Buch.

Vedra Verlag München

Vedra Verlag München
Wilhelm-Kuhnert-Str. 21 · 81543 München
Telefon: 089-65 177 55 · Telefax: 089-65 60 76
www.vedra.com · www.vedra.de info@vedra.com